AF318778

PROFESSEURS

ET

RÉGENTS DE COLLÈGE

DANS

L'ANCIENNE UNIVERSITÉ DE PARIS

(XVIIe ET XVIIIe SIÈCLES)

PAR

Maxime TARGE

DOCTEUR ÈS LETTRES DE L'UNIVERSITÉ DE PARIS

« ...Cernere licet in actis omnium temporum totam splendorem ac dignitatem Academiae Parisiensis in una paene regentia constitisse. »

(Du Boulay, *De Patronis IV Nationum.*)

PARIS

LIBRAIRIE HACHETTE ET Cie

79, BOULEVARD SAINT-GERMAIN, 79

1902

614

PROFESSEURS

ET

RÉGENTS DE COLLÈGE

DANS

L'ANCIENNE UNIVERSITÉ DE PARIS

(XVII° ET XVIII° SIÈCLES)

COULOMMIERS

Imprimerie Paul Brodard.

PROFESSEURS

ET

RÉGENTS DE COLLÈGE

DANS

L'ANCIENNE UNIVERSITÉ DE PARIS

(XVIIᵉ ET XVIIIᵉ SIÈCLES)

PAR

Maxime TARGE

DOCTEUR ÈS LETTRES DE L'UNIVERSITÉ DE PARIS

« ...Cernere licet in actis omnium temporum
totum splendorem ac dignitatem Academiae Parisiensis in una paene regentia constitisse. »
(Du Boulay, *De Patronis IV Nationum.*)

———— ❖ ————

PARIS

LIBRAIRIE HACHETTE ET Cⁱᵉ

79, BOULEVARD SAINT-GERMAIN, 79

—

1902

A

M. GAZIER

PROFESSEUR A LA FACULTÉ DES LETTRES
DE L'UNIVERSITÉ DE PARIS

Respectueux hommage.

AVERTISSEMENT

Nous nous sommes proposé de faire connaître, d'après les sources originales, cette classe de maîtres intéressante entre toutes qui distribuait, dans les collèges d'exercice de l'ancienne Université de Paris, ce qu'on appelle aujourd'hui *l'Enseignement secondaire*, et qui formait la plus importante partie de la Faculté dite *des arts*. Quel était son rang dans l'Université? Par quels moyens assurait-elle son recrutement? Quels examens ouvraient l'accès de ses chaires? Quels étaient ses droits et ses devoirs; les liens de subordination et de dépendance qui rattachaient ses maîtres à leurs supérieurs? Quelles étaient la nature et l'étendue de ses ressources? etc.; telles sont les principales questions que nous examinons dans ce livre. Comme on le voit, ce n'est point d'une histoire de l'enseignement secondaire sous l'ancien régime qu'il s'agit. Nous n'avons pas eu non plus l'intention d'étudier l'organisation de cet enseignement dans l'ancienne Université de Paris, ni d'en exposer les programmes et les méthodes. Ce travail aurait dépassé de beaucoup les bornes de notre plan, et nous l'avons sciemment négligé.

Il y a plus. Dans l'ordre même de recherches où

nous nous étions volontairement renfermé, nous n'avons pas cru devoir remonter aux époques lointaines de l'école de Paris. En effet, malgré les beaux travaux entrepris dans ces derniers temps [1], ce passé trop reculé ne nous sera jamais parfaitement connu, et il ne nous a laissé, sur l'objet particulier qui nous intéresse, que de trop rares documents. Au reste, les statuts de 1600, qui ouvrent pour l'Université de Paris une nouvelle période de près de deux siècles — la dernière avant la chute — nous marquaient la limite qu'il ne fallait pas franchir. Même resserré dans ces bornes, le champ d'études était encore suffisamment étendu. Nous consignons le résultat de nós recherches dans cet ouvrage où nous présentons en toute confiance aux professeurs de l'Université moderne ceux qui les ont précédés, il y a quelque deux cents ans, dans la carrière.

1. *Chartularium Universitatis Parisiensis, sub auspiciis Consilii generalis Facultatum Parisiensium*, par Henri Denifle et Émile Chatelain.

PROFESSEURS
ET RÉGENTS DE COLLÈGE

DANS

L'ANCIENNE UNIVERSITÉ DE PARIS

(XVII° ET XVIII° SIÈCLES)

CHAPITRE PREMIER

Organisation de l'Université de Paris
et spécialement de la Faculté des arts.

Il nous paraît indispensable, avant d'aborder l'étude qui fait le sujet de ce livre, d'esquisser à grands traits l'organisation si complexe et si curieuse de l'ancienne Université de Paris, et surtout de la Faculté des arts, dont les professeurs ou régents de collège sont les membres les plus importants. Ceux-ci tiennent par tant de liens soit à l'Uni-

1. Les documents relatifs à l'ancienne Université de Paris sont dispersés un peu partout. Bien qu'à l'époque de la Révolution beaucoup aient été détruits ou égarés, ceux qui nous restent formeraient encore à eux seuls, s'ils étaient réunis, une bibliothèque immense. Par bonheur, nous n'avons pas eu à dépouiller minutieusement et en entier cet effrayant amas de matériaux. Une vie humaine n'y eût pas suffi. Un rapide inventaire nous a permis d'éliminer successivement tout ce qui n'avait aucun rapport à la Faculté des arts, et en particulier les écrits innombrables concernant la Faculté de théologie. La tâche s'est trouvée par là notablement réduite. Néanmoins, les documents que nous avons dû examiner sont encore en nombre considérable. Ceux que nous avons consultés avec le plus de fruit se trouvent dans les bibliothèques suivantes :

1° BIBLIOTHÈQUE DE L'UNIVERSITÉ. — Elle possède une fraction très importante des archives de l'ancienne Université de Paris, une centaine de registres environ, qui renferment pour la plupart les délibérations de la

versité, soit à leur Faculté particulière, que, sans cette préface nécessaire, toute étude qui les concerne manquerait de base, et qu'on risquerait de prendre d'eux une idée fausse ou tout au moins très incomplète. On les con-

Faculté des arts et du Tribunal universitaire. Ces registres, tenus régulièrement par le greffier, sont une mine inépuisable de renseignements du plus haut intérêt, et qu'on ne rencontre nulle part ailleurs, sur l'organisation, la discipline, le fonctionnement quotidien de l'ancien.ie Université. Il n'y a pas d'événement de quelque importance dont ils ne portent la trace. Nous avons consulté surtout ceux qui correspondent à la période que nous nous proposions d'étudier (Reg. 25-48). Nous y renvoyons fréquemment, quoiqu'ils ne soient pas d'un accès très facile*. Avec les registres de l'Université et quelques registres détachés des compagnies de la Faculté des arts, la Bibliothèque de l'Université possède aussi des cartons où se conservent principalement des titres provenant d'anciens collèges. Enfin, elle offre aux travailleurs une ample collection d'ouvrages (histoires, traités, factums, mémoires, etc.) sur l'ancienne Université de Paris. Cette collection forme une section spéciale (Section U), riche de 1 700 volumes environ. Le catalogue en a été publié en 1891, dans les numéros d'août, septembre et octobre de la Revue des Bibliothèques, par les soins de MM. Émile Chatelain et Albert Maire. Il est indispensable à qui veut entreprendre des recherches sur un sujet quelconque intéressant l'ancienne Université de Paris.

2° BIBLIOTHÈQUE NATIONALE. — Elle renferme quelques débris des archives de l'ancienne Université, les registres connus sous le nom d'*Acta rectoria*, quelques recueils manuscrits, mais surtout un grand nombre de factums, mémoires, requêtes, pièces de toute sorte concernant l'Université en général, ses compagnies, ses officiers et ses collèges. Certains de ces écrits présentent un réel intérêt. La liste à peu près complète en a été donnée par A. Corda dans son *Catalogue des factums de la Bibliothèque nationale*.

3° BIBLIOTHÈQUE MAZARINE. — Cette bibliothèque possède plusieurs registres distraits des archives de l'ancienne Université. Ce sont : six registres des censeurs de la Nation de France; deux registres des procureurs; un registre des questeurs. Elle a aussi des recueils assez nombreux de pièces imprimées et manuscrites qui pour la plupart se retrouvent ailleurs.

4° BIBLIOTHÈQUE SAINTE-GENEVIÈVE. — Elle possède quelques manuscrits provenant de la Bibliothèque de l'abbaye de Sainte-Geneviève, et qui renferment des notes curieuses sur la chancellerie de cette abbaye.

5° ARCHIVES NATIONALES. — Aux Archives sont conservés, avec un certain nombre de recueils imprimés et manuscrits, les dossiers des anciens collèges de l'Université de Paris (Séries M et MM). Ils forment une masse immense. Nous avons parcouru sans beaucoup de fruit quelques-uns de ceux des collèges de plein exercice, les seuls où il y eût des professeurs.

Les documents que nous avons eus entre les mains, surtout les pièces de procédure, en supposent beaucoup d'autres, que nous avons inutilement cherchés. Tirés à un petit nombre d'exemplaires, sans intérêt pour le grand public, ils ont vraisemblablement péri. S'ils existent, nous ne saurions dire où ils se trouvent.

* Ils sont écrits en latin et souvent peu lisibles.

naîtra mieux, quand on les aura replacés dans leur milieu, et qu'on aura vu fonctionner les organes compliqués de l'illustre compagnie qui se glorifiait du titre de fille aînée des rois de France, et à laquelle on n'était pas médiocrement fier d'appartenir.

L'ancienne Université de Paris était formée de quatre corporations distinctes, dont chacune avait son gouvernement, ses officiers, ses lois et ses usages. Ces corporations, qu'on trouve constituées dès le commencement du xiiie siècle, étaient, dans l'ordre hiérarchique, la Faculté de théologie, la Faculté de décret, la Faculté de médecine et enfin la Faculté des arts. Chacune jouissait à l'égard des autres d'une complète indépendance et ne tolérait de leur part ni ingérence, ni intervention d'aucune sorte. Toutes vivaient de leur vie propre, élaboraient seules leurs lois et leurs règlements[1], et décidaient leurs affaires en assemblée particulière, soucieuses par-dessus tout de conserver leur autonomie et de sauvegarder leurs droits et leurs privilèges. Cependant, si jalouses de leur liberté qu'on les suppose et quelque lâche que fût le lien qui les unissait, il n'était pas possible qu'elles n'eussent pas des intérêts, des aspirations, des besoins communs. L'Université de Paris était essentiellement une république fédérative[2]; mais pour la représenter auprès des puissances, pour veiller à l'observation des statuts et en assurer l'exécution, pour prendre soin des affaires qui intéressaient le corps académique tout entier, enfin pour remplir certaines charges nécessaires à tout

1. A charge pour elles de les faire approuver par le Parlement, qui seul pouvait leur donner la sanction de l'autorité souveraine. « L'Université... était mineure, et par conséquent soumise aux lois générales du royaume qui défendent expressément aux communautés, quelles qu'elles soient, de faire de nouvelles lois ou de changer les leurs de leur autorité privée. » A ce titre, elle relevait du Parlement, auquel Charles VII l'avait subordonnée par Lettres patentes du 27 mars 1445. L'Université sentit plus d'une fois le poids de cette sujétion.

2. Plus nous avancerons dans la connaissance de l'ancienne Université, et mieux nous verrons qu'elle manquait totalement de cette forte organisation administrative qui est un des principaux caractères de l'Université moderne.

état même démocratique, elle choisissait quelques-uns de ses membres et leur, déléguait ses pouvoirs.

Les officiers communs à toute l'Université étaient au nombre de quatre. Le premier était le Recteur[1] (*Amplissimus Dominus Rector*). Son titre le plaçait très haut dans l'estime publique et faisait de lui un personnage considérable, le plus important de tout un quartier de la capitale. Le recteur est le chef suprême de l'Université. Tout ce qui dépend d'elle lui doit respect et obéissance. Sa dignité est de l'ordre le plus élevé. Du Boulay, le célèbre historien de l'Université de Paris, la compare à celle d'un roi[2]. Dans toutes les pièces officielles le recteur est nommé le premier : *Rector magistrorum et scholarium Parisiis studentium* ou *Rector et Universitas magistrorum et scholarium Parisiis studentium*; et c'est en ces termes que lui écrivent les souverains, quand ils ont quelque communication à lui faire.

Nul n'est admis, à quelque titre que ce soit, dans l'Université, qu'il n'ait prêté serment au recteur[3]. C'est une obligation dont personne ne peut s'exempter sous aucun prétexte. A son défaut, on ne saurait aspirer à la maîtrise ès arts, qui ouvre l'accès des Facultés supérieures. La Faculté des arts en particulier attachait une grande importance à la formalité de la prestation du serment; elle la tenait pour un moyen sûr d'exclure les intrus de ses assemblées. C'était dans ses mains une arme qui lui permettait de tenir à distance certains bacheliers ou licenciés de la Faculté de décret non maîtres ès arts, les réguliers

1. La plupart des détails qui suivent sur les fonctions rectorales sont empruntés à l'ouvrage de Du Boulay, *Remarques sur la dignité, rang, préséance, autorité et juridiction du Recteur de l'Université de Paris*.

2. Il faut rectifier l'assertion de Du Boulay en ajoutant : d'un roi qui règne et ne gouverne pas.

3. *Mémoire (manuscrit) par lequel on entreprend de prouver que tout homme de quelque qualité ou condition qu'il puisse être, ne peut être réputé membre de l'Université et jouir de ses privilèges, s'il n'a prêté serment entre les mains du Recteur et ne s'est immatriculé sur son livre.* Arch. de l'Univ., carton 10, 3e dossier.

gradués en théologie, et surtout les Jésuites. Cette cérémonie, par la vertu même de la formule du serment, conférait au recteur, non pas une puissance absolue, mais du moins une autorité réelle et une incontestable suprématie sur tous les suppôts de l'Université, depuis l'écolier juré jusqu'au docteur en théologie [1].

Les principales marques de la dignité rectorale sont, d'après Du Boulay, le sceau, les habits et les masses que portent les bedeaux, quand le recteur se rend en personne à quelque solennité. « Le sceau du recteur est, comme celui de l'Université, un livre de gueules feuillé d'or sur trois fleurs de lis de même [2]. » Outre ce sceau avec lequel il scelle toutes les pièces importantes, le recteur en possède un autre plus petit, de la dimension d'un cachet, et dont il se sert communément. Le costume officiel du recteur est une robe ou chape violette, avec une ceinture de soie de même couleur ornée de glands d'or, d'où pend une escarcelle à l'antique « dans laquelle le vulgaire croit qu'il y a toujours cent écus d'or [2] ». Son chaperon ou fourrure est un petit mantelet rond fourré d'hermine, qui descend jusqu'à la ceinture et qui s'agrafe par le devant. Dans les grandes cérémonies, il s'avance précédé par quatorze bedeaux, qui portent devant lui leurs masses d'argent.

Qu'il soit ou non revêtu des insignes de sa dignité, lorsqu'il paraît aux cérémonies ou aux assemblées académiques, il a de droit la préséance. C'est lui qui, dans les circonstances solennelles, quand il s'agit de haranguer les rois ou les princes, porte la parole au nom de l'Université. Il est nécessairement invité aux actes publics et soutenances de thèses qui ont lieu dans les collèges, et, s'il y assiste, il prend la première place. En ces occasions, il a le

1. Avant d'être admis à se présenter aux examens du baccalauréat ès arts, tous les candidats jurent qu'à quelque dignité qu'ils s'élèvent dans la suite, ils rendront honneur et obéissance au recteur actuellement en fonctions et à ses successeurs.

2. Du Boulay, *Remarques sur la dignité... du Recteur de l'Université de Paris.*

pas sur les évêques et les présidents au Parlement. Il ne
le cède qu'au roi, aux princes du sang, au pape ou à son
légat. Tous les recteurs ont défendu énergiquement ce privilège. Jean Tarin était à la tête de l'Université en 1625,
quand il fut invité à une soutenance qui devait avoir lieu
en Sorbonne. Il avait, comme c'était son droit, pris la
place d'honneur, quand l'archevêque de Paris survint et
voulut la lui faire quitter ou en prendre une au-dessus de
lui. Mais le recteur tint ferme et lui dit : « Terra, quam
pedibus calcas, mea est. » L'archevêque, lui montrant sa
croix pectorale, le menaça de l'excommunier; et le recteur
repartit, sans s'émouvoir : « Bruta ista fulmina non me
terrent »; et il resta à sa place. Ces exemples, qu'on pourrait multiplier, montrent bien quelle était l'attitude des
recteurs vis-à-vis des plus grands personnages, quand
ceux-ci s'avisaient de vouloir les humilier[1].

Plus la dignité rectorale est élevée, plus elle mérite de
respect, et plus le crime est grand à lui porter atteinte.
« Le consentement unanime de toutes les compagnies à
venger les injures et les outrages faits au recteur, dit Du
Boulay, fait voir en quelle vénération il est dans leurs
esprits. » L'Université est solidaire de son chef : outragée
dans la personne du recteur, elle poursuit vigoureusement
par tous les moyens la réparation de l'offense, et l'obliga-

---

1. Du Boulay, dont on sait la partialité pour la Faculté des arts et ses
officiers, rapporte encore complaisamment une dispute de préséance où,
malgré l'opiniâtreté de ses adversaires, le recteur eut le dernier mot :
« Guillaume Cauvet, licencié en théologie, étant recteur en 1658, fut prié
d'assister à un acte de philosophie qui devait se soutenir au collège de
Beauvais, où étant le 21 août de ladite année, et ayant selon la coutume pris la première place, MM. de Constance (Coutances) et d'Agde y
survinrent, et après avoir délibéré entre eux entrèrent assez brusquement
dans la salle, et s'efforcèrent de faire sortir ledit sieur Recteur, lequel
leur remontra d'abord que telle était la coutume dans l'Université, que
dans la même salle s'étant trouvé le 21 juillet précédent M. de Marca,
archevêque de Toulouse, il n'avait pas fait difficulté de lui céder la première place. Mais voyant que la civilité et les remontrances étaient inutiles, il commanda au Président et au Répondant de descendre de la
chaise, fit fermer la salle et se fit bailler la clef. Ainsi l'acte ne fut point
soutenu ce jour-là... » Du Boulay, *Remarques sur la dignité... du Recteur
de l'Université de Paris*, p. 13.

tion de faire publiquement amende honorable est la moindre peine dont elle frappe les coupables[1].

En dehors de ses droits simplement honorifiques, le recteur avait des attributions très importantes. Comme chef du corps académique, il était chargé, dans toute l'étendue de l'Université, du maintien de la discipline scolastique et de la haute direction des études. Il veillait à l'exécution des statuts et des règlements, et en donnait l'interprétation par voie de mandement[2]. Il convoquait les comices, tant de l'Université que de la Faculté des arts, les présidait, dirigeait la discussion et concluait au nom de toute l'assemblée. Il était encore chargé, conjointement avec les députés de l'Université[3], d'inspecter les collèges, de réformer les abus qui pouvaient s'y rencontrer et d'y faire appliquer ou respecter les règlements.

Mais sa principale fonction consistait à présider le Tribunal de l'Université et celui de la Faculté des arts, qui se réunissaient chez lui[4]. La juridiction du recteur avait été nettement établie par l'article 20 de l'appendice aux statuts de 1600, où il était dit : « Le recteur, de l'avis des doyens des Facultés supérieures et des procureurs des Nations, aura le pouvoir de connaître des différends entre les chefs de collège, les professeurs, pédagogues et maîtres, à propos d'affaires scolaires, et de prononcer sur ces difficultés. On s'adressera à lui en première instance. Si l'affaire est grave, il restera le droit d'appel. » Il faut néanmoins recon-

---

1. En 1637, un arrêt de prise de corps est décerné contre le doyen de la Faculté de droit, qui avait insulté le recteur. Arch. de l'Univ., reg. 28, f° 118 v°. — Un nommé Véron est dégradé pour avoir écrit des libelles injurieux contre le recteur. Reg. 28, f° 5 r°.

2. Ces mandements étaient affichés à la porte des collèges et dans les carrefours du quartier de l'Université. La Bibliothèque de l'Université en conserve un certain nombre.

3. On désignait sous ce nom les doyens des Facultés supérieures, Théologie, Médecine et Décret, et les quatre procureurs des Nations. Ils formaient le conseil ordinaire du recteur.

4. Ces deux tribunaux s'assemblaient dans l'appartement du recteur. Comme cette hiérarchie régulière et assez compliquée que nous nommons l'*Administration supérieure* n'existait pas, le besoin d'un chef-lieu ne se fit pas trop vivement sentir jusqu'au xviii° siècle.

naître que cette juridiction du recteur était quelquefois
contestée ou négligée, et que les plaideurs usaient sans
scrupule de leur droit d'appel.

A cette dignité si haute étaient attachés de maigres
émoluments[1]. C'étaient surtout les droits du petit sceau
(*Sigillum Rectoriae*), que payaient au recteur tous ceux
qui, à un titre quelconque, se faisaient incorporer dans
l'Université, et les droits du grand sceau (*Sigillum Universitatis*), qui se levaient sur toutes les pièces expédiées
au nom de l'Université, et que le recteur partageait avec
les doyens des Facultés, les quatre procureurs des Nations
et les quatorze bedeaux. Le recteur avait encore un droit
(*droit de bourse*) sur tous les candidats qui se présentaient
à la maîtrise ès arts et des jetons de présence aux diverses
assemblées de l'Université et de la Faculté des arts. Il
avait enfin le droit du parchemin, que Du Boulay appelle
un droit tout à fait royal « ... et qui marque singulièrement la grandeur et la dignité du recteur ». C'était un
impôt qui frappait tout le parchemin entrant dans Paris,
mais qui rapportait peu de chose, par la fraude des parcheminiers, qui ne se faisaient pas faute d'introduire leur
marchandise en contrebande[2].

Les fonctions rectorales étaient électives. Elles avaient
une durée de trois mois, et, ce temps écoulé, un nouveau
titulaire était nommé. Les statuts de 1600 font défense de
réélir le recteur arrivé au terme de son mandat[3]; mais
cette prescription fut presque constamment violée et
l'usage avait prévalu de le continuer trois et quatre fois
dans sa charge[4]. Bien que le recteur fût le chef de toute

---

1. Au commencement du xvii° siècle, plusieurs recteurs furent dispensés,
en raison de leur pauvreté et du peu de profit de la fonction, d'une partie
de la représentation qu'exigeait la dignité dont ils étaient revêtus.

2. En 1700, ce droit, qui formait le plus clair des émoluments du recteur, fut affermé et le bail passé pour trois ans, moyennant 350 livres par
chaque année, au deuxième appariteur de la Nation de Picardie. Jamais
il ne valut au recteur plus de 500 livres.

3. Complément de la réforme de la Faculté des arts, art. 19.

4. Le Parlement intervenait de temps en temps pour rappeler l'Univer-

l'Université, il était élu par la seule Faculté des arts et pris invariablement dans son sein[1]. C'était presque toujours un régent, soit actuel, soit émérite. Un docteur des Facultés supérieures ne pouvait ni être élu recteur, ni donner sa voix pour l'élire. Cette règle, bonne ou mauvaise, n'a jamais souffert aucune exception. L'élection du recteur se faisait avec une certaine solennité destinée à en relever l'importance. Quatre fois par an, aux mois de décembre, mars, juin et octobre, les quatre Nations de la Faculté des arts se réunissaient séparément au lieu ordinaire de leurs séances. Chacune choisissait parmi ses membres un électeur ou intrant (*Quadrumvir*), et c'étaient ces députés qui avaient charge d'élire le recteur[2]. Nul ne pouvait prétendre à l'intrance, qui ne fût susceptible d'être recteur.

Puis Nations et intrants se rendaient ensemble au cloître des Mathurins. Les quatre intrants désignés, après avoir été confirmés par les Nations assemblées, entraient dans une chambre appelée le « conclave », et, la porte fermée derrière eux, ils se mettaient à genoux et invoquaient l'assistance du Saint-Esprit par l'hymne *Veni, Sancte Spiritus*, le verset, l'oraison; puis ils procédaient à l'élection. Si les suffrages se partageaient également, ils appelaient le recteur, qui attendait près du conclave l'issue de la délibération, et sa voix faisait pencher la balance du côté où il se rangeait. Quand ils s'étaient mis d'accord, ils sortaient du conclave et se rendaient, le recteur en tête,

---

sité au respect de ses statuts; mais cet avertissement était le plus souvent platonique.

1. C'était un souvenir des premiers temps de l'Université, où les Facultés supérieures étaient encore confondues dans la Faculté des arts.

2. Un arrêt du Parlement avait fixé à trente ans l'âge légal pour participer à l'élection des intrants. *Arrest de la Cour de Parlement du 29 Avril 1670 portant Règlement touchant l'Age que doivent avoir les Principaux, Régens, Bacheliers, Supposts de la Facult des Arts, pour pouvoir donner leur suffrage à la Nomination des Intra , Electeurs du Recteur de l'Université de Paris. Bibl. de l'Univ., r 147, in-4°. — Au XVIIIᵉ siècle, cet arrêt n'était pas toujours respecté.

au chapitre des Mathurins, où l'un des intrants nommait aux Nations assemblées le recteur qu'ils avaient élu. Le recteur en charge renvoyait les Nations à délibérer séparément sur cette élection pour la ratifier, ou l'infirmer, si elle n'était pas régulière. Pour être éligible au rectorat, il fallait en effet avoir professé pendant sept ans au moins dans un collège de plein exercice la grammaire ou la rhétorique, ou pendant deux ans la philosophie, ou être principal d'un grand collège depuis trois ans, ou être bachelier ou licencié d'une des Facultés supérieures[1]. La brigue était interdite sous les peines les plus sévères, l'élection qui en résultait tenue pour nulle et les coupables sévèrement punis[2].

Si, comme il arrivait presque toujours, l'élection était confirmée, le nouvel élu prêtait, entre les mains de son prédécesseur, le serment d'exercer fidèlement sa charge pour le plus grand honneur et avantage de l'Université et de la Faculté des arts. Il recevait ensuite le bonnet, le sceau de l'Université, les clefs de l'armoire aux archives et le Livre rectoral[3]. L'ex-recteur quittait son siège pour y installer le nouvel élu qui, après un petit discours de remerciment, était reconduit en grande pompe au collège où il habitait.

Le lendemain de son élection, le nouveau recteur envoyait ses billets pour faire assembler le Conseil de l'Université. Les doyens des Facultés supérieures prenaient séance avec les quatre procureurs des Nations et les officiers de l'Université, syndic, greffier et receveur. Cette cérémonie s'appelait « l'instruction ». Il s'éleva de grandes

---

1. Statuts de la Faculté des arts, art. 71.

2. *Ibid.*, art. 72.

3. Le *Livre du recteur*, « monument ancien et sacré parmi nous », était un recueil de pièces originales et précieuses que se transmettaient religieusement les recteurs. Il est aujourd'hui en Angleterre. Il ne faut pas le confondre avec les *Acta rectoria*, registres où les recteurs consignaient les actes les plus importants de leur administration et inscrivaient les noms des nouveaux maîtres ès arts. Ces registres sont en partie conservés à la Bibliothèque nationale.

contestations sur son objet. Avait-elle pour but de faire confirmer le recteur par les représentants des Facultés supérieures? C'est ce que prétendaient les doyens des Facultés. Ou bien n'avait-elle d'autre objet que de l'instruire des affaires en cours [1] et de le présenter aux doyens? C'était la thèse que soutenait la Faculté des arts. Le débat porté au Parlement fut tranché provisoirement par un arrêt de conciliation du mois de décembre 1657, qui ne satisfit personne, et la question resta indécise.

Quant au recteur, la haute dignité dont il venait d'être revêtu n'apportait aucun changement dans son existence. Était-il régent? Il ne quittait pas sa chaire [2], mais continuait d'enseigner et d'habiter le modeste logement qu'il occupait dans quelque collège [3]. Ses nouvelles fonctions se traduisaient surtout par un surcroît de besogne qu'il acceptait de bonne grâce, ayant conscience de remplir un poste d'honneur. Quoiqu'elle se gouvernât comme une véritable république et qu'elle n'eût jamais laissé à son chef un bien grand pouvoir [4], l'Université, ou, plus exactement, la Faculté des arts, en était cependant très fière. Quand il la représentait dignement, elle ne lui marchandait ni les éloges, ni les honneurs [5]; et s'il n'avait tenu qu'à

1. Le recteur sortant adressait une allocution au nouvel élu. Voir l'instruction de Gibert, nouveau recteur, par Coffin, recteur sortant, le 26 juin 1721, dans *les Œuvres de M. Coffin*, t. II, p. 35.

2. Ce cumul de fonctions que nous sommes habitués à regarder comme incompatibles nous éclaire mieux que beaucoup de détails sur la nature de la dignité rectorale dans l'ancienne Université. Sur ce point, comme sur beaucoup d'autres, l'Université moderne diffère essentiellement de l'ancienne.

3. C'était pour un collège un grand honneur que de posséder le recteur.

4. Dans toutes les affaires de quelque importance, le recteur était tenu de prendre l'avis des doyens des Facultés supérieures, faute de quoi ses décisions étaient frappées de nullité.

5. Ni même les dons en argent. Ainsi, pour récompenser le recteur Dumonstier des services qu'il lui a rendus en des circonstances décisives, l'Université reconnaissante lui vote une pension viagère de 600 livres; et les Nations de France, de Picardie et de Normandie lui en accordent une autre de 400 livres sur leurs fonds particuliers. Arch. de l'Univ., reg. 27, f° 358 et suiv. — Cependant Du Boulay dit que les Facultés supérieures se montraient assez mal disposées pour le recteur et « ne songeaient qu'à déprimer son autorité ».

elle, il aurait rempli une des premières charges de l'État. Mais il faut avouer que la dignité rectorale, comme l'Université elle-même, avait beaucoup perdu de son importance, sinon de son éclat, et que le temps n'était plus où, sur un ordre du recteur, les leçons cessaient dans les collèges et les sermons dans les églises. Au XVIIe et au XVIIIe siècle, les recteurs, dépouillés de toute influence religieuse et politique, s'étaient maintenus en possession de quelques droits honorifiques, et ils y tenaient d'autant plus qu'ils avaient perdu tous les autres. Qu'ils fussent régents de collège ou bacheliers des Facultés supérieures, ils avaient tous une très haute idée de leurs fonctions, et ils étaient extrêmement jaloux d'en conserver intacts les privilèges. Rollin, si modeste et si doux, se montrait intraitable dès que la dignité rectorale était en jeu. Ni un chancelier de France, ni un archevêque de Paris ne l'intimidaient, et la crainte de leur déplaire ne rabattait rien de sa fierté [1]. Par l'énergique fermeté de leur attitude, les recteurs parvenaient à se faire rendre les égards qu'ils croyaient dûs à leur dignité; mais, à moins de leur supposer un aveuglement peu vraisemblable, ils devaient voir clairement que les temps étaient changés, et que, si le chef de l'Université avait conservé une partie de son prestige, il avait perdu, en dehors des écoles, toute autorité et toute influence.

Après cet exposé qui aura peut-être paru long, mais qui nous a semblé indispensable pour mettre dans tout son jour la plus recherchée et la plus éminente des dignités académiques, quelques mots suffiront sur les autres charges universitaires, reléguées dans l'ombre par l'éclat de la pourpre rectorale.

Le plus important des officiers de l'Université après le recteur était le Procureur fiscal ou Syndic (*Meritissimus*

---

1. Voir, dans les *Notes pour servir de supplément à l'éloge de Rollin par M. de Boze*, quelle fut, dans une conjoncture délicate, l'attitude de Rollin vis-à-vis de l'archevêque de Paris, de Harlay.

Syndicus) [1]. A l'origine, et pendant tout le moyen âge, le syndic avait été l'agent préposé aux affaires communes et chargé de suivre, devant les tribunaux compétents, les procès où l'Université était partie; mais, avec le temps, cet office changea de caractère, et le syndic se trouva jouer dans l'Université tout entière le même rôle que les conseurs dans leurs Nations respectives, c'est-à-dire veiller, au lieu et place du recteur trop occupé, à l'observation des statuts et au maintien de la discipline, signaler les abus et en poursuivre la répression devant le Tribunal de l'Université [2]. Successivement exercée au xviii° siècle par des hommes qui se dévouèrent corps et âme aux intérêts de leur compagnie, cette charge acquit une grande importance, et les syndicats si féconds de Pourchot et de Gibert laissèrent une trace durable dans l'histoire de l'Université et dans le souvenir de tous ceux qui auraient voulu la voir grande et glorieuse. Le syndic était élu à vie par le recteur et les procureurs représentant la Faculté des arts, et l'élection était confirmée par les doyens des Facultés supérieures [3]. Ceux-ci, qui prétendaient participer effectivement à l'élection, ne se résignèrent jamais à un rôle qu'ils jugeaient trop effacé.

Le nom du Greffier (*Scriba*) indique suffisamment la nature de ses fonctions. Pour n'être pas très en vue, elles n'en étaient pas moins nécessaires. Du Boulay, qui les remplit pendant longtemps avec un grand zèle et une indiscutable autorité, insiste beaucoup sur l'utilité de cette charge. Il est certain que si ses titulaires avaient toujours bien compris les obligations qu'elle leur imposait, le dépôt des archives de l'Université nous serait parvenu

1. Du Boulay, *Factum ou Remarques sur l'élection des officiers de l'Université.*

2. L'examen des registres ne laisse aucun doute sur la nature des fonctions du syndic.

3. On voit par les registres que les émoluments de la charge de syndic, qui étaient presque nuls au xvii° siècle, furent considérablement augmentés au xviii°.

plus riche et mieux ordonné[1]. Le greffier en avait la garde; mais son emploi consistait surtout à expédier toutes les lettres et actes qui émanaient, soit de l'Université, soit de la Faculté des arts. C'était lui qui transcrivait sur les registres communs les procès-verbaux des assemblées générales de l'Université et de la Faculté des arts, ainsi que le compte rendu des séances du Tribunal académique; et sa rédaction était visée et paraphée par le recteur[2]. Comme le syndicat, cet emploi était à la disposition de la Faculté des arts, et les candidats, semble-t-il, ne manquaient pas, lorsqu'il venait à vaquer. Il rapportait au commencement du XVIIIe siècle la somme de 1400 ou 1500 livres.

Le Questeur ou Receveur (*Quaestor Generalis*) était l'agent comptable de l'Université, dont il administrait les revenus et les biens-fonds. Les revenus, qu'on appelait le casuel ordinaire, provenaient exclusivement de la taxe imposée à tous ceux qui se faisaient immatriculer dans l'Université, et surtout des droits d'examen que payaient les candidats aux grades de la Faculté des arts. Ainsi, suivant Du Boulay, c'était cette Faculté qui faisait subsister le public. La seule propriété commune à toutes les compagnies de l'Université était le Pré-aux-Clercs[3], si célèbre dans les annales du quartier latin. Encore la Faculté des arts prétendait-elle qu'il lui appartenait en propre et que c'était par pure bonté d'âme qu'elle en partageait les revenus avec les Facultés supérieures. A la fin du XVIIe siècle, le Pré-aux-Clercs, qui avait servi autrefois aux ébats des étudiants, était aliéné en entier; mais le produit de la vente

---

1. La tradition est que, lorsque Du Boulay eut achevé sa grande histoire de l'Université, on jeta au feu comme étant désormais inutiles toutes les pièces dont il s'était servi.

2. A partir de 1600, les registres des délibérations de l'Université sont en effet écrits de la main du greffier et signés du recteur.

3. Consulter, sur le Pré-aux-Clercs : Du Boulay, *Mémoires historiques sur la propriété et seigneurie du Pré-aux-Clercs*, et Pourchot, *Mémoire touchant la seigneurie du Pré-aux-Clercs, appartenant à l'Université de Paris, pour servir d'instruction à ceux qui doivent entrer dans les charges de l'Université.*

ou de la location des terrains ne s'éleva jamais bien haut[1]. La recette de l'Université rendait en 1720 à son titulaire la somme relativement considérable de 3 800 livres.

Il n'est besoin que de signaler certains officiers qui ne relevaient pas directement de l'Université et ne tenaient pas d'elle leur emploi : les deux Chanceliers de Notre-Dame et de Sainte-Geneviève, et les deux Conservateurs de ses privilèges. Malgré leurs prétentions à une supériorité illusoire, les chanceliers n'avaient de rapports avec l'Université qu'à l'époque et à l'occasion de la collation des grades, dont ils avaient en quelque sorte le monopole.

Quant au conservateur des privilèges apostoliques jadis accordés par les papes à l'Université de Paris, et qui était un des trois évêques de Meaux, de Beauvais ou de Senlis, son office était devenu, à l'époque qui nous occupe, une sinécure, soit que ces privilèges n'eussent plus de raison d'être, soit que personne ne les contestât. La juridiction du conservateur apostolique s'éteignit complètement au xviiie siècle[2]. Pour le prévôt de Paris, conservateur des privilèges royaux, il garda la sienne, mais il n'avait rien à voir dans les affaires de l'Université et se bornait à juger les causes que les privilégiés portaient à son tribunal.

L'Université avait encore dans sa clientèle vingt-quatre libraires jurés, quatre papetiers jurés, quatre parcheminiers jurés, quatre relieurs jurés, quatre enlumineurs jurés. Elle les tenait pour ses suppôts, les couvrait de sa protection et leur communiquait ses privilèges.

Nous ne parlons pas ici des messagers, grands et petits[3], dont les uns servaient de banquiers ou de correspondants

----

1. En 1751, le revenu global de l'Université montait à la somme de 23 110 livres 3 sous 6 deniers, et la dépense à 22 299 livres 9 sous 4 deniers. À cette date, l'Université était loin d'être riche, mais elle avait été beaucoup plus pauvre. — Les Archives nationales possèdent la suite des comptes de l'Université de Paris de 1731 à 1766.

2. Le dernier conservateur apostolique paraît avoir été Bossuet.

3. Voir le chapitre vii.

aux étudiants éloignés de leurs familles, et dont les autres portaient leurs paquets jusqu'aux extrémités des provinces. Ils étaient tous clients de l'Université et privilégiés.

Pour rendre la justice à ses suppôts et statuer sur les différends qui pouvaient s'élever entre eux touchant la discipline scolastique, l'Université avait un tribunal communément appelé le Tribunal du recteur ou des députés de l'Université, ou Tribunal académique[1]. Ce tribunal était présidé par le recteur et formé des doyens des Facultés supérieures, des procureurs des Nations et des trois grands officiers de l'Université, mais ces derniers n'avaient pas droit de suffrage. Une grave affaire, qui jeta la discorde dans le sein de l'Université, avait été de savoir si la Faculté des arts, représentée dans le tribunal par ses quatre procureurs, jouirait de quatre suffrages ou serait réduite à un seul, comme chacune des Facultés supérieures. De même, le recteur avait-il droit à un double suffrage? Ces irritantes questions qui, à chaque instant soulevées, divisaient profondément les esprits, ne furent jamais décidées.

Ce tribunal se réunissait dans la chambre du recteur et sur sa convocation. En principe, sa juridiction s'étendait sur tous les membres de l'Université, à quelque Faculté qu'ils appartinssent, mais les Facultés supérieures y avaient rarement recours. Elles préféraient accommoder chez elles leurs différends[2]. De son côté, la Faculté des arts aurait

---

1. Le Tribunal du recteur avait encore d'autres attributions. Les registres témoignent qu'il expédiait les affaires présentant un intérêt général et qu'il connaissait des difficultés relatives à la propriété du Pré-aux-Clercs. Il infligeait aussi des peines disciplinaires aux suppôts de l'Université. Au xviii° siècle, ce tribunal est battu en brèche. On accuse ses membres d'outrepasser leurs pouvoirs et d'étendre abusivement leur juridiction au préjudice des droits de chaque compagnie. Voir, à la Bibliothèque de l'Université, les mémoires n°' 25 et 30 du recueil U, 17, in-folio.

2. Les Facultés supérieures étaient si attentives à conserver leur juridiction particulière qu'elles avaient défendu par plusieurs conclusions à tous leurs docteurs de paraître au Tribunal du recteur au sujet de ce qu'elles auraient réglé, sous peine d'exclusion.

bien voulu que les affaires qui la concernaient seule, par exemple les contestations entre principaux et régents, fussent décidées à son tribunal particulier, où les doyens des Facultés supérieures ne siégeaient pas, et qui ne comptait que le recteur, les quatre procureurs des Nations et les grands officiers de l'Université, les uns et les autres tirés de son sein[1]. Vers le milieu du XVIIe siècle, d'après les dires de Du Boulay, pour concilier tous les intérêts, on avait partagé les quatre samedis de chaque mois entre les deux tribunaux, de telle sorte que les premier et troisième samedis, le recteur siégeait avec les procureurs des Nations et les doyens des Facultés pour les affaires qui intéressaient toutes les compagnies, et les deuxième et quatrième samedis, avec les procureurs et officiers de l'Université seulement pour les affaires spéciales à la Faculté des arts. Mais dans la suite on voit par les registres que le Tribunal des députés de l'Université fonctionnait seul régulièrement une fois par mois, tandis que l'autre ne se réunissait presque jamais, au grand mécontentement des maîtres de la Faculté des arts[2]. L'appel de ses sentences aurait dû se porter aux assemblées générales de l'Université, qui semblaient naturellement désignées pour juger en dernier ressort; mais, en fait, le plus souvent les parties s'adressaient au Parlement, non sans soulever des protestations véhémentes dans les compagnies dédaignées.

1. Consulter, tant sur le Tribunal de l'Université que sur le Tribunal de la Faculté des arts, le *Mémoire pour Jean-Nicolas Lallemand, Professeur de rhétorique au collège de La Marche et Vice-Syndic de l'Université, Demandeur et Défendeur; contre les Procureurs, Doyens et Suppôts des Nations de France, de Picardie et Normandie, et le sieur Hamelin, Défendeurs et Demandeurs, en présence des Procureur, Doyen et Suppôts de la Nation d'Allemagne, et du sieur Poirier.* Arch. de l'Univ., carton 10, 5e dossier, n° 32. — Voir aussi, à la suite du précédent mémoire : *Actes et Autorités concernant la Jurisdiction du Recteur assisté de son Conseil, soit des Doyens des Facultés et des Procureurs des Nations, soit des Procureurs des Nations seulement, où l'on voit l'antiquité de ce Tribunal, et le droit qu'il a toujours eu de connaître toutes sortes d'affaires, concernant la Discipline et la Police de l'Université, tant en première instance, que par appel.*

2. Crevier s'est fait l'interprète de leurs doléances dans son *Histoire de l'Université de Paris.*

L'assemblée générale de l'Université (*comitia centuriata*) se réunissait une fois par trimestre au cloître des Mathurins[1]. C'était pour tous ses membres, régents, médecins, jurisconsultes, théologiens, une occasion de se rencontrer, de se connaître, de s'apprécier mutuellement, et, par de libres causeries, de resserrer entre eux les liens de la solidarité. On y délibérait sur les affaires qui présentaient un intérêt général ; on y examinait des suppliques, mais surtout on y prenait ses dispositions pour la procession qui se faisait avec un grand appareil immédiatement après l'assemblée.

L'ancienne Université aimait le faste. Elle saisissait avec empressement toutes les occasions de paraître en public et de relever son prestige par de pompeuses cérémonies. Elle se faisait ainsi illusion sur sa décadence et la perte de son crédit ; et quand elle déroulait par les rues devant les bourgeois ébahis l'imposant cortège de ses suppôts, elle pouvait, sans trop de complaisance, se croire encore au temps où les plus puissants lui prodiguaient les marques d'une respectueuse déférence, et où elle était appelée au conseil des rois. L'interminable défilé des toges aux couleurs éclatantes et des frocs monastiques faisait l'admiration des Parisiens, toujours friands de ces spectacles, et l'un d'eux qui eut plus d'une fois l'occasion d'y assister, déclare « qu'on ne peut rien voir de plus auguste que la procession[2] ». Quatre fois par an, sans compter les circonstances

1. Pendant la seconde moitié du xvii⁰ siècle et pendant la plus grande partie du xviii⁰, les assemblées de l'Université en corps, et celles de la Faculté des arts se réunissent, sauf de très rares exceptions, aux Mathurins. Ces religieux étaient des Trinitaires fondés par Jean de Matha, docteur en théologie, et par Félix de Valois, ermite. Ils furent nommés Mathurins du nom de l'église sous l'invocation de Saint-Mathurin qui leur fut donnée en 1209 par l'évêque et le chapitre de Paris. Ils étaient astreints par un contrat à donner l'hospitalité à l'Université pour ses assemblées. Leur cloître, aujourd'hui démoli, était situé à l'angle des rues Saint-Jacques et des Mathurins.

2. Du Breul, *Antiquités de Paris*, p. 218. — Ce n'était pas cependant l'avis de tout le monde. Quelques-uns trouvaient ces cérémonies légèrement ridicules, et le costume académique provoquait les plaisanteries de

imprévues, au jour fixé par le recteur, toutes les compagnies qui tenaient de près ou de loin à l'Université se trouvaient le matin à huit heures au cloître des Mathurins. Les invitations avait été faites à l'avance par voie d'affiches ou de billets envoyés au nom du recteur. Non seulement les membres des quatre Facultés, mais encore presque tous les moines du quartier, que l'Université comptait dans sa clientèle, étaient obligés, à moins d'excuse valable, de suivre la procession. Les grands officiers de l'Université, accompagnés des quatorze bedeaux, allaient chercher solennellement le recteur dans le collège où il logeait et le ramenaient avec le même cérémonial au cloître des Mathurins. Ces assemblées, toujours nombreuses, étaient très bruyantes. Chacun prenait sa place au milieu du tumulte et des conversations particulières; le recteur exposait l'objet et le but de la procession[1], et demandait qu'on lui fît un beau cortège. Puis, dans l'église même des Mathurins, un bedeau appelait successivement tous ceux qui avaient un rang dans la procession[2]. On se rendait ensuite en bon ordre et en chantant des cantiques[3] à l'église désignée par le mande-

la populace par un certain air de mascarade : «... Adde quod academicae vestes, augustissimae ex sese, speciem praebent agminis personatorum hominum, et plebeculae dicteria et risum movent. » Arch. de l'Univ., reg, 41, f° 106 v°.

1. « Statarum (supplicationum) causa pia et religiosa, nimirum ad agendum Deo gratias ob impetrata ab eo beneficia in praeterito Rectoratu, novasque petendas in futuro : item pro Regis Regnique incolumitate, fructuum terrae copia, studiorum amplificatione, etc. » Du Boulay, *De Patronis IV Nationum*, p. 34.

2. On trouve dans les Arch. de l'Univ., carton 10, 3e dossier, une affiche où l'ordre de la procession est réglé ainsi qu'il suit : Minores, Augustinenses, Carmelitae, Praedicatores, Magistri in artibus, Ordo Caritatis Beatae Mariae, Albi Mantelli, De Sancta Cruce, De Valle Scholarium, De Sancta Trinitate, Praemonstratenses, Cistercenses, Ordo Sancti Benedicti, Cluniacenses, Cantores Martiniani, Baccalaurei in medicina, Baccalaurei in utroque jure, Baccalaurei in theologia, Doctores Regentes in artibus, Domini Procuratores, Doctores in medicina, Doctores in utroque jure, Doctores in theologia, Amplissimus Dominus Rector, Officiarii Universitatis, Consiliarii, Librarii, Pergamenarii, Papetarii, Illuminatores, Religatores, Scriptores, Nuncii Universitatis.

3. Pendant la procession on chante l'hymne *Veni, Creator*, et quand on l'a fini, on le recommence. Pour rompre la monotonie de cette espèce de

ment rectoral; on y entendait la messe; un membre qualifié de l'Université y prononçait un discours, puis on revenait, toujours en bel ordre, aux Mathurins, et de là on ramenait le recteur à son collège[1].

En général, tout se passait bien[2], quand les seuls suppôts de l'Université figuraient à la procession; mais dans les circonstances solennelles, entrées royales, funérailles de princes, etc., où tous les grands corps de l'État devaient paraître, il arrivait très souvent que le bon ordre était troublé par de fâcheuses querelles. Plusieurs compagnies disputaient le pas à l'Université, et bien qu'elle défendît ses droits avec une énergie qui ne reculait pas devant la violence[3], elle avait quelquefois l'amère douleur de se voir évincer par des corporations moins anciennes et moins illustres[4]. Ces mortifications lui étaient d'autant plus sensibles qu'elle avait une susceptibilité ombrageuse et facilement irritable, pareille en ce point aux puissances déchues, qui se consolent de leur décadence par de petites satisfactions d'amour-propre, et qui souffrent cruellement, dès qu'on cesse de ménager leur vanité et d'avoir pour elles ces égards qui leur faisaient illusion.

Telle était, dans ses grandes lignes, l'Université de Paris. A la considérer du dehors, on la voyait une, et l'observateur distrait ne démêlait pas sa complexité, mais

refrain, le recteur et les députés de l'Université décident de lui adjoindre d'autres cantiques. Arch. de l'Univ., reg. 44, f° 69 r°.

1. Dans un discours prononcé en 1720, Coffin, alors recteur, se plaint avec amertune qu'au moment d'entrer dans l'église, tout le monde s'éclipse et que le recteur reste à peu près seul. *Les Œuvres de M. Coffin*, t. I, p. 335. — Cette description, un peu abrégée, du cérémonial usité dans les processions est empruntée au reg. 41, f° 171 et 172.

2. Encore faut-il faire quelques réserves. Voir le chapitre v, à la fin.

3. Dans une audience à Versailles, le recteur arrêta par sa manche le directeur de l'Académie française qui voulait passer avant lui.

4. Pendant longtemps, dans les cérémonies officielles, l'Université vint immédiatement après le Parlement, mais, au xvii° siècle, la Chambre des Comptes, les Trésoriers généraux et même la Cour des Aides avaient pris le pas sur elle, « tant il est à craindre, écrit mélancoliquement Du Boulay, d'avoir à contester contre ceux de la protection et autorité desquels elle a tous les jours besoin ».

un examen plus approfondi permettait de reconnaître promptement que ce grand corps qui paraissait si homogène était fait d'éléments divers. Les compagnies qui la formaient, en dehors de leur rôle dans l'économie générale, avaient, comme des organismes complets et indépendants, leur constitution et leur vie propre. Il nous paraît nécessaire d'en donner un aperçu. Nous passerons très rapidement sur les trois Facultés supérieures qui n'appartiennent pas à notre sujet. Il suffit de savoir que leur organisation à toutes trois était à peu près semblable[1]. Elles n'étaient composées que de docteurs. Chacune avait à sa tête un doyen qui la représentait et s'occupait de ses affaires; mais l'autorité de ce chef avait des bornes très étroites, et il ne pouvait prendre aucune décision importante sans consulter sa compagnie.

La quatrième Faculté par ordre de dignité, mais la plus ancienne et la plus importante par le nombre de ses suppôts, était la Faculté des arts. L'objet de son enseignement était réputé moins noble que la théologie et le droit canon, qu'on s'accordait alors à regarder comme les études supérieures par excellence. Cependant elle était la base et le fondement des trois premières Facultés, qui ne subsistaient que par elle. C'était exclusivement parmi ses élèves que se recrutaient leurs étudiants. C'étaient ses professeurs qui distribuaient ce que nous avons nommé depuis *l'Enseignement secondaire*. Par là, elle présente pour nous un intérêt que les trois autres corporations universitaires ne nous offrent pas au même degré, et elle mérite de notre part une étude plus attentive que justifie d'ailleurs sa constitution très singulière.

Elle a une organisation originale, et qui semble, en plein xviii siècle, un anachronisme. Elle comprend non seulement les principaux et les professeurs de ses collèges, mais aussi les bacheliers et les licenciés des

---

1. On peut consulter sur les trois Facultés supérieures les dispositions qui les concernent dans le statut de réforme de 1600.

Facultés supérieures[1], et même un certain nombre de maîtres ès arts. Tandis que chacune des autres Facultés forme un tout homogène, elle se fractionne en quatre compagnies distinctes appelées Nations, où sont répartis tous ses membres d'après le lieu de leur naissance : ce sont les Nations de France, de Picardie, de Normandie et d'Allemagne. L'origine de ces corporations remontait au moyen âge, alors que les étudiants étrangers, accourant à Paris de toutes les parties de l'Europe, se groupaient instinctivement, pour être moins isolés, selon les affinités de race et de langage[2]. Ce vestige de l'antiquité subsista jusqu'à la Révolution. Bien que le nombre de leurs suppôts fût très inégal[3], les Nations jouissaient toutes des mêmes droits et d'une entière indépendance. Elles avaient chacune leurs statuts, leur discipline et leurs officiers[4]. Elles se gouvernaient comme elles l'entendaient, à la condition de rester soumises aux règlements généraux de la Faculté des arts. Il n'est pas hors de propos d'examiner

1. De là ses prétentions à représenter à elle seule toute l'Université. Cette composition de la Faculté des arts, qui étonne au premier abord, était, dit Crevier, une image et un reste de l'antiquité, de ce temps lointain où les Facultés supérieures ne s'étaient pas encore détachées de celle des arts qui formait à elle seule tout le corps de l'Université. Du jour où cette séparation est consommée, les docteurs des Facultés supérieures sont rigoureusement exclus de la Faculté des arts. Tout régent de collège devenu docteur est rayé de ses registres. Il devient à ses yeux un étranger, presque un ennemi.

2. « ... Dans une ville où aborde une multitude d'étrangers, chacun cherche ceux de son pays pour faire société avec eux. » Crevier, *Hist. de l'Univ. de Paris*, t. I, p. 255.

3. La Nation de France était aussi peuplée à elle seule que les trois autres. La Nation d'Allemagne ne comptait que quelques suppôts.

4. Les Nations s'efforcent de décider chez elles toutes les affaires qui les intéressent et de vider leurs différends en famille. Les appels de Nation à Nation, cause de nombreux procès, sont condamnés unanimement, et chacune d'elles prend la résolution, dans ses démêlés, de ne pas recourir à l'arbitrage des autres Nations « .... utpote quae non sunt unum et idem corpus... sed sunt ordines inter se plane distincti, qui suis legibus et usibus reguntur et vivunt, quique idcirco nullum in sese mutuo jus exercere possunt ». Ces conclusions de la Nation de France, ainsi que les conclusions analogues des autres Nations, sont homologuées en Parlement le 13 décembre 1713. *Statuta Honorandae Nationis Gallicanae*, édit. de 1788, p. 80.

quelle était, au XVIIe et au XVIIIe siècle, l'organisation
intérieure de ces corporations étroites, jalouses, ombra-
geuses, qui non seulement ne s'entendaient pas avec les
Facultés supérieures[1], mais qui même étaient toujours
entre elles en désunion et en procès[2]. Au reste, malgré
quelques différences, elles se ressemblaient sensiblement,
et en connaître une, c'est connaître les trois autres.

La plus importante des quatre Nations de la Faculté
des arts par l'étendue de son territoire et par le nombre
de ses membres était sans contredit la Nation de France[3].
Pour mettre un terme à des contestations qui dégéné-
raient le plus souvent en procès, la Nation avait, par une
conclusion homologuée en Parlement le 21 mai 1711, fixé
invariablement les limites des « Provinces » ou « Tribus »
dont elle était formée. Chacune de ces subdivisions renfermait un certain nombre de diocèses. La Tribu de Paris,
de beaucoup la plus importante, comprenait l'archevêché
de Paris et les évêchés suffragants de Chartres, de Meaux,
d'Orléans, de Blois, et le vicariat de Pontoise dans le
territoire du Vexin, jusqu'à la petite rivière d'Epte.

La Tribu de Sens comprenait d'abord l'archevêché de
Sens, avec les évêchés suffragants de Troyes, d'Auxerre,
de Nevers, puis l'archevêché de Lyon, avec les évêchés

---

1. Une cause perpétuelle de conflit était l'organisation même de la
Faculté des arts. Chacune de ses quatre Nations, représentée par son
procureur, se prétendait l'égale des Facultés supérieures et voulait jouir
des mêmes droits et prérogatives. Celles-ci s'y opposaient énergiquement,
objectant que les quatre Nations de la Faculté des arts ne faisaient qu'une
seule compagnie qui, par conséquent, dans les délibérations communes,
ne devait avoir qu'un seul suffrage. La querelle s'alluma avec violence
en 1647. Elle dura plus d'un siècle, et faillit amener un schisme dans
l'Université. En 1759, Crevier constate qu'elle durait encore, quoiqu'elle
eût cessé de passionner les esprits. Ce mémorable débat est raconté tout
au long, avec indication des sources, par Jourdain dans son *Hist. de l'Univ.
de Paris*.

2. On ferait une bibliothèque de tous les mémoires, factums, requêtes,
pièces diverses auxquelles ont donné naissance leurs innombrables procès.
Beaucoup de ces documents sont perdus; mais il nous en est cependant
parvenu encore un grand nombre.

3. *Statuta Honorandae Nationis Gallicanae.* La Bibliothèque de l'Université en possède plusieurs éditions faites à des époques différentes.

d'Autun, de Langres, de Mâcon, de Chalon-sur-Saône, de Dijon, de Saint-Claude; puis l'archevêché de Besançon avec l'évêché de Belley; enfin la plus grande partie de l'archevêché de Vienne, avec les évêchés de Grenoble, de Valence, de Die, la Savoie tout entière, avec l'archevêché de Moûtiers, les évêchés d'Annecy et de Maurienne.

La Tribu de Reims se composait de l'archevêché de Reims, avec les évêchés de Châlons et de Senlis, et de la partie de l'évêché de Soissons située en deçà de l'Aisne : l'autre partie appartenait à la Nation de Picardie.

La Province de Tours comprenait l'archevêché de Tours et les évêchés du Mans et d'Angers, ainsi que la Bretagne tout entière, avec les évêchés de Rennes, de Nantes, de Quimper, de Vannes, de Léon, de Tréguier, de Saint-Brieuc, de Saint-Malo, de Dol, tous suffragants de l'archevêché de Tours.

La Province de Bourges, outre l'archevêché de Bourges et les évêchés de Clermont, de Limoges, de Tulle, de Saint-Flour, du Puy, de Viviers et une partie de l'archevêché de Vienne, renfermait encore les archevêchés d'Albi, de Bordeaux, d'Auch, de Narbonne, de Toulouse, d'Arles, d'Avignon, d'Aix et d'Embrun, avec les évêchés suffragants. En dehors de la France, elle était censée comprendre encore l'Espagne et le Portugal, toute l'Italie, les îles de la Méditerranée et tout l'Orient [1].

La Nation de France avait, comme les trois autres Nations, ses statuts particuliers qu'elle interprétait à sa guise et qu'elle modifiait, le cas échéant, en toute indépendance, sauf à faire homologuer la rédaction nouvelle par le Parlement, dépositaire de l'autorité souveraine. Ils obligeaient les membres de la Nation au même titre que les règlements généraux de la Faculté des arts et de l'Université. Ces statuts, revisés en 1662 et confirmés par arrêt

---

1. Au xviiᵉ et au xviiiᵉ siècle, l'Italie, l'Espagne et le Portugal, où il existait des Universités florissantes, fournissaient à l'Université de Paris très peu d'étudiants et encore moins de maîtres.

du Parlement, ont subi dans le cours des siècles de notables modifications, mais le fond en a peu varié : c'est le document le plus sûr pour tout ce qui concerne la police, les lois et les usages de la principale Nation de la Faculté des arts.

La corporation avait à sa tête plusieurs officiers qui la gouvernaient, sans que toutefois ils fussent investis d'une autorité sans limites. Les tendances républicaines qui animaient le corps entier de l'Université étaient plus sensibles encore dans ces petites compagnies, qui ne s'en rapportaient qu'à elles-mêmes du soin de leurs affaires et qui, en se donnant des chefs, avaient bien soin de retenir la réalité du pouvoir.

Le plus important de ces officiers était le Procureur (*Ornatissimus Procurator* [1]). Il convoquait les assemblées particulières de la Nation et les présidait. Dans les assemblées générales de la Faculté des arts ou de l'Université, il était son représentant officiel et il portait la parole en son nom. Ses collègues et lui, assistés des doyens des Facultés supérieures, formaient, sous la présidence du recteur, le Tribunal de l'Université. Mais si l'affaire qui s'y traitait était de conséquence, il devait réserver son suffrage et prendre le temps de consulter au moins les doyens des Tribus et les anciens procureurs. De concert avec le recteur et les autres procureurs, il faisait des règlements qui devenaient exécutoires dans la Faculté des arts dès qu'ils avaient été signifiés aux intéressés par les bedeaux; avec eux aussi il nommait les officiers de l'Université. Cette charge considérable était annuelle, mais le titulaire rendait compte tous les trois mois de son mandat, qui lui était généralement continué. Pouvaient seuls être élus : les principaux des collèges de plein exercice, les régents qui avaient acquis la maîtrise depuis cinq ans au moins et qui enseignaient, suivant les classes, depuis deux ou trois,

---

1. *Statuta,* etc., cap. II. De Procuratore Honorandae Nationis Gallicanae.

les bacheliers en médecine et les bacheliers en théologie,
sous certaines réserves. Les bacheliers et les professeurs
alternaient dans la charge. Le procureur devait loger dans
un collège depuis six mois, ou tout au moins dans le quartier de l'Université, et ne pas aller s'établir ailleurs sans
donner sa démission. Il avait 100 livres d'appointements
fixes auxquels venaient s'ajouter quelques avantages
accessoires [1]. Il écrivait sur un registre dont il avait la
garde les conclusions de la Nation [2]. Les assemblées pour
l'élection du procureur se réunissaient tous les trimestres.

Le Censeur (*Aequissimus Censor*), dont la dignité allait
presque de pair avec celle du procureur, mais dont les
attributions étaient différentes, avait charge de veiller au
maintien et à l'observation des statuts particuliers de la
compagnie [3]. Il tenait le registre dit *du censeur* [4]. Les
réclamations et les plaintes devaient lui être adressées, et
il en rendait compte à la prochaine assemblée de la Nation.
C'était lui encore qui dressait la liste des membres de la
compagnie. Il recevait des candidats aux examens les
pièces exigées par la Faculté, vérifiait si elles étaient bien
en règle, et prenait connaissance des cahiers de philosophie que tout aspirant aux grades universitaires était tenu
de lui présenter. Il présidait aux examens du baccalauréat,
et inscrivait sur son registre les noms des nouveaux
bacheliers. Pour ses honoraires, il recevait par an 36 livres
et, à dater de 1787, 100 livres. De plus chaque candidat au
baccalauréat lui payait une redevance qui variait suivant

---

1. Il percevait un droit de 10 livres dans la collation des offices de
grand messager, et de 4 livres 10 sous s'il s'agissait d'un petit messager. —
À la fin du xvii° siècle, les émoluments de cette charge pouvaient monter
à 700 ou 800 livres.

2. Les Bibliothèques de l'Université et Mazarine conservent un certain
nombre de ces registres.

3. *Statuta*, etc , cap. ii. De Censore Honorandae Nationis. — On peut
lire dans *les Œuvres de M. Coffin*, t. 1, p. 302 et suiv., un discours intéressant sur les fonctions et le rôle du censeur.

4. La Bibliothèque Mazarine possède six registres des censeurs de la
Nation de France, manuscrits 3313-3318.

sa qualité. Cette magistrature, comme plusieurs autres, était annuelle ; le censeur était élu le 27 octobre aux Mathurins. Pour être éligible, il fallait remplir les mêmes conditions qui étaient exigées du candidat à la procure et habiter un collège, ou tout au moins le quartier de l'Université.

— Le Questeur (*Fidelissimus Quaestor*) était le caissier de la Nation [1]. Il en administrait les biens et en percevait les revenus, sous le contrôle du procureur et des doyens. Ces revenus étaient : 1° les loyers des propriétés de la Nation. La Nation possédait quelques immeubles, mais le rapport en était peu élevé, parce que les réparations étaient fréquentes et les locataires souvent insolvables ; 2° une part des droits d'examen versés par les candidats au baccalauréat et la taxe exigée de quiconque se faisait incorporer dans la Nation. L'immatriculation coûtait, jusqu'à 1684, 15 livres, de 1684 à 1774, 30 livres, et après, 60 livres (*ob exhaustum aerarium*) ; 3° une part du produit de la collation des offices de grand messager ; 4° le produit des petites messageries. Ces derniers fonds avaient une destination spéciale : ils servaient à rétribuer les régents et les principaux des collèges de plein et entier exercice. L'administration de ces revenus ne regardait pas le questeur ; elle restait entre les mains des membres de la Nation qui déléguaient un des leurs à cet effet. Quoique le questeur n'eût pas de fonds bien considérables à manier, il devait fournir un répondant qui le cautionnait. Il lui était enjoint d'inscrire soigneusement sur son livre les recettes et les dépenses de la Nation [2]. Ses comptes étaient examinés le 8 janvier par le procureur, les doyens, le censeur et des vérificateurs choisis par les Tribus. Ce même jour on lui donnait un successeur, le questeur, comme les autres officiers, ne restant qu'une année en charge.

---

1. *Statuta*, etc., cap. IV. De Quaestore et rationibus Nationis. — Cap. IX. De Patrimonio deque Subsidiis et Obventionibus Nationis.

2. Un registre des questeurs de la Nation de France est à la Bibliothèque Mazarine, manuscrit 3320. Il va de 1703 à 1725.

Les Doyens (*Sapientissimi Decani*) étaient dans chaque Tribu le plus ancien membre[1]. Leurs fonctions étaient surtout honorifiques. Ils veillaient, d'accord avec le procureur, sur les revenus de la Nation. Ils avaient les clefs du trésor et des archives. Ils présidaient aux assemblées particulières de leur Tribu, et, pour leur salaire, recevaient chaque année une somme de 50 livres qui s'augmentait de quelques autres profits[2]. En cas d'absence, ils étaient suppléés par un vice-doyen. Comme les autres officiers de la Nation, ils étaient assujettis à la résidence dans un collège ou dans l'enceinte de l'Université.

Outre les officiers que nous venons d'énumérer, la Nation avait encore deux Appariteurs ou Bedeaux (*Bidelli*[3]). On distinguait un grand et un petit bedeau. Ces serviteurs, autrefois fort influents, n'avaient pas toujours exercé leur charge avec une honnêteté scrupuleuse, et un article des statuts de 1600 rappelle certains faits scandaleux dont ils se seraient rendus coupables[4]. Après la réforme de Henri IV, ils perdent toute importance et sont réduits à des fonctions subalternes, mais assez lucratives. Dans la plupart des circonstances ils étaient aussi largement rétribués que le recteur, et on leur accordait encore des gratifications supplémentaires. Ils devaient se tenir à la disposition des officiers de la Nation pour recevoir leurs ordres, les communiquer aux intéressés et en assurer l'exécution matérielle[5]. Ils devaient aussi, selon l'antique usage, conduire les candidats aux examens auprès des censeurs et des examinateurs. Ils accompagnaient le rec-

---

1. *Statuta*, etc., cap. vi. De Sapientissimis Decanis. — Du Boulay, *De Decanatu Nationis Gallicanae*.

2. Comme cette charge était l'objet de compétitions très vives, on doit en conclure qu'elle était d'un assez bon rapport.

3. *Statuta*, etc., cap. viii. De Apparitoribus, seu Bidellis. — Du Boulay, *Remarques sur les Bedeaux*.

4. Statuts de la Faculté des arts, art. 58.

5. Une conclusion du 19 août 1611, renouvelant un ancien statut, ordonne aux bedeaux d'aller, une fois par jour, prendre les ordres du recteur.

teur aux processions solennelles et le précédaient avec
leurs masses d'argent. Les jours d'assemblée, ils gardaient
les portes de la salle pour éloigner les intrus. Leur office
était à vie, et eux-mêmes étaient choisis par la Nation tout
entière qui, avant de leur confier ses masses et les robes
de ses membres, les obligeait à fournir caution. Chaque
année, ils déposaient leurs masses devant le nouveau procureur, mais ce n'était là qu'une formalité, puisqu'ils conservaient indéfiniment leurs fonctions.

Tous ces officiers, à la réserve des bedeaux, étaient
choisis parmi les membres de la Nation. Celle-ci n'admettait dans son sein que les professeurs et les principaux des
collèges de plein exercice, ainsi que les bacheliers et les
licenciés des Facultés supérieures pourvus du titre de
maître ès arts [1]. Cet article des statuts devait son origine à
un arrêt du Parlement où il était dit qu'en dehors des
régents, nul ne jouirait du droit de suffrage « à moins
qu'il ne fût des supérieures Facultés ». Les Nations de
France et de Normandie avaient interprété cette clause en
exigeant de leurs suppôts non régents le baccalauréat en
quelqu'une des Facultés supérieures; mais il n'en était pas
tout à fait de même dans les autres Nations [2].

Les assemblées de la Nation de France se tenaient à des
dates fixes dans un local déterminé suivant l'objet de la
réunion. Toutes les fêtes et cérémonies religieuses se
célébraient dans la chapelle du collège de Navarre; les
vêpres avaient lieu tous les vendredis à deux heures de
l'après-midi, et la messe tous les samedis à sept heures du

1. *Statuta*, etc., cap. VII. De quinque Tribubus Nationis Gallicanae;
artic. 4. Les membres de la Nation sont qualifiés dans les procès-verbaux officiels du titre de *Proceres Academici*.

2. La Nation de Picardie admettait parmi ses membres les simples maîtres ès arts, mais avec des restrictions qui les tenaient au-dessous des
régents et des bacheliers. La Nation d'Allemagne, en raison du petit
nombre de ses membres, ne connaissait point toutes ces distinctions.
Tout maître ès arts y était reçu, mais le nombre de ses suppôts ayant
droit de suffrage avait été, par un arrêt du Parlement, limité à 20. Crevier, *Hist. de l'Univ. de Paris*, t. V, p. 304, 305.

matin, avant la classe. Les principales solennités de la Nation étaient la fête de son patron Saint-Guillaume (*Guillelmalia*), et la fête de Saint-Charlemagne (*Carlomagnalia*)[1]. Ce jour-là, un professeur ou un principal prononçait le panégyrique de Charlemagne en vertu d'une fondation de César-Egasse Du Boulay, l'historien de l'Université de Paris. A la fête de Saint-Guillaume, il se faisait une distribution extraordinaire des deniers de la Nation. Le procureur, pour prix de son assistance, recevait 10 livres, le censeur, les doyens et les appariteurs chacun 5 livres. Les simples membres touchaient un jeton de présence de 20 sous. Les docteurs en théologie qui avaient appartenu à la Nation et qui assistaient à la cérémonie revêtus des insignes de leur grade recevaient également 20 sous[2]. En outre la Nation offrait à ses chefs et aux prêtres officiants un repas évalué à 70 livres environ. Enfin, le jour de la Purification de la Sainte Vierge, le procureur, l'ex-procureur et le questeur avaient droit à un cierge d'une livre; le censeur, les doyens, les vice-doyens et les anciens procureurs à un cierge de six onces ; chaque membre à un cierge de quatre onces.

Les autres fêtes se célébraient aussi dans là chapelle du collège de Navarre. A cette occasion il se faisait aux membres de la compagnie des distributions manuelles (*sportulae*), dont le montant variait avec la qualité de la personne. Pour y avoir part, il fallait être revêtu du costume académique (*pileus quadratus et toga academica et epomis*), arriver avant le milieu de la cérémonie et prendre séance au chœur. Le questeur passait de rang en rang et remettait à chacun la sportule qui lui revenait. On ne tenait pas compte des absents.

Les assemblées pour l'élection des intrants, qui précé-

---

1. *Statuta*, etc., cap. 1. De Sacris Nationis. — Du Boulay, *De Patronis IV Nationum.*

2. Du Boulay se plaint qu'ils y affluent pour toucher la gratification de 20 sous.

daient immédiatement les comices rectoraux, se réunissaient quatre fois par an. Elles se tenaient d'abord alternativement au collège de Navarre et au collège de Beauvais, puis, à partir de 1725, dans le cloître des Mathurins[1]. Dès lors, ce cloître est devenu pour près d'un demi-siècle le lieu de réunion nécessaire de toutes les assemblées de la Nation. Aux comices rectoraux, il y avait aussi des distributions pécuniaires. Il y en avait également les jours de procession rectorale. Lorsque la procession restait en deçà des ponts, les membres de la Nation touchaient 10 sous, et les officiers le double ou le quadruple. Si la procession passait sur la rive droite, la rémunération était double. Ceux qui, au retour, accompagnaient le recteur à son collège recevaient une sportule supplémentaire[2]. Après 1763, toutes les assemblées de la Nation se tiennent dans la salle qui lui est affectée au collège Louis-le-Grand devenu, depuis l'expulsion des Jésuites, le chef-lieu de l'Université.

L'exposé qui précède nous dispense d'entrer dans de longs détails relativement aux autres Nations. Elles avaient, à de légères différences près, la même organisation que la Nation de France; leurs suppôts étaient seulement beaucoup moins nombreux.

La Nation de Picardie[3] (*Fidelissima Picardorum Natio*) comprenait cinq Provinces : Beauvais, Amiens, Noyon, Laon et Arras, auxquelles il faut ajouter non seulement les évêchés de Boulogne, de Pont-Audemer et d'Ypres, mais tous les diocèses de Belgique jusqu'à la Meuse. Les assemblées pour l'élection des intrants se tenaient alterna-

---

1. On s'était plaint vivement des inconvénients qu'entraînait l'obligation où étaient les membres de la Nation de se rendre d'abord à six heures et demie du matin en toute saison aux collèges de Navarre ou de Beauvais, avant de se transporter aux Mathurins où avait lieu l'élection du recteur. En 1723, une conclusion de la Nation homologuée en Parlement décida qu'on irait directement aux Mathurins, où seraient désormais choisis les intrants. On évitait ainsi un double déplacement.

2. En 1738, les frais de sportules payés sur les fonds de l'Université s'élèvent à 837 livres 12 sous.

3. *Statuta Fidelissimae Nationis Picardiae.*

tivement au collège du Cardinal le Moine et au collège de Boncour. Elle nommait ses officiers dans ses écoles de la rue du Fouarre[1].

La Nation de Normandie (*Veneranda Normannorum Natio*) n'était point subdivisée en Tribus. Elle ne comprenait que l'archevêché de Rouen et les six évêchés suffragants d'Avranches, de Bayeux, de Lisieux, de Coutances, d'Evreux et de Séez. Elle se réunissait au collège d'Harcourt. Seule des quatre Nations de la Faculté des arts, elle n'avait point de statuts homologués en Parlement; elle n'avait d'autres règles que sa tradition et ses usages[2].

La Nation d'Allemagne (*Constantissima Germanorum Natio*) comprenait deux Provinces, dont l'une renfermait tous les habitants de la Grande-Bretagne, et l'autre, qui était immense, tous les Germains du continent. Malgré cette vaste étendue, le nombre de ses suppôts était tombé presque à rien, depuis que les étrangers trouvant à s'instruire dans des Universités nationales avaient cessé de venir à Paris. La Nation d'Allemagne était celle qui avait conservé le plus fidèlement les anciens usages[3]. Elle tenait ses assemblées dans une salle du cloître des Mathurins.

Ces quatre Nations réunies constituaient la Faculté des arts qui devait à son organisation une physionomie originale et une situation privilégiée, mais par cela même difficile. Chacune des quatre compagnies qui la formaient voulait traiter sur le pied de l'égalité avec les Facultés supérieures et jouir dans toute leur étendue des mêmes droits et prérogatives; mais nous avons vu que cette prétention trouvait dans les docteurs des Facultés de médecine, de droit, et surtout de théologie des adversaires irréducti-

---

1. Il s'agit des écoles où se donnait au moyen âge l'enseignement public. La Nation de Picardie avait conservé les siennes, bien que depuis plusieurs siècles il ne s'y fît plus de cours.

2. Elle s'était contentée de faire imprimer à l'usage de ses membres une sorte de calendrier de ses fêtes et de ses assemblées : *Sacra et Comitia Venerandae Normannorum Nationis.*

3. La Nation d'Allemagne n'avait pas jugé à propos de faire imprimer ses statuts.

bles. Celles-ci affectaient de ne voir dans la Faculté des arts qu'une seule corporation, et une corporation inférieure [1]. Elles l'accusaient de tyrannie et lui reprochaient d'user volontiers d'intimidation, et, dans les assemblées, quand elle était à bout d'arguments, de menacer les contradicteurs de son armée de suppôts. De son côté, la Faculté des arts renvoyait à la Faculté de théologie cette accusation de violence. Elle ne voyait pas sans déplaisir les théologiens occuper partout le premier rang, et ne les entendait pas sans dépit vanter sans cesse la sublimité de leur enseignement. Ils lui étaient peu sympathiques, et elle ne laissait échapper aucune occasion d'attaquer « ces pieux fainéants » [2]. Elle n'admettait que contrainte et forcée parmi ses membres les bacheliers et les licenciés en théologie, qu'elle considérait comme des espions qui divulguaient à leur Faculté le secret de ses délibérations; et les deux compagnies étaient continuellement en procès. Il n'est pas de notre sujet d'examiner le bien-fondé de leurs prétentions respectives. A en croire Du Boulay et les factums inspirés par la Faculté des arts, la Faculté de théologie, abusant d'une supériorité problématique, faisait peser sur celle-ci un joug intolérable et par ses conti-

---

1. Dans le registre 99, manuscrit du xviie siè..e qui n'est qu'un long réquisitoire des Facultés supérieures contre la Faculté des arts, ses quatre Nations sont appelées des « bandes », et on insiste avec malveillance sur la « bassesse » des grades de ceux qui les composent.

2. *Factum historique et général contenant plusieurs mémoires instructifs pour servir à la Décision des Procès entre les Régens et les Non-Régens de l'Université de Paris.* Bibl. nation., rec. Thoisy, 320. *Seconde partie du Factum de la Nation de France tendant à faire voir que l'autre cause de la ruine de la Faculté des Arts vient des Docteurs Théologiens Principaux de ses Collèges.* Bibl. de l'Univ., rec. U, 9¹², in-4°. — *Factum pour les Régents de la Nation de France, contre M. Étienne du Mesny, Docteur de Sorbonne, prétendant en qualité de Philosophe Émérite devenu Docteur en théologie, devoir participer au Revenu des Messageries.* Rec. U, 9⁷. — *Factum pour les Principaux et Régens des collèges de plein et entier exercice de la Faculté des Arts en l'Université de Paris, et pour les anciens Graduez : contre les Professeurs en Théologie des Collèges de Sorbonne et de Navarre, poursuivans la Vérification des Lettres Patentes par eux obtenues au mois de Janvier 1676, portant Privilège de sept ans de Régence en théologie, comme dans les arts.* Rec. U, 9¹⁶. — *Mémoire touchant les Principaux des Collèges.* Bibl. nat., rec. Thoisy, 327.

nuelles vexations la réduisait au désespoir. Mais, en réalité, la Faculté des arts avait dans l'Université une situation prépondérante. Nous avons vu que c'était elle qui élisait le chef de l'Université, et que les autres Facultés se bornaient à ratifier l'élection par l'organe de leurs doyens. Elle nommait aussi, le plus souvent sans demander leur avis aux doyens des Facultés, les officiers généraux de l'Université. Elle avait en quelque sorte dans sa main le Tribunal académique, où elle disposait de quatre voix contre trois, sans compter celle du recteur, qui lui était généralement acquise. Ses quatre Nations jouissaient, grâce à leurs messageries et à leurs biens propres, d'un revenu qui, quoique très modeste, était encore plus élevé que celui des Facultés supérieures, lesquelles n'avaient d'autres ressources que les droits payés par leurs étudiants.

Tous ces avantages, elle les devait principalement à la multitude de ses suppôts. Le nombre a toujours été une puissance. Tandis que, à un moment donné, la Faculté de décret était réduite à un professeur unique[1], la Faculté des arts comptait, sans parler des licenciés et bacheliers des Facultés supérieures, qui, comme on sait, avaient droit d'entrée dans les Nations, au moins soixante-dix professeurs, tous résidant à Paris, dans le quartier de l'Université. Il faut y ajouter tout un peuple d'écoliers. Cette multitude de suppôts, qu'on peut évaluer à plusieurs milliers, ne laissait pas d'être imposante et de communiquer la force qui était en elle à la Faculté dont elle dépendait.

Maîtres et élèves se répartissaient inégalement entre les nombreux collèges que possédait l'Université[2]. Ces col-

---

1. Philippe de Buisine représenta à lui seul toute la Faculté de décret de l'an 1651 à l'an 1655.

2. Ces collèges étaient encore dans les premières années du xvii° siècle au nombre de plus de quarante. En voici la liste empruntée à Jourdain, *Histoire de l'Univ. de Paris*, p. 38 : collège d'Arras; — d'Autun; — de Bayeux; — de Presles-Beauvais; — de Boissy; — de Boncour; — des Bons-Enfants-Saint-Victor; — de Bourgogne; — de Calvi; — de Cambrai; — du Cardinal le Moine; — des Cholets; — Coqueret; — de Cornouailles;

lèges différaient d'une manière sensible des établissements appelés aujourd'hui de ce nom. Ils n'appartenaient ni à l'État, ni à la Ville, ni à l'Université, qui avait seulement sur eux un droit de surveillance. Ils devaient leur existence à l'initiative privée. Le fondateur, ordinairement un grand personnage, les avait dotés de biens plus ou moins considérables destinés à entretenir un certain nombre de boursiers, auxquels se joignirent dans la suite des pensionnaires payants et des externes. Le chef de la maison était le Principal, boursier lui-même. Il avait généralement à côté de lui un économe ou procureur et un chapelain également boursiers. Cette forme d'administration se retrouvait à peu près semblable dans tous les collèges de l'Université[1].

Il n'en était pas de même pour l'enseignement. L'exercice n'existait pas dans tous les collèges, et il faut faire ici une distinction nécessaire entre les grands et les petits collèges. Ces derniers (*minora, incelebria Collegia*) n'avaient pas de classes et par conséquent pas de professeurs. Leurs boursiers suivaient les cours du collège de plein exercice le plus voisin. Ces établissements, loin de lui faire honneur, étaient pour l'Université un sujet de perpétuels

— de Dainville; — des Dix-Huit; — des Écossais; — de Fortet; — des Grassins; — d'Harcourt; — de Hubant ou de l'Ave-Maria; — de Justice; — de Laon; — de Lisieux; — des Lombards, puis des Irlandais; — de Maître Gervais; — du Mans; — de la Marche; — de Marmoutiers; — de Mignon; — de Montaigu; — de Narbonne; — de Navarre; — du Plessis; — de Reims; — de Saint-Michel; — Sainte-Barbe; — de Séez; — de Sorbonne; — de Tournai; — de Tours; — de Tréguier; — du Trésorier. — De plus, un certain nombre de collèges appartenaient à des communautés religieuses qui dépendaient plus ou moins de l'Université. Dans le cours du xviie siècle plusieurs collèges universitaires disparurent : ce furent ceux de Mignon, de Tréguier, de Coquerel, de Calvi, des Dix-Huit, de Boncour, de Tournai, de Marmoutiers et du Mans. Presque tous les collèges étaient situés dans le quartier de l'Université. Un très beau plan ancien de ce quartier, exposé à la Sorbonne dans le corridor qui dessert les salles B, C, D, E, F, G, permet de se rendre compte de l'emplacement occupé par chacun d'eux.

1. Chaque collège a ses statuts particuliers; mais les dispositions essentielles ne varient guère de collège à collège. On trouvera ces statuts aux Archives de l'Université dans le registre 96. La plupart ont été publiés par Félibien dans son *Histoire de Paris*.

soucis. Pour des raisons diverses, mais surtout par suite de la mauvaise administration des revenus, ils étaient presque tous tombés dans une complète décadence[1], et telle était leur situation qu'on ne peut qu'applaudir à la décision du gouvernement, qui, en 1763, transféra leurs boursiers dans le vaste collège récemment enlevé aux Jésuites.

Le plein exercice n'avait lieu que dans les grands collèges (*celebria Collegia*). Au commencement du xvii⁰ siècle, chacun d'eux avait un personnel d'environ huit professeurs. Ce chiffre d'ailleurs ne peut être qu'approximatif, car à cette époque les collèges, même les plus importants, passaient par des vicissitudes diverses, et, d'une année à l'autre, gagnaient ou perdaient des classes. Une mesure d'une portée considérable, qui fixe définitivement le nombre des collèges de plein exercice, c'est l'application du revenu des messageries au traitement de leurs professeurs. Comme ceux-là seuls doivent y participer qui enseignent dans un collège où toutes les classes sont constituées, ils ont le plus grand intérêt à ce que l'exercice ne soit pas rétabli dans d'autres collèges, car une telle éventualité, en augmentant le nombre des copartageants, diminuerait la part de chacun. Dès 1639, la distinction est faite entre les grands et les petits collèges : il y a neuf grands collèges jusqu'à 1688[2]. A partir de cette date jusqu'à la Révolution, on en comptera dix, à cause de l'agrégation à l'Université du collège fondé par Mazarin. Dans chacun d'eux, les classes étaient normalement au nombre de huit : sixième, cinquième, quatrième, troisième, seconde[3], rhétorique[4] et

---

1. *Mémoire sur la réunion des petits Collèges fondés en l'Université de Paris.* Bibl. de l'Univ., rec. U, 35⁵, in-4°.

2. Collèges de Beauvais, du Cardinal le Moine, d'Harcourt, des Grassins, de Lisieux, de la Marche, de Montaigu, de Navarre, du Plessis.

3. Ce n'est qu'à la fin du xvii⁰ siècle que cette classe existe dans tous les collèges. Il y a dans *les Œuvres de M. Coffin*, t. I, p. 174 et suiv., un discours sur le but et l'utilité de la seconde.

4. Les Jésuites avaient deux professeurs de rhétorique, dont l'un enseignait le matin et l'autre le soir. L'Université rejetait cette pratique que condamnaient ses statuts : elle n'existait que dans un seul de ses collèges, à Mazarin, et cela par suite de circonstances particulières.

deux classes de philosophie (logique et physique). Chacune avait à sa tête un régent qui présidait à tous les exercices. Les professeurs spéciaux étaient inconnus. Ce n'est que dans la seconde partie du xviiie siècle qu'on a enseigné d'une façon régulière dans les collèges les mathématiques et la physique expérimentale. Jusqu'alors c'était le professeur de la classe qui donnait à temps perdu à ses élèves quelques notions scientifiques[1].

Dans la Faculté des arts, les régents des collèges étaient en quelque sorte la pierre angulaire de l'édifice[2] : c'était sur eux que reposait tout le poids de l'enseignement. Ils voulaient qu'on le sût et qu'on eût pour eux des égards. Ils étaient presque tous, au xviie et au xviiie siècle, des hommes faits, mûris par une longue expérience et qui avaient vieilli dans l'exercice de leurs pénibles fonctions. Ils méritaient toute la confiance de la Faculté des arts qu'ils servaient avec dévouement, et il est certain qu'elle eût beaucoup gagné à ne se gouverner que par leurs conseils[3]. Ils lui rendaient journellement les plus grands services. Ils faisaient contre-poids dans les élections académiques toujours très vivement disputées aux jeunes bacheliers des Facultés supérieures qui, à peine émancipés du collège, étaient naturellement portés aux résolutions violentes, et qui, du reste, ne faisant que traverser la Faculté des arts, n'avaient point intérêt à s'y comporter avec sagesse. Crevier se plaint avec amertume de l'envahissement des Nations par ces jeunes gens qui scandalisaient par leur indiscipline et leur pétulance la gravité des

—————

1. L'article 40 des statuts de réforme de la Faculté des arts porte qu'à six heures du matin on expliquera, en philosophie, la sphère avec quelques livres d'Euclide, mais il n'était pas appliqué. Les mathématiques ne s'enseignaient pas dans les collèges universitaires, mais au Collège royal (Collège de France).

2. « ... Cernere licet in actis omnium temporum totum splendorem ac dignitatem Academiae Parisiensis in una paene regentia constitisse. » Du Boulay, *De Patronis IV Nationum*, p. 189.

3. Il se rencontrait cependant parmi eux quelques sujets médiocres. La faute en était aux principaux qui les choisissaient. Voir sur le mode de nomination des régents le chapitre iv.

régents[1]. C'est de ces suppôts indociles que viendront en partie les embarras et les procès dans lesquels la Faculté des arts se débattra trop souvent au xviii⁰ siècle et qui ne laisseront pas de la diviser et de l'affaiblir.

Mais il est temps, maintenant que nous avons quelques données précises sur l'organisation et le fonctionnement de l'Université en général et de la Faculté des arts en particulier, de faire plus ample connaissance avec les membres du corps académique les plus intéressants à nos yeux, à savoir les professeurs de collège.

1. On pouvait, au xvii⁰ siècle, être bachelier en théologie à vingt et un ans, et dès lors avoir entrée dans les Nations avec droit de suffrage.

CHAPITRE II

De l'origine et du recrutement des régents.

Pour solliciter une régence dans un collège de la Faculté
des arts de l'Université de Paris, comme aussi pour étudier
dans les Facultés supérieures[1], il suffisait d'avoir obtenu
le diplôme de maître ès arts dans cette même Université.
Mais il s'en fallait de beaucoup que le grade de maître
ès arts fût accessible à tous ceux qui étaient capables de
l'obtenir. Comme il était la porte par où l'on entrait chez
elle, l'Université faisait sentinelle, si l'on peut dire, devant
la salle d'examen et en écartait rigoureusement : 1° d'une
manière générale, tous les candidats qui n'avaient pas
suivi un cours complet de philosophie (deux ans) dans un
de ses collèges[2]; 2° par une disposition spéciale, tous les

----

1. Excepté dans la Faculté de décret, qui n'exigeait aucun diplôme de
ses étudiants.

2. Lorsque, de nos jours, on propose d'exiger de tous les candidats
aux grades universitaires un stage de deux ans dans un lycée ou collège
de l'État, on ne fait que demander l'application d'un règlement de l'ancienne Université. Remarquons, à ce propos, que, sous l'ancienne monarchie, l'autorité du gouvernement en matière d'instruction publique était
sans bornes. Selon ces principes, qui étaient ceux des jurisconsultes
romains, aucun droit ne pouvait prévaloir contre le droit de l'État. L'article 10 des statuts donnés à l'Université de Paris par Henri IV en 1600,
interdit d'élever et d'instruire dans une maison particulière des enfants
qui auront plus de neuf ans, ce qui équivaut à rendre obligatoire l'enseignement donné au nom de l'État. S'il était difficile de faire observer
rigoureusement cette disposition des statuts, on ne peut se méprendre sur
les intentions du législateur : l'État, ou, si l'on aime mieux, les Univer-

membres, sans exception, des communautés religieuses. La règle, surtout en ce qui concerne les congréganistes, était absolue, et toutes les requêtes ou propositions de nature à y donner quelque atteinte étaient invariablement rejetées. Pendant les deux derniers siècles de son existence, l'Université a veillé avec un soin attentif à l'observation de cet article de ses statuts, et, quand il a été attaqué, elle l'a défendu avec une extrême énergie. Elle estimait qu'il y allait sinon de sa vie, au moins de sa liberté. Accorder à tous les candidats indistinctement l'accès des grades, c'était introduire l'ennemi au cœur de la place. En ouvrant ainsi ses portes toutes grandes, elle se mettait à la merci des congrégations, dont le flot montant n'aurait pas tardé à la submerger. Elle se glorifiait d'être un corps séculier, indépendant, autonome. Qu'elle accueillît les réguliers; qu'elle les admît au partage de ses droits, c'en était fait d'elle. Nombreux comme ils l'étaient alors, disciplinés, dociles aux volontés de leurs supérieurs, qui recevaient de Rome le mot d'ordre, ils ne se seraient pas contentés de lui faire une concurrence acharnée et ruineuse, tous leurs efforts auraient inévitablement tendu à la dominer ou tout au moins à lui ravir ces libertés précieuses, qui faisaient sa force, son originalité et sa gloire. Aussi, par prudence, excluait-elle avec un soin jaloux non seulement les religieux eux-mêmes, que ses statuts protecteurs écartaient de la maîtrise ès arts et par suite du professorat, mais encore leurs élèves dont elle appréhendait l'esprit et les tendances [1].

Ces règlements, qui l'ont fait accuser d'intolérance, et qui n'étaient en réalité que des mesures de protection,

sités établies par lui, ont le monopole de l'enseignement, et si, pour des raisons dont il est seul juge, le gouvernement permet de fonder des maisons d'éducation en dehors des villes universitaires, c'est une faveur exceptionnelle et toujours révocable.

1. En voici un exemple. En 1691, un religieux bénédictin qui enseignait la philosophie au collège congréganiste de Cluny s'avisa de demander que ses élèves fussent admis à se présenter à la maîtrise ès arts. Sa supplique fut rejetée à l'unanimité.

visaient spécialement les Jésuites, dont l'Université avait tout à craindre, et qui, pendant plus de deux siècles [1], ont été pour elle un objet de haine, de jalousie et de terreur. Comblés de faveurs par les rois de France, installés par eux en plein quartier des Écoles, sur cette montagne Sainte-Geneviève, où l'Université jusqu'alors avait régné sans partage, ces dangereux ennemis avaient pratiqué une large trouée dans ses privilèges, et elle s'était vue un moment proche de sa ruine. Cependant, bien qu'ils eussent fait en quelques années des progrès effrayants, leur triomphe était loin d'être complet. Malgré leur crédit et leurs intrigues, ils n'avaient pas réussi à renverser tous les obstacles que l'Université leur opposait. Les études faites dans leur collège de Louis-le-Grand continuaient à n'être pas valables pour l'obtention des grades universitaires, et ils ne pouvaient présenter directement aucun candidat aux examens. Le règlement qui en excluait leurs élèves subsistait dans toute sa force, et leurs attaques les mieux concertées étaient venues se briser contre ce mur d'airain [2]. Ceux de leurs disciples qui voulaient arriver au baccalauréat et à la licence devaient y accéder par la voie commune et faire leur philosophie dans un collège académique. Ils se pliaient bon gré mal gré à cette règle moins gênante au fond qu'elle ne le paraissait au premier abord, et ils suivaient les cours de philosophie que faisaient plus ou moins sérieusement dans les petits collèges de jeunes bacheliers en théologie [3]. Ils se conformaient

1. 1551-1762. Mais c'est surtout à la fin du XVIe siècle et dans les cinquante premières années du XVIIe que les hostilités ont été les plus vives. Consulter, sur la longue lutte soutenue par l'Université de Paris contre la puissante Compagnie, A. Douarche, *l'Université de Paris et les Jésuites*.

2. Un moment ils avaient pu se croire vainqueurs et se flatter de l'espoir que leur collège de Paris allait être érigé en Université. En 1643, les circonstances leur paraissant favorables, ils demandèrent dans une requête au Conseil du roi non seulement que leurs écoliers fussent admis comme ceux des collèges de l'Université à se présenter aux examens, mais qu'eux-mêmes pussent leur conférer valablement tous les grades académiques. Contre leur attente, cette requête n'eut aucun succès.

3. Ces cours laissaient beaucoup à désirer. Ils étaient faits par de jeunes

ainsi à peu de frais aux obligations que leur imposait l'Université dispensatrice des diplômes, qui se contentait, faute de pouvoir exiger davantage, de cet acte d'apparente soumission.

On comprend sans peine que ses meilleures recrues ne lui venaient pas de ce côté. Les plus sûrs de ses maîtres, ceux qui étaient ses plus fermes soutiens et, à l'heure du danger, ses plus dévoués défenseurs, ceux aussi qui lui faisaient le plus d'honneur par leur vertu et leur science, elle les avait formés de ses mains; elle les avait élevés dans ses écoles et pénétrés dès l'enfance de son esprit et de ses principes. Ces hommes éminents par le caractère et par le savoir qui se sont appelés Grangier, Padet, Pourchot, Rollin, Coffin, etc., et dont les noms jadis vénérés et célèbres ont plus d'une fois franchi l'enceinte de l'Université[1], avaient étudié chez elle de bonne heure en qualité de boursiers. Tous avaient eu d'humbles et difficiles débuts. Il importe de faire connaître, au moins brièvement, cette institution des bourses qui est presque aussi ancienne que l'Université, et qui, malgré bien des abus, a contribué dans une large mesure à sa prospérité et à sa gloire.

Les boursiers étaient par définition des enfants pauvres ou peu fortunés choisis dans une ville ou une province déterminée conformément aux statuts dressés à l'origine par les fondateurs des collèges[2]. Mis en possession de

gens qui voulaient obtenir le titre de *socius* de la maison de Sorbonne, laquelle leur imposait ce stage depuis un temps immémorial. La plupart ne paraissaient jamais dans leur classe, car c'était pour eux une corvée. Comme les études faites sous leur direction étaient valables pour les examens, ils avaient quand même, sur le papier du moins, beaucoup d'élèves. Ajoutons que ces élèves ne valaient souvent pas grand'chose : c'étaient des irréguliers, des paresseux ou encore des écoliers des Jésuites, qui n'avaient pas d'autre moyen d'arriver aux degrés académiques.

1. A l'exception de Rollin et de quelques autres comme Crevier, Coffin, Lebeau, qui ont laissé des travaux plus ou moins considérables, ils sont aujourd'hui inconnus. Pourtant, plusieurs d'entre eux mériteraient d'être tirés de l'oubli.

2. On trouvera à la Bibliothèque de l'Université dans les cartons relatifs aux anciens collèges un grand nombre de pièces authentiques en

leur bourse, ils la conservaient généralement, sauf le cas d'indignité, jusqu'à ce qu'ils eussent pris le degré de maître ès arts. Tant qu'ils étudiaient en grammaire, lettres ou philosophie, ils étaient dits petits boursiers. Si, après avoir obtenu le grade de maître ès arts, ils ne sollicitaient pas une chaire ou, comme on disait, s'ils ne suppliaient pas *pro regentia et scholis*[1], ils pouvaient prétendre à une grande bourse dont le revenu plus élevé leur donnait les moyens d'étudier dans une des Facultés de décret, de médecine et surtout de théologie. Au cas où ils désiraient régenter, ils n'avaient pas à chercher bien loin un établissement, car, dans plusieurs collèges, les statuts attribuaient les chaires vacantes de préférence aux anciens boursiers de la maison[2]; et c'était de la part du fondateur une grande preuve de sagesse. Les boursiers, en effet, présentaient, sous tous les rapports, un ensemble de garanties qu'on aurait vainement demandé à des candidats étrangers. Ils avaient fait leurs preuves sous les yeux de leurs maîtres pendant toute la durée de leur bourse. Ce long noviciat avait permis à ceux qui étaient préposés à leur direction d'étudier leurs mœurs, leur caractère, en même temps que leur capacité et leurs aptitudes pédagogiques. A la fin de leurs classes, on savait exactement ce qu'ils valaient et à quel emploi ils étaient propres[3]. On

parchemin qui sont des titres de nomination aux bourses des différents collèges de Paris.

1. Telle est la formule officielle pour solliciter une chaire.

2. Cette disposition est en effet inscrie dans les statuts de la plupart des collèges d'exercice. Mais les principaux sont simplement invités, dans l'attribution des chaires, à donner la préférence aux anciens boursiers; ils n'y sont jamais obligés, et cette prétention qu'élevaient les boursiers de quelques collèges (du Cardinal le Moine et d'Harcourt) de remplir de droit les chaires vacantes a été constamment rejetée par l'Université et le Parlement. Elle n'en a pas moins donné lieu à de nombreuses contestations. Voir, en particulier, à la Bibliothèque de l'Université, le mémoire n° 21 du recueil U, 17, in-folio, et le mémoire n° 13005, in-folio, de la Bibliothèque nationale.

3. Avant d'installer un candidat dans une chaire, les principaux des collèges avaient toujours la ressource, pour éprouver sa vocation et l'initier à la pratique du métier, de lui confier une étude ou, comme on

pouvait alors en toute assurance leur confier celui qui paraissait le mieux leur convenir. « L'important pour un principal, écrivait Rollin, est de former lui-même de bons sujets dans son collège, et de les préparer de loin à la régence. Quand on les a vu croître sous ses yeux, on les connaît tout autrement, non seulement par rapport à la capacité, mais, ce qui est plus essentiel, par rapport aux mœurs et au caractère d'esprit[1]. »

Une autre supériorité des boursiers sur les candidats du dehors est qu'ils connaissaient les habitudes et les traditions de la maison. Recueillis et nourris sous son toit hospitalier, ils s'y attachaient, en mémoire du bienfait reçu, par des liens si forts, qu'ils n'avaient plus le courage de les rompre, et que plusieurs d'entre eux, devenus régents, n'eurent jamais d'autre habitation que le collège et, pour ainsi dire, d'autre patrie. Ce n'est donc pas sans raison que les principaux soucieux de la prospérité de leur collège[2] en réservaient les chaires à ceux des anciens boursiers qu'ils avaient connus et appréciés. Cette conduite était sage, et, sauf quelques exceptions[3], tout le monde s'en trouvait bien.

L'Université d'ailleurs — il faut lui rendre cette justice — avait à cœur l'éducation de ses boursiers, et elle décla-

disait, une « chambre » à diriger. Il n'existait pas encore de préparation professionnelle.

1. Rollin, *Traité des Études*, liv. VIII, seconde partie, chap. I, des devoirs du principal, art. 2.

2. Tous malheureusement ne l'étaient pas, et il y eut dans le choix des régents des abus si graves que le gouvernement, pour y mettre fin, institua en 1766 le concours d'agrégation.

3. Aux collèges de Lisieux, du Cardinal le Moine et d'Harcourt, il y eut de longs et orageux débats entre les régents, les boursiers et les principaux. Les uns et les autres s'entendaient fort mal, se harcelaient sans cesse et s'intentaient procès sur procès. Les boursiers de ces collèges paraissent avoir été particulièrement turbulents et processifs. Le Parlement rendit contre ceux du Cardinal le Moine plusieurs arrêts, sans jamais pouvoir réussir à ramener parmi eux la concorde. La Bibliothèque nationale possède un certain nombre de mémoires relatifs aux querelles qui ont surgi dans les collèges ci-dessus. On en trouvera la liste à l'article Université de Paris, collèges, dans le *Catalogue des factums de la Bibliothèque nationale*, par A. Corda.

rait par l'organe du plus autorisé de ses maîtres qu'elle leur devait un soin particulier, qu'ils étaient les enfants de la maison, et qu'à ce titre ils avaient droit à quelque chose de plus que l'estime toute simple [1]. Elle avait une pleine conscience de sa responsabilité. Elle n'ignorait pas que les fondateurs des collèges lui avaient confié leurs pupilles, et qu'elle-même s'était engagée moralement à leur témoigner la tendresse d'une mère. Cependant, comme de multiples occupations l'empêchaient de veiller sur eux d'aussi près qu'il aurait fallu, elle déléguait une partie de ce soin à ses principaux et à ses régents, qui pouvaient s'en acquitter d'autant mieux qu'ils vivaient les uns et les autres au milieu de leurs élèves. Elle se réservait du reste un droit de surveillance qu'elle exerçait effectivement, et de temps en temps ses officiers inspectaient les différents collèges pour en maintenir tous les hôtes dans le devoir. Les boursiers des grands collèges, où l'exercice était florissant, se trouvaient dans des conditions particulièrement favorables pour faire de bonnes études et répondre aux intentions de l'Université. Ils étaient plus immédiatement sous la direction de leurs professeurs, dont plusieurs logeaient dans la maison [2]. Ils avaient de plus, en dehors des classes, des sous-maîtres pour les surveiller à l'étude et les aider dans la confection de leurs devoirs. Ceux des petits collèges étaient beaucoup moins favorisés. Faute d'exercice dans l'établissement même, ils suivaient les classes de quelqu'un des grands collèges; mais dans l'intervalle des leçons, ils étaient livrés à eux-mêmes [3], et cette complète indépendance ne

---

1. Rollin, *Traité des Études,* liv. VIII, seconde partie, chap. I, des devoirs du principal, art. 3.

2. On trouve dans quelques mémoires de la fin du XVII° siècle une accusation particulièrement grave. Certains maîtres auraient négligé les boursiers et réservé leurs meilleurs soins aux externes et aux pensionnaires payants. Ce reproche est-il fondé? Nous l'ignorons. Mais les professeurs y demeurèrent exposés aussi longtemps qu'ils furent rétribués directement et de la main à la main par leurs élèves.

3. Dans les petits collèges, il n'y a jamais de sous-maîtres et la sur-

donnait que de médiocres résultats. Pourtant, le principal leur devait ses soins les plus assidus. Il était tenu — et les règlements insistaient sur ce point — de leur faire lui-même des instructions dans la chapelle [1]. Il devait aussi leur répéter les leçons du professeur, contrôler leur travail et les aider de ses conseils; mais trop souvent, distrait par d'autres soins, il négligeait cette partie importante de sa tâche.

Quant à la situation matérielle des boursiers, il faut avouer que, pour la plupart, elle était loin d'être bonne. On comprend que les fondateurs des collèges n'aient pas voulu que leurs pupilles fissent l'apprentissage d'une vie commode et somptueuse à laquelle ils ne seraient vraisemblablement pas appelés; mais en les supposant même pénétrés de ce principe que le savoir doit s'acheter au prix de quelques privations, ils avaient dû, ce semble, pour que leur œuvre fût vraiment méritoire, assurer au moins de quoi vivre pendant le temps de leurs études aux pauvres écoliers sur lesquels ils répandaient leurs bienfaits. Au xive siècle, à l'époque de la fondation d'un grand nombre de collèges, la valeur des bourses variait entre 3 et 6 sous par semaine [2], somme à laquelle on estimait alors l'entretien d'un étudiant. Mais plus tard, par suite de la dépréciation continue des espèces, les quelques sous alloués pour la dépense hebdomadaire devinrent tout à fait insuffisants, et il fallut, sous peine de voir les boursiers mourir de

veillance est à peu près nulle. Aussi les petits boursiers perdent leur temps, quand ils ne font rien de pis. C'est ce que constatent les anciens recteurs qui ont écrit en 1763 le très intéressant *Mémoire sur la réunion des petits collèges fondés en l'Université de Paris*, déjà cité. Bibl. de l'Univ., rec., U, 35⁵, in-4°.

1. Le principal doit faire aussi le catéchisme aux domestiques de la maison.

2. Les boursiers du collège de Beauvais, au xive siècle, ont, pour leur nourriture, entretien, etc., 4 sous parisis par semaine; ceux d'Harcourt, 3 sous, s'ils étudient en philosophie, et 4 sous, s'ils étudient en théologie. A Navarre, collège de fondation royale, les boursiers grammairiens ont 4 sous parisis, les philosophes 6, les théologiens 8. Il en est à peu près de même dans les autres collèges.

faim, augmenter les revenus des bourses. Les principaux avaient eu bien soin d'augmenter les leurs [1], et de s'attribuer des émoluments parfois hors de proportion avec les ressources des collèges. Mais les petits boursiers n'avaient point eu part à ces avantages, et, bien que leur condition fût devenue un peu meilleure, ils ne purent jamais subsister convenablement des fruits de leur bourse. Sauf au collège Mazarin, établissement modèle où, grâce aux libéralités du fondateur, les boursiers étaient largement entretenus [2], partout ailleurs ils avaient peine à vivre. On n'en sera pas surpris quand on saura qu'en 1763, lors de la réunion des boursiers des petits collèges dans le collège de Louis-le-Grand laissé vacant par les Jésuites, il se trouvait des bourses de 75 et même de 50 livres [3] (Collèges d'Arras et de Cornouailles).

Il est hors de doute qu'une si faible somme ne suffisait à payer que la moindre part de la pension de l'écolier. Les malheureux boursiers qui n'y pouvaient rien ajouter de leur fonds devaient se résigner à mener une vie de privations et de misère. Un homme de cœur, Jean Grangier, qui fut principal du collège de Beauvais au commencement du xviie siècle, se sentait pris de pitié à la vue de leurs souffrances, et il constatait, non sans émotion, que les petits boursiers étaient « si mal accommodez qu'il ne restait plus qu'à les faire loger sous les tuiles et vivre de vents, et pour ce n'avaient courage aucun d'étudier [4] ».

1. Au collège de Sainte-Barbe, le principal touchait en 1763, 1272 livres. Sa bourse, à la fondation, était de 50 livres. Quicherat, *Hist. de Sainte-Barbe*, t. II, p. 73 et suiv.

2. Au collège fondé par Mazarin, les boursiers étaient bien nourris, bien logés et de plus recevaient 100 livres par an pour leur entretien. Le revenu du collège dépassait, bon an mal an, 80 000 livres. A. Franklin, *Recherches historiques sur le collège des Quatre-Nations*.

3. Les petites bourses du collège de Beauvais (plein exercice) sont de 200 livres, c'est à-dire tout à fait insuffisantes. Aussi les boursiers ne restent-ils pas toute l'année au collège. Ils en passent une partie dans leur famille et reviennent de vacances un mois en retard. Les choses se passaient de même dans plusieurs autres collèges. *Recueil de plusieurs des ouvrages de M. le Président Rolland*, p. 209 et suiv.

4. *De l'estat du collège de Dormans, dit de Beauvais, fondé en l'Université*

Leur sort paraissait si digne d'intérêt, que des maîtres qui en étaient bien informés, comme Padet, Villemont, Rollin et plusieurs autres, léguaient à leur collège des sommes plus ou moins considérables, en stipulant expressément que les revenus serviraient à améliorer la condition des petits boursiers. Ceux d'entre eux qui n'étaient pas absolument dépourvus de ressources pâtissaient moins; mais, en ce cas, leurs parents devaient s'imposer des sacrifices souvent très lourds. Ainsi les bourses n'étaient plus qu'un secours ou un subside accordé à certaines familles pour leur permettre d'élever leurs enfants. Les vrais pauvres, à moins de braver la misère, n'en recueillaient point le bénéfice. Il ne faut donc pas s'étonner si, à l'époque du transfert à Louis-le-Grand des boursiers des petits collèges, beaucoup de bourses étaient vacantes, ou si elles n'étaient occupées que pendant une partie de l'année[1].

L'Université n'y pouvait rien. Au cours de la visite des collèges, qui avait lieu de temps en temps, elle constatait tristement cette pénible situation; elle enregistrait les plaintes des petits boursiers qui étalaient leur misère[2]; mais il ne dépendait pas d'elle d'améliorer leur sort. Elle était pauvre, et pendant longtemps elle n'eut même pas de quoi payer ses professeurs. D'autre part, ce grand élan de charité qui, au xiv° et au xv° siècle, avait porté tant de riches et pieux personnages à recueillir dans les collèges qu'ils créaient à grands frais les pauvres écoliers exposés sans défense à la faim, au froid et à la débauche, s'était considérablement ralenti, et on ne peut guère, dans

de Paris, par Jean Grangier, lecteur professeur du roy en la langue latine et principal dudit collège. Bibl. de l'Univ., rec. U, 9[18].

1. Sur 384 bourses comprises dans les anciennes fondations, 196 seulement étaient occupées en 1763.

2. En mars 1653, lors d'une visite du collège de Bayeux, les petits boursiers, à qui le recteur reproche de ne pas porter l'uniforme imposé par les statuts, répondent qu'ils n'ont pas les moyens de l'acheter. A la même date, au collège de Saint-Michel, il y a des boursiers qui ne résident pas dans la maison, parce qu'ils n'ont pas de quoi y vivre (in eo non habent unde vitam sustentare possint).

l'espace de deux cents ans, signaler que quelques fondations particulières, affectées à des établissements déterminés, et souvent elles-mêmes trop peu considérables pour être réellement bienfaisantes [1].

Quoi qu'il en soit de la condition des boursiers, l'Université ne tirait pas d'eux tout le secours qu'elle en pouvait attendre pour le recrutement de ses professeurs [2]. A ne considérer que leur nombre, ils paraissaient, à première vue, devoir suffire, et amplement, à tous ses besoins [3]. Mais il faut prendre garde que beaucoup étaient grands boursiers, c'est-à-dire qu'ils occupaient, comme nous dirions, des bourses d'enseignement supérieur, qui obligeaient les titulaires à étudier dans une des trois Facultés de décret, de médecine et de théologie [4]. Ceux-là, à de rares exceptions près, étaient perdus pour la Faculté des arts. A vrai dire, les fondateurs s'étaient surtout proposés, par l'institution des bourses, de fournir le royaume, ou même une province nommément désignée, de docteurs en droit, en médecine ou en théologie. Aucun d'eux n'avait stipulé que ses pupilles se destineraient à la régence. Les vues des bienfaiteurs s'accordaient d'ailleurs parfaitement avec les intentions de leurs obligés. Les boursiers, petits ou grands, aspiraient presque tous aux grades d'enseignement supérieur, parce que ces grades leur permettaient de prétendre à des places plus lucratives, et que le titre de docteur de Sorbonne ou de Navarre était, pour obtenir un bon bénéfice, la meilleure de toutes les recommanda-

---

1. On en trouvera le détail dans le *Recueil de toutes les délibérations importantes du bureau d'administration du collège de Louis-le-Grand.*

2. « Et véritablement c'est une chose honteuse que d'un si grand nombre (de petits boursiers) que l'Université entretient, on n'en voye presque point qui se rendent capables de la profession des lettres. » *Advis de M* Gabriel Dabes, ancien professeur de philosophie au collège de La Marche, touchant l'Université de Paris,* p. 11 et 12. Bibl. de l'Univ., rec. U, 44, in-4°.

3. Il y avait, en tout, plus de 500 bourses fondées dans les collèges de l'Université de Paris.

4. C'est ce qui ressort clairement de l'examen des statuts des collèges.

tions [1]. Ceux qui se tournaient vers la régence et s'y fixaient, ou bien avaient la vocation de l'enseignement — et dans ce cas c'étaient des recrues excellentes — ou bien n'embrassaient cette profession qu'à défaut d'une autre, parce qu'ils n'avaient ni les moyens ni le goût d'étudier dans les Facultés supérieures, et qu'ils voyaient dans la régence un gagne-pain pénible mais assuré. Si l'on en croit certaines plaintes discrètement exprimées, il y avait quelques-uns de ces maîtres-là dans l'ancienne Université.

La Faculté des arts ne pouvait guère compter sur ses autres élèves pour recruter son personnel et remplir les chaires vides. En dehors des boursiers, les anciens collèges, plus hospitaliers que les nôtres, renfermaient plusieurs catégories de pensionnaires. Les uns, qui formaient le plus grand nombre, étaient sous la direction immédiate du principal : ils appartenaient, suivant l'expression du temps, à sa portion. Les autres étaient les élèves particuliers des professeurs, qui, selon l'usage du collège, se chargeaient ou non de les nourrir [2]. Ils vivaient tous en commun, et, en ce qui concerne les classes, partageaient les exercices des boursiers; mais dans certains établissements, ils faisaient une chère plus délicate. Ils ne portaient jamais l'uniforme. C'étaient en général des jeunes gens de bonne famille, originaires des provinces, et qui payaient une pension, dont le prix, variable de collège à collège, ne s'abaissait pas au-dessous de 300 et ne s'élevait pas au-dessus de 500 livres [3]. Sauf le cas d'une vocation bien décidée, ils ne songeaient nullement à entrer dans la

---

1. Pour l'obtention des bénéfices les docteurs en théologie sont préférés à tous les autres gradués.

2. Chaque collège a là-dessus ses règlements. Il semble cependant que dans la plupart le pensionnat était au compte du principal. On sait que ce régime est celui sous lequel vivent aujourd'hui presque tous les collèges de l'Université.

3. Le prix de la pension n'est pas uniforme dans tous les collèges. Il appartient au principal de le fixer, sous le contrôle du magistrat civil. Statuts de la Faculté des arts, art. 60.

régence, et ce n'était pas sur leur tête que l'Université devait placer ses espérances.

Il y avait encore moins à attendre des « caméristes », élèves d'un genre particulier, qui n'ont point aujourd'hui leurs pareils dans nos lycées. On appelait ainsi des jeunes gens de riche ou grande famille, qui habitaient dans le collège des appartements indépendants sous la surveillance d'un précepteur attaché spécialement à leur personne. Ils devaient suivre les cours du collège où ils résidaient, ou bien, s'il n'y avait pas d'exercice, ceux de l'établissement le plus voisin. A cette obligation près, qui n'était pas bien gênante, ils jouissaient d'une liberté à peu près complète. Ils n'étaient pas soumis à la même discipline que les boursiers et les pensionnaires. Ils mangeaient seuls, avaient leurs domestiques pour les servir, et, s'ils le voulaient, vivaient à part [1]. Ils ne relevaient directement que du professeur dont ils suivaient les cours et du précepteur qui les avait en sa garde [2], à charge pour eux toutefois de se conformer aux règlements généraux de la Faculté des arts et de l'Université. Bien qu'ils fussent la plupart du temps presque étrangers au collège et qu'ils ne se distinguassent habituellement ni par leur application, ni par leurs succès, l'Université se faisait honneur de ces élèves, quand ils portaient un beau nom, et elle eût été ravie qu'ils fussent venus à elle en plus grand nombre [3]. Mais les Jésuites, qui

---

1. C'est un camériste que le jeune d'Épinay, le fils de la protectrice de Rousseau. Il habite avec son précepteur une chambre particulière au collège du Plessis. Lire, dans les *Mémoires* de Mme d'Épinay, le piquant récit de la visite imprévue que font au maître et au disciple Mme d'Épinay et Duclos.

2. Les précepteurs ne s'acquittaient pas toujours consciencieusement de leur devoir : « Les pédagogues et précepteurs pour la plusbart ne sont assez soigneux d'empêcher que leurs pensionnaires regardent oysivement par les fenêtres qui sont sur les rues, et jettent de l'eau et des pierres sur les passants... plus, donnent trop souvent congé et permission d'aller en ville. » *De l'estat du Collège de Dormans*, etc., par Jean Grangier, p. 79.

3. M. l'abbé Bouquet, dans son livre *l'Ancien Collège d'Harcourt et le Lycée Saint-Louis*, cite les noms de quelques caméristes d'Harcourt appartenant à la haute noblesse. Il y a parmi eux des Polignac, des Rohan, des d'Harcourt, des Beauveau, des Talleyrand, etc.

avaient dans leur parti les gens de cour, lui faisaient victorieusement concurrence, et, jusqu'à la fin, ils virent affluer dans leur collège de Louis-le-Grand les fils des plus nobles familles. Cependant, cette petite république qui s'appelait l'Université de Paris ne négligeait rien pour gagner la faveur de la clientèle aristocratique. Elle entourait d'une bienveillance particulière ceux de ses élèves qui étaient de haute naissance. Elle célébrait avec éclat leurs succès scolaires [1], et, quand ils se présentaient aux examens, elle les dispensait de quelques-unes de ces formalités si ennuyeuses qu'elle imposait aux candidats qui n'avaient pas l'avantage d'être nobles [2]. Mais ces écoliers de marque, on le conçoit, ne faisaient que passer sur les bancs. Ils avaient hâte, pour la plupart, de se ranger sous les drapeaux de la Faculté de théologie, et de se faire adjuger les riches abbayes, auxquelles leur qualité leur donnait droit de prétendre. Les humbles fonctions de l'enseignement étaient infiniment au-dessous de leur naissance.

Les externes étaient en grand nombre dans les collèges

1. « L'an du Seigneur 1738, le 2 août, à l'assemblée mensuelle tenue chez l'amplissime recteur (Nicolas Piat) au collège du Plessis-Sorbonne, s'est présenté M⁰ Charles Coffin, ancien recteur, principal du collège de Dormans-Beauvais. Il amenait avec lui un enfant, Bertrand du Guesclin, âgé de douze ans à peine, mais brûlant déjà de marcher sur les traces de ses aïeux. L'année dernière, étant élève de troisième à Beauvais, il a soutenu un examen public sur l'Iliade et l'Odyssée d'Homère, sur l'Enéide de Virgile, la Cyropédie, Quinte-Curce, et sur le de Officiis, le de Senectute et le de Amicitia de Cicéron : aujourd'hui, il vient offrir au Tribunal académique le programme d'un exercice public, pour le 9 de ce mois, dans lequel il s'engage à expliquer toutes les Vies de Plutarque, ainsi que la première et la seconde Décade de Tite-Live. Après avoir adressé à l'enfant les plus grands éloges, on lui donna un Plutarque et, en présence de toute l'assemblée, il en expliqua avec une facilité merveilleuse plusieurs passages à livre ouvert. Aussi, pour honorer un si rare mérite, l'amplissime Recteur fut prié d'inviter plusieurs docteurs à se rendre, au nom de l'Université, à l'exercice pour y interroger le noble enfant. » Extrait des registres de l'Université et traduit par le P. Chapotin, le Collège de Dormans-Beauvais, etc., p. 131. On ne sait pas ce que devint ce petit prodige. Du moins, il n'a pas laissé de nom dans l'histoire.

2. Il est vrai qu'elle leur faisait payer des droits d'examen beaucoup plus élevés. Voir le chapitre suivant.

de Paris, et formaient la fraction la plus importante de la population scolaire. Ils se partageaient entre les neuf collèges de plein exercice; mais, lorsque le collège Mazarin eût ouvert ses portes, en 1688, beaucoup y émigrèrent, parce que l'enseignement y était gratuit, avantage qui faisait en partie le succès des Jésuites, et qu'on ne rencontrait pas dans les collèges de l'Université. Ils appartenaient en général aux classes aisées de la bourgeoisie parisienne. Comme il n'y avait de collèges que sur la rive gauche et dans l'enceinte de l'Université, soir et matin, ils arrivaient en foule de la ville et des faubourgs; mais l'inconvénient d'accomplir un long trajet qu tre fois par jour en toute saison alarmait beaucoup de familles [1], qui croyaient faire preuve de prudence et ménager la santé de leurs enfants en les confiant à des maîtres de pension dont les établissements pullulaient dans tous les quartiers de Paris. Ces pensionnats, qui s'ouvraient presque tous au mépris des règlements et dont les prospectus menteurs abusaient la crédulité des familles [2], faisaient le plus grand tort aux collèges, en détournant une partie de leur clientèle légitime. Les directeurs étaient tenus de conduire leurs élèves en classe dans les collèges [3], mais ils s'en dispensaient

1. Ces plaintes des familles sur l'éloignement des collèges sont signalées dans une note manuscrite d'un ancien recteur, M⁰ Demontempuys, et dans le *Mémoire sur la translation du Collège de Lizieux.* Bibl. de l'Univ., rec. U, 33, in-4°.

2. « Le seul du Roure, logé au Palais, rue nouvelle Delamoignon, promet d'enseigner la Grammaire, la Rhétorique, la Philosophie, les Mathématiques, la Théologie, la Jurisprudence et la Médecine,... la Fortification, la Géométrie, la Chronologie, le Blason, l'Astronomie, la Jurisprudence romaine, les Ordonnances, la Coutume, les Principes Hébraïques et le Droit Canon. » *Seconde Partie du Factum de l'Université contenant les réponses aux objections de M. le Chantre et premièrement au droit qu'il prétend avoir d'ériger des écoles de grammaire.* Bibl. de l'Univ., rec. U, 0, in-4°.

3. L'Université de Paris était seule en possession, par privilège royal, de distribuer l'enseignement secondaire dans la capitale. Nous avons vu que dès qu'un enfant avait atteint l'âge de neuf ans, à moins d'être instruit dans sa famille, il ne pouvait fréquenter d'autres classes que celles des collèges de l'Université. Mais cet article de l'édit de 1600 n'était pas observé. Si l'écolier renonçait à se présenter aux grades, il pouvait, en somme, étudier où bon lui semblait.

généralement, et l'Université était impuissante à les y con-traindre [1].

Au reste, les mœurs de ces externes autrefois si bru-tales et si barbares, quand l'émeute éclatait soudain pour les causes les plus futiles, s'étaient singulièrement adou-cies, et les quelques désordres que le Parlement eut à réprimer au commencement du xvii° siècle sont les der-nières étincelles d'un feu près de s'éteindre [2]. L'aliénation du Pré-aux-Clercs, la suppression des réjouissances tumul-tueuses du Lendit, d'autres mesures encore avaient amené un changement complet dans les mœurs scolaires, et inau-guré une discipline nouvelle. Au xvii° siècle, les écoliers externes, assujettis à des obligations rigoureuses et sur-veillés de plus près, ne sont plus les mauvais sujets de jadis, turbulents, ivrognes, querelleurs, le perpétuel effroi du bourgeois paisible; et l'on ne conserve plus que le souve-nir de ces furieux combats, qui ensanglantèrent si souvent le pavé du pays latin et le gazon du Pré-aux-Clercs. Comme les anciennes coutumes, les vieux noms ont disparu. On ne connaît plus ces sobriquets pittoresques de « martinets », de « galoches » [3], ni toute cette population scolaire inter-

1. Si elle l'essayait, elle trouvait devant elle le chantre de Notre-Dame. Ce dignitaire ecclésiastique, véritable directeur de l'enseignement pri-maire à Paris, avait la haute main sur les « petites écoles » où l'on appre-nait le catéchisme, la lecture, l'écriture et les éléments du calcul. C'était à lui que s'adressait quiconque voulait ouvrir une école primaire. Mais souvent, il outrepassait ses pouvoirs. Au mépris de plusieurs arrêts du Parlement qui limitaient ses attributions, il autorisait ses permission-naires à enseigner les humanités, la rhétorique, et même la philosophie; et par là il empiétait sur les droits de l'Université. Il était presque toujours en procès avec elle.

2. Le Parlement rendit en quelques années plusieurs arrêts contre des écoliers qui s'attroupaient en armes et causaient du désordre à la Foire Saint-Germain, et ailleurs. Un arrêt du 6 juillet 1623 renouvelle la défense faite aux écoliers de porter des armes, « à peine de la vie ». Jourdain, *Hist. de l'Univ. de Paris*, Pièces Justific. n°° 2, 3 et 63.

3. Les « galoches » étaient de vieux étudiants pour qui suivre les cours était devenu une profession ou tout au moins un passe-temps. Ils tiraient leur nom des galoches garnies de clous qu'ils portaient pour circuler impunément dans les rues fangeuses du quartier latin. Quant aux « mar-tinets », « c'étaient des espèces de passe-volants, qui courant d'école en école et de maître en maître, cherchaient à parvenir aux degrés par

lope du xvᵉ et du xviᵉ siècle, qu'il avait été si difficile d'assujettir à la règle, et qui avait tant de fois compromis l'Université. Les générations nouvelles ne gardent presque rien du passé. Les « galoches » ont vécu, et les « martinets » d'autrefois sont devenus les forains, ou tout simplement les externes, ainsi que nous les nommons aujourd'hui.

Ce n'est pas que cette pétulante jeunesse se fût rendue sage tout d'un coup, et que les écoliers du commencement du xviiᵉ siècle puissent être cités comme des modèles de régularité et d'application. Le jugement que porte sur eux Grangier qui, en sa qualité de principal d'un grand collège, les connaissait bien, leur est peu favorable : « Les forains, écrivait-il, apportent un grand destourbier aux pensionnaires par les nouvelles dont ils leur font part et l'envie qu'ils leur donnent de se mettre en la liberté de laquelle ils jouissent : ne profitent pas pour eux tant qu'ils devraient, parce qu'ils sortent pour la plupart au premier coup de la sortie des leçons, et pourtant n'apprennent la langue grecque, ou n'assistent aux corrections des compositions; même rendent peu souvent ce qu'on leur a donné à faire, sans que nous ayons pu jusqu'ici mettre un bon ordre, pour ce que l'exercice se faisant en plusieurs collèges, ils se rendent, au moins ceux qui sont dans cette ville, oiseaux passagers, ou font des stations aux quatre saisons de l'année, quand ce ne serait que pour priver les régents de leurs droits de classe, dont ils tirent le payement de leurs pères ou parents jusques à la dernière maille; et cependant cela sert d'instrument à leurs débauches[1]. »

Ces singuliers élèves, habitués ainsi au grand air et à la vie libre de la rue, n'étaient pas d'assez bons sujets pour que l'Université pût songer un instant à les appeler à la régence. En les supposant entrés dans la carrière, ils n'au-

fraude, sans étude solide, sans décence de conduite et de mœurs ». Crevier, *Hist. de l'Univ. de Paris*, t. IV, p. 281. — Voir aussi Du Boulay, *Hist. Univ. Paris.*, t. V, p. 655, 658.

1. *De l'estat du collége de Dormans*, etc., par Jean Grangier, p. 80.

raient fait que de mauvais maîtres. Il valait mieux laisser les chaires vacantes que de les confier à qui devait nécessairement les mal remplir.

En dehors des jeunes gens qui étudiaient chez elle comme boursiers, pensionnaires et externes, l'Université de Paris tirait quelquefois ses maîtres des Universités voisines; mais il était assez rare qu'elle eût recours à cette ressource en soi très légitime, et qui aurait pu, à ce qu'il semble, en étendant son choix, lui fournir de très bons sujets[1]. La raison en est qu'elle n'avait qu'une médiocre confiance dans les diplômes délivrés par les Universités provinciales, qui, presque toutes, s'étaient éloignées de leurs statuts, et dont quelques-unes se montraient d'une facilité scandaleuse. Quand donc un candidat, gradué en province, lui présentait sa lettre de maîtrise, elle ne la tenait pas pour valable : elle obligeait le titulaire à faire un an de philosophie sous un de ses professeurs et, au bout de ce temps, à passer un examen pour justifier de sa capacité[2]. S'il y était reçu, elle l'immatriculait dans les formes ordinaires, et, au cas où il avait été choisi par un principal, elle l'admettait, sans autre cérémonie[3], au partage des droits et privilèges de ses régents, dont plus rien ne le différenciait. Elle a fait de cette manière au xviie et au xviiie siècle quelques recrues excellentes, et les noms connus de Halley, de Couture, de l'abbé Batteux, etc., prouvent peut-être que la cooptation, moins étroitement réglementée, aurait pu lui rendre plus de services qu'elle ne lui en a effectivement rendu.

1. « La cooptation (c'est ainsi que nous appelons l'admission dans le corps sans cours d'études conforme aux statuts) est aujourd'hui d'un usage assez peu fréquent. » Crevier, *Hist. de l'Univ. de Paris*, t. II, p. 49. — Cette assertion est confirmée par les registres, même pour les temps antérieurs. Le registre 95, fo 79, cite sept ou huit exemples de cooptation pour une période de quarante ans environ.

2. « ... Extranei vero, qui in alia Academia etiam Magisterium Artium, aut Baccalaureatus in quacumque Facultate consecuti fuerint, non ante ad Examen admittuntur, quam per annum sub Academico Professore Lutetiae audivisse constet. » *Statuta Honorandae Nationis Gallicanae*, cap. v, art. 6.

3. Voir le commencement du chapitre iv.

Il n'en est pas moins certain qu'avec plusieurs milliers d'élèves, la facilité de s'incorporer des maîtres de province et le prestige qu'elle conservait, l'Université de Paris ne parvenait qu'avec peine à recruter le personnel de régents nécessaire au fonctionnement de ses neuf collèges. En des temps plus heureux, au moyen âge et jusqu'au xvi° siècle, elle n'avait pas connu ces embarras. Déjà, il est vrai, la plupart de ces élèves tournaient leurs regards vers les Facultés supérieures; mais les grades ne s'y obtenaient qu'après un long noviciat, et surtout ils y coûtaient cher[1] : or, les candidats n'étaient riches que de jeunesse et de bonne humeur. Pour gagner de quoi subvenir aux frais élevés qu'entraînaient les examens dans les Facultés supérieures, ils se faisaient régents pendant un certain nombre d'années, et ne déposaient la férule que quand ils avaient épargné la somme qui leur était nécessaire pour leurs actes de licence ou de doctorat. On dira sans doute que de tels maîtres, ne faisant qu'une halte dans la Faculté des arts, ne devaient pas lui rendre de bien grands services. Il est pourtant vrai qu'il s'est rencontré parmi eux des professeurs distingués, et que plusieurs des savants les plus éminents du xvi° siècle ont enseigné dans les nombreux collèges qui florissaient alors sur la Montagne Sainte-Geneviève[2].

Cependant, dès la seconde moitié du xvi° siècle, les candidats aux grades académiques, pour des raisons diverses[3], mais surtout à cause de la dispersion des étudiants dans les Universités provinciales, étaient devenus moins nom-

---

1. Au moyen âge, le temps d'études exigé pour le doctorat en théologie était de dix ans au moins, et les frais qu'il fallait faire, évalués en monnaie actuelle, atteignaient 10 000 francs. Ils n'avaient pas beaucoup diminué au xvi° siècle. Un factum de la Bibliothèque nationale donne de curieux et piquants détails sur les dépenses considérables qu'entraînait encore au xvii° siècle le plus estimé des grades universitaires. *Factum pour Maistres Jean Doye,... César Egasse Du Boulay,... Pierre Du Boulay, etc., contre les injures publiques, calomnies et impostures de Maistre Remy Durel*, etc.

2. Quicherat, dans son *Hist. de Sainte-Barbe*, t. I, *passim*, nomme Strébée, Fernel, Adrien Turnèbe, Ramus, etc.

3. En particulier les guerres étrangères et civiles, et les persécutions religieuses.

breux dans l'Université de Paris, et le recrutement des professeurs ne se faisait plus qu'avec une difficulté croissante. Les collèges, selon Pasquier[1], fournissaient peu de maîtres, parce que les parents envoyaient leurs enfants finir leurs études dans les Universités de droit, pour leur faire suivre la carrière du barreau, dont ils attendaient plus de profit. Au xvii° siècle, les registres de la Faculté des arts ne nous laissent pas ignorer qu'elle manquait de maîtres et que, dans sa détresse, elle les prenait où elle pouvait, au risque de mal rencontrer. En 1644, contrairement à ses statuts et malgré ses répugnances pour tout ce qui touchait de près ou de loin aux Jésuites, elle autorisa, « propter penuriam professorum », un ancien membre de la Compagnie, nommé Coulon, qui n'était pas maître ès arts, à enseigner la rhétorique au collège du Cardinal le Moine[2]. Cet exemple est décisif. Il fallait que les besoins fussent bien pressants pour que l'Université prît une telle mesure en faveur d'un sujet dont le passé lui devait être si suspect[3].

Quelles étaient les causes de cette crise du professorat? Est-ce donc que les examens étaient trop difficiles et inaccessibles à la moyenne des candidats? Ces places de maître auxquelles ils pouvaient prétendre n'offraient-elles pas des garanties suffisantes de stabilité? Ou n'est-ce pas plutôt que les labeurs ingrats de la régence décourageaient les aspirants? Pour ce qui regarde les examens, nous allons voir qu'ils n'avaient rien d'effrayant, et que même ils étaient à la portée de toutes les intelligences.

1. Pasquier, *Recherches de la France*, p. 314.
2. Arch. de l'Univ., reg. 21, f° 317.
3. Il faut dire cependant que les professeurs de philosophie paraissent n'avoir jamais fait défaut. C'est sans doute que cet enseignement était plus lucratif. « On n'a jamais manqué de philosophes à Paris grâce à Dieu, mais l'on manque assez souvent de bons grammairiens et de bons rhétoriciens. Et s'il fallait acheter des régents, il faudrait assurément acheter ceux-là et non pas des philosophes, qui se produisent assez d'eux-mêmes et qui, comme l'on dit des plantes ordinaires, viennent assez sans semer. » *Factum pour les Régents de la Nation de France contre M° Étienne du Mesny, Docteur de Sorbonne, prétendant en qualité de Philosophe Émérite devenu Docteur en théologie, devoir participer au Revenu des Messageries*. Bibl. de l'Univ., rec. U, 9°, in-4°.

CHAPITRE III

Les examens.

Lorsque le futur régent touchait à la fin de ses deux
années de philosophie, s'il en avait suivi régulièrement
les cours, il remplissait toutes les conditions requises pour
se présenter aux examens qui devaient constater sa capacité et lui ouvrir la carrière de l'enseignement. Ces examens, nous le savons, n'étaient accessibles qu'aux candidats qui avaient étudié dans les collèges de l'Université,
et sous des professeurs académiques. D'après la lettre
des statuts[1], il fallait y avoir étudié depuis l'âge de neuf
ans, mais, dans la pratique, l'Université était obligée
d'adoucir le règlement[2], et il suffisait que les aspirants
aux grades eussent fait chez elle deux années de philosophie. Les examens de la Faculté des arts comportaient
deux épreuves successives : 1° le baccalauréat[3]; 2° la licence.

1. Statuts de la Faculté des arts, art. 10.

2. Les recteurs ont publié, tant au xvii° qu'au xviii° siècle, un certain
nombre de mandements portant exécution de l'article 10, ce qui prouve
qu'il n'était guère observé. « En général, dit Crevier, la philosophie est
l'objet fondamental et essentiel de notre Faculté des arts : et de là vient
qu'encore aujourd'hui, pour y acquérir le degré de maître, il suffit de
faire preuve d'un cours de philosophie fait dans ses écoles. Par rapport
à la grammaire, aux langues, à la rhétorique, pourvu que le candidat en
soit suffisamment instruit, on ne s'informe point en quel lieu, ni sous
quel maître, il en a pris les leçons. » *Hist. de l'Univ. de Paris*, t. V,
p. 239-240.

3. C'est seulement au xv° siècle que le premier examen prend le nom

Les candidats admis à la licence recevaient immédiatement et dans la salle même où ils avaient été interrogés le bonnet de maître ès arts, insigne de leur nouveau grade. Cette dernière cérémonie, qui constituait proprement la maîtrise ès arts, n'était plus au xviie et au xviiie siècle qu'une simple formalité, mais une formalité indispensable, puisque c'était elle qui conférait le droit d'enseigner. A la différence de ce qui s'observe actuellement dans l'Université, où un intervalle de plusieurs années sépare souvent le baccalauréat de la licence, on pouvait autrefois passer ces deux examens dans l'espace de quelques jours. Rien n'empêchait le candidat, s'il en trouvait le temps, de se faire recevoir en une semaine bachelier, licencié et maître, comme aussi de laissser s'écouler plusieurs mois, ou même plusieurs années, entre les deux premiers de ces degrés. L'article 53 des statuts de la Faculté des arts portant simplement que les bacheliers reçus au mois d'août subiraient dans le mois de septembre les épreuves de la licence, ils s'en autorisaient parfois pour devancer cette date et se présenter dès le mois d'août devant les examinateurs[1].

Mais avant de conquérir leur diplôme, et pour être seulement admis à prendre part aux examens, les candidats avaient dû accomplir de longues formalités, qui nous sembleraient aujourd'hui vexatoires, et qui étaient alors nécessaires. Pendant longtemps, la collation des grades avait été viciée par de coupables manœuvres. La fraude s'était exercée si ouvertement et avec un succès si scandaleux, que l'Université, déshonorée par de tels abus, avait dû, pour assurer la sincérité des examens, multiplier les mesures de précaution, et prendre ses sûretés, non seulement contre les candidats, mais, chose triste à dire, contre ses propres officiers. Au commencement du xvie siècle, on

de *baccalauréat*. Auparavant, il s'appelait *déterminance*. Thurot, *De l'organisation de l'enseignement dans l'Université de Paris au moyen âge*, p. 48.

1. Le cas cependant était rare. Régulièrement il fallait avoir obtenu pour cela une dispense.

se plaignait, non sans raison, que les grades universitaires fussent conférés, ou plutôt vendus à des gens d'une ignorance grossière, incapables même de lire un texte latin[1]. Ces abus n'avaient pas disparu, car un peu plus tard on découvrit que les diplômes de la Faculté des arts étaient devenus l'objet d'un commerce lucratif. Des candidats peu scrupuleux achetaient les bedeaux chargés d'inscrire les noms des nouveaux gradués sur les registres de la Faculté des arts, et se faisaient délivrer par eux, moyennant finances, de fausses lettres de maîtrise. Un article des statuts de 1600 constate ces honteux marchés, et les flétrit en exprimant l'espoir qu'ils seront à jamais ensevelis dans l'oubli[2]. Mais ces pratiques malhonnêtes étaient si profondément enracinées que, moins d'un an après la promulgation des statuts, en juillet 1601, le Tribunal de l'Université imposait une amende d'un tiers d'écu d'or à des bedeaux qui s'y étaient prêtés[3]. Quelques mois plus tard, trois maîtres ès arts, convaincus d'être porteurs de lettres fausses, étaient frappés de la plus grave des peines académiques et, sur la requête du recteur, rayés des registres de leur Nation[4].

Mais le scandale le plus retentissant éclata en 1670. Un régent de philosophie du collège de Beauvais, Guillaume Guenon, fut accusé d'avoir délivré un certificat d'étude à un candidat qu'il n'avait jamais eu dans sa classe. Il s'en

1. « Accedunt enim ad hanc magisterii dignitatem primo quoque die agasones, equisiones et bubulci, qui non solum non Aristotelem, sed ne Catonem quidem primaque rudimenta didicere. » Du Boulay, *Hist. Univ. Paris.*, t. VI, p. 11.

2. Statuts de la Faculté des arts, art. 58.

3. Arch. de l'Univ., reg. 23, f° 37.

4. Arch. de l'Univ., reg. 23, f° 39 et 40. Le 16 décembre 1627, un maître ès arts reçu sur une fausse attestation de temps d'étude est rayé de la liste, et son professeur réprimandé honteusement. Ces exemples de fraude ne sont pas les seuls qu'on trouve à signaler; les registres en fournissent plusieurs autres. Encore en 1735, on reconnaît que l'acquisition des grades donne lieu à beaucoup de supercheries, et on cherche les moyens de les éviter. Reg. 44, f° 70 v°. — Prévenir la fraude dans les examens a toujours été une des préoccupations dominantes de l'Université. Elle n'y a jamais réussi complètement.

défendit énergiquement et réclama une enquête avec de vives instances. Elle lui fut de tout point favorable. Son innocence fut pleinement démontrée; mais on apprit avec stupeur que le coupable était un ancien recteur, Nicolas Dennwair, qu'une basse cupidité avait fait descendre jusqu'à la plus criminelle des complaisances. A cette nouvelle, l'Université fut saisie d'indignation. Elle s'assembla aussitôt aux Mathurins en séance extraordinaire et le faussaire qui la déshonorait fut chassé sans miséricorde[1].

Si de tels abus étaient possibles, on ne doit pas s'étonner que l'Université ait voulu les prévenir pour n'avoir pas à les réprimer, et que, dans cette vue, elle ait entouré l'accès

1. Voici comment l'affaire est racontée par le P. Chapotin dans son livre *le Collège de Dormans-Beauvais et la chapelle de Saint-Jean-l'Evangéliste :* « Guillaume Guenon... avait, prétendait-on, délivré à Joseph de Montesquieu, de Bordeaux, des lettres qui attestaient que ce jeune homme avait étudié sous sa direction, et cependant on prouvait qu'il ne l'avait jamais eu pour élève. Joseph de Montesquieu s'était présenté avec ces lettres à la Faculté des arts, et il avait, grâce à elles, obtenu le grade de maître ès arts. En vain Guillaume Guenon voulait nier : c'était bien son écriture et sa signature. Il supplia du moins l'Université de faire examiner ces lettres par des experts. L'Université y consentit, et voici ce que l'on découvrit. Précédemment Guenon avait donné des lettres testimoniales à un de ses élèves nommé Joseph Montesqu, d'Auteuil : c'étaient ces lettres que Joseph de Montesquieu avait frauduleusement présentées à l'Université de Paris, et un examen attentif montrait avec évidence qu'une main étrangère avait inséré la particule *de* et la désinence *ieu*, pour transformer Joseph Montesqu en Joseph de Montesquieu. Mais quel était le coupable? C'était Nicolas Dennwair, ancien professeur de philosophie et ancien recteur : lui-même finit par l'avouer, aussi bien que Joseph de Montesquieu. Il fallait délibérer sur cette grave affaire, et frapper les coupables d'un châtiment digne de leur faute. Le 30 juillet 1671, la Faculté des arts convoqua aux Mathurins ses comices généraux, déclara nulle la promotion au grade de maître obtenue par Joseph de Montesquieu au moyen d'une fraude indigne, et renvoya le régent Guillaume Guenon pur de tout soupçon et libre de toute peine. Quant à Dennwair, on discuta longtemps sur le châtiment qu'on lui infligerait. La Nation de Germanie, à qui il appartenait, voulait que l'on pardonnât à un ancien recteur; la Nation de Normandie lui laissait trois mois pour se retirer lui-même de la Compagnie. Mais les Nations de France et de Picardie, plus jalouses de l'honneur du Corps universitaire, considérant que Dennwair en était depuis longtemps devenu la honte par son avidité, son intempérance, la crudité rustique de son langage, et qu'il venait encore de le déshonorer par un faux, voulaient qu'il fût immédiatement dépouillé de tout grade. Le vote du recteur donna gain de cause à cette dernière opinion. » Voir aussi Arch. de l'Univ., reg. 32, f° 73 v°.

des grades d'une barrière de minutieuses formalités. Aucun candidat n'était admis à se présenter aux examens du baccalauréat, si son nom ne figurait quatre fois en deux ans sur les registres du greffier de l'Université[1]. Pour être en règle avec des prescriptions si sévères, il s'inscrivait de sa main deux fois par an simultanément sur trois registres, dont son professeur gardait l'un, le principal du collège l'autre, et le troisième restait entre les mains du greffier de l'Université. Les premières inscriptions étaient reçues depuis la Saint-Remy jusqu'à Pâques, les secondes depuis Pâques jusqu'aux vacances. Mais le registre des premières inscriptions devait être remis par le professeur au greffier avant Noël, celui des secondes avant le premier mai. On prenait les plus grandes précautions pour éviter les erreurs. La veille du jour où le registre devait être porté au greffier, le principal venait faire l'appel dans la classe. S'il y manquait, ou si le professeur avait montré sur ce point quelque négligence, ils étaient passibles d'une amende[2]. Il importait peu que le candidat eût suivi les

1. La plupart des détails qui suivent sont empruntés à un ancien manuel du candidat au baccalauréat : *Candidatus artium ad usum candidatorum baccalaureatus artiumque magisterii*, auctore G. Guiller, Parisiis, 1719, in-12°, ouvrage curieux et rare qui nous a été communiqué par M. Ferté. La Faculté des arts, qui n'aimait pas les abrégés de ce genre, vu qu'ils tendaient à rendre inutiles les cours de philosophie de ses professeurs, le condamna en termes sévères sur le rapport de Coffin dès 1732; mais, comme il rendait de grands services, il s'en fit plusieurs éditions. Les renseignements circonstanciés qu'il donne, relativement aux formalités à remplir avant les examens, sembleront peut-être minutieux. Ils n'en étaient pas moins très utiles, et l'auteur du manuel a bien soin d'en signaler l'importance à ses lecteurs. Ils se retrouvent d'ailleurs, accompagnés des mêmes recommandations, dans un autre manuel publié postérieurement que possède la Bibliothèque nationale : *Compendium institutionum philosophiae... ad usum candidatorum baccalaureatus artiumque magisterii*, auctore D. Caron. Parisiis, 1770, in-8°, 2 vol. Les registres nous ont aussi fourni d'utiles indications, ainsi que les statuts des diverses compagnies de l'Université.

2. Les registres nous apprennent que plusieurs fois des professeurs ont été réprimandés et même punis pour n'avoir pas envoyé à temps leurs catalogues au greffier. En 1677, M° Jean Duhamel, professeur de philosophie au Plessis, est condamné à 25 écus d'amende pour n'avoir pas tenu fidèlement ses catalogues. Quelquefois les contrevenants sont privés de tout suffrage actif et passif pendant un an. L'Université atta-

cours d'un seul maître ou de plusieurs; et il pouvait, si bon lui semblait, commencer ses études indifféremment par la logique ou la physique, à Pâques ou à la Saint-Remy. Ce qu'on exigeait de lui, c'était qu'après avoir achevé ses deux années de philosophie dans un collège de l'Université, il présentât des certificats de chacun des professeurs dont il avait suivi les cours, et que les quatre inscriptions réglementaires se suivissent sans interruption. Mais il devait surtout bien prendre garde que son nom, ses prénoms, le lieu de sa naissance, etc., fussent écrits dans le même ordre sur les différents registres, sans rature, ni surcharge d'aucune sorte, car la moindre étourderie, la plus légère erreur, n'eût-elle été que d'une lettre, entraînait immanquablement pour lui des conséquences désagréables, et l'obligeait tout au moins à de longues et ennuyeuses démarches[1]. L'Université, qui prétendait ne conférer ses grades qu'à bon escient, appliquait à la lettre ses règlements, et jusqu'à la fin elle ne relâcha rien de son formalisme soupçonneux.

Dès qu'une irrégularité quelconque lui avait été signalée par le greffier, le candidat était tenu de la faire corriger au plus tôt, et, à cette fin, de présenter une supplique au recteur dans la plus prochaine assemblée générale de la Faculté des arts, dont le greffier ou l'appariteur de sa Nation lui indiquait le jour et l'heure. Cette démarche paraît toute simple. En réalité, elle était singulièrement compliquée.

Pour être reçu seulement à insinuer sa requête, le candidat devait voir au moins dix personnes. Il devait faire une visite au recteur, au syndic de l'Université, aux quatre procureurs des Nations et aux quatre censeurs. Telle était l'obligation formellement imposée à tout aspirant qui avait

chait une telle importance à ces formalités qu'en moins de cent ans, elle a porté sur ce sujet une quarantaine de conclusions. Voir Arch. de l'Univ., reg. 95, f°s 19, 20 et 21.

1. Les erreurs étaient cependant fréquentes, comme on le voit par les registres.

le malheur de n'être pas en règle. L'appariteur de sa Nation, auquel il s'était adressé tout d'abord, lui avait donné les noms et les adresses des officiers à visiter. Il s'acquittait ponctuellement de ce rôle fastidieux de solliciteur, et se présentait successivement chez tous ceux de qui dépendait le succès de sa démarche. Soit qu'il eût la chance de les rencontrer, soit qu'il trouvât porte close, il laissait, en témoignage de sa visite, un billet qu'il portait sur lui écrit d'avance pour gagner du temps [1].

Au jour et à l'heure fixés, il se rendait rue Saint-Jacques, au cloître des Mathurins, vêtu, autant que possible, d'un habit long [2]. Introduit dans l'assemblée, il se tournait vers le recteur, et lui lisait sa supplique [3], qui était, après avis favorable du syndic, presque toujours accueillie. Puis il se retirait, et, en corrigeant son erreur sur les registres, il n'oubliait pas de payer au greffier 3 livres tournois pour sa peine.

Tous les candidats, il est vrai, ne se mettaient pas en défaut, et la plupart n'avaient à remplir que les formalités d'usage : c'était bien assez, comme on va le voir. L'Université, avant de les autoriser à se présenter aux examens, exigeait de ses suppôts d'interminables démarches, et leur donnait beaucoup d'exercice.

1. Ce billet est ainsi conçu : « Apud Mathurinenses, hora, *v. g.* decima matutina, supplicaturus est X..., ut nomina ejus in Catalogis Domini Scribae varie scripta reformentur, die ... mensis ... anno.... »

2. La question du costume a une grande importance. Un candidat voit sa supplique renvoyée à la prochaine assemblée, parce qu'il n'a pas le costume convenable. Arch. de l'Univ., reg. 44, f° 110 r°.

3. *Formula supplicandi pro reformatione nominum in catalogis :* « Amplissime Domine Rector, Procuratores Ornatissimi, Meritissimi Quatuor-Viri, Proceres Academici. Ego X..., *v. g.* Parisinus : Vos rogo et obtestor, ut, quod erroris in inscriptionem nominis mei in Catalogis Domini Scribae per cursum philosophicum irrepsit *v. g.* A pro littera B, casu nescio quo, reformetur. Quam gratiam si velitis mihi concedere, hujus beneficii memoriam nulla unquam delebit oblivio. Dixi. »

LE BACCALAURÉAT ÈS ARTS.

La grande session du baccalauréat s'ouvrait vers le premier août[1]. Il n'était pas permis aux candidats qui ne faisaient que d'achever leur cours de philosophie de se présenter avant cette date ; mais, pour les autres, la session était toujours ouverte. Les examens avaient lieu pendant toute l'année, tous les mercredis de chaque quinzaine du mois, à une heure de l'après-midi, à moins que le mercredi ne fût jour de fête. Le recteur accordait quelquefois l'autorisation de se présenter *extra tempora*[2]. A partir du premier jusqu'au quinze août, si le nombre des candidats était très considérable, les examinateurs pouvaient siéger tous les jours : du moins il en était ainsi dans la Nation de Picardie.

Avant de paraître devant ses juges, le candidat, son cours de philosophie terminé, était allé demander à son professeur un certificat ou lettre testimoniale[3]. D'après le *Candidatus*, il fallait que cette pièce indispensable fût écrite sans rature, sur une seule feuille, en ménageant l'espace nécessaire aux diverses signatures ou visas dont elle devait être revêtue[4]. On ne tolérait ni abréviation, ni chiffres. Il était prescrit de mentionner bien exactement

---

1. Statuts de la Faculté des arts, art. 47.

2. Les registres en fournissent quelques exemples. Ce sont surtout les candidats nobles qui bénéficient de cette faveur.

3. *Formula litterarum testimonialium* : « Ego infra scriptus philosophiae professor in collegio... in Universitate Parisiensi fundato, testor omnibus, quorum interest aut interesse poterit, X..., v. g. Parisinum, per biennium lectiones meas philosophicas attente, assidue, diligenter et modeste scripsit et auribus excepisse a Remigialibus anni millesimi... ad inductas academicas anni millesimi... In cujus rei fidem has litteras testimoniales concessi. Datum Parisiis, in collegio... anno Domini millesimo... die vero v. g. augusti prima. »

4. En dépouillant à la Bibliothèque nationale les registres connus sous le nom d'*Acta rectoria*, nous avons trouvé à la fin du registre manuscrit 9151 un spécimen authentique d'un de ces certificats, revêtu de toutes les signatures réglementaires. Il a été délivré en 1667 à un candidat au baccalauréat ès arts.

le lieu de naissance et la qualité du candidat, s'il était noble, et s'il était déjà pourvu d'un bénéfice. En ce cas, par une sorte de privilège à rebours, il payait des droits deux ou trois fois plus élevés. Aussi, pour esquiver la double taxe, certains candidats, dont la noblesse s'alliait avec une sage économie, taisaient-ils prudemment leur qualité. Le plus souvent la supercherie passait inaperçue, mais si elle était découverte, le coupable la payait cher, car l'Université ne ménageait pas les faussaires (*mendaces enim respuit sincera studiorum Universitas*).

Une fois en possession de sa lettre testimoniale, le candidat la présentait au principal du collège qui y apposait sa signature, et il lui versait un droit de 3 livres 5 sous, à moins qu'il ne fût petit boursier, auquel cas il ne payait rien, cette qualité emportant exemption de la plupart des droits universitaires.

De là, il allait chez le grand bedeau de sa Nation, pour se renseigner sur les formalités qu'il avait encore à remplir. Désormais, il avait affaire aux officiers de l'Université. Il se présentait tout d'abord chez le greffier, pour faire constater que son nom figurait bien sur les quatre registres réglementaires[1]. Cette attestation lui était donnée contre le payement d'un droit de 3 livres 5 sous, dont le produit revenait au recteur. S'il était noble ou pourvu d'un bénéfice, il payait double; et s'il avait l'avantage d'être à la fois noble et titulaire d'un bénéfice, il payait triple. Le greffier l'avertissait des irrégularités qui avaient pu se glisser dans les inscriptions.

Il revêtait ensuite ses habits de cérémonie, et se rendait au collège où logeait le recteur. Pour se diriger dans le dédale des escaliers et des corridors, il n'avait pas besoin de guide. Des mains peintes sur les murs ou l'inscription AD AMPLISSIMUM RECTOREM le conduisaient tout droit à l'ap-

---

1. Il s'agit ici des quatre registres du greffier (un par semestre). Outre ceux-ci, nous avons vu qu'il y en avait d'autres, qui restaient entre les mains du professeur et du principal.

partement du chef de l'Université[1]. Là, selon les règles
d'un cérémonial convenu, il mettait la main sur l'Évangile,
et, fléchissant le genou, prononçait les serments tradition-
nels[2]. Puis il se levait et déclinait son nom. Le recteur
écrivait au bas du certificat que le candidat avait prononcé
les serments d'usage, et y apposait sa signature[3].

En règle sur ce point, il se mettait en quête du censeur
de sa Nation, et lui présentait, avec sa lettre testimoniale,
son cours de philosophie rédigé tout entier de sa main[4].
Cette pratique singulière n'était pas sans souffrir quelques
atteintes, et la noblesse, qui payait des droits d'examen
beaucoup plus élevés, retrouvait ici ses privilèges. Quand
on s'appelait Rohan, Conti, ou qu'on avait un parent dans
le ministère, on s'embarrassait peu de cette formalité
ennuyeuse, et on se contentait d'écouter sans l'écrire la
leçon du professeur. Mais, pour le commun des aspirants,
l'obligation d'exhiber ses cahiers, imposée par un règlement de la Faculté des arts, était formelle, à moins qu'on

---

1. « Pour reconnaître sa demeure aux collèges, on peint aux parois des
mains qui, avec le doigt, le montrent. » Pasquier, *Recherches de la France*,
p. 812.

2. *Formula juramenti praestandi apud Amplissimum Dominum Rectorem.*
Amplissimus Dominus Rector sedens, si voluerit, capite aperto sic ad
candidatum :

« D. Juras te profiteri Religionem Catholicam, Apostolicam et Romanam ?
Respondet candidatus : Juro.

D. Juras te, ad quemcumque honoris aut dignitatis gradum in Academia et Universitate Parisiensi deveneris, observantiam delaturum et
obsequium Domino Amplissimo Rectori, ejusque successoribus?

R. Juro.

D. Juras te servaturum et defensurum jura et statuta Universitatis
Parisiensis?

R. Juro. »

Cette formule de serment est celle qu'on prononçait au xviii° siècle. Au
moyen âge, elle était beaucoup plus longue.

3. Un mandement de Rollin, recteur, en date du 27 septembre 1695,
enjoignit aux candidats de déposer entre les mains du recteur un certificat de bonne vie et mœurs signé du principal de leur collège, s'ils
étaient boursiers ou internes, d'un citoyen d'une probité reconnue, s'ils
étaient externes.

4. Quelques candidats de haute naissance sont dispensés d'écrire de
leur main les cahiers de philosophie. Ils les font écrire par un écolier
pauvre, auquel ils payent une rétribution.

n'eût été dispensé d'écrire, et l'on n'obtenait cette dispense
que dans le cas de maladie dûment constatée [1]. Le censeur.
prenait connaissance de ces cahiers, visait, s'il le jugeait
à propos, la lettre testimoniale, dont l'authenticité lui était
garantie par plusieurs signatures, et indiquait au candidat
le jour et l'heure de l'examen.

Il s'agissait maintenant pour celui-ci d'être fixé sur les
droits qu'il avait à payer. Pour le savoir au juste, il
s'adressait au procureur de sa Nation. Ces droits variaient
suivant que le candidat était roturier, noble ou pourvu d'un
bénéfice. Ils ne pouvaient être inférieurs à 6 livres tournois [2], et personne n'en était exempt, à moins de présenter
un certificat d'indigence que l'assemblée de la Nation pouvait seule accorder. Le montant en était versé au questeur de la Nation, et on y ajoutait quelquefois le prix
d'une messe [3], sans oublier les honoraires particuliers du
questeur et du procureur [4]. Les petits boursiers bénéficiaient d'une réduction de tarif.

Ces formalités remplies et ces droits payés, le candidat
allait demander au grand bedeau de sa Nation les noms et
les adresses de ses quatre examinateurs. Il lui remettait
en même temps sa lettre testimoniale, si le censeur la lui
avait rendue, et lui indiquait la date de l'examen, afin que

1. *Formula supplicandi pro immunitate scribendi codices* : « Amplissime
Domine Rector, Procuratores Ornatissimi, Meritissimi Quatuor-Viri, Proceres Academici. Ego,... auditor Domini... in collegio... philosophiae professoris celeberrimi, permultis laborans infirmitatibus, ut testimonio
saluberrimae Facultatis doctoris constat, praesertim vero *vel* stomacho,
vel pectore, *vel* capite, *vel* oculis : Vos rogo et obtestor ut me ab onere
scribendi codices immunem faciatis. Quam gratiam si velitis mihi concedere, nulla unquam poterit delere oblivio. Dixi. »
En même temps que cette supplique le candidat devait présenter un
certificat d'un docteur de la Faculté de médecine de Paris.
2. Ils ne pouvaient dépasser 30 livres. Voir à la Bibl. Mazarine le
registre des questeurs, manuscrit 3320, f⁰⁹ 9 et 10.
3. Cette messe se célébrait en l'honneur du patron de la Tribu du candidat. Elle avait vraisemblablement pour but d'appeler sur son examen
les bénédictions du ciel. Elle coûtait une livre.
4. Une livre pour le procureur, une livre et 10 sous pour le questeur.
Voir le registre des questeurs.

ce serviteur eût à l'accompagner, suivant les obligations de sa charge.

Il prenait ensuite le temps — et c'était sa dernière démarche — de visiter ses quatre examinateurs. Cette visite avait pour but de leur faire connaître le jour et l'heure précise de l'examen. S'il ne les trouvait pas, il laissait à leur adresse un billet renfermant les indications nécessaires [1].

Avant l'examen, le candidat remettait au censeur ou à telle personne désignée par lui les honoraires dus à cet officier [2] et aux quatre examinateurs, savoir 20 sous à chacun. Les nobles et autres privilégiés étaient taxés, suivant leur qualité, à 2 ou 3 livres. On était prié de ne pas oublier les bedeaux, dont les droits variaient avec les Nations. Les grands bedeaux des Nations de France et de Normandie recevaient chacun 4 livres [3]. On a vu plus haut que le recteur devait se contenter de 3 livres et 5 sous. On ne comprend pas bien quels services justifiaient ce large pourboire. En tout cas, tel était l'usage, et les bedeaux, grands et petits, avaient tout intérêt à le perpétuer.

Les examens avaient lieu dans un local distinct pour chacune des quatre Nations de la Faculté des arts [4]. Les candidats qui appartenaient aux Nations de France et de Picardie étaient examinés dans les anciennes écoles publiques de ces Nations, rue du Fouarre. La Nation de Normandie interrogeait les siens dans une salle du collège d'Harcourt, rue de la Harpe, près de la Sorbonne, et la Nation d'Allemagne, quand elle en avait, aux Mathurins [5].

---

1. « Aderis, si placet, Meritissime Examinator, in scholis Nationis, *die tali, hora tali*, ubi fiet periculum industriae X..., artium baccalaureatus candidati. »

2. Il s'est trouvé des censeurs pour exiger plus que la somme portée par les règlements, et rançonner les candidats. Un d'entre eux, nommé Veugny, est accusé publiquement dans les comices rectoraux, le 10 octobre 1637. Après enquête, il est déclaré coupable et dégradé.

3. Les petits bedeaux, chacun 2 livres.

4. Il avait été décidé par plusieurs conclusions que les examens seraient publics. Voir en particulier le registre 27, f° 95 r°.

5. Après l'expulsion des Jésuites, tous les candidats, quelle que fût leur

Au jour indiqué pour l'examen, le candidat, vêtu modestement, comparaissait devant un jury de quatre examinateurs, que nommaient tous les ans, le 8 janvier, les différentes Tribus de la Nation. Ce jury était présidé par le censeur, qui avait le droit d'intervenir en cas d'irrégularité ou d'inobservation des règlements. Il fallait, pour en faire partie, avoir enseigné un cours entier de philosophie (deux ans) dans un des collèges de l'Université de Paris, et prêter entre les mains du procureur de la Nation le serment de ne conférer le baccalauréat qu'aux candidats qui en seraient reconnus dignes [1].

L'examen, d'après les statuts de 1600 [2], portait sur toutes les matières qui faisaient l'objet du cours de philosophie, à savoir logique, morale, physique et métaphysique. Bien que le texte du statut soit muet à cet égard, nous savons que la rhétorique était comprise aussi dans le programme; et c'est même par elle que les épreuves commençaient [3]. Parfois, mais rarement, on posait aux candidats quelques questions très élémentaires d'arithmétique et de géométrie [4]. Au reste, le programme était assez élastique, et les

Nation, subirent l'examen au collège de Louis-le-Grand, désormais le chef-lieu de l'Université.

1. Statuts de la Faculté des arts, art. 48 et 49.

2. *Ibid.*, art. 47.

3. Ou plutôt qu'elles étaient censées commencer. En effet, quoique les premières pages des manuels de baccalauréat soient consacrées à la rhétorique, en réalité on n'en demandait guère, et l'on était encore moins exigeant pour la littérature et la grammaire. Il avait été cependant plusieurs fois décidé, et particulièrement en 1664, que les candidats seraient interrogés sur la grammaire et la rhétorique. Voir Arch. de l'Univ., reg. 31, f° 47 v° et 49 r°. — Au mois de mars 1741, le censeur de la Nation de France se plaint amèrement que les candidats au baccalauréat arrivent à cet examen tout à fait ignorants de la rhétorique et des lettres : ceux qui en ont quelque teinture sont une infime minorité : « mirum esse, in tanto candidatorum numero, quam pauci sint, qui aut in rhetorica, aut etiam in humanioribus litteris scire aliquid videantur... gravissimum sane malum ! » Sur sa requête, la Nation de France se propose de prendre les mesures les plus sévères pour faire cesser cet abus, et, en attendant, on désigne aux candidats un traité de rhétorique, où ils pourront puiser quelques bons principes, et un recueil de morceaux choisis d'auteurs latins sur lequel ils seront interrogés. Bibl. Mazarine, manuscrit 3315, in-f°, p. 281 et 282.

4. « De Mathesi fere nihil quaeritur in examinibus. » *Candidatus artium*, etc., p. 260.

Nations s'arrogeaient le droit de l'interpréter un peu à leur convenance. C'est ainsi qu'avant ou après l'examen de rhétorique, la Nation de France faisait traduire oralement à ses candidats un poète ou un orateur latin. Elle leur permettait même de demander aux examinateurs quelques éclaircissements préalables. La Nation de Picardie, après avoir longtemps imposé aux siens l'explication à livre ouvert d'un auteur grec, laissait les examinateurs juges de l'opportunité de cette épreuve [1].

L'examen a lieu en latin, et doit, en principe, durer trois heures [2]. Quand l'identité du candidat a été bien et dûment constatée par le président du jury, chaque examinateur interroge à son tour. Questions et réponses se succèdent en formules invariables et avec une régularité monotone. Ces pratiques, qui tiraient leur autorité d'une tradition plusieurs fois séculaire, étaient religieusement observées. Selon les règles de la courtoisie académique, jamais un examinateur n'interroge un candidat sans accompagner son nom d'une épithète laudative. Tout candidat, même manifestement ignorant, est honoré de la qualification de savant (*eruditus candidatus*), et l'examinateur de celle de méritissime (*meritissimus examinator*). Celui-ci pose une question, et le candidat, avant d'y répondre, en reproduit exactement les termes et s'ingénie à établir entre les différents sens qu'elle peut offrir des distinctions minutieuses [3]. Cette pédantesque méthode, qui

1. C'est le manuel que nous suivons qui le dit. Dans les statuts de la Nation de Picardie, édit. de 1716, cap. vii. De Examinatoribus, art. 1, on lit : « ... fiat periculum eruditionis ipsius (candidati) tum in Litteris humanioribus, tum in Philosophia; nec nisi post explicatam aliquam Auctoris bene Latini, tum Poetici tum Graeci paginam, ejusque sensum vel Gallico, vel Latino saltem Idiomate expositum, ad Baccalaureatum Artium admittatur ».

2. Il n'est pas besoin de dire qu'en réalité il durait beaucoup moins longtemps. Dans la première moitié du xvii° siècle, on expédiait en un jour de véritables fournées de candidats. Plus tard, on en reçut moins à la fois.

3. Si l'on tient à savoir comment les choses se passaient, voici un exemple d'examen emprunté au *Candidatus*, p. 37, 38.

« D. Quæro a te, erudite candidate, quid sit Logica?

était un legs de la scolastique, ne brillait ni par la simplicité ni par l'élégance. Fertile en longueurs et en redites, elle engendrait vite l'ennui, et prolongeait inutilement l'examen. Par la subtilité de ses distinctions, elle embrouillait, sous prétexte de les éclaircir, les questions les plus simples, et fournissait ainsi un moyen commode au candidat ignorant de ne jamais rester court.

R. Quaerit a me meritissimus examinator quid sit Logica?

Respondeo meritissimo examinatori : Logica potest spectari duplici modo, vel secundum nomen, vel secundum rem.

Logica secundum nomen est vox graeca a λόγος sermonem significante. Vocatur etiam Dialectica a verbo graeco διαλέγεσθαι, *id est*, ratione uti seu disserere, nam Logica est modus disserendi et judicandi.

Logica definitur secundum rem : ars et scientia practica, quae versatur circa mentis operationes quatenus ad veritatem dirigibiles.

D. Quid est Ars?

R. Ars est habitus vera cum ratione effectivus, *id est*, ejus operationes sunt totidem effectiones quae diriguntur per praecepta ad rectitudinem ingeniosam seu ad veritatem.

Conclusio.

Logica est Ars : nam illa disciplina est ars, quae est habitus vera cum ratione effectivus; atqui Logica est habitus vera cum ratione effectivus, nam ille habitus est effectivus cujus operationes sunt dirigibiles per praecepta; atqui operationes logicae, scilicet divisiones, definitiones, argumentationes, et methodi sunt dirigibiles per praecepta; ergo Logica est Ars.

Objicies : Si Logica esset Ars, logici essent artifices, *id est*, gallice, *des artisans;* atqui logici non sunt artifices, ergo Logica non est Ars.

Respondeo : argumentatur meritissimus examinator : Si Logica esset Ars, logici essent artifices; atqui logici non sunt artifices, ergo Logica non est Ars.

Sic argumentaris, meritissime examinator : Si Logica esset Ars, logici essent artifices. *Distinguo maj. prop.* Si Logica esset Ars mechanica, logici essent artifices, *Concedo maj. propos.* Si Logica esset Ars liberalis, logici essent artifices, *Nego maj. propos.*

Atqui logici non sunt artifices, *C. min. prop.*

Ergo Logica non est Ars.

Distinguo conseq. Ergo Logica non est Ars mechanica, *Conc. conseq.* Ergo Logica non est Ars liberalis, *Neg. conseq.*

Itaque Ars duplex : scilicet, Ars liberalis et Ars mechanica.'

Ars liberalis, est ea quae ingenio comparatur; Ars mechanica est ea quae corpore acquiritur.

Fateor, si Logica esset Ars mechanica, logicos fore artifices, *id est*, gallice, *des artisans* : nego vero, si Logica esset Ars liberalis, logicos fore artifices : porro Logica est Ars liberalis, proindeque logici non sunt artifices. Nam illa disciplina est liberalis, quae non corpore sed ingenio comparatur; atqui Logica non corpore, sed ingenio comparatur, ergo Logica est Ars liberalis. «

Quelle pouvait être la valeur de cet examen? Les épreuves étant purement orales, il est assez malaisé de le savoir. Si l'on fait attention aux nombreuses critiques qu'il a essuyées, il ne devait pas être bien difficile, et, à aucune époque, le niveau ne semble en avoir été très élevé. Au commencement du xviiie siècle, il était même descendu si bas que, sur la proposition du syndic Pourchot, la Nation de France, la plus importante et la plus nombreuse, décida que les aspirants au baccalauréat ès arts seraient désormais examinés avec plus de soin, et qu'à l'avenir il n'en serait pas chaque jour interrogé plus de douze, six le matin et six le soir [1]. Au reste, la durée de l'épreuve n'avait pas de signification par elle-même, car un examen peut être long sans être sérieux. Un honnête élève de philosophie, au bout de ses deux années d'études, était à peu près sûr du succès. N'ayant pas à remettre de compositions écrites, il se tirait facilement d'affaire, pour peu qu'il eût quelque habitude de la parole; et cette facilité d'élocution, il l'avait acquise dans les disputes scolaires, dont l'ancienne Université faisait tant de cas [2].

On a pu remarquer en outre que le baccalauréat ès arts constituait une épreuve en quelque sorte domestique. Les candidats étaient interrogés par des maîtres de leur Nation, que généralement ils connaissaient et dont ils étaient connus. Sauf peut-être la Nation de France, dont les suppôts étaient trop nombreux pour qu'il y eût entre eux des relations bien intimes, les autres Nations formaient respectivement une sorte de famille, dont tous les membres, rassemblés dans les mêmes collèges, étaient plus ou

---

1. *Statuta Honorandae Nationis Gallicanae*, édit. de 1757, in-12, p. 47.

2. Le latin étant la langue officielle de l'Université, on pouvait être admis sans savoir un mot de français. En 1703, un candidat de nationalité irlandaise, Guillaume Lally, qui avait fait un aveu public de son ignorance en français, obtint l'autorisation de se présenter et fut probablement reçu. Arch. de l'Univ., reg. 39, f° 128 r°. — Il paraît certain que parmi les maîtres de la Nation d'Allemagne il s'en trouvait qui ne parlaient pas notre langue.

moins étroitement unis[1]. Dans ces conditions, un échec n'était guère à craindre. Aussi est-il certain, sans qu'on puisse d'ailleurs fournir des chiffres précis, que la proportion des candidats évincés était très peu considérable.

Pour être admis au baccalauréat, il fallait avoir obtenu au moins trois suffrages favorables. En cas d'échec, on ne pouvait se représenter avant trois mois pour subir de nouvelles épreuves[2]. Il n'existait pas de diplôme spécial pour ce premier examen. On se bornait à délivrer un certificat aux bacheliers qui le demandaient.

LA LICENCE ET LA MAITRISE ÈS ARTS.

Sorti vainqueur de la première des épreuves académiques, le jeune bachelier ne songeait plus qu'à se présenter sans retard à la licence. Il n'avait pas besoin pour cela de nouvelles années d'études. Le programme de la licence était le même que celui du baccalauréat; et nous savons que dans la pratique il n'y avait presque pas d'intervalle entre les deux examens. La licence ne différait du baccalauréat que par un appareil un peu plus solennel. On n'en subissait pas les épreuves dans le sein de sa Nation. L'autorité ecclésiastique qui, pendant tout le moyen âge, avait eu la surveillance et la direction de l'enseignement, présidait au second examen en la personne du chancelier de Notre-Dame ou du chancelier de Sainte-Geneviève. Ces deux dignitaires ecclésiastiques, investis dès le xiiiᵉ siècle par les papes du droit de conférer la permission d'enseigner, s'étaient maintenus en possession de ce privilège, dont l'Université avait vainement tenté de les dépouiller. Un article des statuts de 1600 déterminait l'étendue de leurs

---

1. Le Cardinal le Moine appartenait plus spécialement aux Picards, Harcourt aux Normands, et ainsi des autres.
2. *Statuta Honorandae Nationis Gallicanae*, cap. v, art. 7.

droits et en réglait l'exercice[1]. Ils choisissaient tous les ans et présentaient à la Faculté des arts chacun quatre examinateurs, un de chaque Nation. D'après les mêmes statuts, ces examinateurs (*tentatores*) devaient avoir obtenu la maîtrise depuis six ans au moins, précaution très sage, et sans laquelle les candidats auraient pu se trouver les aînés de leurs juges. Chaque Nation avait le droit d'infirmer le choix du chancelier, si le sujet proposé ne lui paraissait pas remplir toutes les conditions désirables, et elle en usait quelquefois[2]. Les examinateurs désignés pour faire partie du jury de licence s'engageaient par serment, comme leurs collègues du baccalauréat, à ne conférer le diplôme qu'aux candidats qui en seraient dignes.

Depuis 1620 environ, jusqu'au commencement du XVIIIe siècle, ceux des bacheliers qui le voulaient pouvaient se dispenser de passer l'examen de licence en la forme accoutumée, à la condition de soutenir à la fin de l'année dans leur collège, devant les examinateurs et le recteur, une thèse publique sur toutes les parties de la philosophie. A l'issue de la séance, le chancelier, qui était présent, imposait au récipiendaire le bonnet de maître ès arts. Mais cette pratique peu régulière engendra de tels abus que, sur les réclamations de la Faculté des arts, il fallut la supprimer[3]. Sous prétexte que l'affront eût été trop sensible de refuser un candidat en pleine cérémonie publique, devant ses parents et ses amis venus de bonne foi pour l'applaudir, on le recevait, quelle que fût son insuffisance, au grand scandale des examinateurs eux-mêmes et de la plupart des assistants. On jugea donc à propos de remettre en vigueur l'ancien usage, et tous les aspirants durent subir les épreuves de licence conformé-

1. Statuts de la Faculté des arts, art. 50.
2. On en trouve dans les registres un certain nombre d'exemples.
3. *Requête des Recteur, Procureurs des Nations et autres Membres et Suppôts de la Faculté des arts fondée en l'Université de Paris, contre les chanceliers de Notre-Dame et de Sainte-Geneviève.* Bibl. de l'Univ., rec. U, 30, in-4°.

ment aux statuts. Ce ne fut pas toutefois sans protestation de la part des deux chanceliers[1]. Invoquant d'un côté l'intérêt des élèves, et de l'autre les droits acquis, ils prétendaient rester en possession d'aller donner le bonnet dans les collèges à la fin des actes publics, quand ils y seraient appelés par les élèves et leurs familles. Leur vanité se trouvait sans doute flattée du solennel appareil qui entourait cette cérémonie, où ils jouaient le premier rôle. Quoi qu'ils pussent dire, leurs prétentions ne furent pas admises, et ils durent demeurer, l'un dans son cloître, et l'autre dans son abbaye.

L'examen avait lieu tous les samedis, soit à Notre-Dame, au palais archiépiscopal, dans la chapelle de la Sainte-Vierge (*inferius examen*), soit à Sainte-Geneviève, dans la chapelle de la Miséricorde (*superius examen*). En vertu d'un accord conclu en 1687, les deux chanceliers, par esprit de conciliation et pour mettre fin à de longs débats, avaient partagé les collèges en deux lots[2]. Ils alternaient tous les deux ans; et, par suite de ce roulement, les collèges envoyaient tour à tour leurs élèves à Sainte-Geneviève et à Notre-Dame.

Les statuts de 1600 avaient établi que l'examen de licence commencerait le premier septembre, et l'on sait que cette prescription était habituellement observée. Aucun candidat ne pouvait réglementairement se présenter avant cette date, à moins d'avoir achevé son cours

---

1. *Remarques du Chancelier de l'Église et Université de Paris, Défendeur, sur la Requête présentée au Parlement par les sieurs Recteur et autres de la Faculté des Arts de la dite Université, Demandeurs, le 7 Septembre 1717.* Bibl. de l'Univ., rec. U, 172¹, in-folio. — *A Nosseigneurs de Parlement supplie humblement F. Pierre Blondel, Chanoine Régulier, Docteur en Théologie, Chancelier de l'Église de Sainte-Geneviève et de l'Université de Paris.* Rec. U, 172¹, in-folio. — Dans leurs requêtes, les Chanceliers font allusion à d'autres mémoires qu'ils auraient présentés à la cour sur le même objet. Nous les avons cherchés inutilement, et nous ne savons ce qu'ils sont devenus.

2. Les collèges de Navarre, d'Harcourt, des Grassins, du Cardinal le Moine, de Bourgogne (non-plein exercice), Mazarin faisaient partie du premier lot. Les collèges du second lot étaient le Plessis-Sorbonne, la Marche, Beauvais, Montaigu et Lisieux.

de philosophie depuis une année écoulée. Il fallait de plus, comme il se pratiquait pour le baccalauréat, se trouver dans les conditions exigées par la Faculté des arts. Il est vrai que, pour la licence, les formalités à remplir étaient moins nombreuses : le candidat était connu, et les démarches qu'il avait déjà faites lui restaient acquises; il n'avait pas besoin de les recommencer. Quelques-unes cependant étaient spéciales à cet examen, et si fastidieuses qu'elles fussent, il fallait bon gré mal gré s'y résigner.

Donc, le bachelier de la veille se remettait en chemin, et déambulait de nouveau par les rues du pays latin[1]. Sa première visite était, selon le numéro d'ordre de son collège, pour l'un ou l'autre chancelier, ou pour le vice-chancelier qui les suppléait. Cette démarche n'était pas, comme on serait tenté de le croire, un acte de déférence[2], et la Faculté des arts n'aurait pas trouvé mauvais qu'on s'en dispensât; mais elle s'explique naturellement par cette raison qu'il appartenait au chancelier, sous certaines réserves, de fixer la date et l'heure de l'examen. Il devenait dès lors nécessaire que le candidat en fût exactement informé.

Muni de cet utile renseignement, il s'empressait de le porter à ses examinateurs, dont il était allé prendre le nom et l'adresse chez le grand bedeau de sa Nation, et cette fois, il en avait bien fini avec les formalités que la Faculté des arts imposait indistinctement à tous ceux qui voulaient prendre leurs degrés.

Le jour de l'examen venu, le bedeau de la Nation du candidat remettait au chancelier le certificat de son cours entier de philosophie signé par le professeur, avec les attestations du principal du collège, du greffier de l'Uni-

1. Les courses étaient en réalité moins longues et moins fatigantes qu'on ne serait tenté de le croire, car les examinateurs, comme les officiers des Nations et de l'Université, étaient astreints par les statuts à demeurer dans l'enceinte de l'Université (*intra pomœrium Universitalis*).

2. Les rapports ne furent jamais cordiaux entre la Faculté des arts et les chanceliers.

versité et du recteur, et l'acte de sa promotion au baccalauréat. Puis le récipiendaire était interrogé pendant trois
heures suivant les formes usitées au premier examen.
Rien n'était changé que le président et les juges. Les
épreuves restaient les mêmes. Une dispute s'engageait
entre l'examinateur et le candidat sur quelque point con-
troversé de philosophie. Ils argumentaient l'un contre
l'autre, divisant, distinguant, concluant, toujours conformément aux règles de la logique de l'école, jusqu'à ce
qu'ils fussent tombés d'accord, ou que le candidat se tût,
réduit au silence par la dialectique de son juge.

Cette manière de contrôler le savoir des aspirants laissait beaucoup à désirer. Tel pouvait briller dans la dispute
qui possédait très mal son cours de philosophie. Au reste,
il n'y avait pas de programme spécial à la licence, et le
candidat était interrogé sur les mêmes matières dont on
lui avait demandé compte quelques jours plus tôt au baccalauréat[1]. La seule différence, c'est que l'examen de
licence paraît avoir été plus exclusivement philosophique.
On n'exigeait, du moins les manuels n'en disent rien,
ni traduction ni explication d'auteur grec ou latin.

En somme, cet examen, tel qu'il existait au xviie et au
xviiie siècle, doublait inutilement le baccalauréat[2]. Il ne
prouvait rien de plus en faveur du savoir ou de la maturité
d'esprit du candidat; mais il était un legs du passé et, pour
cette raison, bien que son insuffisance eût été plusieurs
fois signalée, il dura autant que l'Université, soutenu du
prestige qui s'attache naturellement aux vieilles institutions.

L'examen terminé, le candidat se retirait, pendant que

1. Ce qui le prouve, c'est qu'on ne trouve pas de manuel spécial pour
la licence. Le même abrégé sert pour les deux examens du baccalauréat
et de la licence.

2. L'examen ne paraît pas avoir été plus difficile, bien qu'on lise dans
un des mémoires pour les droits et juridiction du chancelier de l'Université : « On refuse tous les ans plusieurs candidats et on tâche de n'admettre que ceux qui sont capables. »

le chancelier et les examinateurs délibéraient à son sujet. Quand ils s'étaient mis d'accord, le récipiendaire, sur l'invitation du bedeau, s'approchait. Il se mettait à genoux devant le chancelier, tandis que celui-ci, la tête couverte, entouré des examinateurs, lui faisait prêter serment. La formule de ce serment était analogue à celle qu'il avait déjà prononcée devant le recteur, sauf l'adjonction d'un article spécial par lequel il jurait de rendre honneur et révérence au chancelier et à ses successeurs. Lorsque le récipiendaire avait juré, le chancelier, la tête découverte, prononçait les paroles sacramentelles : « *ET EGO Sacrae Facultatis Parisiensis Doctor Theologus, necnon Academiae Universitatisque Parisiensis Cancellarius, auctoritate Apostolica, qua fungor in hac parte, Do tibi potestatem docendi, legendi et regendi, et quoscumque actus Magisterii exercendi hic et ubique terrarum. In nomine Patris et Filii et Spiritus Sancti...* » Puis il lui mettait sur la tête le bonnet de maître ès arts.

Le chancelier n'était pas resté sans peine en possession de son privilège. L'Université lui avait disputé avec acharnement la prérogative de l'imposition du bonnet. Ce n'était pas là, comme on pourrait le croire, une puérile chicane, et la question soulevée était beaucoup plus importante au fond qu'elle n'en avait l'air. Par la signification symbolique qui s'y attachait, la cérémonie de la remise du bonnet ou « birrétation » était autre chose qu'une simple formalité. Il s'agissait en réalité de savoir si le nouveau maître recevrait l'investiture de son grade du chancelier ou du recteur, de l'Église ou de l'Université; et par suite si l'autorité ecclésiastique avait le droit de s'immiscer dans les choses de l'enseignement. Ce vif et âpre débat n'était, à vrai dire, qu'un des épisodes de la lutte soutenue depuis des siècles par l'Université de Paris contre les doctrines ultramontaines [1]. La Faculté des arts, plus spécialement

---

1. Depuis Guillaume de Saint-Amour et ses rudes combats contre les ordres mendiants et la papauté même.

intéressée dans la querelle, demandait que le chancelier de Notre-Dame ne fût pas admis à donner aux nouveaux licenciés le bonnet de maître ès arts. Elle prétendait qu'étant l'homme du pape il n'avait pas à intervenir dans les affaires d'une compagnie réputée laïque et établie dans le royaume par autorité du roi, et qu'il n'avait aucun titre pour y incorporer un candidat. Elle soutenait que le chancelier n'avait d'autre pouvoir que celui de bénir le récipiendaire au nom du pape, en le licenciant, c'est-à-dire en le congédiant à la fin de ses études. C'était au recteur, agissant au nom du roi, qu'il appartenait d'imposer le bonnet, et par cette cérémonie d'immatriculer un candidat dans l'Université [1].

Les chanceliers, dans leurs factums et leurs requêtes, soutenaient naturellement une thèse toute contraire [2]. Ils prétendaient que la dation du bonnet était un privilège inaliénable de leur dignité, qu'ils en avaient toujours joui, et ils protestaient hautement qu'ils n'y renonceraient jamais : ainsi, ni les uns ni les autres ne voulaient rien rabattre de leurs prétentions. Ces querelles se prolongèrent durant de longues années, donnèrent naissance à de nombreux factums, et agitèrent vivement la Faculté des arts. En 1715, à la sollicitation du recteur Poirier, qui fut plus tard désavoué [3], le comte de Pontchartrain, secrétaire d'État, écrivit, le 26 juin, au syndic de l'Université une lettre où il enjoignait aux contestants « de prendre l'avis du parquet sur leurs différends et de s'y conformer par provision ». Ils parurent donc au parquet le mois suivant,

<hr>

1. *Requête des Recteur, Procureurs des Nations*, etc., déjà citée.
2. *Remarques du Chancelier de l'Église et Université de Paris*, etc. — *A Nosseigneurs de Parlement*, etc. Ces mémoires ont été cités plus haut.
3. Au cours d'une séance tumultueuse de la Faculté des arts, à l'occasion de la nomination d'un nouveau recteur, Poirier, recteur sortant, fut violemment attaqué par le syndic Pourchot qui lui fit des reproches très durs « de violato et conculcato honore Rectoris in negotio cancellariorum »; et les Nations réunies approuvant le syndic déclarèrent que la dignité rectorale avait été « turpiter prostituta » par Poirier. Arch. de l'Univ., reg. 42, f° 38 v°.

et en sortirent sans être plus avancés, les gens du roi s'étant bornés à déclarer que, dans la plus prochaine cérémonie de la maîtrise, le recteur donnerait le bonnet par autorité du roi, et que le chancelier le redonnerait avec la bénédiction, au nom du pape [1]. Cette sentence originale ne satisfit personne, comme il fallait s'y attendre, et les réclamations recommencèrent de plus belle. Le procès, porté au Parlement, ne fut jamais jugé quant au fond, et les chanceliers continuèrent à donner le bonnet. Nous verrons par quelles mesures efficaces l'Université limitait l'intervention du pouvoir ecclésiastique et ressaisissait l'exercice de ses droits.

Pour le candidat, qui restait étranger à tous ces débats, le bonnet était l'insigne de son nouveau grade, et surtout un symbole de liberté. Dès ce moment, il cessait d'être un écolier, exposé comme l'esclave antique à la férule, aux verges, à l'opprobre des châtiments corporels; il devenait maître à son tour [2], et cette cérémonie de l'imposition du bonnet marquait pour lui le commencement d'une vie nouvelle.

Après la cérémonie, l'acte de réception, dressé par le bedeau de la Nation du récipiendaire, était signé par le chancelier et les quatre examinateurs. Les notes obtenues par le nouveau licencié n'y étaient pas mentionnées. En outre, dans les autres Facultés, les candidats étaient classés, après les épreuves, par ordre ou « lieu » de mérite : la Faculté des arts ne connaissait pas cet usage. Il n'était fait mention dans l'acte de réception que du résultat de l'examen : « *Ad Lauream Artium admissus eaque donatus est X..., apud B. Genovefam die.... mensis.... anno....* » Cette pièce, timbrée au sceau du recteur, était déposée au greffe de la Nation du nouveau maître ès arts. Les lettres testimoniales qui lui étaient ensuite expédiées, et qu'il pouvait demander au grand bedeau le lendemain même du

<hr>

1. *Requête des Recteur, Procureurs des Nations,* etc.
2. « Quand on dit : il a pris le bonnet, c'est autant comme si l'on disait : il est passé maître. » Pasquier, *Recherches de la France,* p. 313.

jour de sa réception, portaient qu'un tel, après l'examen
du chancelier, avait reçu la maîtrise ès arts [1]. Il faut bien
remarquer que cet acte, proprement le diplôme de licencié
et de maître ès arts, était revêtu du sceau du recteur, et
expédié en son nom et au nom de l'Université. Cette par-
ticularité a une grande importance. C'était là un des
moyens que l'Université employait pour affirmer son indépendance à l'égard du pouvoir ecclésiastique, et rester
maîtresse chez elle.

Le diplôme était délivré gratis, à la condition toutefois
que le candidat eût consigné d'avance pour les frais d'expédition 56 sous et 6 deniers. De plus il avait dû, avant
l'examen, verser 8 livres et 5 sous entre les mains d'un
des examinateurs désigné à cet effet. Qu'on ajoute enfin à
ces modiques dépenses 20 sous que coûtait le visa du recteur, et 10 sous pour le salaire de l'appariteur, et l'on
saura au juste à combien s'élevaient les frais des examens
de licence dans l'ancienne Université de Paris [2].

1. « Nos Rector et Universitas... veritati testimonium perhibere cupientes, omnibus et singulis quorum interest, tenore praesentium notum
facimus, quod dilectus noster X..., in Artibus Magister, gradum Magisterii in praeclara Artium Facultate Parisiensi, examinibus rigorosis,
anno... die... mensis... secundum praedictae Facultatis Artium statuta et
consuetudines diligenter praehabitis, solemnitatibus in talibus assuetis
laudabiliter et honorifice adeptus est. In cujus rei testimonium sigillum
nostrum magnum praesentibus litteris duximus apponendum. Datum
Parisiis, anno... die... mensis... » *Requête du chancelier de Sainte-Geneviève à Nosseigneurs de Parlement*, déjà citée.

2. Bien que les manuels ni les règlements n'en disent rien, les candidats payaient un droit aux chanceliers. Les papes avaient cependant par
plusieurs bulles expressément défendu à ceux-ci de rien recevoir; « mais,
dit Crevier, malgré tant de défenses si souvent et si solennellement réi-
térées, la cupidité, plus forte que toutes les lois, a établi une redevance
en argent qui se paye au chancelier par chacun de ceux à qui il accorde
la licence. » Crevier, *Hist. de l'Univ. de Paris*, t. 1, p. 350. — Dans un
manuscrit de la Bibliothèque Sainte-Geneviève, on trouve de curieux
renseignements sur cette chancellerie. Il avait été convenu entre les deux
chanceliers qu'on ferait bourse commune. Sur la somme payée par chaque
candidat à la maîtrise, il leur revenait à chacun 18 sous; les vice-chance-
liers, les examinateurs, les bedeaux, et les portiers de Sainte-Geneviève
et de Notre-Dame se partageaient le reste. Les chanceliers ne recevaient
pas l'argent eux-mêmes; c'était habituellement l'examinateur de la Nation
de France qui était chargé de ce soin. « On préfère cependant les professeurs qui ne sont pas trop éloignés, qui sont assidus et sur lesquels on

Si maintenant on additionne les sommes versées par le candidat tant pour le baccalauréat que pour la licence, on jugera que le total des dépenses était peu considérable[1]. Malgré quelques défaillances individuelles, dont elle ne pouvait être rendue responsable, et qu'elle châtiait sévèrement, l'Université observait à la lettre l'article des statuts de 1600 qui recommandait à ses officiers de mettre dans l'estimation des droits d'examen une modération telle que les plus riches ne fussent pas surchargés, et que les plus pauvres ne se vissent pas fermer l'accès des grades. Les frais qu'entraînait le baccalauréat étaient les plus élevés; mais on remarquera que, si le candidat payait souvent, il payait peu, et que, en compensation, il ne lui en coûtait presque rien pour la licence. Il faut convenir que, depuis le xvie siècle, l'accès des grades avait été rendu moins onéreux aux étudiants pauvres, dont le nombre fut toujours grand, et que, sur ce point, le progrès accompli était réel[2].

Pour ce qui regarde les épreuves elles-mêmes, dont les grades ne sont que le témoignage, on ne constate aucun changement, et c'est tant pis pour l'Université. Par l'exposé qui précède, on a pu se convaincre de combien il s'en fallait que le baccalauréat et la licence ès arts fussent des examens sérieux et probants[3]. Avec quelque indul-

peut conter, car il est quelquefois arrivé petite banqueroutte. » Bibl. Sainte-Geneviève, manuscrit 2151, *Notes sur la chancellerie de Sainte-Geneviève*, p. 6.

1. « Aujourd'hui, dit Crevier (*Hist. de l'Univ. de Paris*, t. V, p. 342), la maîtrise ès arts est extrêmement modique... » De même Piales, *Traité de l'expectative des gradués*, t. I, p. 433 : « Les frais que l'on est obligé de faire pour obtenir le degré de maître ès arts ne sont pas considérables. Il n'en coûte ordinairement que cinquante ou soixante livres. »

2. On sait que Ramus s'est élevé avec vigueur contre l'exagération des frais d'examen au xvie siècle. A cette époque, il en coûtait à peu près une dizaine de mille francs de notre monnaie actuelle pour arriver au doctorat en théologie. Le doctorat en médecine ne s'obtenait pas à moins. La maîtrise ès arts était plus abordable; mais le diplôme en coûtait encore, tous frais payés, 1000 ou 1500 francs.

3. Une preuve entre plusieurs qu'ils ne l'étaient pas, c'est que, au xviiie siècle, le collège de chirurgie faisait subir un nouvel examen aux maîtres ès arts qui se destinaient à cette profession.

gence qu'on les juge, on ne peut s'empêcher d'y trouver beaucoup à reprendre. Comme examens de culture générale, on y aperçoit des lacunes sur l'étendue desquelles il n'est pas nécessaire d'insister[1]. Au point de vue professionnel, ils ne présentent que des garanties illusoires, et, bien plus, ils nous paraissent une sorte de contresens. On exige en effet de futurs régents d'humanités ou de grammaire qu'ils justifient par deux fois de leur savoir en philosophie, qu'ils ne professeront jamais, et on ne les interroge pas, ou on les interroge à peine sur les matières mêmes qui doivent faire l'objet de leur enseignement. Ces critiques, qui se présentent immédiatement à l'esprit des juges les moins compétents, sont la condamnation des examens de l'ancienne Université. Les plus intelligents et les plus éclairés de ses maîtres les avaient déjà formulées, et, dans un projet de réformation de la Faculté des arts dressé vers 1720, un ancien régent de philosophie, le célèbre Edmond Pourchot, instituait spécialement pour chaque ordre de professeurs des épreuves plus sérieuses que les anciens examens[2]; mais ce judicieux règlement ne fut jamais mis en vigueur. Beaucoup de maîtres, amis de la routine et peu soucieux d'être dérangés dans leurs habitudes, tenaient obstinément pour les institutions du passé; et tout essai de réforme trouvait en eux des adversaires déclarés. Aussi, on continua longtemps encore de suivre les vieux errements. Ce n'est qu'en 1766, après l'expulsion des Jésuites, événement qui fut le point de départ d'une sorte de révolution pédagogique, que l'Université entra, un peu malgré elle, dans les voies du progrès, et que l'établissement du concours d'agrégation vint corriger ce que les anciennes épreuves du baccalauréat et de la licence avaient de défectueux et de suranné.

---

1. Pas de français, pas d'histoire, pas de géographie, pas ou presque pas de sciences.

2. Arch. de l'Univ., carton 15, n° 24, et Jourdain, *Hist. de l'Univ. de Paris*, Pièce Justific. 167.

CHAPITRE IV

De l'institution et de la destitution des régents
Rapports avec les supérieurs.

Voilà donc le candidat en possession de sa lettre de maîtrise qui lui a coûté quelque travail, quelque argent et beaucoup de démarches. Il peut, à son choix, soit étudier dans une des Facultés supérieures, s'il en a le moyen, soit tirer parti de son diplôme et suivre la carrière de l'enseignement. Le chancelier, en lui imposant le bonnet, lui a donné, de par le Saint-Siège, le droit d'enseigner *hic et ubique terrarum*. Mais le nouveau maître ès arts se gardait bien de prendre à la lettre ces expressions magnifiques. Il savait qu'il aurait attiré sur sa tête les foudres académiques, ce qui n'allait pas sans désagrément. L'Université faisait bonne garde. N'ayant pas réussi à se substituer au chancelier pour la collation des grades, elle s'arrangeait d'abord pour réduire son intervention à une cérémonie de pure forme. Elle se réservait ensuite expressément de confirmer la permission d'enseigner accordée par l'autorité ecclésiastique, de sorte que la bénédiction du chancelier était demeurée une formalité indispensable, mais insuffisante sans la sanction académique.

Le maître ès arts qui voulait entrer dans la régence s'adressait, pour obtenir une chaire, au principal d'un collège de plein exercice[1], le plus ordinairement de celui où il avait fait ses études. En vertu d'un ancien usage, auquel les statuts de 1600 ont donné force de loi, c'est au principal qu'appartient le choix des régents[2]; mais c'est l'Université qui les institue ou qui les installe. Un régent nommé simplement par le principal sans autre formalité ne jouirait d'aucun des droits de la régence. Il faut nécessairement qu'il soit immatriculé et reçu au nombre des régents dans l'assemblée de sa Nation, c'est-à-dire qu'il doit supplier, selon la formule consacrée, *pro regentia et scholis*[3].

Le principal présente en ces termes à l'Université le régent qu'il a choisi : « *Ego Collegii.... gymnasiarcha, testor honorandae Gallorum Nationi Magistrum X..., ordini... a nobis hodierno die praefectum in locum Magistri X..., successisse. In cujus rei fidem subscripsi, die.... mensis... anni.... »* Après avoir remis au censeur de sa Nation le certificat du principal, avec son extrait baptistaire et sa lettre de maîtrise, le futur professeur supplie à voix haute, suivant la forme ordinaire, *pro regentia et scholis*[4]. Puis le procureur

---

1. Il n'a pas le droit d'enseigner ailleurs que dans un collège de plein exercice.

2. On espérait que les principaux, ayant un intérêt immédiat à s'assurer le concours d'un personnel d'élite, feraient nécessairement de bons choix; mais l'événement a plus d'une fois trompé cette attente. Quoi qu'il en soit, un tel pouvoir abandonné aux principaux nous surprend d'autant plus qu'eux-mêmes, malgré l'importance de leurs fonctions, n'étaient pas choisis par l'Université. Les principaux justifiaient leur droit de la manière suivante : « Le droit que les principaux » ont » de choisir librement les régens de leur collège entre une infinité de maîtres ès arts, est des plus solidement établis : il dérive du droit qu'a tout fondateur, et que par les statuts il a transmis à celui qui le représente, de n'admettre dans son collège que ceux qu'il juge à propos. » *Mémoire et Consultation pour le Proviseur du Collège d'Harcourt; contre Monsieur le Procureur-Général*, etc. Bibl. de l'Univ., rec. U, 10²², in-4°.

3. Au moyen âge, avant de monter en chaire, le nouveau licencié devait se faire agréer par la corporation des maîtres. Cette cérémonie assez compliquée s'appelait *inceptio*. Thurot, *De l'organisation de l'enseignement*, etc., p. 59-60.

4. Il paye un droit d'immatriculation variable suivant les Nations Dans la Nation de France, ce droit, qui était d'abord de 15 livres, fut porté en 1771 à 60 livres. *Statuta Honorandae Nationis Gallicanae*, cap. VII, édit. de 1788. — Les formalités à remplir pour être reçu dans la Nation,

demande : « *Ostendistine tuas litteras Magisterii Artium sapientissimis decanis?* » Le doyen de la Tribu répond affirmativement, et la cérémonie de l'installation est terminée. Le censeur, représentant l'Université pour cet objet, écrit sur son livre : « *Anno Domini... die vero... mensis..., hora... apud Mathurinenses comitiis habitis, supplicavit pro regentia et scholis Magister X..., in... ordine Collegii... professor, et admissus est. In cujus rei fidem subscripsi, die... mensis... anni¹....* » Et de ce jour-là, l'Université compte un nouveau professeur.

Bien que son titre seul de maître ès arts lui permit de prétendre à toutes les chaires², il est probable qu'un débutant ne régentait guère pour commencer que dans les classes inférieures. Tout au moins était-il sage de la part des principaux de ne confier à des jeunes gens hier encore assis sur les bancs que les classes de grammaire, les plus faciles et les moins nombreuses. Aucun règlement ne les y obligeait, mais cette conduite paraît si naturelle que les choses ne pouvaient guère se passer différemment. On commençait par les basses classes pour s'élever, quand on avait acquis plus de savoir et d'expérience, aux classes d'humanités et de rhétorique³. Nicolas Piat, un des plus illustres

sont minutieusement décrites dans le registre des questeurs. Bibl. Mazarine, manuscrit 3320, p 11 et 12.

1. *Mémoire instructif concernant l'institution et la destitution des Régents de la Faculté des Arts. Pour Mᵉ Jacques Rohault, Régent de la troisième classe du Collège de Beauvais et ancien Censeur de la Nation de Picardie, intimé. Contre Mʳˢ Nicolas Boutillier, Principal, Nicolas Guénée, procureur au dit Collège, et Claude Lorey, se disant pourvu de la dite classe.* Bibl. de l'Univ., rec. U, 41⁸, in-4°. Ce mémoire est curieux à tous égards.

2. Jusqu'à 1766, date de l'établissement des agrégations de philosophie, lettres et grammaire, le diplôme de maître ès arts est le seul que délivre la Faculté des arts. Quiconque en est pourvu peut enseigner aussi bien la philosophie que les lettres et la grammaire dans les collèges de plein exercice de l'Université.

3. «... Pour l'ordinaire, un professeur ne s'y borne pas (aux classes inférieures), et doit se mettre en état de passer aux classes supérieures. » Rollin, *Traité des Études*, livre VIII, chap. ɪɪ, du devoir des régents. Ajoutons que jusqu'à 1719, c'est en cette promotion à une classe dite supérieure que consiste l'avancement. C'est une pure satisfaction d'amour-propre, car il n'en résulte directement aucun avantage temporel.

professeurs de l'Université au xviiie siècle, avait débuté par un poste de maître de quartier au collège du Plessis. En 1715, il fut nommé régent de sixième au même collège; il passa en 1718 en cinquième, et en 1719 en rhétorique[1]. Si cette règle excellente fut quelquefois violée, et si des maîtres particulièrement distingués comme Grenan, Coffin, Rollin furent pourvus sur-le-champ de chaires importantes, ces exceptions se justifiaient par le mérite éminent des sujets[2]. Quant aux professeurs de philosophie, du moins dans les grands collèges, il n'y avait pas de jeunes gens parmi eux. Comme la philosophie était restée le principal enseignement de la Faculté des arts, on ne s'ingérait de la professer qu'après avoir pris ses grades en théologie, ou tout au moins le baccalauréat. On peut affirmer hardiment qu'au xviiie siècle presque tous les régents de philosophie sont gradués de la Faculté de théologie[3].

Lorsque le régent avait été présenté par le principal et agréé par l'Université, il était bien et valablement installé dans son office. Mais quel fonds devait-il faire sur cette double institution? Pouvait-il dès lors se croire en sécurité dans sa chaire, et compter qu'à moins de fautes graves ou d'incapacité manifeste il n'en serait jamais dépossédé? Avait-il des garanties suffisantes contre l'arbitraire de ses chefs, et en particulier du principal? Celui-ci, qui l'avait choisi de son plein gré et en toute indépendance, ne pouvait-il pas le congédier à son plaisir, et lui retirer le lendemain la chaire qu'il lui avait confiée la veille? Grave question, qui fut passionnément débattue. Indépendamment du prin-

---

1. Goujet, *Mémoire historique et littéraire sur le Collège royal*, notice sur Nicolas Piat.

2. Coffin est nommé à vingt-cinq ans, en 1701, professeur de seconde au collège de Beauvais par Rollin, qui était coadjuteur du principal de ce collège. Éloge historique de M. Coffin, p. 2, dans *les Œuvres de M. Coffin*. — Rollin lui-même n'avait que vingt-deux ou vingt-trois ans quand il fut désigné pour remplir la chaire de seconde du collège du Plessis. Éloge de Rollin, par M. de Boze, dans les *Opuscules* de Rollin.

3. Les exceptions sont très rares. Toutefois, le célèbre Edmond Pourchot, professeur de philosophie au collège Mazarin, est simplement qualifié dans les actes officiels de licencié en droit.

cipal, qui était le chef immédiat, d'autres personnages plus
ou moins académiques, le recteur et les membres de son
Tribunal, les supérieurs préposés par les fondateurs à la
haute surveillance des collèges, le chancelier de l'Église de
Paris avaient ou prétendaient avoir autorité sur les professeurs. Il faut y ajouter le Parlement, le gouvernement
lui-même, et ses ministres parfois tentés d'abuser des
armes redoutables qu'ils avaient entre les mains. Il importe
d'examiner les rapports des régents avec les supérieurs
dont ils dépendaient à un degré quelconque pour se faire
une idée juste de la sécurité de leur fonction.

D'abord, de garanties écrites mettant le régent à l'abri
d'un abus de pouvoir toujours possible, il n'en existe
aucune[1]. Il n'y a que des usages, des traditions, des pratiques que le Parlement, selon l'occurrence, approuve ou
condamne par des arrêts souvent contradictoires ou susceptibles des interprétations les plus diverses. Rien n'est
plus vague et plus flottant que la jurisprudence de la cour
sur cette matière. Les statuts de 1600, où il est beaucoup
parlé des régents, de leurs fonctions, de leurs devoirs,
sont muets sur les garanties qu'il conviendrait de leur
accorder. Le législateur ne se préoccupe aucunement d'assurer leur indépendance et leur dignité. Il se borne à
recommander en termes généraux à tous les maîtres de
témoigner le plus grand respect à leurs supérieurs, et, au
surplus, renvoie au Tribunal du recteur toute contestation
survenue entre les membres de la Faculté des arts, élèves,
maîtres, principaux, sur des matières purement scolastiques[2]. Il confirme aux principaux le droit de choisir les
régents[3]; mais ils ne se prononce pas sur la question de
savoir s'il leur appartient de les destituer; et il faut avouer

1. Sous ce rapport, la situation des régents de l'Université de Paris ne
changera pas. Leurs collègues qui enseignent en province dans les collèges
non rattachés aux Universités seront plus heureux, et obtiendront au
xviiie siècle des garanties qui équivaudront presque à l'inamovibilité.
2. Complément de la réforme de la Faculté des arts, art. 20.
3. Statuts de la Faculté des arts, art. 1.

que c'est là une lacune fâcheuse, et qui devait engendrer
dans la suite d'innombrables procès.

Les principaux, on le comprend, expliquaient ce silence
de la manière la plus favorable à leurs intérêts. Le droit de
renvoyer *ad libitum* leurs régents leur paraissait découler
tout naturellement de celui qu'ils avaient de les instituer.
A les en croire, l'institution conférée par l'Université
aux sujets choisis par eux n'était qu'une formalité sans
importance, et qui ne pouvait prévaloir contre leur droit
de nomination. Mais au fond ils n'étaient pas très sûrs que
leur prétention fût bien fondée, et la preuve en est que
plusieurs d'entre eux, par une prévoyance un peu excessive, ne recevaient aucun régent dans leur collège sans
exiger de lui la promesse écrite de se démettre à la première sommation[1]. Le Tribunal du recteur, à la requête
du syndic, eut à casser plusieurs fois ces contrats irréguliers formellement condamnés par les statuts[2]. Ils étaient
devenus si fréquents à la fin du xviie siècle que le syndic
Edmond Pourchot crut devoir dénoncer cet abus à la vigilance des députés de l'Université. Le 29 août 1699, devant
le recteur et son conseil assemblés au collège du Plessis-
Sorbonne, il lut un long et véhément réquisitoire contre
certains principaux « qui ne nommaient les professeurs à
la régence qu'après leur avoir fait donner un billet par
lequel ces professeurs reconnaissaient qu'ils n'avaient
aucun droit de propriété à la régence; qu'ils n'en jouis-

---

1. Certains de ces contrats spécifient les cas où la démission deviendra
immédiatement exigible. C'est, par exemple, si le régent vient à se marier,
où s'il entreprend de nourrir chez lui des pensionnaires, etc.

2. Voir les registres, *passim*. — Quelques principaux allaient plus loin,
et n'appelaient à la régence que ceux qui consentaient à leur donner des
pots-de-vin. En 1710, le principal du collège des Grassins est banni par
arrêt « pour avoir tiré de l'argent des professeurs qu'il mettait en place ».
Arch. de l'Univ., reg. 41, f° 113 r°. Les statuts défendaient également aux
régents de vendre leurs chaires, comme c'était l'usage pour les charges
de judicature et de finance. Ce dernier abus semble avoir été très difficile à détruire, puisque à la veille de la Révolution, le Parlement croit
encore devoir le condamner. Reg., 47e, f° 89 et suiv., et Jourdain, *Hist.
de l'Univ. de Paris*, Pièce Justific. 227.

saient que par commission et que les principaux les pourraient révoquer à leur gré, sans aucun empêchement, sans
forme de procès, ni qu'il fût besoin d'aucun acte de justice
pour ce fait ».

Le dévoué syndic, défendant contre eux-mêmes les intérêts des professeurs, traitait durement ceux qui avaient eu
la faiblesse de signer ces contrats scandaleux, et il les accusait non seulement d'avoir violé les statuts de l'Université,
mais encore « d'avoir déshonoré leur propre dignité, en ce
que se dépouillant volontairement de cette liberté et de cette
autorité de maître que la régence leur donne, ils semblaient
s'être ravalés et réduits à un vil et honteux esclavage
(*ad vile mancipii obsequium*) ». Il remontrait que de tels
professeurs, ne conservant qu'en apparence le nom et la
dignité de maître, étaient pour l'Université un sujet de
honte; que, si l'on n'y prenait garde, les professeurs
devenus les esclaves des principaux « n'oseraient plus
ouvrir la bouche dans les assemblées, de peur de s'attirer
leur colère et leur indignation; que, saisis toujours d'une
crainte servile, ils consulteraient moins la justice et l'équité
que la volonté absolue de ces maîtres orgueilleux », et
qu'enfin les principaux deviendraient bientôt omnipotents
dans la Faculté des arts désormais peuplée de leurs
créatures.

Puis le syndic insistait sur la nécessité d'un prompt
remède. Il ne fallait pas qu'un principal, par antipathie,
jalousie ou tout autre sentiment inavouable, pût congédier
comme un valet un professeur plein de zèle et utile à l'Université, et par une destitution inique, en lui ôtant l'espérance
d'acquérir un jour la qualité d'émérite, le condamner à une
vieillesse misérable. De pareils excès, qui blessaient autant
l'humanité que la lettre des statuts, ne tendaient à rien
moins qu'à la ruine de l'Université. Car quel est l'homme
de lettres, pour peu qu'il eût du cœur, qui voulût désormais se soumettre aux rudes conditions imposées par les
principaux? Le métier le plus pénible n'était-il pas préfé-

rable à l'emploi hasardeux du professeur? La conséquence inévitable de tels abus devait être de dégoûter pour jamais de la régence tous les bons sujets qui se disposaient à y entrer. L'Université, à qui les principaux faisaient une injure personnelle en destituant les régents qu'elle avait installés, se devait à elle-même de réprimer ces actes de tyrannie. Et le syndic, en terminant son discours, requérait que tout contrat illicite entre principal et régent fût tenu pour nul, et qu'à l'avenir les contrevenants fussent frappés des peines disciplinaires les plus graves [1].

Cet énergique langage fut vivement applaudi. Le recteur et les membres de son Tribunal l'approuvèrent d'un consentement unanime; et même, l'affaire étant de conséquence, ils décidèrent que la requête du syndic serait traduite en français et imprimée pour que les conclusions en fussent désormais observées comme une loi de l'Université. Mais quoique ce décret eût été rendu et publié dans les formes les plus solennelles, nous ne voyons pas qu'il ait eu raison de l'abus qu'il s'agissait de détruire. Les chefs des collèges, dont il renfermait le pouvoir dans de justes bornes, ne s'y soumirent pas sans résistance, et plusieurs d'entre eux n'en tinrent aucun compte. C'est ainsi qu'en 1705 et en 1707 les principaux des collèges des Grassins et de la Marche sont accusés et convaincus d'avoir fait signer à deux de leurs professeurs un de ces traités contre lesquels s'élevait naguère la voix indignée du syndic [2]. Le Tribunal du recteur devant lequel ils comparaissent semble avoir fait preuve à leur égard de beaucoup d'indulgence; mais ils n'en sont pas moins reconnus coupables, et les ménagements que l'Université a voulu garder en les condamnant n'atténuent en rien la gravité du délit.

Toutes les fois que le tribunal académique a dû se pro-

1. *Décret de l'Université de Paris contre la destitution arbitraire des professeurs*, donné le 9 août 1699. Bibl. de l'Univ., rec. U, 44¹², in-4°. — Le même décret, en latin, se lit encore au reg. 39, f° 87.

2. Arch. de l'Univ., reg. 39, f° 123 v° et 172.

noncer sur des contraventions de cette nature, il a invariablement donné gain de cause aux régents. Il a de même
rétabli dans leur chaire tous ceux qui en avaient été illéga-
lement dépossédés [1]. La thèse des régents, que l'Université adoptait pour son compte, était qu'ils ne dépendaient
point des principaux, et que ceux-ci, s'ils avaient à se
plaindre d'un maître, devaient porter leurs griefs au Tribunal académique, qui seul avait qualité pour en connaître [2].
Institués par l'Université, ils ne pouvaient, prétendaient-ils,
être renvoyés que par elle, et ils en donnaient de fort
bonnes raisons. Ils rappelaient qu'à l'origine les principaux
étaient de simples boursiers qui n'avaient aucun droit sur
les régents, lesquels n'enseignaient pas alors dans les collèges; que présentement les professeurs ne tenaient pas
leurs honoraires des principaux, et qu'enfin ils n'étaient
pas régents du collège des Grassins, de la Marche, ou de tel
autre, mais régents de l'Université enseignant dans les
collèges des Grassins ou de la Marche [3]. En conséquence,
lorsqu'ils se croyaient révoqués arbitrairement, ils refusaient parfois de quitter la place, et le principal, s'il voulait
être obéi, se voyait obligé de se faire prêter main-forte par
des recors [4].

Il résultait de tout cela d'interminables procès. Le régent
congédié n'acceptait toujours pas sa disgrâce. Il avait ordinairement recours au Tribunal de l'Université qui le réin-

1. On trouve dans les registres, à toutes les époques, un certain nombre
de ces sentences.

2. Telle était en effet la règle. Il ne peut y avoir aucun doute sur ce
point. L'article 20 du complément de la réforme de la Faculté des arts est
formel, et ne souffre aucune discussion. L'Université était fidèle à la
lettre et à l'esprit de ses statuts en défendant sa juridiction contre tous
les empiétements.

3. L'Université ne s'exprimait pas autrement : « C'est parler impropre-
ment que d'appeler un Régent du Collège du Cardinal le Moine. La
régence est un office de l'Université. C'est l'Université qui institue les
Régens sur la nomination des principaux des Collèges, et c'est l'Université qui les stipendie... » Bibl. de l'Univ., mémoire n° 21 du rec. U, 17,
in-folio.

4. *Mémoire instructif concernant l'institution et la destitution des Régents
de la Faculté des arts*, etc., déjà cité.

tégrait dans sa chaire. Mais le principal appelait de la sentence au Parlement, juge en dernier ressort des causes académiques. Quelquefois même, au grand scandale de l'Université, qui voyait sa juridiction méprisée, certains principaux passaient par-dessus sa tête, et s'adressaient en première instance au Châtelet ou au Parlement[1], ou même, pour abréger les formalités, s'ils avaient des relations à la cour, ils sollicitaient une lettre de cachet. C'était la façon la plus expéditive de se débarrasser d'un régent. L'Université, indignée, faisait entendre des plaintes amères; mais elle ne se bornait pas à de vaines récriminations : elle intervenait aussitôt et prenait énergiquement la défense de son régent. Quant au Parlement, lorsqu'il avait à juger un différend entre professeurs et principaux, sa maxime ordinaire était de laisser traîner l'affaire en longueur, pour que les parties eussent le temps de s'accommoder. Mais comme l'esprit de contention et de dispute était très vif dans l'Université, son attente était le plus souvent vaine, et il pouvait rarement se dispenser de rendre un arrêt[2].

Les contestations qui naissaient entre les régents et les principaux touchant leurs droits respectifs à la propriété des chaires étaient extrêmement nombreuses, et l'on en trouve dans les registres des traces fréquentes. Il n'y a point de collège qui n'en ait pas vu s'élever. En 1705, le proviseur du collège d'Harcourt, M⁰ de la Brière de Lou-

1. Le Parlement retenait souvent l'affaire, au mépris d'un édit du roi qu'il avait vérifié en 1661, et qui portait : « Voulons aussi que tous les différends mus et à mouvoir entre les particuliers de l'Université, touchant l'ordre et la discipline d'icelle et exécution des statuts, tant généraux que particuliers, soient décidés et réglés sommairement par lesdits Recteur et Université, sans pouvoir être traduits par devant d'autres juges. » Le même Parlement homologuait encore en 1666 des articles qui déclaraient : « perjuros litigiorum amatores, qui causarum primordia, seu primam (ut vocant) instantiam, alio quam ad Tribunal academicum detulerint, prout decretis plurimis cavetur tam Universitatis quam Curiae Parisiensis. » L'Université a beaucoup souffert de ces conflits de juridiction si fréquents sous l'ancien régime.

2. Cet arrêt n'était pas toujours conforme à celui qu'avait rendu l'Université en première instance.

vency, renvoya M⁰ Josset, professeur de rhétorique, sous prétexte d'incapacité[1]. Le régent dépossédé protesta avec véhémence, et se plaignit d'abord à la Nation de Normandie qui, sur les conclusions du censeur, décida que son suppôt, dont le mérite lui était connu, avait été injustement destitué, et le prit sous sa protection[2]. Mais M⁰ de Louvency, n'acceptant point le verdict de la Nation, porta ses plaintes au Tribunal académique. Sur ses instances, il fut décidé par le recteur et son conseil que les maîtres de la Nation de Normandie seraient appelés à rendre individuellement témoignage des aptitudes professionnelles de leur confrère, et à déclarer s'il était à la hauteur de ses fonctions. Cette enquête, passablement humiliante pour celui qui en était l'objet, tourna à la confusion du proviseur, qui l'avait sollicitée. Le jour de la consultation, tous les tribulaires normands présents à l'assemblée attestèrent par écrit la capacité de M⁰ Josset, et signèrent leur déclaration. Quelques-uns même pensèrent qu'il était de leur devoir d'expliquer leur vote, afin de bien montrer en quel estime ils tenaient leur confrère. Le résultat de l'enquête fut signifié à M⁰ de Louvency qui n'eut pas lieu d'en être satisfait. L'affaire revint de nouveau devant le Tribunal académique qui, par son arrêt du 5 décembre 1705, mit fin à un débat qui n'avait que trop duré, et rendit à M⁰ Josset la chaire dont il avait été dépossédé[3].

---

1. Dans un mémoire pour sa défense, M⁰ de la Brière prétend qu'il « offrit au régent, avant d'en venir à l'éclat, de lui donner ou la première classe vacante, qui serait le plus à sa portée, et en attendant 300 livres par an avec sa nourriture, ou une somme de 4000 livres ». Il nous est impossible de contrôler ces affirmations. *Réponse au Mémoire des Procureur, Censeur et Suppôts de la Nation de Normandie contre le Proviseur et Principal du Collège d'Harcourt.* Bibl. nation., factum 13013, in-folio.

2. Arch. de l'Univ., reg. 11 *bis,* f⁰ 171. Ce registre renferme les conclusions de la Nation de Normandie.

3. En même temps que l'affaire se débattait devant les autorités universitaires, un procès s'engageait devant les tribunaux civils. Ceux-ci décidèrent dans le même sens que le Tribunal académique. — Ce démêlé entre M⁰⁰ Josset et de la Brière se compliqua pour ce dernier d'une rupture avec la Nation de Normandie. Voir sur toute cette affaire assez embrouillée, à la Bibliothèque de l'Université, les registres 39, et surtout

On n'en venait pas toujours à ces pénibles extrémités. Souvent un régent remercié par son principal acceptait sans murmurer son congé. Comme il était presque certain de trouver à s'employer dans un autre collège, il ne s'en mettait pas beaucoup en peine; mais il fallait pour cela que ce congé lui eût été donné six mois d'avance. Il y avait à cet égard, à défaut de règles, des usages auxquels les principaux étaient tenus de se conformer. En 1629, le nouveau principal du collège de Lisieux, M⁰ Richard Gallot, qui, à tort ou à raison, était mécontent de ses régents, voulut s'en débarrasser. Quelques jours avant les vacances, au mois de juillet, il procéda à une véritable exécution. Il avertit ses professeurs qu'à la rentrée prochaine il n'aurait plus besoin de leurs services, et qu'ils eussent à vider avec leur mobilier les chambres qu'ils occupaient. Les régents congédiés se pourvurent devant le Tribunal du recteur. Sans arguer, comme ils auraient pu le faire, de leur inamovibilité, ils se bornèrent à invoquer l'usage constant de la Faculté des arts, qui était que quand principaux et régents voulaient se séparer à l'amiable ils se prévinssent immédiatement après les fêtes de Pâques, ou du moins avant le jour de Saint-Jean, pour que les uns et les autres eussent le temps de prendre leurs dispositions en conséquence [1]. Le Tribunal leur donna raison. Il décida, sur l'avis des principaux les plus modérés, que M⁰ Gallot garderait ses régents et les traiterait avec bienveillance, à la condition que ceux-ci

---

11 *bis*, f⁰ 171 et suiv. Consulter aussi, à la Bibliothèque nationale, un certain nombre de factums, dont on trouvera la liste dans le *Catalogue* de A. Corda, article Université de Paris, collège d'Harcourt; et enfin l'abbé Bouquet, *l'Ancien Collège d'Harcourt et le Lycée Saint-Louis.*

1. Les régents reprochaient à M⁰ Gallot non seulement l'incorrection, mais encore la déloyauté de son procédé. En effet, ce principal, en prenant possession de son poste, avait déclaré publiquement qu'il conserverait le personnel alors en fonctions. Et de leur côté les régents, sollicités par d'autres principaux, avaient refusé des conditions avantageuses, parce qu'ils se croyaient liés avec M⁰ Gallot. Il y avait donc eu de part et d'autre comme un engagement moral, que M⁰ Gallot n'avait pas le droit de rompre sans raison et en cho ssspn()don mo ient.

auraient pour leur supérieur les sentiments qu'ils lui devaient[1].

Cette mésintelligence entre gens dévoués par état à la même œuvre et qui auraient dû y travailler de concert était certainement très fâcheuse, et ne pouvait que nuire à la prospérité des collèges; mais elle paraîtra moins étonnante, quand on saura quelle était dans l'Université et vis-à-vis des professeurs la situation des principaux.

D'après l'édit de réforme de 1600, qui ne fait ici que sanctionner un état de choses antérieurement existant, le principal, honoré dans les documents officiels du titre de *Primarius, vigilantissimus Gymnasiarcha*, est, sans contestation possible, le chef du collège. Les statuts insistent beaucoup sur ce point[2]. Les régents lui doivent respect et obéissance : il a sur eux un droit d'inspection et de surveillance; et, s'ils ne se conforment pas aux règlements, ou s'ils négligent leurs devoirs, il est en droit de les blâmer[3]. Cependant, par une anomalie singulière, ce personnage préposé à une charge si importante, de qui dépend en grande partie la prospérité d'un collège, et par suite de l'Université elle-même, n'est pas à la nomination des autorités académiques[4]. Dans tous les collèges, le principal, quand il n'est pas élu par les boursiers, est

1. Le compte rendu officiel de cette affaire, extrait des Archives de l'Université, a été publié par Jourdain, *Hist. de l'Univ. de Paris*, Pièce Justific. 72.

2. Complément de la réforme de la Faculté des arts, art. 8. — Règlement pour les collèges de l'Université de Paris (1626), art. 44. — Cet article de discipline intérieure est encore renouvelé à la veille de la Révolution : « La cour... ordonne... que les devoirs de subordination des professeurs et maîtres particuliers ou autres, à l'égard des principaux, seront inviolablement gardés et entretenus. » Arrêt du Parlement de Paris portant règlement pour la Faculté des arts (28 juillet 1786).

3. Règlement de 1626, art. 56.

4. Les inconvénients de cet état de choses sont fait sentir de bonne heure, et n'ont pas manqué de provoquer des plaintes très vives. Plusieurs mémoires demandent que les principaux des collèges soient choisis par l'Université. Voir *Advis de Mᵉ Gabriel Dabes, ancien professeur de philosophie au collège de la Marche, touchant l'Université de Paris*. Bibl. de l'Univ., rec. U, 44ᵇ, in-4°. — On peut voir aussi le *Mémoire touchant les Principaux des Collèges*, Bibl. nation., rec. Thoisy, 327.

nommé par les supérieurs-majeurs, que, dès l'origine, le fondateur a investis de ce droit, et qui sont la plupart du temps étrangers à l'Université[1]. Souvent les statuts des collèges portent qu'il sera choisi dans telle province à l'exclusion de toutes les autres. Cette disposition, qui limite d'une manière si étroite le choix du collateur, explique suffisamment à elle seule pourquoi les bons principaux ont été si rares : c'est que le recrutement en fut toujours défectueux. Il est vrai que tout aspirant à une principalité doit présenter certaines garanties d'ailleurs bien insuffisantes : il doit en particulier être maître ès arts[2]. De plus, ce n'est pas assez qu'il soit nommé par le collateur; il faut, pour qu'il s'installe paisiblement dans sa charge, que sa nomination soit confirmée par l'Université, et qu'il supplie comme le dernier de ses régents *pro regentia et scholis*[3]. Mais il était néanmoins regrettable que l'Université n'eût pas le droit de disposer librement du plus important peut-être de ses emplois, et que, dans une affaire qui l'intéressait au plus haut point,

1. Les supérieurs-majeurs, auxquels, par la volonté des fondateurs, sont dévolues la haute surveillance des collèges et la collation de tous les offices et bourses, sont généralement des prélats ou des ecclésiastiques constitués en dignité, abbés, chanoines, etc.

2. Plusieurs avaient le grade de docteur en théologie, et étaient par cela même suspects à la Faculté des arts. Celle-ci soutenait, par aversion contre la Faculté de théologie, que « l'esprit de Docteur est tout à fait opposé à celui que doit avoir un principal des arts. Un bon principal doit être entièrement soumis aux ordres du recteur, qui a en mains la surintendance de la discipline et des décrets de la Faculté des arts. Le docteur a de la peine à obéir à personne : il fait sa règle lui-même et n'a que du mépris pour la Faculté des arts, qu'il ne regarde que comme un petit corps de gens de métier et ses premiers officiers que comme des personnages de théâtre ». *Seconde partie du Factum de la Nation de France, tendant à faire voir que l'autre cause de la ruine de la Faculté des arts vient des Docteurs Théologiens Principaux de ses Collèges.* Bibl. de l'Univ., rec. U, 9, in-4°.

3. Certains principaux, mécontents de l'élévation de Mⁱ Lair au rectorat, s'étant avisés de signer une requête contre le nouvel élu, l'Université les rappelle à la modestie : « ... Ils doivent savoir que dans les Nations, ils ne sont pas plus considérables que le moindre régent, et qu'il n'y a que l'antiquité qui les distingue du dernier des suppôts. » *Réponse de l'Université de Paris contre le Factum de 5 ou 6 principaux des Collèges de ladite Université.* Bibl. nation., factum 21301, in-4°.

tout son pouvoir se bornât à une approbation de pure forme[1].

Il arrivait fréquemment qu'elle ne connaissait pas le candidat qu'on lui proposait; il pouvait n'avoir pas passé par ses écoles, ou manquer des qualités nécessaires au gouvernement d'un collège; mais, de crainte que son refus n'eût un procès pour conséquence, elle se croyait obligée de ratifier au hasard le choix bon ou mauvais du collateur. Un des plus grands inconvénients de cette pratique abusive, c'est que l'Université ne se trouvait pas suffisamment armée contre un suppôt qui ne lui devait pas son office, et qu'un étranger avait, pour ainsi dire, introduit chez elle[2]. Elle avait cependant sur lui une certaine autorité : étant maître ès arts et immatriculé dans une de ses compagnies, il était justiciable du recteur et du Tribunal académique; mais, à vrai dire, il dépendait surtout des supérieurs qui l'avaient nommé, et qui, si sa gestion laissait trop à désirer, pouvaient le destituer sans rendre de comptes à personne[3]. Quant à l'Université, les cas étaient extrêmement rares où elle osait prendre un parti si rigoureux.

Quoi qu'il en soit, le principal, une fois installé, est chargé seul de la direction des études et de la discipline

1. L'Université en concevait à juste titre quelque humeur. C'est là une des raisons pour lesquelles le Tribunal académique, tout en s'efforçant de tenir la balance égale entre les principaux et les régents, avait au fond plus de sympathie pour ces derniers.

2. Il s'est rencontré plusieurs fois des principaux qui l'ont bravée ouvertement. En 1669, le principal du collège du Trésorier, qui prétend cumuler les fonctions de principal et de procureur, est une première fois débouté. Il refuse d'obéir. Condamné une seconde fois, il persiste dans son attitude, et ne se soumet qu'après une troisième condamnation. Autre exemple : le sieur Collot, principal du collège de Fortet, dont les démêlés avec l'Université ont duré une vingtaine d'années (1706-1727), refuse positivement d'obéir aux sentences qui le condamnent. Devant ces résistances acharnées, l'Université se voyait quelquefois forcée de capituler.

3. Vers 1630, le principal du Plessis, M° Travers, dont l'administration motivait les plaintes les plus graves, fut destitué par M. de Vendôme, abbé de Marmoutiers, supérieur du collège. Le Parlement, il est vrai, auquel le principal destitué en appela, réforma le jugement qui le condamnait, et le rétablit dans sa place, tout indigne qu'il fût de cette faveur.

intérieure du collège. Dans beaucoup d'établissements, il partage avec d'autres officiers, et notamment avec un procureur et un chapelain, l'administration du temporel et le soin d'acquitter les fondations pieuses faites par le fondateur et les bienfaiteurs de la maison. Il jouit enfin d'une double bourse, ce qui signifie que les statuts lui attribuent pour sa subsistance deux fois autant qu'aux petits boursiers. Il faut du reste soigneusement distinguer entre les principaux des grands collèges, où l'exercice des classes existe avec tout le personnel de maîtres qu'il comporte, et ceux des petits, qui renferment seulement quelques boursiers. Les petits collèges n'appartiennent qu'indirectement à notre sujet, puisqu'ils sont dépourvus de régents. Dans ces maisons souvent assez riches, la principalité est une grasse sinécure que recherchent avec empressement même les docteurs en théologie, à l'affût des gros bénéfices. Ils s'y trouvent à l'aise, et s'y laissent vivre doucement en vrais théologiens de Sorbonne ou de Navarre. Par malheur, il arrivait fréquemment que ces principaux d'occasion, soit incapacité, soit insouciance, négligeaient leur collège, ou en dilapidaient les revenus, ou parfois même — il y en a des exemples — se les appropriaient sans vergogne. Quelques-uns se conduisaient comme de véritables satrapes. Sans inquiétude du côté des supérieurs, qui étaient trop haut ou trop loin, ils témoignaient une superbe indifférence pour les règlements universitaires, traitaient leur collège en pays conquis, tourmentaient les boursiers, ou, ce qui n'était pas moins fâcheux, les laissaient vivre à leur guise, et relâchaient tous les ressorts de la discipline. Sauf quelques honorables exceptions, ils ont contribué pour une large part à la décadence de ces petits collèges qui, sous les règnes de Louis XIV et de Louis XV, n'ont été pour l'Université qu'un embarras et une cause de faiblesse[1].

<hr>

1. Les petits collèges, malgré leur grand nombre, ne font pas honneur à l'Université, et leur décadence, qui est due à des causes multiples,

Plus surveillés, et par suite obligés à plus de retenue, étaient les principaux des grands collèges, les seuls qui eussent des régents dans leur dépendance. Ils étaient généralement choisis par les supérieurs avec plus de soin, et ne pouvaient pas se permettre ces fantaisies administratives dont leurs collègues des petits collèges étaient coutumiers [1]. L'intérêt, à défaut d'autre motif, leur commandait de vivre en bonne intelligence avec leurs régents; car, en matière d'éducation, la concorde entre les maîtres

s'accélère chaque jour. Ce n'est pas sans raison qu'on a demandé à plusieurs reprises la suppression de ces établissements mal dirigés, mal surveillés, sans discipline et sans mœurs, et dont quelques-uns se trouvent dans un tel état de délabrement qu'au cours d'une inspection le recteur constate que le collège de Tréguier n'est plus qu'un amas de décombres. Il se passe dans ces maisons soi-disant académiques des choses si étranges qu'on aurait peine à les croire, si les registres n'en faisaient foi.

Dans tel de ces collèges, le recteur, en tournée d'inspection, ne rencontre qu'une vieille femme. Au collège de Boissy, pendant quarante-cinq ans, il n'y a qu'un principal et point de boursiers. Il est inconnu dans la rue même où il se trouve. Au moins celui-là n'était pas un objet de scandale. Dans la plupart des autres petits collèges, toute discipline a complètement disparu. En 1649, le collège du Mans est dans un état indescriptible. Les boursiers sont en guerre ouverte les uns avec les autres. Ils s'injurient, se frappent, et même se battent en duel. La maison est fréquentée par des femmes de mauvaise vie, les bâtiments loués à un chirurgien qui soigne des maladies honteuses, et reçoit chez lui, au grand scandale des voisins, une nombreuse et peu recommandable clientèle.

A Sainte-Barbe, les excès ne sont pas moindres. On reproche au principal, M⁰ Berthoult, bachelier en théologie, d'avoir dansé pendant la nuit dans le collège avec des filles et chanté des couplets obscènes.

Au collège de Maître-Gervais, en plein règne de Louis XIV, le chapelain, aidé de quelques acolytes, fait tomber le principal dans un guet-apens, se porte sur lui à des voies de fait, et tente de lui extorquer de l'argent. Il est condamné pour ces violences à dix ans de galères.

D'autres établissements universitaires, les collèges de Saint-Michel, de Laon, etc., sont le théâtre de scènes de désordres que l'Université est impuissante à réprimer. On compte ceux où les études sont florissantes et les statuts fidèlement observés.

1. Il y a cependant aussi quelques abus. Voir, sur l'administration d'un principal du collège de la Marche, le piquant et spirituel *Mémoire pour les Syndics, Bourgeois et Communautés des villes de la Marche, Saint-Mihiel, et autres villes de Lorraine et Barrois, Patrons des bourses fondées au Collège de la Marche, à Paris, Demandeurs. Contre M⁰ Gilles Le Sourd, prêtre curé de Saint-Paul, ci-devant Principal dudit Collège, Deffendeur.* Bibl. nation., factum 21352, in-4°. Au point de vue de la discipline, le collège du Cardinal le Moine fut à plusieurs reprises troublé par les pires désordres.

étant un élément essentiel de succès, leur collège était d'autant plus prospère qu'ils s'entendaient mieux eux-mêmes avec leurs collaborateurs.

Cependant une vérité si évidente n'empêchait pas que professeurs et principaux ne fussent souvent en querelle, et que bien des fois l'écho de leurs bruyants débats ne parvînt jusqu'au Tribunal académique[1]. Il faut avouer que les causes de dissentiment ne manquaient pas. Ainsi, il se trouvait parmi les principaux de collège plusieurs docteurs en théologie : or, il existait entre la Faculté des arts et la Faculté de théologie une antipathie violente et toujours prête à éclater. Les principaux docteurs et leurs régents prenaient parti chacun pour sa compagnie respective. Ils se regardaient comme des ennemis déclarés ou secrets; les régents ne prêtaient qu'à contre-cœur leur concours au principal, et celui-ci, de son côté, par la supériorité de son grade et le prestige qui s'attachait alors aux études théologiques, se croyait en droit de traiter de haut en bas ses professeurs[2].

A cette cause fréquente de division il faut en ajouter plusieurs autres. Les statuts de 1600 obligent les principaux à fournir aux régents la table et le logement[3]. Dans beaucoup de collèges cet article était tombé en désuétude, et les régents vivaient au dehors; mais il restait en vigueur dans les autres. Le principal et les professeurs mangeaient à la même table et couchaient sous le même toit. On conçoit qu'entre gens qui se déplaisent, et qui sont néanmoins condamnés à vivre ensemble, tout est matière à dispute, et qu'il suffit du prétexte le plus frivole pour provoquer un conflit. Tantôt c'était la nourriture dont les régents se plaignaient, et qui paraît bien en effet, dans certains collèges[4], avoir été très frugale; tantôt

---

1. Voir les registres, *passim*. Les exemples sont très nombreux.
2. *Seconde partie du Factum de la Nation de France*, etc., déjà citée.
3. Statuts de la Faculté des arts, art. 12.
4. Surtout à Montaigu.

c'était le logement, car il n'arrivait pas toujours que le régent fût satisfait de sa chambre[1]. Dans l'exercice même des fonctions de l'enseignement, mille difficultés pouvaient surgir. Le principal n'est pas toujours uniquement chargé dans son collège des soins administratifs, il est parfois le collègue immédiat de ses professeurs, et comme eux il fait une classe[2]. De là naissent entre eux des rivalités, des jalousies, des haines, si l'enseignement des uns est plus brillant ou plus goûté que celui de l'autre. En outre, le principal tient généralement à son compte le pensionnat du collège, et c'est même pour lui, quand l'établissement est prospère, une source de gros bénéfices. Mais les régents aussi ont la liberté de prendre chez eux des internes, et cela, quand les locaux le permettent, dans le collège même. Qui ne voit que cette concurrence doit engendrer fatalement des conflits[3]?

Ces fâcheux débats, à supposer qu'ils se renouvelassent tous les jours, suffisaient à rendre la vie commune insupportable. Quand ils n'étaient pas trop graves, ils ne franchissaient pas l'enceinte du collège, et les choses continuaient, bien ou mal, d'aller leur train ordinaire; mais si les hostilités devenaient trop vives, si, par exemple, le principal se laissait entraîner à une mesure violente, alors il ne restait plus qu'une ressource, c'était d'en appeler au recteur, chef du Tribunal académique.

Principaux et régents ont pour supérieur commun le recteur : tout le monde en demeure d'accord. Mais si les statuts de 1600 s'expriment très nettement sur cet article[4], il faut convenir qu'ils n'ont guère de sanction dans la pratique. Le recteur, on le sait, n'est que le chef nominal de

---

1. Au commencement du xviiie siècle, les professeurs du collège de Lisieux se plaignent d'être mal logés. Il n'y a qu'une chambre qui soit carrelée et qui ait une cheminée. Arch. de l'Univ., reg. 41, fol. 131 v°.

2. Au xviie siècle, Grangier, principal de Beauvais, et Padet, proviseur d'Harcourt, font tous deux des classes dans leurs collèges.

3. Plusieurs exemples dans les registres. Voir le chapitre viii.

4. Statuts de la Faculté des arts, art. 71.

l'Université. Même dans la Faculté des arts, d'où il est tiré, et où son pouvoir devrait s'exercer plus librement, il n'a, quand il agit seul, qu'une autorité très restreinte. On s'accorde à lui témoigner la plus respectueuse déférence, mais c'est à condition qu'il se contente des honneurs attachés à son titre, et qu'il n'entreprenne rien sur les droits des compagnies. Quoique les professeurs de la Faculté des arts se distinguent entre tous par les honneurs singuliers qu'ils rendent au chef suprême de l'Université, ils sont tentés, dans leur for intérieur, de ne voir en lui qu'un collègue revêtu temporairement d'une dignité à laquelle ils peuvent eux-mêmes aspirer et qui leur sera peut-être déférée demain[1]. Aussi bien, ce n'est pas lui qui les nomme, ce n'est pas lui qui les révoque. En matière disciplinaire, il ne peut prendre aucune décision à leur égard sans l'aveu des membres de son Conseil[2]. C'est en définitive de cette délégation permanente des sept compagnies de l'Université que dépendent les principaux et les régents. Ce pouvoir de destituer les professeurs, que s'arrogent indûment les principaux, c'est en elle qu'il réside. Seule aussi elle a qualité pour les punir, et prononcer contre eux les pénalités prévues par les règlements universitaires.

D'après Du Boulay[3], les peines susceptibles d'être infligées à tout suppôt sont : 1° La note du parjure. Cette peine était toute morale : elle n'entraînait temporellement aucun dommage. Elle frappait quiconque avait, au mépris de son serment, violé les lois et les règlements académiques. D'une application courante au moyen âge, elle tomba peu à peu dans le discrédit, et au xviiᵉ siècle elle a définitivement disparu du code pénal universitaire[4].

1. L'ancienne Université n'a jamais eu le sentiment de la hiérarchie. Cela tenait à son organisation purement démocratique.

2. Complément de la réforme de la Faculté des arts, art. 20 et 21. On a déjà eu l'occasion de dire que ce Conseil s'appelle indifféremment Tribunal académique, Tribunal du Recteur, Tribunal de l'Université, etc.

3. Du Boulay, *Remarques sur la dignité... du Recteur de l'Université de Paris*, p. 129 et 130.

4. Le serment lui-même, que l'Université exigeait autrefois à tout propos,

2° Le retranchement de la société des autres suppôts et, par suite, la privation pour une période plus ou moins longue des droits, privilèges, prérogatives et immunités de l'Université. Cette peine, beaucoup plus sérieuse que la précédente, et véritablement afflictive, aurait pu être une arme redoutable dans les mains des autorités académiques; mais, à l'époque qui nous occupe, elle était assez rarement infligée.

3° La dégradation. C'était le châtiment le plus grave que pût infliger l'Université. Le coupable était rayé des registres, et par conséquent déchu pour jamais du titre de maître et de tous les avantages attachés à cette qualité. Cette peine n'était appliquée que dans les cas exceptionnels[1].

Ces diverses pénalités étaient prononcées en première instance par le recteur assisté de son conseil. Il va sans dire que la plupart des régents ne s'y exposaient jamais, et que beaucoup ont fini leur carrière sans comparaître une seule fois devant le Tribunal universitaire. Il y avait cependant un cas où ils se trouvaient nécessairement en présence du recteur : c'était quand le chef de l'Université procédait à la visite des collèges. Ces inspections, d'après le statut de 1600[2], devaient être faites par le recteur aussitôt après son entrée en charge; mais il s'en dispensait

finit par n'être plus qu'une simple formalité. On le viole aussi facilement qu'on le prête. Au xviii° siècle, on en demande la suppression : « Je ne peux m'empêcher d'observer qu'il serait à désirer, même pour le bien et l'honneur de la religion, que l'on supprimât beaucoup des serments qu'il faut prêter... dans les Universités. » *Recueil de plusieurs des ouvrages de M. le Président Rolland*, p. 73.

1. Nous en avons relevé dans les registres quelques exemples. Il est à remarquer que l'échelle des peines donnée par Du Boulay ne repose sur aucun texte précis. Les statuts de 1600 ne connaissent qu'une seule pénalité qui paraît être la dégradation.

2. Statuts de la Faculté des arts, art. 70. — Une des plus consciencieuses et des plus fécondes en résultats est celle que fit Rollin en 1696. Le procès-verbal de cette longue et laborieuse visite (reg. 39, f° 45 et suiv.) a été publié par Jourdain dans son *Hist. de l'Univ. de Paris*, Pièce Justific. 145. Il a été traduit en français par M. Ferté, dans son récent ouvrage sur *Rollin, sa vie, ses œuvres et l'Université de son temps*, p. 391 et suiv.

souvent, et il fallait, pour qu'il s'y décidât, que des abus criants lui eussent été dénoncés, ou qu'il en eût reçu l'ordre du Parlement.

Ces visites différaient sensiblement de celles que font aujourd'hui dans les lycées et les collèges les inspecteurs généraux. Tandis que ceux-ci arrivent, ou sont censés arriver à l'improviste, dans l'ancienne Université, le recteur annonçait plusieurs jours à l'avance son inspection par un mandement qui était affiché à la porte de tous les collèges[1]. Il eût mieux fait, semble-t-il, de se présenter incontinent, car, étant avertis de sa venue, les principaux qui ne se sentaient pas irréprochables avaient le temps de se préparer à le recevoir, et de donner à leur collège les apparences d'une maison bien tenue. Dans l'esprit du législateur, ces enquêtes devaient permettre de constater si les collèges se conformaient bien aux statuts généraux de la Faculté des arts et à leurs règlements particuliers; et lui-même en avait indiqué la forme, tout en laissant à l'Université le soin d'en régler les détails[2].

Au jour fixé pour l'inspection, le recteur, en grand costume, accompagné des membres de son Tribunal aussi revêtus de leurs insignes, se transportait successivement dans chaque collège[3]. A son arrivée, la cloche de l'établissement sonnait à toute volée. Le chef de l'Université entrait avec sa suite dans la chapelle du collège, où comparaissaient par-devant lui le principal, le procureur, le chapelain, les régents, quand il y en avait, et les boursiers, grands et petits. Il se faisait présenter les titres de fondation, s'informait de la situation financière de la maison, du nombre des boursiers; demandait si l'on observait

1. Voir au reg. 41, f° 75 v°, un mandement du recteur Antoine de Bacq pour la visite des collèges (4 avril 1709).
2. On trouvera, aux Archives de l'Université, dans le carton 15, 1er dossier, un certain nombre de documents tant manuscrits qu'imprimés relatifs aux inspections rectorales.
3. Les détails qui suivent sont tirés pour la plupart des procès-verbaux officiels de la visite des collèges.

exactement les statuts, si l'on ne manquait pas la messe et les offices, si l'on étudiait bien, s'il n'y avait pas de femmes employées aux cuisines ou ailleurs, pas d'issue secrète sur la rue. L'interrogatoire se prolongeait plus ou moins longtemps, selon que les réponses étaient plus ou moins satisfaisantes. Le principal répondait ordinairement que la situation était excellente, qu'on observait scrupuleusement la règle, enfin que tout était pour le mieux dans le plus florissant des collèges. Mais souvent ces affirmations optimistes recevaient publiquement un démenti, et il s'ensuivait une querelle où boursiers, régents et principal se reprochaient mutuellement leur mauvaise conduite, et s'accusaient d'enfreindre à qui mieux mieux les statuts. Ces altercations scandalisaient fort le recteur qui ne parvenait pas toujours à les apaiser. Aussi, ce fut pour tous un étonnement que le débat qui s'éleva le 11 juillet 1709, au cours d'une inspection, entre Rollin, principal du collège de Beauvais, et ses professeurs. Ils s'accusaient mutuellement (*novum et inauditum querelarum genus*) de se surmener; et les régents, en particulier, reprochaient au principal de ruiner sa santé et de s'exténuer en passant les nuits au travail[1]. En présence de cette contestation inouïe dans les annales de l'Université, le recteur fut stupéfait. Dans son embarras, il ne sut qu'encourager ces mécontents d'un nouveau genre à continuer (*pergerent inter se diligentia contendere*).

Le principal et ses subordonnés entendus, le recteur et sa suite procédaient à la visite des locaux. Cette inspection était généralement instructive. On y découvrait souvent que le principal occupait indûment plusieurs chambres, qu'il louait des appartements à des gens mariés, qu'il s'était ménagé une sortie secrète hors du collège, qu'il possédait pour son usage personnel des chevaux et un carrosse, toutes choses contraires au règlement[2]. Rendu

---

1. Arch. de l'Univ., reg. 41, f° 85.
2. On accusait les théologiens du collège de Navarre de faire servir la

soupçonneux par ces découvertes, le recteur approfondissait son enquête, et il se trouvait alors que toute discipline avait disparu, que les boursiers se levaient quand ils voulaient, ne portaient pas l'uniforme[1], mangeaient à leurs heures, n'allaient pas à la messe, ne suivaient pas de cours et rentraient le soir à des heures indues, etc.[2] On se lamentait, on s'indignait, on admonestait sévèrement les coupables, pendant que les petits boursiers, qui se voyaient menacés d'un renvoi, répandaient des ruisseaux de larmes. Puis on délibérait, on se promettait de prendre d'énergiques mesures, et, en attendant, le recteur exhortait tout le monde à l'observation des règlements... et la prochaine visite servait à constater l'inutilité de la précédente et l'existence des mêmes abus[3].

Dans ces circonstances, le Tribunal de l'Université était trop faible et agissait trop mollement[4]. Alors qu'il aurait

chapelle du collège de Boncour d'écurie à leurs chevaux et de remise à leurs carrosses. Au cours d'une visite en 1666, le recteur n'y trouve ni chevaux ni carrosses, mais toute une collection de futailles. *Factum pour les Principaux et Régens... contre les Professeurs en Théologie des Collèges de Sorbonne et de Navarre*, etc. Bib¹. de l'Univ., rec. U, 9¹⁶, in-4°.

1. Les boursiers du collège de Beauvais étaient astreints par la fondation à porter des robes de couleur bleue ou violette (*azurini coloris bruni*). On comprend qu'ils mettaient peu d'enthousiasme à endosser un uniforme qui les rendait ridicules. Le Parlement, dans un règlement donné en 1666, interpréta les intentions du fondateur d'une manière plus libérale. Il permit aux boursiers des vêtements noirs ou de couleur sombre, en leur recommandant une tenue humble et modeste.

2. Quelques-uns même, scandale inouï! allaient en classe chez les Jésuites.

3. Ces inspections étaient beaucoup trop espacées, et, dans l'intervalle, les autorités académiques s'occupaient fort peu des collèges, des petits surtout. Un fait qui paraît invraisemblable montre jusqu'où pouvait aller la négligence à cet égard. Entre deux visites rectorales, le collège de Coquerel, fameux par le séjour qu'y fit Ronsard, disparaît sans laisser de traces. « Le procureur de la Nation de France dit (11 oct. 1660) qu'il a fait tout ce qu'il a pu pour découvrir pourquoi et comment ce collège est passé en des mains étrangères et a été donné en mariage à une fille. Il assure n'en avoir rien pu découvrir. » Voilà au moins un collège bien surveillé!

4. « Omnia fere condonat, neque summo jure agere vult. Ita res publicae pereunt. » Paroles du doyen de la Faculté de médecine qui, en visitant un malade au collège du Mans, y avait été témoin de désordres scandaleux. Reg. de la Faculté de médecine, t. XIII, f° 303, cité par Jourdain, *Hist. de l'Univ. de Paris*, p. 171.

fallu faire un exemple, et destituer au besoin principal et régents, il s'arrêtait à des demi-mesures dont il ne sortait rien de bon. On ne voit pas bien les raisons de sa pusillanimité. Peut-être craignait-il que, s'il se montrait impitoyable, ses sentences ne fussent déférées au Parlement, et voulait-il s'épargner les frais et les embarras d'un procès dont l'issue restait toujours incertaine. Il est en effet arrivé plusieurs fois que la cour a cassé les jugements du Tribunal académique. Il n'était pas jusqu'au Châtelet qui ne se mêlât de les réformer.

Tous les collèges, il faut bien le dire, n'offraient pas aux yeux des inspecteurs un spectacle affligeant. Plusieurs d'entre eux, les grands surtout, étaient florissants, grâce aux efforts communs du principal et des professeurs. Ceux-là rivalisaient d'empressement pour recevoir le recteur dans ses tournées d'inspection. Les meilleurs élèves lui souhaitaient la bienvenue en vers latins, lui récitaient des compliments, et recevaient en échange des éloges auxquels les professeurs étaient naturellement associés. L'enquête démontrait ensuite que tout était en règle, et la visite se terminait par un témoignage public de satisfaction proposé par le recteur et voté séance tenante par les députés de l'Université.

Indépendamment du principal et du recteur, qui étaient leurs seuls chefs légitimes, les maîtres avaient encore à compter avec les supérieurs-majeurs du collège où ils régentaient[1]. Ceux-ci tenaient de leur titre certains droits qui, mal définis et étendus outre mesure, pouvaient inquiéter le personnel enseignant de la maison. Ces droits, que leur avaient transmis les fondateurs, d'après un mémoire du XVIIIe siècle[2] se réduisaient à trois : 1° nom

---

1. Voici quels étaient les supérieurs des collèges de plein exercice. L'archevêque de Paris était le supérieur des collèges de la Marche et du Cardinal le Moine ; un grand personnage ecclésiastique, de Navarre ; l'archevêque de Sens, des Grassins ; l'archevêque de Lisieux, de Lisieux ; le Parlement, de Beauvais ; l'abbé de Marmoutiers, et plus tard la Sorbonne, du Plessis ; le Prieur des Chartreux, de Montaigu.

2. *Mémoire sur la réunion des petits collèges fondés en l'Université de Paris*, p. 83.

mer les boursiers et officiers des collèges, et leur donner
des provisions; 2° avoir inspection sur l'administration du
temporel, recevoir les comptes et rendre les ordonnances
convenables pour l'exécution, soit des lois de l'État, soit
des dispositions particulières des fondateurs; 3° ils avaient
encore le droit de visite et de correction sur les officiers,
boursiers et domestiques des collèges; ils pouvaient et
devaient réformer les abus qui venaient à leur connaissance; ils pouvaient suspendre pour un temps la jouissance
des bourses aux sujets qui étaient tombés dans quelque
faute grave, et même, au besoin, les dépouiller et les renvoyer de la maison. Il n'est pas question là des régents[1].
Si l'autorité des supérieurs était réelle sur les principaux
et autres officiers qu'ils avaient nommés, et qui dépendaient d'eux directement, elle ne pouvait s'exercer sur les
professeurs par la raison que les professeurs n'enseignant
pas dans les collèges à l'époque de la fondation n'avaient
pas dû leur être soumis[2]. En droit, les supérieurs n'avaient
donc aucun pouvoir légitime sur les régents, qui ne leur
devaient que de la déférence et du respect. Il leur arrivait
néanmoins d'outrepasser leurs attributions, et ils se permettaient parfois de prendre, sans l'aveu de l'Université,

[1]. Les supérieurs s'arrogeaient cependant parfois, contre tous les règlements, le droit de nommer les professeurs. En 1718, la chaire de sixième
du Cardinal le Moine étant venue à vaquer est attribuée par le principal,
conformément aux statuts, à M° Courteille. M° Enguehard, qui prétendait
que sa qualité de boursier du collège lui donnait droit à la chaire à l'exclusion de tout autre, se pourvoit devant les archevêque, doyen et chancelier de l'Église de Paris, supérieurs dudit collège, qui lui donnent des
provisions. De là procès au Conseil. — *Mémoire important touchant l'affaire
du collège du Cardinal le Moine, pendante au Conseil du Roy.* Bibl. nation.,
factum 2123, in-4°. Cette affaire, qui se compliqua de l'intervention de
l'Université, a suscité plusieurs autres mémoires qui se trouvent également
à la Bibliothèque nationale.

[2]. Telle était, malgré les textes les plus formels, l'incertitude des juri-
dictions dans l'ancienne Université qu'on rencontre des régents qui, au
lieu de s'adresser, comme ils y sont tenus pour les affaires purement
scolaires, au Tribunal académique, ont recours aux supérieurs de leur
collège. En 1699, deux professeurs du Cardinal le Moine, M° Huguet et
M° Béguin, en dissentiment avec leur principal, présentent à l'archevêque de Paris une requête où ils reconnaissent implicitement sa juridiction. Bibl. Sainte-Geneviève, manuscrit 2150, n° 31.

telle mesure disciplinaire qu'ils jugeaient à propos, même la plus grave, contre des professeurs qui n'étaient pas leurs subordonnés, et qui ne relevaient d'eux à aucun titre. Les honneurs dont ils étaient revêtus ou la place éminente qu'ils occupaient les dispensaient des formalités.

L'arbitraire des supérieurs à l'égard des régents s'est manifesté par plusieurs exemples. Le cardinal de Noailles, supérieur du collège de Navarre, oblige, pour des raisons que nous ne connaissons pas exactement, plusieurs professeurs de ce collège à se retirer, et il en force un autre à permuter avec un de ses collègues, parce qu'il était marié, et que cet état inquiétait le scrupuleux cardinal. Quelques années auparavant, à la prière du principal du collège de Beauvais, le premier président Potier, un des supérieurs ou intendants de cette maison, sans information ni enquête, et sans se mettre en peine de savoir si on ne lui demandait pas une iniquité, avait destitué purement et simplement le professeur de troisième, Jacques Rohault, par un billet ainsi conçu : « Nous, Premier Président, Directeur et Réformateur du collège de Beauvais, avons arrêté la personne de Maître Claude Lorcy pour remplir la place de Régent troisième dans ledit collège, à commencer à la Saint-Remi prochain, au lieu de celui qui occupe présentement ladite place. Fait le 3 avril 1683. Potier[1]. » Il était difficile à un régent dépossédé par le premier président du Parlement d'en appeler à cette cour de la sentence de son chef, et, dans l'espèce, la victime en fit l'expérience.

Malgré ces abus de pouvoir qui, après tout, ne sont pas communs, les régents avaient rarement à se plaindre des supérieurs. Résidant d'ordinaire loin de Paris, remplissant des charges considérables, occupés d'intérêts plus importants, ceux-ci n'intervenaient qu'à titre exceptionnel dans

---

1. *Mémoire instructif concernant l'institution et la destitution des Régents de la Faculté des Arts*, etc.

les affaires du collège dont ils avaient nominalement la
direction. En fait, leur autorité n'est jamais bien lourde, et,
le plus souvent, ils ne se soucient pas de l'exercer. Cepen-
adnt, lorsqu'après l'expulsion des Jésuites, leur maison
de Louis-le-Grand eût reçu les boursiers des petits collèges
désaffectés, et que les Lettres patentes et le Règlement
de 1767 eussent transféré les principaux droits des supérieurs au bureau d'administration du nouveau collège, un
certain nombre d'entre eux estimant que leur dignité en
était diminuée firent entendre des réclamations très vives,
et adressèrent au roi de pressantes requêtes[1]; mais, en
définitive, la question d'amour propre mise à part, la perte
qu'ils faisaient était mince, et ils ne devaient pas tenir
outre mesure à conserver des attributions qu'ils n'exer-
çaient pas et qui, pour beaucoup de raisons, étaient rarement bienfaisantes.

Avec le supérieur de leur collège, évêque, chanoine ou
président au Parlement, les régents étaient encore parfois
exposés à trouver sur leur chemin le chancelier de Notre-
Dame, qui s'arrogeait le titre significatif de chancelier de
l'Église et Université de Paris. Ce dignitaire, que nous
avons déjà plusieurs fois rencontré, ne se contentait pas
d'imposer, conjointement avec son confrère de Sainte-
Geneviève, le bonnet de maître ès arts aux nouveaux
licenciés; il élevait encore des prétentions que l'Université
jugeait exorbitantes, et qu'elle repoussait énergiquement.
A l'en croire, il était, en vertu de sa dignité, le supérieur
général de tous les collèges[2]; il avait la préséance sur le
recteur; il était le collateur naturel de toutes les principautés, bourses, régences, chapelles, procures et titres de
l'Université de Paris. Il était juge en première instance
de tous les procès, contestations ou différends qui pouvaient naître entre les suppôts de l'Université à propos des

---

1. On en trouvera un certain nombre, à la Bibliothèque de l'Université,
dans le recueil U, 33, in-4°.

2. Il était réellement le supérieur de quelques-uns des petits collèges.

principautés, bourses, régences, mœurs et discipline scolastique, et de tout ce qui en dépendait, sauf appel au Parlement[1]. A l'appui de ces prétentions excessives, le chancelier apportait un certain nombre d'arrêts, tant du Châtelet que du Parlement[2]. Mais le recteur de son côté n'en
était pas moins fourni, et il avait en outre l'avantage de
s'appuyer sur un titre émané de l'autorité royale, l'article
20 de l'appendice aux statuts de réforme de la Faculté des
arts qui instituait ou plutôt confirmait le tribunal dont il
avait la présidence. Toutefois, il est vrai de dire que pendant longtemps il n'y eut pas sur la matière de jurisprudence suivie et uniforme. Mais, au xviiie siècle, le pouvoir
du chancelier, qui, sauf au moyen âge, n'a jamais été bien
considérable, va s'affaiblissant par degré, et les magistrats,
de plus en plus pénétrés de l'esprit laïc et peu favorables
aux prétentions du clergé, penchent ouvertement du côté
de l'Université[3].

Le Parlement, à qui l'Université était soumise depuis
Charles VII[4], usait avec assez de discrétion des droits que
lui avait conférés le souverain. Il se bornait en général à
la rappeler à l'observation de ses statuts, quand il jugeait
un avertissement nécessaire. Mais, lorsque des plaintes
lui étaient portées, il agissait d'autorité, et prenait de lui-
même toutes les mesures que réclamait la situation. Ainsi,
en 1666, sur le bruit que la discipline des collèges laisse
beaucoup à désirer, il ordonne une inspection générale de
tous ces établissements, bien que, l'année précédente, ils

1. *Mémoire instructif et succinct concernant les droits et les fonctions du
chancelier de l'Église et Université de Paris.* Bibl. de l'Univ., rec. U, 30,
in-4°. — Les prétentions du chancelier sont combattues et réduites à
néant dans le *Mémoire (manuscrit) touchant la jurisdiction établie dans
l'Université de Paris.* Arch. de l'Univ., carton 10, 3° dossier, n° 29.
2. Le mémoire du chancelier est suivi d'une collection de jugements et
d'arrêts favorables à sa juridiction prétendue.
3. Ces tendances sont très sensibles dans les ouvrages du président
Rolland et du procureur général La Chalotais.
4. C'est aux Parlements que le roi délègue son autorité sur les corporations enseignantes et sur l'instruction publique. Voir Troplong, *Du
pouvoir de l'État sur l'Enseignement d'après l'ancien droit public français.*

aient été spontanément visités par les autorités académiques[1]. Quelques années plus tard, sans doute pour des motifs analogues, il charge un certain nombre de conseillers auxquels doivent se joindre plusieurs membres de l'Université d'inspecter tous les collèges, d'en contrôler la discipline et l'enseignement, et de proposer les moyens de pourvoir à la répression des abus[2]. Quelquefois aussi, de par son pouvoir souverain, il réforme tel ou tel collège, rajeunit ses statuts ou lui en donne de nouveaux. Chargé, après l'expulsion des Jésuites, d'élaborer des règlements pour un grand nombre de collèges, il déploie la plus grande activité, et tend à jouer dans toutes les questions d'enseignement public un rôle prépondérant, au point d'alarmer l'Université et de provoquer ses réclamations[3]. Mais, jusqu'à la fin, on ne constate pas qu'il se soit attribué une autorité immédiate sur le personnel des collèges. Il laisse l'Université exercer sur ses suppôts sa juridiction ordinaire, sauf, en cas de procès, à casser quelquefois la sentence.

Cet exposé, déjà suffisamment ample, des rapports de subordination que la loi ou l'usage avaient établis entre les régents et leurs supérieurs, serait incomplet si l'on n'ajoutait que le gouvernement intervenait à l'occasion d'une manière inattendue et violente dans telle affaire de discipline intérieure qui regardait la seule juridiction académique, et qu'il faisait sentir de temps en temps son autorité par un de ces coups de force dont personne ne peut se vanter d'être à l'abri sous le régime du bon plaisir. Parfois

1. Il nous est resté de cette inspection un curieux mémoire qui renferme des détails piquants sur les théologiens de Sorbonne, qui avaient refusé de laisser visiter leur maison par le recteur. Voir *Instruction sur la Visite des Collèges faite par M. le Recteur de l'Université, en exécution de l'Arrest de la Cour du 1 sep. 1666*. Arch. de l'Univ., carton 15, n° 3.

2. Arrêt du 7 septembre 1701. — « L'observation des lois et règlements, et la bonne administration des études, n'est pas le seul objet de l'inspection des magistrats. Le soin de veiller à la doctrine qui s'enseigne dans les Universités rend cette inspection beaucoup plus nécessaire ». *Requête de l'Université à Louis XV*, citée par Piales, *Traité de l'expectative des gradués*, t. I, p. 263.

3. Voir le chapitre XI.

même, surtout aux époques de querelles théologiques, on
intéressait, avec une habileté perfide, à des questions purement doctrinales l'orthodoxie du roi; on l'effrayait en lui
montrant l'hérésie menaçante, et le résultat de ces misérables intrigues était quelque odieuse mesure qui frappait
un pauvre régent coupable seulement de n'avoir pas voulu
souscrire à la constitution *Unigenitus*. En ces temps malheureux, il suffisait, pour mériter le traitement le plus barbare,
l'exil ou la prison, d'être suspect de complaisance pour les
doctrines jansénistes. On mobilisait la force armée pour
arrêter le criminel, on l'appréhendait dans son collège, on
l'arrachait à ses études et à ses livres, et on le reléguait
ensuite dans quelque lointaine province. On sait ce qui
arriva à Rollin, à Gibert et aux prêtres jansénistes qui
enseignaient dans la communauté de Sainte-Barbe[1].

En présence de ces brutales destitutions[2], l'Université,
au risque de déplaire, prenait sans hésiter le parti de la
victime. Elle adressait au pouvoir de respectueuses mais
fermes remontrances, et parfois réussissait à faire rapporter

---

1. Rollin fut le moins inhumainement traité. Il fut autorisé à rester à
Paris. Le récit des persécutions que lui attirèrent ses opinions jansénistes
se trouve dans les *Notes pour servir de supplément à l'éloge de Rollin par
M. de Boze*. On peut lire aussi la narration sensiblement différente du
P. Chapotin dans *le Collège de Dormans-Beauvais*, etc. L'expulsion des
maîtres jansénistes de la communauté de Sainte-Barbe a été racontée
tout au long, d'après les *Nouvelles ecclésiastiques*, par Quicherat, *Hist. de
Sainte-Barbe*, t. II, p. 288 et suiv.

2. La lettre de cachet portant destitution d'un professeur était ordinairement conçue en ces termes : « De par le Roy. — Cher et bien amé,
Nous avons jugé à propos pour de bonnes et justes considérations, d'ordonner au sieur X...., professeur de philosophie au Collège Mazarin, d'en
sortir incessamment et de lui faire deffenses d'exercer à l'avenir la dite
place de professeur au Collège, à peine de désobéissance. Et étant nécessaire de pourvoir à ce que la dite chaire soit remplie pour la rentrée des
classes, Nous vous mandons et ordonnons de procéder incessamment à
la nomination d'un professeur de philosophie audit Collège, à la place du
sieur X...., que nous en avons destitué. Si n'y faites faute, car tel est
notre plaisir. Donné à Versailles, le 29 septembre 1741. »
                                                    LOUIS.
                                                        PHELIPEAUX.

A notre cher et bien amé le sr X...., Grand-Maître du collège Mazarin.
Arch. nation., carton M, 174, n° 25.

la lettre de cachet. L'Université a donné plusieurs fois l'exemple de cette honorable indépendance. Elle a protesté, autant qu'il était en elle, contre l'injuste emploi de la force, et cela quand il y avait quelque péril à le faire. En 1729, deux régents de philosophie du Plessis, M° Loudier et M° Guillaume, sont dépossédés de leur chaire par ordre du roi, pour leur attachement au jansénisme. La Faculté des arts, par l'organe du recteur, intervient en faveur des deux maîtres destitués, et adresse au cardinal de Fleury, premier ministre, une lettre où elle lui représente « que les places des professeurs étaient des titres dont on n'avait jamais dépouillé ceux qui en étaient revêtus que pour des fautes dont ils avaient été convaincus juridiquement ». Le ministre, de qui émane la mesure, n'admet pas, comme on devait s'y attendre, une thèse qui est sa condamnation, et répond sèchement par une fin de non-recevoir : « Sans examiner s'il est bien certain que les chaires des professeurs dans l'Université sont des titres, dont ceux qui en sont revêtus ne puissent être dépossédés que pour des fautes dont ils soient juridiquement convaincus, je ne crois pas que vous prétendiez assujettir le roi à ces sortes de formalités qui ne sont même pas généralement pratiquées dans tous les collèges. » Et les deux professeurs restèrent disgraciés [1].

Une mesure analogue amena quelques années plus tard entre le même ministre et l'Université une nouvelle correspondance. En 1731, M° Linguet, professeur et sous-principal au collège de Navarre, fut invité par lettre de cachet à quitter Paris immédiatement. L'Université prit vivement sa défense dans une lettre adressée à Fleury, premier ministre et supérieur du collège. Après les formules ordinaires de dévouement et un courageux éloge des longs services du professeur destitué, elle tenait au ministre un langage qui ne manquait pas d'une certaine fermeté : « Nous

<hr>

1. Arch. de l'Univ., reg. 43 a, f° 85 v° et 86. Les textes relatifs à cette affaire ont été publiés par Jourdain dans les Pièces Justificatives de son *Hist. de l'Univ. de Paris.*

ne pouvons croire, disait-elle, que l'intention de Sa Majesté est de rendre amovibles des places qui sont fixes par un usage constant et déclarées telles par plusieurs arrêts. Le bien public y est intéressé. » Elle remontrait que si ces emplois étaient précaires, personne ne s'y présenterait, et que le public souffrirait infailliblement de la disette des bons professeurs. Le ministre, dans une réponse froidement courtoise, renouvelle l'expression de ses doutes sur l'inamovibilité des régents, et cite plusieurs exemples à l'appui de son opinion. Il maintint sa décision, quoique l'Université fût revenue à la charge avec une généreuse opiniâtreté, et lui eût écrit de nouveau fortement pour confirmer sa thèse sur l'indépendance et l'inamovibilité des professeurs [1].

L'Université fut plus heureuse une troisième fois dans ses rapports avec le vieux cardinal-ministre. Il est vrai qu'alors il ne s'agissait pas de jansénisme, et que le prudent cardinal était bien aise, dans une conjoncture au fond peu importante, d'accorder à l'Université une satisfaction qui ne contrariait en rien sa politique. En 1734, le

1. Les documents concernant la destitution de M⁰ Linguet ont été extraits par Jourdain des registres de l'Université, et publiés aussi à la suite de son *Hist. de l'Univ. de Paris*. M⁰ Linguet, qui, en sa qualité de laïc, s'était mêlé bien mal à propos des affaires du jansénisme, se retira après sa disgrâce à Reims, où il se maria. Il eut en 1736 un fils qui fut le célèbre avocat Linguet. Voir J. Cruppi, *Un avocat journaliste au XVIII⁰ siècle : Linguet*. — M⁰⁰ Loudier, Guillaume et Linguet ne furent pas les seules victimes que fit dans les collèges la persécution religieuse. Leur disgrâce nous est seulement mieux connue, parce que l'Université a pris leur défense, et que les registres ont conservé la trace de son intervention. Mais beaucoup d'autres régents, suspects comme eux d'être favorables au jansénisme, furent destitués, emprisonnés ou exilés, et l'Université, menacée des pires traitements, dut courber la tête sous le poids de la colère royale. Le collège Mazarin semble avoir été particulièrement maltraité, et plusieurs de ses maîtres furent frappés sans pitié. En 1714, M⁰ Bellanger est relégué à Luçon. En 1730, M⁰ Vitasse, sous-principal, est destitué par ordre du roi. Neuf ans plus tard, en 1739, M⁰ Caron, professeur de mathématiques, et M⁰ Picard, sous-maître, sont pareillement révoqués. Enfin, en 1741, M⁰ Geoffroy, professeur de philosophie, reçoit du roi l'ordre de sortir du collège. Arch. nation., carton M, 171, nᵒˢ 20 et suiv. — Il est à peu près certain que les autres collèges furent également l'objet d'une épuration.

principal du collège du Cardinal le Moine, mécontent de son régent de troisième, M° Enguehard, avec lequel il avait été en procès, le fit destituer par lettre de cachet, au mépris de tous les règlements académiques. Ce procédé indigna l'Université. Cette fois encore elle prend la défense de son suppôt[1], et écrit en sa faveur au cardinal une lettre qui a l'étendue d'un mémoire. Elle y insiste en termes pressants sur ce sujet qui lui tient au cœur, l'inamovibilité de ses maîtres, demande que la lettre de cachet soit révoquée, et offre de juger selon les formes juridiques le professeur incriminé. Le cardinal répond qu'Enguehard exerce ses fonctions avec une telle négligence que sa classe est déserte, et que le recrutement du collège en est compromis. L'Université, sans se lasser, réplique qu'en admettant que les torts reprochés à M° Enguehard ne fussent pas exagérés, c'était à elle à juger son professeur, s'il était coupable, et elle se prononce nettement contre le principal, qui a voulu éluder sa juridiction; elle insiste pour que le procès lui soit renvoyé, et s'engage à rendre compte au cardinal de la sentence intervenue. Celui-ci se laissa convaincre d'autant plus aisément que l'affaire était à ses yeux sans conséquence, et M° Enguehard fut réintégré dans sa chaire, quoiqu'il fût, dit Fleury dans la lettre qui annonçait à l'Université le succès de sa requête, très négligent dans sa classe, très remuant et très processif[2].

<hr>

[1]. Elle y eut, dans l'espèce, d'autant plus de mérite que M° Enguehard avait aussi quelques années auparavant plaidé contre elle. Voir le *Nouveau Mémoire pour les Recteur, Doyens des Facultés, Procureurs des Nations...contre... M° Léonard-André Enguehard*, etc. Bibl. de l'Univ., rec. U, 17²⁶, in-folio.

[2]. La correspondance échangée entre Fleury et l'Université à propos de cette affaire a été imprimée par Jourdain dans les Pièces Justificatives de son *Hist. de l'Univ. de Paris*. — Fleury paraît avoir bien jugé cet Enguehard, dont le nom se retrouve dans plusieurs pièces de procédure que nous avons eues sous les yeux. Tous les reproches adressés à M° Enguehard n'empêchèrent pas un élève de Cardinal le Moine de chanter ses louanges dans une longue pièce de vers latins : *Viro clarissimo D. D. Leonardo Andreae Enguehard, S. Joan. Evangelistae in domo Cardinalis pastori vigilantissimo. Carmen, cum divi Andreae ipsius patroni festum solemne celebraretur. Canebant musae Cardinalitiae, die 1 dec. 1732*. Bibl. de l'Univ., rec. U, 61⁴⁰, in-4°.

Un coup porté de si haut, une destitution prononcée directement par le prince, une mesure contre laquelle il n'était point de recours légal, toutes ces circonstances avaient jeté la consternation parmi les maîtres de la Faculté des arts, et le recteur, M° Gibert, dans un discours qu'il prononça le 23 juin 1734 aux comices rectoraux, se fit l'interprète de l'émotion douloureuse qu'avait causée à l'Université la disgrâce de son suppôt, et de la joie qui avait accueilli le rétablissement dans sa chaire du régent dépossédé[1]. Il était loin alors de se douter qu'il allait être bientôt

1. Le discours de Gibert nous a paru assez intéressant pour mériter d'être publié en entier. C'est un spécimen curieux des harangues universitaires au xviii° siècle. Il est inédit.

« Procuratores Ornatissimi, Dignissimi Quatuorviri, Proceres Academici.

Quam luctuosum visum est, ordine moveri insolita via Magistrum Academicum, tam eventu jucundum fuit, unde dejectus fuerat, eo, causa cognita, fuisse restitutum.

Debemus hanc gratiam Clementissimo Regi et parenti optimo Ludovico, nostris qui votis annuit, deprecante primo Regni administro, deprecantibus simul tribus magistratibus, Illustrissimo Senatus Principe, Illustrissimo Procuratore generali, Illustrissimo Politiae Praetore : ut nihil pulchrius sit, quam Academiam, talium patronorum auxilio, suam dignitatem tenuisse.

Gratulamur vobis, Professores clarissimi, quod tam insignibus testimoniorum constet, non, ad arbitrium, sua de sede posse dejici eos, qui publice juventuti incumbunt instituendae : sed quisquis magister diligens officii fuerit, ei magistro tuendo, nec auctoritatem Regis, nec Regni administri patrocinium, nec legum, aut magistratuum, aut Academiae auxilium esse defuturum.

Ferent, opinor, aequo animo, dignissimi collegiorum Primarii, Viri utique Venerandi, in regno Galliae, quod justitiae domicilium est, hos esse quos dixi, terminos suae potestatis.

Hanc in rem memini ego me adesse, multos ante annos, cum causa diceretur apud Senatum, et primarii cujusdam in urbe municipali (Remis) suum adversus archiepiscopum, et cujusdam professoris cum ipsum adversus primarium. Cumque a suo quisque superiore, ut loquuntur, emotus loco fuisset, decreto Senatus uterque suam in stationem revocatus est; ut omnes intelligerent, Diis, ut ita loquar, minorum gentium, hoc est, potestatibus iis quae Regi subditae sunt, minime tantum in litteratos licere, quantum ipsae interdum opinantur!

Professoris enim cathedra non servilis conditio est, sed liberalis; honore, non contumeliis digna; Regis sub patrocinio constituta, honorum origo et privilegiorum, quibus gaudet Academia. Quam cathedram ubi conferunt, quorum est eam conferre, non utique ii, quod penitus suum est, largiuntur, sed quod est et Reipublicae et Academiae, quae nolunt certe publicis puerorum magistris, sine causa, tantum infamiae vulnus inferri, ut cum vocati fuerint perhonorifice ad docendum, inde

lui-même la victime de ce pouvoir dont il célébrait la clémence, qu'il serait, sans espoir de retour, chassé de l'Université, et qu'il finirait ses jours dans le dénûment et dans l'exil.

De pareils exemples nous autorisent à conclure que l'Université s'en faisait accroire, quand elle déclarait que

tanquam flocci homines turpissime ejiciantur : ac meminisse primarios decet, si quidem, quod pulchrum est collegiis praepositos esse, ut leges tueantur; et si quis professor eas negligat, hunc ut contemptum reprimant, per se sane, si possint; sin autem, Academiae auctoritate. Sed si ad amussim disciplina servetur, nulla jam restant hinc inde officia, quam illa urbanitatis mutuae et humanitatis, ita quondam edicente, praesentibus nobis et quibusdam primariis, ita, inquam, edicente viro perillustri, qui belli primum administer, Franciae deinde cancellarius fuit.

Quid est autem quod aliqui dicant fugere se Tribunal Academicum, utpote solis professoribus constans, qui culpas dissimulent alii aliorum? haeccine jactari convenit a viris academicis, in media versantibus Academia, quibus ignorare non licet quasi peregrinis, tres esse decanos in eo Tribunali, duos professores, duosque baccalaureos, qui, quam severe judicent, suis saepissime judiciis declararunt, illis ipsis praesidentibus, qui nunc utique injuria conquiruntur.

Verum enimvero in hac defensione magistrorum, dissimulare non possumus, adversus quosdam, aliquas esse querelas, quae ne verae sint, etiam atque etiam omnes cavere debeamus : tempus negligi scholas adeundi; docendi munus in scholis parum curari; frequentes ad januas cum externis et longas confabulationes; abesse temere interdum magistros, sua demandata alteri magistro inferiori vel superiori vel externo docendi provincia, sine causa absentiae legitima (nam si causa legitima sit, quis est tam inhumanus, ut reprehendere velit?), ita defraudari discipulos doctrina sibi debita : quin illud adjiciunt, tempus induciarum etiam anteverti, poetam illum magistris imitantibus, de quo dictum est :

> Gestit enim nummum in loculos demittere, posthac
> Securus, cadat, an recto stet fabula talo ;

cujus rei culpam esse aiunt, quod tantumdem stipendii et ignavis (si qui sint) paratum sit, et strenuis [*].

Rogo vos, Proceres Academici, nonne sentimus quam acerba sit accusatio et quam esse possit perniciosa? Quodnam remedium huic malo afferamus, nisi quod religio suggerit et ratio, spatium ut docendi, omissa cessatione quavis, aut confabulatione, aut alia negligentia, omnes impleamus, duabus horis integris cum integro quadrante dimensum, non comprehenso sacro sancti sacrificii tempore, si detur facultas huic assistendi : ut tantumdem omnes impendamus studii et laboris in docendo, quin tantumdem est omnibus stipendii, sive pauci discipuli sint, quos docemus, sive multi.

Nam de induciis, quis ignorat, non ante primam augusti Physicos, non Logicos ante decimam, non ante decimam quintam Rhetores, circa decimam octavam humanitatis discipulos, non ante vigesimam sextam

les chaires de ses collèges étaient des titres dont on n'avait
jamais dépouillé les possesseurs que pour des fautes dont
ils avaient été convaincus juridiquement. Certes, les
intéressés eussent été enchantés qu'elle eût dit vrai; mais

aut septimam reliquos legitime exautorari. Cui legi nisi jam nunc sponte
obsequimur, verendum est ne duriori etiam parere inviti aliquando
adigamur.

Neque vero primarii hic se praetermitti prorsus existiment. Cum enim
plures eorum sint, qui merito jure vigilantissimi appellentur, quidam
tamen sunt, quos, ut verbis Hieronymi utar, dormitantios potius bene
appellaremus, vel somno plus indulgentes quam satis est, vel tum etiam
cum vigilant, in officio oscitantes, aut illud intuentes e longinquo, quasi
si propius accesserint, non minus in collegiis, quam in castris, tormenta
bellica vereantur. Quid ergo? An illi non videut, se quoque debere ad
opus propius accedere, interrogando pueros et quae dictata sunt a magistris, vel exigendo, vel inculcando, vel exercendo varie, vel lustrando
cubicula, vel invigilando, non ludis minus quam studiis; vel (quae
prima et praecipua cura esse debet) religione animos accurate imbuendo?
Atqui non illi vocati sunt in societatem nostrae mercedis, nisi quia
vocati sunt in societatem laboris?

Aliquis vero hic fortasse dicet primarius aut professor : illa si facimus
quae probe videmus esse facienda, quo tandem modo scient fecisse nos,
vel Regni administri, vel magistratus, vel etiam ipse populus? Scient
enimvero, scient, quia loquentur ipsi parietes, et os obstruent iniqua
loquentium. Numquid enim celari potest virtus sive primarii sive professoris et assidui et diligentis? Imo, tunc necesse est, per se obmutescere,
non modo imprudentium ignorantiam, sed et calumniam improborum,
ubi extinguitur flamma, non subjecta materia.

Haec cum ita sint, hoc addimus ad dignissimos primarios, quod ait
Petrus, et Apostolus et Apostolorum princeps, et, mea quidem sententia,
exemplar primariorum : pascite, inquit, qui in vobis est gregem Dei, non
dominantes in cleris, sed forma facti gregis ex animo, vocati, iterum dico,
in societatem mercedis, quia vocati estis in societatem laboris[*]. Hoc
autem etiam ad magistros, nostros in omni Academia collegas; curemus
omnes ubique ut scholae ferveant assiduitate, studio, diligentia, ardore
nostro; ferveant quoque, quantum licuerit, et exercitationibus, et operibus
variis, quibus clarescere Academia potest. Ita enim quid fiet? ut omnes
primo laudem inveniamus sine invidia, deinde, etiam ut sine invidia,
nostro fruamur honorario, et immuni, (si possumus) et integro. Ac si
forte non fuerit par laboribus merces, reliqua sibi virtus ipsa largietur,
et academica moderatione animi, et spe gloriae, divitiis omnibus pre-
tiosioris.

Si consilium vultis, ex animi sententia consilium damus; sin mavultis
imperium, hoc legum vestrarum, hoc statutorum, et quoniam vobis ita
visum est, hoc rectoriae dignitatis imperium est, et libenter huic obtem-
perabimus, illud modo sedulo cogitemus, si nos ipsi judicaverimus, foro
ut ab aliis non judicemur[**]. » Arch. de l'Univ., reg. 44, f°° 22 et 23.

[*] Souligné dans l'original, depuis pascite jusqu'à laboris.
[**] Souligné, depuis si nos ipsi jusqu'à la fin.

malheureusement il n'en était rien, et sa prétention recevait des faits un démenti trop brutal pour qu'il ne soit pas superflu de la discuter. Sans être absolument précaires, les régences de la Faculté des arts ne mettaient pas leur titulaire à l'abri d'un abus de pouvoir. Ses maîtres dépendaient d'une manière plus ou moins étroite de tous ceux qui, à un titre quelconque[1], avaient autorité sur eux, et, pour mieux dire, de tous les gens en place avec lesquels leur emploi

1. Il est triste de constater que les mesures de rigueur qui venaient de temps en temps frapper les régents de la Faculté des arts étaient quelquefois prises à l'instigation des maîtres des Facultés supérieures, qui trahissaient leurs collègues et les dénonçaient secrètement au pouvoir. La Faculté de théologie, quoique bien déchue de sa puissance et de son prestige d'autrefois, n'avait fait l'abandon d'aucune de ses anciennes prérogatives. Investie officiellement, au moins à ce qu'elle prétendait, de la mission de conserver intact le dépôt des dogmes catholiques, elle se croyait en droit de surveiller la doctrine qui s'enseignait dans les collèges. Sous ce rapport, tous les professeurs devaient compter avec elle; mais les professeurs de philosophie, par la nature même de leur enseignement, étaient particulièrement exposés à cette inquisition soupçonneuse, inquiète et tracassière. Rien n'est moins digne d'envie que leur sort à la fin du xvii° et au commencement du xviii° siècle. Il faut vraiment qu'ils aient au cœur l'amour de leur métier pour ne pas s'en dégoûter. Il n'est pas nécessaire qu'ils soient jansénistes pour mettre en mouvement les théologiens de la Sorbonne; il suffit qu'ils soient suspects d'incliner au cartésianisme. A cette époque, les doctrines cartésiennes sont impitoyablement poursuivies et condamnées. Dès 1671, sans doute sur une dénonciation émanée de la Sorbonne, l'archevêque de Paris, de Harlay, mande chez lui les principaux officiers de l'Université, et leur intime de la part du roi l'ordre « de faire en sorte qu'on n'enseigne point d'autre doctrine que celle qui est portée par les règlements et statuts », c'est-à-dire la philosophie d'Aristote. Dès lors la situation des professeurs de philosophie devient singulièrement difficile. Ils sont suspects au gouvernement qui les fait surveiller par la Sorbonne; et les vexations ne cessent plus. En 1691, on les oblige à signer une déclaration d'orthodoxie philosophique. En octobre 1705, le cardinal de Noailles, successeur de M. de Harlay, les invite à signer une seconde fois le même formulaire, et, six mois plus tard, il exige que cet acte, qu'il juge important, soit renouvelé et confirmé, en ajoutant, il est vrai, qu'on s'en tiendrait là, et que désormais les professeurs de philosophie ne seraient plus inquiétés. Mais que restait-il à faire pour rendre les chaires intenables, et pour éloigner à jamais de la profession les jeunes maîtres qui auraient pu être tentés de s'y consacrer? — Sur ces épisodes, que nous sommes obligés de résumer, on peut consulter Jourdain, *Hist. de l'Univ. de Paris*, et un long mémoire de M° Demontempuys, l'un des régents incriminés, que l'historien de l'Université a imprimé à la suite de son ouvrage (Pièce Justific. 119). — Les originaux des formulaires présentés aux professeurs de philosophie, avec leurs signatures autographes, se trouvent aux Archives de l'Université, carton 15, 6° dossier.

pouvait les mettre en rapport. Avouons néanmoins qu'à l'égard de ces derniers, leur dépendance était plutôt virtuelle qu'effective. Leur effacement, l'obscurité de leurs fonctions tournaient parfois à leur avantage. Il y a des circonstances où l'on gagne beaucoup à passer inaperçu. En réalité, les seuls supérieurs qui eussent sur eux un pouvoir, nous ne disons pas discrétionnaire, mais immédiat et réel, c'étaient les principaux. Lorsqu'un régent vivait en bonne intelligence avec son principal, il avait chance de vieillir dans sa chaire, et d'y gagner l'éméritat. Il n'avait rien à craindre du recteur et du Tribunal académique, qui lui étaient presque constamment favorables, même s'il se mettait dans un mauvais cas. Quant aux supérieurs-majeurs du collège où il enseignait, ils le laissaient généralement tranquille, n'ayant point intérêt à l'inquiéter; et s'il était assez prudent pour ne pas afficher, en matière réligieuse ou philosophique, d'opinions malsonnantes, le gouvernement ignorait son existence. Il en ira toujours ainsi. Les chefs immédiats sont toujours ceux dont on dépend le plus, étroitement. L'autorité se fait d'autant moins sentir qu'elle descend de plus haut. Ceux qui occupent les sommets de la hiérarchie administrative la détiennent, mais on sait assez qu'ils l'exercent peu.

CHAPITRE V

Le service et les obligations professionnelles.

Comme tout ce qui concerne la discipline et les études, les jours et heures de classe et par suite le service des professeurs de la Faculté des arts sont réglementés par les statuts de 1600. Mais les divers articles consacrés à cet objet présentent entre eux certaines différences, et la confusion n'en est pas absente. L'article 25 semble imposer à tous les régents sans exception six heures de classe. L'article 98 ne fait mention que de cinq : les professeurs de philosophie seuls en ont six. Pour les professeurs de grammaire et de lettres, ces cinq heures se répartissent ainsi : de huit heures à dix heures du matin, de midi à une heure, de trois heures à cinq heures[1]. Les professeurs de philosophie, en raison de l'importance de leur enseignement, donnent encore une heure, le matin, de six à sept, de la Saint-Remy à Pâques, et de cinq à six de Pâques aux vacances. Tous les dimanches, chaque professeur fait une heure de leçon après dîner. Ce n'est pas tout. D'après l'article 98, il y aurait eu tous les jours une classe supplémentaire de dix à onze heures. De plus, le lundi, le mercredi et le vendredi, il se faisait des répétitions

---

1. Doceatur ab octava ad decimam, a meridiana ad primam, a tertia ad quintam, etc.

(*repetitiones*) auxquelles le professeur ne pouvait guère se dispenser d'assister. Enfin, selon l'article 3 du complément de la réforme de la Faculté des arts, il y avait classe de six heures du matin à sept heures dans toutes les divisions, à partir de Pâques jusqu'au milieu du mois d'août.

Dans un règlement général donné aux collèges en 1626[1], ces prescriptions un peu confuses ne se retrouvent plus. Le service paraît allégé, et ces leçons trop nombreuses sont remplacées par deux classes de trois heures chacune, de huit heures à onze heures du matin, de deux heures à cinq heures du soir pendant le premier semestre, et de trois heures à six heures pendant le second. Mais ces dispositions ne semblent pas avoir été longtemps observées dans leur rigueur. Au xviiie siècle, la leçon du dimanche n'existait plus, et l'heure supplémentaire imposée aux professeurs de philosophie avait été pareillement supprimée. En outre, les classes n'étaient plus aussi longues. Un article d'un règlement mis en vigueur en 1725[2] ordonne que « la durée de toutes les classes sans aucune distinction, tant du matin que du soir, dans tous les collèges, sera, pendant tout le cours de l'année, de deux heures et un quart complètes, nonobstant tout usage contraire »; et il paraît certain qu'on s'en tint là, car les articles de règlement dressés en 1769 pour le collège Louis le Grand fixent la durée des classes à deux heures un quart. Il est vraisemblable que le temps consacré aux exercices accessoires, répétitions, disputes, etc., avait aussi subi quelque réduction, ou que le professeur était dispensé de les surveiller.

Mais en prenant pour base le chiffre minimum de quatre heures et demie de classe par jour, on arrive à un total de vingt-sept heures par semaine, service qui serait

---

1. Règlement du 15 nov. 1626. Arch. de l'Univ., reg. 27, f° 69 et suiv., et Jourdain, *Hist. de l'Univ. de Paris*, Pièce justific. 69.
2. Arch. de l'Univ., reg. 43, f° 117.

jugé aujourd'hui exorbitant. Heureusement pour les maîtres, il s'en fallait bien que les classes eussent lieu chaque jour dans toute leur intégrité. Aux termes du statut, le mardi et le jeudi, la classe du soir n'était que d'une heure [1], et il y avait généralement vacance l'après-midi du samedi [2]. On remarquera que le total des heures de classe était réduit par là chaque semaine dans une assez forte proportion. Il faut ajouter que les jours de vacances étaient nombreux. Ainsi, dans le cours de l'année scolaire, la Faculté des arts chômait 38 jours, qui étaient : Janvier : 1, Circoncision; 3, Sainte-Geneviève; 6, Epiphanie. — Février : 2, Purification; 24, Saint-Mathias. — Mars : 25, Annonciation. — Avril : 25, Saint-Marc. — Mai : 1, Saint-Philippe et Saint-Jacques; 9, Translation de Saint-Nicolas. — Juin : 11, Saint-Barnabé; 24, Nativité de Saint Jean-Baptiste; 29, Saint-Pierre et Saint-Paul. — Juillet : 22, Sainte-Marie-Madeleine; 25, Saint-Jacques le Majeur; 28, Sainte-Anne. — Août : 10, Saint-Laurent; 15, l'Assomption; 24, Saint-Barthélemy. — Septembre : 8, Nativité de la Sainte-Vierge; 14, Exaltation de la Sainte-Croix; 25, Saint-Mathieu; 29, Saint-Michel archange. — Octobre : 9, Saint-Denys; 18, Saint-Luc; 28, Saint-Simon et Saint-Jude. — Novembre : 1, Toussaint; 2, Commémoration des morts; 3, Saint-Marcel; 11, Saint-Martin; 25, Sainte-Catherine; 30, Saint-André. — Décembre : 6, Saint-Nicolas; 8, Conception de la Vierge; 21, Saint-Thomas, apôtre; 25, Noël; 26, Saint-Étienne; 27, Saint-Jean évangéliste; 28, Saints-Innocents [3].

Les fêtes mobiles donnaient également lieu à des congés.

---

1. Statuts de la Faculté des arts, art. 93.

2. Le samedi, les classes cessaient régulièrement à trois heures. Cependant, le premier samedi de Carême, il y avait congé toute la journée, en raison des confessions. Le samedi, veille des Rameaux, le premier samedi après Pâques, congé l'après-midi. Le samedi, veille de la Pentecôte, congé tout le jour, à cause des confessions. Le samedi avant la Trinité, congé l'après-midi. La veille des fêtes, la classe de l'après-midi ne durait qu'une heure. Statuts de la Faculté des arts, art. 83-97.

3. *Ibid.*, art. 77.

Ainsi, les classes vaquaient du mardi soir avant Pâques au mercredi matin après Pâques. Ascension, congé tout le jour. Pentecôte, congé jusqu'au mercredi matin. Fête-Dieu, congé. Octave de la Fête-Dieu, classe d'une heure seulement après midi. Mardi gras, congé toute la journée. Mercredi des Cendres, congé le matin. Le 22 mars, congé le matin, pour la procession annuelle en mémoire de la rentrée de Henri IV dans Paris. Congé le matin, tous les jours fixés par le recteur pour une procession ordinaire ou extraordinaire. Au mois de juin, congé le jour où le recteur se rendait solennellement à la foire de Saint-Denis pour visiter le parchemin[1]. La veille de l'Épiphanie, de la Purification, de l'Annonciation, de l'Ascension, de la Fête-Dieu, de la Circoncision et des fêtes des Apôtres, il pouvait y avoir vacance après midi[2]. La veille de l'Assomption, de la Toussaint, de Noël, il y avait congé toute la journée, en raison des confessions[3]. Enfin, chaque Nation de la Faculté des arts avait ses saints qu'elle chômait, et le statut stipule encore expressément que chaque collège pourra célébrer ses fêtes particulières, s'il en a[4].

Quant aux vacances de fin d'année, dont il n'était pas fait mention dans les statuts de 1600, mais qui ont toujours existé, un règlement postérieur les fixa de la manière suivante : pour les deux classes de philosophie (logique et physique), elles commençaient le 31 août; pour celles de rhétorique et d'humanités, le 7 septembre; pour les classes de grammaire, le 14 septembre. La rentrée avait lieu le premier jour d'octobre pour toutes les classes[5].

Dans le cours du xvıı^e siècle, les prescriptions relatives aux congés ne furent pas toujours bien fidèlement observées. On cessa peu à peu de tenir la main à leur exécution

---

1. Statuts de la Faculté des arts, art. 90-97. — Le voyage à Saint-Denis fut supprimé en 1603, mais non pas le congé.
2. *Ibid.*, art. 96.
3. *Ibid.*, art. 97.
4. *Ibid.*, art. 78.
5. Règlement de 1626, art. 43.

rigoureuse, et, avec le temps, dans chaque collège, la fantaisie du principal ou des professeurs finit par se substituer au règlement. Il n'y avait donc plus uniformité dans les jours de congé, et les classes vaquaient dans tel collège alors qu'elles avaient lieu régulièrement dans tel autre. Il en résultait des inconvénients assez graves auxquels il devenait urgent de remédier. En conséquence, le 27 octobre 1692, dans l'assemblée de la Faculté des arts pour l'élection des censeurs, Pierre le Seigle, censeur de la Nation de Normandie, ayant demandé que les congés fussent uniformes dans tous les collèges, sa proposition fut bien accueillie. Comme elle méritait une étude sérieuse, les Nations invitèrent le recteur, les procureurs et les censeurs à se réunir pour l'examiner, et à leur communiquer ensuite le résultat de la conférence. Pour obéir à ces instructions, les officiers désignés s'assemblèrent et appelèrent parmi eux les principaux des grands collèges. Il y eut plusieurs réunions où chacun dit son avis en toute indépendance. Enfin, tous étant d'accord sur l'opportunité de la mesure réclamée, ils arrêtèrent un règlement que le recteur soumit à l'approbation de la Faculté des arts, réunie aux Mathurins en assemblée extraordinaire. Ce règlement fut sanctionné par le recteur, et l'on décida, vu son importance, de le faire imprimer[1]. Voici quelle en était la teneur. Désormais, si, dans la semaine, il n'y avait aucun jour de fête (le dimanche non compris), les classes des collèges vaqueraient l'après-midi du mercredi et du samedi. Si le jour de fête tombait dans la semaine, il n'y aurait pas classe l'après-midi d'un autre jour. S'il se trouvait deux jours de fête dans la semaine, les classes vaqueraient encore un après-midi[2]. Un mandement du recteur Étienne Mallemens, en date du 19 novembre 1692, porta

1. *Acta Praeclarae Facultatis artium in Universitate Parisiensi de Feriis ordinandis, exscriptum ex commentariis Universitatis.* Bibl. de l'Univ., rec. U, 41°, in-4°.

2. Les jours de congé se répartissaient dans la semaine de la façon

ces dispositions à la connaissance des intéressés et en ordonna l'exécution dans tous les collèges.

Il paraît qu'on ne tarda pas à s'éloigner des dispositions du règlement promulgué en 1692, et que les mêmes abus qu'on s'était alors proposé de corriger se renouvelèrent. Chaque collège distribuait arbitrairement les jours de congé ; certains professeurs, oublieux de leur devoir, abrégeaient le temps des classes, arrivaient en retard ou s'en allaient avant l'heure. En 1725, des plaintes en furent portées au Parlement, qui intervint et fit remettre à l'étude la question des congés. Les autorités universitaires consacrèrent plusieurs séances à cet examen, et le résultat de leurs conférences fut un nouveau règlement plus complet et plus détaillé que celui de 1692[1]. Il se composait de trois articles : le premier, qui n'était qu'une rédaction nouvelle du décret de 1692, posait en principe que toutes les fois qu'il n'y avait point de fête chômée dans la semaine, les classes vaqueraient soit une journée, soit deux après-midi. Le second fixait la durée de toutes les classes sans aucune distinction, tant du matin que du soir, dans tous les collèges, à deux heures et un quart. Le troisième déterminait

suivante. Nous respectons la disposition typographique de l'imprimé.

Si dies festus accidat die	A prandio non legetur die	Si dies festi accidant diebus	A prandio non legetur die
Lunae,	Jovis.	Lunae et Sabatthi,	Mercurii.
Martis,	Jovis.		
Mercurii,	Sabatthi.	Lunae et Martis,	Jovis.
Jovis,	Martis.		
Veneris,	Martis.	Veneris et Sabatthi,	Martis.
Sabatthi,	Mercurii.		

S'il tombait dans la semaine des jours de fête en plus grand nombre que ceux qui sont prévus dans le tableau ci-dessus, on ferait classe tous les autres jours matin et soir. Le premier samedi d'octobre après la rentrée, le premier samedi de Carême, les veilles de la Toussaint, de Noël, de la Pentecôte, de l'Assomption, conformément aux statuts, les classes devaient vaquer toute la journée. Rien n'était changé en ce qui concernait Pâques et la fête des Saints-Innocents.

[1]. Arch. de l'Univ., reg. 43, f° 117. Ce règlement est en français dans le registre.

ainsi qu'il suit le temps des vacances de fin d'année : les classes de physique vaqueraient l'après-midi du 1er août; celles de logique, l'après-midi du 9, veille de la Saint-Laurent; celles de rhétorique, l'après-midi du 13; et les autres classes, l'après-midi du 23, veille de la Saint-Barthélemy.

Le dernier article, sur lequel les Nations ne parvinrent pas à se mettre d'accord, fut renvoyé à la décision du Parlement, qui déclina l'arbitrage et enjoignit à la Faculté des arts de statuer elle-même, à charge de lui communiquer ses conclusions. Malgré cette mise en demeure, il ne semble pas que la difficulté ait jamais été résolue[1]. Mais dans la pratique on fit vraisemblablement comme si elle l'était. Nous savons du moins que dans la seconde moitié du xviiie siècle les classes de physique vaquaient dès le premier août, celles de logique et de rhétorique, environ quinze jours plus tard. Quant aux classes d'humanités et de grammaire, elles ne finissaient guère avant le 20 août.

Ainsi, pendant plus d'un siècle (1600-1725), les régents de la Faculté des arts n'eurent réglementairement qu'un mois au plus, ou même seize jours à peine, de vacances. Si l'on songe qu'il n'y a pas alors d'occupation plus laborieuse et plus absorbante que la direction d'une classe, on conviendra que les fonctions de l'enseignement exercées par eux presque sans relâche étaient loin d'être une sinécure. Cependant les maîtres à qui incombait ce rude service n'en murmuraient pas, et, si on les entend dire incidemment que leur tâche est difficile, que c'est sur eux que retombe tout le poids de l'instruction publique, on ne trouve ni réclamation ni requête où ces plaintes soient formellement exprimées. Ils n'avaient pas l'idée d'un sort plus doux, et peut-être ceux qui connaissaient l'histoire de leur compagnie se trouvaient-ils moins à plaindre que leurs devanciers, dont on exigeait qu'ils fussent presque tout le jour en chaire[2]. Ce service, d'ailleurs, qui nous paraît si

1. Les registres n'en parlent plus.
2. Si l'on en croit Buchanan, que l'Université eut l'honneur de compter

lourd, il nous faut avouer que quelques-uns l'allégeaient parfois de leur propre autorité, et qu'ils ne le faisaient pas toujours avec une ponctualité exemplaire. A toutes les époques, la Faculté des arts s'est vue dans la nécessité de rappeler certains professeurs à l'observation du règlement. Ce reproche de négligence tombait d'ordinaire sur les régents de philosophie, dont le service était le plus chargé, et qui par conséquent avaient plus que les autres la tentation de s'y soustraire[1]. Au mois de juillet 1610, on apprend que plusieurs professeurs de philosophie cessent leurs leçons avant le premier août. Sur la plainte du syndic, l'Université décide de poursuivre avec la dernière rigueur ces maîtres peu zélés, et au besoin de recourir à l'autorité du Parlement. L'arrêt est signifié aux coupables, avec ordre de se présenter le lendemain devant le Tribunal académique. Plusieurs comparaissent et déclarent qu'ils ont interrompu leurs leçons, faute d'élèves, mais qu'ils se proposaient de les reprendre. Le Tribunal se contente de cette explication médiocrement satisfaisante, et, pour cette fois, abandonne l'instance[2].

Quelques années plus tard, le 14 mai 1616, sur la requête du syndic qui expose que certains professeurs de

parmi ses régents, les maîtres auraient dû se lever à quatre heures du matin, pour entrer en classe à cinq heures :

> « Si caput in cubitum lassa cervice recumbat
> Et sopor exiguus lumina fessa premat,
> Ecce vigil subito quartam denuntiat horam,
> Et tonitru horrifico lumina clausa quatit.
> Excutit attonito somnos sonus aeris acuti,
> Admonet et molli membra levare toro.
> Vix siluit, jam quinta sonat, jam janitor urget
> Cymbala, tirones ad sua signa vocans.
> Mox sequitur longa metuendus veste magister ;
> Ex humero laevo mantica terga premit..... »

Nous savons de bonne source qu'il faut en rabattre ; mais il est certain qu'au XVIe siècle le service était très dur.

1. Dans une requête au Parlement, le chancelier de l'Université se plaignait vivement que les élèves de philosophie eussent trop de vacances, et il en rendait responsables les professeurs, qu'il accusait de trop aimer le repos. Bibl. de l'Univ., rec. U, 17³⁰, in-folio.

2. Arch. de l'Univ., reg. 25, f⁰⁵ 282 et 295, et Jourdain, *Hist. de l'Univ. de Paris*, Pièce Justific. 32.

philosophie finissent leur cours dès le mois de juillet et
même dès le mois de juin, l'Université prend les mesures
les plus sévères pour mettre un terme à cet abus, et décide
de frapper les délinquants des peines les plus rigoureuses.
Elle va même, comme si elle ne se sentait pas suffisamment armée, jusqu'à les traduire devant les tribunaux
ordinaires, malgré les dépenses où l'entraîne cette procédure [1].

On peut croire qu'après cette sévère exécution, le règlement fut mieux observé. Il y eut sans doute encore des
abus, surtout pendant la Fronde, mais ils paraissent avoir
été moins fréquents. Au xviiie siècle, on constate quelque
relâchement, et les registres nous apprennent que certains
professeurs font leur service avec beaucoup de négligence.
En 1707, le principal du collège de Montaigu se plaint
aux autorités académiques que ses régents entrent habituellement en classe avec une demi-heure de retard [2]. En
1737, sur la demande du syndic Gibert, la Faculté des arts
promulgue un décret dirigé surtout contre les professeurs
de philosophie des petits collèges, qui en prenaient à leur
aise, écourtaient le temps des classes (*definitum in sin-
gulos dies lectionum tempus misere decurtant*), et s'attribuaient des congés beaucoup plus longs que ceux prévus
par les règlements [3]. On édicte les mesures les plus efficaces pour assurer l'exécution de ce décret [4], qui témoigne
que si la plupart des professeurs s'acquittaient consciencieusement de leurs devoirs, il s'en trouvait quelques-uns
dont il fallait réchauffer le zèle par de fortes réprimandes.

---

1. Arch. de l'Univ., reg. 23, f°s 468 et 511, et Jourdain, *Hist. de l'Univ.
de Paris*, Pièce Justific. 49.

2. Arch. de l'Univ., reg. 41. — Les régents retournent contre le principal cette accusation de négligence et lui réclament le salaire qu'on leur
a supprimé.

3. Arch. de l'Univ., reg. 44, f° 107, et Jourdain, *Hist. de l'Univ. de Paris*,
Pièce Justific. 170.

4. Cependant, l'année suivante, Me Antoine Duranthon, professeur de
philosophie aux Grassins (grand collège), est cité par le syndic à comparaître devant le Tribunal académique. Il abrège toutes ses classes d'un

En dehors de ses heures de classe, assez nombreuses, on s'en souvient, surtout au xvii° siècle, le régent doit compter au nombre de ses obligations professionnelles le contrôle du travail de ses élèves et l'examen des devoirs que chacun d'eux lui a remis. Mais « la correction des copies », qui impose aujourd'hui au professeur de nos grands lycées une tâche parfois très lourde, et le retient de longues heures dans le cabinet, n'occupait qu'une faible part des loisirs de son devancier. Bien que les statuts de 1600 prescrivent aux élèves de montrer chaque semaine au principal un certain nombre de thèmes ou versions signés de leurs régents, ce qui suppose la correction préalable, les devoirs écrits ne paraissent pas avoir rencontré beaucoup de faveur dans l'ancienne Université. Le moyen âge ne les a pas connus[1]. Ce n'est qu'à l'époque de la Renaissance qu'ils ont commencé, non sans quelque peine, à s'introduire dans les collèges. Mais même après qu'ils y eurent acquis droit de cité, ils ne furent jamais aussi goûtés des maîtres et surtout des élèves que ces soutenances de thèses, disputes scolaires ou exercices publics qui étaient si chers à l'ancienne Université. Elle les recommandait avec chaleur, et ses maîtres les plus habiles étaient unanimes à les prôner. Les registres abondent en témoignages de sollicitude des autorités académiques pour ce genre de travaux. Lorsque, sur les plus légers indices, on s'imagine qu'ils sont moins en honneur et que le goût en devient moins vif, aussitôt le recteur publie un mandement pour ranimer l'ardeur des maîtres et des disciples. Il n'est pas inutile d'examiner en quoi consistaient ces exercices, qui ont disparu depuis si longtemps des programmes

quart d'heure. Il s'excuse en alléguant que tel est l'usage aux Grassins. Cette justification n'est pas admise. Arch. de l'Univ., reg. 41, f°' 128 r° et 129 v°.

1. « Les écoliers ne connaissaient pas d'autres exercices que la dispute. Les compositions écrites ne furent jamais en usage au moyen âge. » Thurot, *De l'organisation de l'enseignement dans l'Université de Paris au moyen âge*, p. 83.

universitaires, et qui, après avoir fait la joie et l'orgueil
de nombreuses générations d'écoliers, sont complètement
inconnus de nos élèves[1].

Ils avaient généralement pour objet, soit la philosophie,
soit les humanités grecques et latines. Dans les classes de
philosophie, l'écolier qui répondait en public (*respondens*)
faisait choix de quelques propositions, qu'il s'engageait à
défendre envers et contre tous. Dans les classes de lettres,
l'exercice consistait à choisir un des ouvrages grecs ou
latins indiqués par les statuts de 1600, à en exposer le sujet
et à en traduire en français les plus beaux passages.
L'élève pouvait tirer du livre qu'il expliquait des épisodes
sur lesquels il répondait sans avoir le texte sous les yeux.
Quoique dans les classes il fût défendu de se servir d'une
autre langue que le latin, dans les exercices il était permis
de parler indifféremment latin ou français[2].

Ces exercices étaient privés ou publics, et l'Université
avait édicté à cet égard tout un ensemble de prescriptions.
Privés, ils se renfermaient dans l'enceinte de la classe, et
ils conservaient leur forme exclusivement scolaire. Les
explications d'auteurs que font journellement pendant la
classe sous la direction du professeur les élèves de nos
lycées en offrent une image assez fidèle. Mais quand ils
étaient publics, ils changeaient de caractère et affectaient
toute la solennité d'une véritable cérémonie. L'élève qui
devait « répondre » invitait ses parents, ses amis, ses
condisciples, tous ceux enfin qu'il supposait lui porter de
l'intérêt. L'exercice était annoncé quelque temps à l'avance
par des affiches répandues en ville et placardées à la porte
du collège. Le jour venu, si l'écolier était de race illustre

1. Rollin les définit ainsi : « On appelle *exercices* les actions publiques
dans lesquelles les écoliers rendent compte des auteurs qu'ils ont vus en
classe, ou en particulier, et de tout ce qui a fait la matière de leurs
études. » Rollin, *Traité des Études*, livre VIII, seconde partie, chap. II.

2. *Délibération de la Faculté des arts touchant les exercices publics dans
les collèges, du 16 déc. 1700*. Arch. de l'Univ., reg. 39, f° 149; reg. 41, f° 8,
et Jourdain, *Hist. de l'Univ. de Paris*, Pièce Justific. 150.

ou appartenait à une grande famille, une foule de hauts personnages, seigneurs, prélats, membres du Parlement, envahissaient la salle où devait avoir lieu la solennité[1]. Le programme de l'exercice avait été luxueusement imprimé et quelquefois orné de gravures dues au burin des artistes les plus en renom[2]. Mais cette magnificence n'était rien en comparaison de celle qui avait été déployée dans la salle. Livrée plusieurs jours à l'avance aux tapissiers, elle était somptueusement décorée, et les murs et les piliers disparaissaient sous les tentures. Tout ce luxe était naturellement payé par le répondant, qui souvent, par ostentation pure, s'engageait dans des dépenses si excessives que, pour réprimer une pompe indécente autant que ruineuse, l'Université dut promulguer, à plusieurs reprises, de véritables lois somptuaires[3].

L'assemblée était ordinairement présidée par le professeur de la classe, heureux et fier d'assister au triomphe de son disciple. La séance ouverte, celui-ci prenait la

1. Si l'un des invités était d'un rang tout à fait éminent, on le régalait d'une pièce de poésie latine. Il y a plusieurs de ces compliments dans les *Opuscules* de Rollin.

2. La Bibliothèque de l'Université en conserve un grand nombre. Les thèses historiées sont surtout des thèses de philosophie.

3. 1° « Gymnasiarcharum professorumque curam debere esse praecipuam, ut scholarum sive aularum, in quibus theses propugnantur, ornatus, quod spectat ad peristromata, sediliaque aliaque id generis, sit permodestus.

2° « Thesibus nullas aut parvi pretii imagines praefigi, nisi cum dicantur viris principibus aut in aliqua dignitate constitutis.

3° « Theses consuetis illis imaginibus, ut optandum est, carentes, posse unica tabula contineri; videri tamen decentius, ut in modum libelli complicentur, qui mos olim in Academia vigebat... » *Délibération de la Faculté des arts*, etc., citée plus haut. — Dans le mandement par lequel le recteur P. Billet porte cette délibération à la connaissance des maîtres et des élèves, nous relevons ces paroles : « Verum luxus ille et jactantior profundendae pecuniae libido, quae hac aetate in tenuiorum invasit domos, in exercitia quoque nostra sensim irrepsit. Voluerint nonnulli, quem fortasse ab industria sua non poterant, a magnifico apparatu exercitationum splendorem aliquem prave mutuari. Quos sumptus quum primum divites et bene nummati per praeposteram ambitionem fecissent, eos deterrima aemulatione caeteri quoque imitari conati sunt. » Mandement rectoral publié par Jourdain, *Hist. de l'Univ. de Paris*, Pièce Justific. 152. — Déjà en 1618 et en 1684, la Faculté des arts avait promulgué des règlements de discipline pour réprimer le luxe des thèses.

parole, expliquait l'auteur désigné ou dissertait sur les matières indiquées dans son programme, et lorsqu'il avait suffisamment prouvé son savoir, la vivacité de son esprit, sa facilité d'élocution, le président ou un condisciple argumentaient contre lui, lui proposaient des difficultés ou le questionnaient sur ce qui faisait l'objet de l'exercice [1]. Quand les contradicteurs avaient épuisé les objections, la séance était finie, et le répondant recevait les félicitations de l'auditoire [2].

C'est ainsi que se passaient à peu près tous les actes publics, qu'ils eussent pour objet la philosophie ou les belles-lettres. L'Université y découvrait de merveilleux avantages. Suivant elle, rien n'était plus propre à stimuler un enfant et à le tenir en haleine pendant toute l'année scolaire que la perspective de répondre en public. Par là, on avait quelquefois raison de la paresse la plus authen-

1. Nous donnons ici un sujet d'exercice public proposé par Rollin : « Un jeune homme répond sur l'Évangile grec selon Saint Luc. Après que, pour faire ses preuves, il a expliqué quelques lignes de côté et d'autre à l'ouverture du livre, il s'arrête aux histoires les plus remarquables, par exemple à celle de Lazare et du mauvais riche. Il en fait le récit en y mêlant les passages latins et même grecs de l'Évangile, qui renferment quelque belle maxime... On demande à l'écolier lequel il aurait mieux aimé être de Lazare ou du mauvais riche : il n'hésite pas sur le choix. On lui en demande ensuite les raisons : l'endroit même qu'il explique les lui fournit. Par là on le met sur les voies, et on lui donne lieu de tirer de son propre fonds, ou du moins du livre qu'il a entre les mains, des réflexions très solides sur les principales circonstances de cette histoire. A cette occasion, on lui fait rapporter tout ce qui est dit dans le même Évangile sur la pauvreté et sur les richesses. Il est aisé de comprendre combien, sous le prétexte d'enseigner la langue grecque à un jeune homme, on lui peut mettre d'excellents principes dans l'esprit. On voit toujours les auditeurs sortir extrêmement contents de ces sortes d'exercices. » *Traité des Études*, livre VIII, seconde partie, chap. II.

2. L'élève et surtout le professeur qui l'interrogeait devaient bien prendre garde de ne pas avancer d'opinion malsonnante, et de ne rien dire qui pût choquer les auditeurs. Les registres renferment le récit d'une mésaventure désagréable arrivée en 1671 à M⁰ Boileau, régent au collège de Beauvais. Il argumentait à une thèse que soutenait le fils du pasteur Claude, et à laquelle le père assistait. Par une inconcevable étourderie, il s'oublia jusqu'à saluer Claude du titre de « très illustre prince de l'Église ». On devine le scandale. Le malheureux régent dut faire publiquement amende honorable, et on ne lui pardonna que parce qu'il avait péché par inadvertance. Arch. de l'Univ., reg. 32, fᵒˢ 69 et suiv., et le P. Chapotin, *le Collège de Dormans-Beauvais*, etc., p. 313-316.

tique, et, si l'on savait manier habilement ce ressort, on pouvait obtenir des natures les plus indolentes des efforts surprenants. Il n'y avait pas aussi, selon Rollin, de meilleur moyen de donner aux jeunes gens « une honnête hardiesse, en les accoutumant de bonne heure à paraître en public, à parler devant le monde, à ne point fuir la lumière, et en les guérissant de leur timidité naturelle[1] ». Et de son côté le régent, bien que ces exercices extrascolaires fussent pour lui un supplément de besogne, ne marchandait ni sa peine ni son temps pour y bien préparer les élèves[2]. Le succès en effet n'était pas seulement pour ceux-ci; le maître recueillait aussi sa part des éloges qu'on donnait à ses disciples. Sa vanité et son intérêt même trouvaient leur compte à ces cérémonies qui le faisaient valoir et l'affirmaient aux yeux des écoliers et de leurs familles. Pour certains régents, les actes publics n'étaient guère autre chose qu'un moyen de réclame, dont il y avait un bon parti à tirer.

C'est là un côté faible de ces exercices, qui en avaient d'autres, et dont la valeur pédagogique, quoi que l'Université en ait pu penser, était très discutable. Un acte public, soutenu même avec éclat, ne sera jamais une preuve convaincante de capacité et de savoir. Si surtout l'on concerte d'avance, comme il se pratiquait quelquefois, les questions et les réponses, on peut y briller à peu de frais[3]. Mais les

---

1. Coffin est du même avis : « Haec sane consuetudo, quae nobili quodam aemulandi certamine omnia jam collegia invasit, ea est quae et professoribus plurimum laudis et Universitati gloriae non parum, et summam discipulis utilitatem importet; ita namque a prima statim aetate pectus onerant multiplici copia rerum optimarum ad excolendum ingenium moresque informandos idonea, et assuescunt non reformidare vultus hominum, sed studia sua, quo nihil utilius est, ex scholarum umbra ac situ in adspectum lucemque proferre. » *Les Œuvres de M. Coffin,* t. II, p. 32.

2. La Faculté des arts, par l'organe du recteur, félicite les professeurs qui, pour que leurs élèves fassent plus de progrès, « tales extra ordinem labores impendunt ».

3. « Quel sortilège y a-t-il à concerter avec cinq ou six répétiteurs apostés sur les matières dont ils (les élèves) doivent disputer, à charger ensuite la mémoire d'un pauvre enfant de cinq ou six misérables argu-

habiles ne s'en laissent pas imposer, et ils ne sont pas dupes d'une mise en scène qui ne fait illusion qu'aux naïfs. Ces exercices avaient encore un autre inconvénient : ils développaient chez les enfants deux sentiments qui se manifestent toujours assez tôt, l'orgueil et l'amour-propre. Enfin, et surtout, ils étaient cause souvent que le professeur réservait ses soins exclusifs aux quelques élèves qu'il croyait en état de « répondre », et qu'il sacrifiait presque toute sa classe à deux ou trois sujets d'élite[1]. Il ne faut donc pas regretter que la publicité des exercices ait complètement disparu de nos habitudes scolaires; tout considéré, elle était plus préjudiciable qu'utile aux bonnes études.

Indépendamment de la direction de leur classe et des diverses obligations qui en découlent, les régents ont des devoirs à remplir à l'égard du collège où ils enseignent, et leur tâche n'est pas finie quand, à l'heure sonnante, ils descendent de leur chaire. On estime qu'ils appartiennent à la maison où ils régentent. Il ne leur est pas permis de se désintéresser de ce qui s'y passe[2]. S'ils y logent,

ments dont on sera convenu, à s'échauffer et affecter un grand bruit sur des difficultés préparées, et à abuser ainsi de la bonne foi de la plupart des parents, qui n'en jugent que par le tintamarre des cris et des frappements de main. » *Lettre du sieur Guenon, Régent de Philosophie au Co'lège de Beauvais.* Bibl. de l'Univ., U, 127, in-4°.

1. Perrault, qui fut élève au collège de Beauvais, déclare dans ses *Mémoires* qu'en philosophie « tout le temps des classes ne s'emploie qu'à exercer ceux qui doivent répondre ».

2. « Les Régens font bien leur devoir dedans leur classe, mais ils ne contribuent pas ce qu'ils doivent et ce qu'ils pourraient à la discipline publique; puisqu'ils entendent parler français, et voyent en leur présence faire choses qui sont contre les lois du collège, sans reprendre ou châtier les délinquants comme si chacun d'eux n'y avait pas un notable intérêt, et n'était principal en cette part. » *De l'estat du collège dè Dormans, dit de Beauvais,* etc., déjà cité. — Les régents ne consentaient pas volontiers à faire du service en dehors des classes «... Ils... n'ont pas plus de temps qu'il ne leur en faut pour s'acquitter dignement des devoirs de leur profession : leurs fonctions sont assez pénibles pour ne pas les surcharger d'un nouveau travail, dans le peu de temps de relâche qu'ils peuvent avoir. » *A Nosseigneurs de Parlement, supplient humblement Guillaume le Melorel, Professeur de Philosophie, Guillaume Dagoumer,* etc. Bibl. Nation., factum 17427, in-folio.

comme il arrive assez souvent, ils doivent veiller, dans la mesure de leur pouvoir, au maintien de l'ordre, tenir en bride les boursiers et les pensionnaires, et prendre leur part, sous l'œil vigilant du principal, des soucis et des peines que ne manque jamais d'entraîner le gouvernement d'un grand collège. Ils sont tenus aussi d'entendre régulièrement la messe et les offices, d'assister à tous les exercices religieux qui se font dans la chapelle du collège, et d'y surveiller les élèves[1]. Ils sont invités à se confesser les jours de fête[2]. Ces prescriptions se comprennent aisément, quand on sait que la plupart des régents étaient prêtres ou engagés à un degré quelconque dans les ordres sacrés. Il n'empêche que les exercices religieux, un peu trop fréquemment renouvelés, provoquaient parfois des conflits de préséance entre les régents et les chapelains, surtout quand ces derniers se sentaient en nombre, comme c'était le cas au collège de Beauvais, où il y en avait presque autant que de régents[3]. Dans ces contestations, dont le sujet nous semble misérable, clercs et laïcs portaient une inflexible raideur, et l'on s'imaginerait difficile-

1. Règlement de 1626, art. 3 et 4.
2. *Ibid.*, art. 6.
3. Le collège de Beauvais était chargé, en 1731, de 1071 messes, sans compter un obit solennel. A un moment donné, il n'y eut pas moins de cinq chapelains pour acquitter toutes ces fondations. — Ce collège fut troublé à plusieurs reprises par des altercations violentes entre les régents et les chapelains. En 1663, une querelle très vive avec accompagnement de voies de fait éclate entre Olivier Héroult, professeur de philosophie, et Claude Fautroys, chapelain. Fautroys est, paraît-il, bousculé par Héroult qui l'empêche de passer à sa stalle. Il se plaint au Parlement, supérieur du collège, qui, pour mettre d'accord régents et chapelains, est obligé de faire un règlement de discipline intérieure. Ce règlement vise surtout les chapelains, dont tout le monde se plaint. Il leur ordonne de vivre en bonne intelligence avec les hôtes du collège, d'être assidus à la chapelle, et incidemment, comme ils essayaient de s'ériger en chapitre de chanoines, leur défend de porter des « camaux en manière de chappes, ni à queues ». *Extrait des Registres de Parlement.* Bibl. de l'Univ., rec. U, 9², in-4°. En 1673, nouveau scandale. Un jour de fête solennelle, un régent, qui cette fois se met dans son tort, injurie le chapelain officiant, parce qu'il ne lui a pas donné de l'encens à son rang. Le chapelain se plaint à la communauté des boursiers pour que le coupable soit admonesté. Le P. Chapotin, *le Collège de Dormans-Beauvais*, p. 261 et 262.

ment jusqu'à quel degré de violence un faux point d'honneur leur faisait parfois pousser la plus puérile chicane. Dans tel collège, il fallait l'intervention du Parlement pour calmer les esprits échauffés, et ramener sinon la concorde, au moins la tranquillité.

Une tâche ingrate entre toutes, objet d'aversion pour les maîtres, était l'obligation qui incombait aux régents des classes supérieures de composer pour la solennité de la distribution des prix, non pas un discours, comme l'usage en a prévalu depuis, mais une tragédie en vers latins. Cette fastidieuse besogne, que la tradition faisait maintenir, et probablement aussi l'intention secrète de rivaliser avec les Jésuites, était, on ne craint pas de le dire, une véritable corvée. Au xviii° siècle, elle existe encore dans un certain nombre de maisons [1]. Ce n'est pas pourtant que l'Université tînt en bien haute estime ce genre de divertissement. Plusieurs mandements rectoraux, qui restaient toujours en vigueur, avaient étroitement réglementé les représentations dramatiques dans les collèges, et surtout avaient défendu qu'on y fît intervenir des comédiens et des danseurs de profession [2]; mais la vogue n'en avait pas diminué, car les élèves, pour qui c'était une occasion de réjouissances, y tenaient beaucoup, et peut-être aussi les familles, évidemment flattées dans leur orgueil par les faciles triomphes qu'y remportaient leurs enfants.

Quant aux professeurs, les plus intéressés dans la question, pendant longtemps ils se conformèrent bon gré mal gré à l'usage, et se résignèrent à produire chaque année des pièces latines que leurs élèves apprenaient consciencieusement et oubliaient de même. Cependant, au

---

1. En particulier au collège d'Harcourt, au collège Mazarin, et dans plusieurs autres.

2. On trouvera, à la Bibliothèque de l'Université, dans le recueil U, 17, in-folio, un exemplaire authentique d'un mandement de Rollin à ce sujet. Imprimé sur une grande feuille, il était destiné à être affiché à la porte des collèges. — Défense est faite de travestir les jeunes gens en femmes, « une telle coutume étant abominable devant Dieu ».

commencement du xviii° siècle, des protestations s'élèvent contre cette absurde coutume, et il se trouve bientôt un professeur pour oser s'en affranchir. Un régent célèbre de l'époque, M° Grenan, qui aurait été plus capable que tout autre de se tirer brillamment d'affaire, se déroba avec éclat, et, lors de la distribution des prix, au lieu d'une tragédie latine de son cru, fit tout simplement jouer *Athalie* par ses élèves. Mais, en même temps, comme il prévoyait que les partisans de la routine allaient jeter les hauts cris, il se justifia dans un prologue ingénieux que, par une singulière inconséquence, il écrivit en vers latins [1]. Il y démontrait, au grand scandale des fanatiques de la tragédie latine, que ces pièces assommaient les spectateurs, dont la plupart n'en comprenaient pas un traître mot [2]; qu'elles dissipaient les élèves, lesquels avaient mieux à faire que d'apprendre des pauvretés; et enfin qu'elles incommodaient au plus haut point les professeurs déjà suffisamment occupés dans leurs classes, et qui pouvaient fort bien d'ailleurs, sans en être le moins du monde diminués, n'avoir point de talent pour le théâtre. Il est probable que les réclamations de M° Grenan trouvèrent de l'écho dans les collèges, et que beaucoup de professeurs s'empressèrent de suivre l'exemple donné par leur confrère, dont la vaillante initiative ne resta pas ainsi sans résultat [3].

1. Peut-être voulut-il prouver que, s'il faisait jouer une pièce française, ce n'était pas par impuissance d'en composer une latine, et que les vers latins de tout mètre lui étaient aussi familiers qu'à personne.

2. Pendant la représentation, les assistants ne se gênent pas pour bavarder, rire et même boire.

> « Anhelat actor, plenis buccis intonat,
> Tumultuatur, sudore et totus fluit,
> Omnesque in formas Proteus it volubilis.
> Gemebundus, asper, contumax, hilaris, furens,
> Ut plausum exprimat et evincat fatidium.
> Quid interim fit apud spectatorem rei?
> Garritur, ridetur, bibitur.... »

Voir le prologue entier dans les *Selecta carmina orationesque clarissimorum quorumdam in Universitate Parisiensi Professorum*, p. 251-263.

3. L'usage des représentations dramatiques se maintint dans les col-

Outre la tragédie de fin d'année, un autre exercice qui incombait assez souvent aux régents était le discours qui se prononçait dans tous les collèges à l'occasion de la rentrée des classes. Ces harangues latines (*orationes habitae pro instauratione scholarum*) roulaient presque exclusivement sur des matières scolastiques. C'était tantôt le principal, tantôt un régent qui portait la parole, nous allions dire dans cette triste cérémonie. Plusieurs de ces discours furent imprimés, et parmi ceux qui nous sont parvenus il en est quelques-uns dont on aurait regretté la perte. Ceux de Coffin, professeur, puis principal du collège de Beauvais, ne se distinguent pas seulement par une latinité exquise; ils respirent un vif amour de la jeunesse, une grave et affectueuse bonté[1]. Ils pourraient être signés de Rollin, qui avait précédé Coffin dans la principalité du collège de Beauvais, et qui ne parla jamais à ses élèves avec plus de simplicité, de cordialité et de tendresse.

Les obligations que nous venons d'énumérer sont inhérentes à la régence. Mais il en est d'autres auxquelles les professeurs sont tenus à l'égard de l'Université et de la Nation dont ils font partie. Les obligations de cette espèce sont elles-mêmes assez étroites, et pendant longtemps on ne s'en dispensa pas impunément. Tous les suppôts de l'Université qui jouissent du droit de suffrage dans les élections académiques sont invités par les règlements à l'exercer.

lèges jusqu'à la Révolution. On se permit même quelquefois, en manière de réjouissance, de tirer des feux d'artifice. Les Jésuites allaient beaucoup plus loin. Dans une fête donnée en 1721 au collège de Louis-le-Grand par le jeune duc de la Trimouille, à l'occasion du rétablissement de la santé de Louis XV, « aux deux côtés du feu, il y avait deux tonneaux de vin, qui était versé au peuple avec de grandes cuillers par deux hommes vêtus en satyres, qui ne s'oubliaient pas eux-mêmes dans cette distribution. Aux fenêtres de la chambre de ce jeune duc, six hautbois, des trompettes et des timballes, tous excellents, jouèrent les airs les plus gais pendant toute la fête; on servit dans cette chambre un ambigu accompagné de toutes sortes de vins et de liqueurs. » Extrait du *Mercure* par Emond, *Hist. du Collège de Louis-le-Grand*, p. 355.

1. « Non minores esse studendi, quam feriandi voluptates et illecebras. » *Les Œuvres de M. Coffin*, t. I, p. 159 et suiv. — Discours sur les avantages des Belles-Lettres. *Ibid.*, p. 169 et suiv.

On n'admettait pas qu'il fût permis de se désintéresser de la chose publique, et l'abstention était autrefois punie d'une amende[1]. Encore au xviii° siècle, les régents doivent être présents non seulement aux assemblées de leur Nation, où des intérêts qui les touchent de près se débattent, mais à ses fêtes, et généralement à toutes les cérémonies qui se célèbrent tant au nom de l'Université en corps qu'au nom de leur compagnie particulière. Ils doivent de même assister aux processions, dont il y a régulièrement quatre par an, sans compter celles que motivent les événements imprévus, et qui, malheureusement, ont été plus d'une fois l'occasion, même entre suppôts de l'Université, de regrettables querelles.

On aurait peine à se faire une idée de l'âpreté que les diverses compagnies de l'Université de Paris mettaient à se disputer la préséance aux processions et autres cérémonies officielles. Plusieurs fois on en vint aux coups, et des scandales qui compromettaient gravement l'Université éclatèrent jusqu'au pied même des autels. Ces violences étaient une source intarissable de procès. Déjà en 1608 et en 1628, il s'était élevé de vives contestations pour le rang entre la Faculté des arts et les trois autres Facultés; mais le feu de la querelle était peu à peu tombé. Il se réveilla plus ardent en 1719, à l'occasion de la procession faite pour remercier le roi de l'établissement de l'instruction gratuite dans les collèges de Paris. Les régents des arts, qui avaient mis ce jour-là des robes rouges, « habillement d'honneur de leur état », voulurent, comme ils en avaient le droit, prendre le pas sur les bacheliers des Facultés supérieures. Il en résulta une bagarre dans l'église des Mathurins, et la procession en fut retardée de deux heures. De plus, les régents de la Faculté des arts se virent sur les bras deux procès, l'un avec les bacheliers des Facultés

---

1. Jusqu'au xviii° siècle, les membres de l'Université qui, étant prévenus, se dispensaient d'assister à certaines assemblées ou cérémonies particulièrement importantes, étaient frappés d'une amende d'un écu d'or.

supérieures, qui prétendaient avoir le pas sur eux dans toutes les cérémonies, l'autre avec les docteurs de la Faculté de médecine, qui soutenaient que la robe rouge était le costume de leur état, et qu'ils avaient seuls le droit de la porter. Il y eut un véritable débordement de factums[1], où les contestants épanchèrent tout le fiel de leurs vieilles rancunes : « ...Le dernier professeur de grammaire, écrivaient les théologiens, dont tout le mérite est borné à une sixième classe, où la parenté, ou l'amitié d'un principal, ou la recommandation qu'on lui a faite, ou même la compassion qu'on a d'un homme chargé d'une nombreuse famille, qu'il aura peine à faire subsister, l'aura mis, sera au-dessus de tous ces illustres Bacheliers de Théologie, du nombre desquels sont les enfants des premiers Magistrats, ceux des Ducs et Pairs, des Princes mêmes, en un mot de toute la Noblesse la plus distinguée du Royaume et des États mêmes étrangers, pourvu qu'il ait une chappe d'écarlate », etc[2]. Et ils rappelaient avec une maligne insistance à la Faculté des arts qu'elle était infime par rapport à celle de théologie, la plus vénérable et la plus éminente de toutes. Un traitement si humiliant était bien fait pour exaspérer la Faculté dédaignée. Cependant ses maîtres, dont on ménageait si peu l'amour-propre, s'interdirent toutes représailles. Confiants dans leur bon droit, ils se contentèrent d'apporter à l'appui de leurs prétentions des raisons qui sans doute furent jugées bonnes, puisqu'un arrêt du Parlement, du 20 décembre 1721, leur donna gain de cause sur tous les points, et qu'ils gardèrent leurs robes rouges avec le pas sur les bacheliers.

Un service assez lourd, auquel venaient s'ajouter, soit au dedans du collège, soit au dehors, des obligations plus

---

1. On les trouvera tous dans deux recueils de la Bibliothèque de l'Université, U, 17, in-folio, et U, 48, in-4°. Il n'y en a pas moins de vingt-sept.

2. *Réponse de la Faculté de théologie et de ses Bacheliers à la réplique et addition faite à cette réplique sous le nom des Professeurs en la Faculté des arts contre la réponse à leur Mémoire.* Bibl. de l'Univ., rec. U, 17°, in-folio.

ou moins étroites, voilà quels étaient les devoirs imposés, tant par les règlements que par l'usage, à tous les professeurs en activité dans les collèges de l'ancienne Université de Paris. Suivant une déclaration que nous adoptons en grande partie, et que nous aurons à justifier, il y avait peu d'honneur et beaucoup de peine à faire au xvii° siècle « la profession des arts et principalement des lettres humaines ». « L'exercice des classes apportait assez de chagrin », et, bien loin d'être rémunérateur, toute la récompense qu'on en pouvait attendre était à peine suffisante « pour un honnête entretien, en quelque collège que ce fût ». Mais avant de chercher en quoi consistait cette récompense, il convient de s'arrêter sur un article de règlement dont le moyen âge avait fait une des lois fondamentales du code académique. Pendant cinq siècles, l'Université, fidèle à son origine ecclésiastique, interdit absolument le mariage à ses professeurs. Si au xvii° siècle, et surtout au xviii°, le célibat cesse d'être une obligation rigoureuse, il demeure encore une bienséance que beaucoup d'universitaires se croient moralement tenus d'observer.

CHAPITRE VI

Le service et les obligations professionnelles (*suite*).
La question du mariage[1].

L'Université se définissait elle-même un corps mixte, mi-parti laïc, mi-parti ecclésiastique. Les membres de la Faculté de théologie étaient tous engagés plus ou moins dans les ordres sacrés. Par contre, ceux de la Faculté de médecine, depuis la réforme du cardinal d'Estouteville, étaient tous laïcs. Il en était ainsi des membres de la Faculté de décret, que les statuts de 1600 avaient affranchis de l'obligation du célibat, malgré le caractère nettement ecclésiastique de leur enseignement. Quant à la Faculté des arts, elle était composée surtout de maîtres ecclésiastiques[2], mais elle comptait aussi un certain nombre de laïcs, dont quelques-uns étaient mariés.

Quelle était la situation de ces derniers dans l'Université? Avaient-ils les mêmes droits que leurs collègues céli-

1. Les pièces relatives à la question du mariage des professeurs se trouvent soit à la Bibliothèque de l'Université, dans les recueils U, 9 et U, 44, in-4°, soit à la Bibliothèque nationale. On trouvera la liste de celles qui sont conservées à la Bibliothèque nationale dans le *Catalogue des factums*, de A. Corda, à l'article Université de Paris. Voir aussi, aux Archives de l'Université, dans les registres correspondants à la date, les conclusions du 10 nov. 1622, 23 juin 1623, 9 janvier 1625, 8 juillet 1641, 2 déc. 1656, 13 nov. 1666, 24 mars 1678, 4 avril 1678, oct. et nov. 1679, etc.

2. Qu'il y ait eu dans l'Université de Paris, au xviiᵉ et même au xviiiᵉ siècle, une question du mariage, cela seul suffit à montrer combien l'esprit ecclésiastique y dominait encore.

bataires ou ecclésiastiques? Pouvaient-ils comme eux prétendre aux offices et aux dignités de la compagnie? Ces questions, qu'il nous est aisé de résoudre aujourd'hui par l'affirmative, paraissaient beaucoup moins simples aux Français du xviie siècle. Au moyen âge, alors que l'enseignement, création du pouvoir pontifical, dépendait encore étroitement du Saint-Siège, tous les maîtres sans exception étaient clercs et, à ce titre, célibataires. Mais à mesure que l'Université s'émancipa de l'autorité ecclésiastique, la rigueur de l'ancienne discipline se relâcha, et elle fut amenée par la force des choses à s'ouvrir peu à peu aux laïcs. Dès le xvie siècle, on vit quelques maîtres contracter mariage; mais ils restèrent à l'état d'exceptions et presque de phénomènes, et leurs collègues, plus fermement attachés aux antiques usages, les molestèrent à ce point qu'ils les réduisirent à quitter l'Université [1]. Cependant, en dépit des persécutions, leur nombre s'était accru au xviie siècle, à la faveur du statut de 1600, dont le silence à l'endroit du mariage des professeurs avait été interprété par les intéressés dans un sens favorable à leurs revendications, tandis que leurs adversaires persistaient à n'y voir qu'une condamnation formelle. Mais l'équivoque ne pouvait durer plus longtemps, et il fallait bien qu'un jour ou l'autre on prît un parti quelconque à l'égard des régents mariés, et qu'on se décidât enfin à liquider leur situation.

La question se posa inopinément en 1677, à propos d'une charge académique. La dignité fort recherchée de doyen de la Tribu de Paris dans la Nation de France étant venue à vaquer, il y eut compétition entre Jean Goudouin, ancien régent, alors professeur d'hébreu au Collège royal, et Louis Charton, régent actuel de cinquième au collège du Plessis, qui était soutenu par une cabale puissante, à la tête de laquelle était le greffier de l'Université, Du Bou-

---

1. Deux professeurs célèbres, Léger Duchesne et Gelida, eurent à subir, du fait de leur mariage, toutes sortes de vexations. Voir Quicherat, *Hist. de Sainte-Barbe*, t. II, p. 7 et 8.

lay. Goudouin, qui était marié, n'en fut pas moins élu par une forte majorité; mais Charton et son parti formèrent aussitôt opposition. Outre quelques irrégularités qu'ils prétendaient relever dans l'élection de Goudouin, ils invoquaient contre lui comme une cause absolue d'exclusion sa qualité de régent marié. Ils soutenaient que, d'après les statuts, aucun maître marié ne pouvait remplir les charges de la Nation, et même, élargissant le débat, qu'il n'y avait point de place pour lui dans la Faculté des arts. Ils eurent assez d'habileté ou de crédit pour obtenir l'adjonction de cette Faculté. A leur requête, elle intervint dans le procès comme partie intéressée et prit fait et cause pour Charton [1]. L'affaire avait été déférée au Conseil privé. Dans un long mémoire inspiré par Du Boulay, et qui avait sans doute pour objet d'éclairer le Conseil, la Faculté des arts motivait sa démarche et exposait les raisons qu'elle avait d'écarter les régents mariés des charges académiques et, au besoin même, de toute fonction d'enseignement public. Il faut avouer que ses arguments nous semblent bien misérables et qu'il est difficile de plaider plus faiblement une mauvaise cause; 'mais, au XVIIe siècle, tout le monde n'en convenait pas, et dans les milieux les plus éclairés il se trouvait des gens pour défendre avec une aveugle obstination les usages et même les abus du passé. Du Boulay et ses adhérents s'efforçaient d'établir que, dès les temps les plus anciens, l'esprit de l'Université avait toujours été d'interdire le mariage à ses professeurs. Ils convenaient toutefois que, par une condescendance qu'ils qualifiaient de lâcheté, la Faculté des arts avait toléré les régents mariés dans les collèges, à la condition qu'ils n'y logeassent point; mais elle les avait toujours, disaient-ils, soigneusement écartés de ses charges, et ils appuyaient leurs assertions sur plusieurs arrêts qui semblaient les autoriser,

1. Factum contenant les moyens de la Faculté des Arts, intervenante au Procès d'entre Me Louis Charton, et Jean Goudouin, en faveur du Célibat, contre le Mariage et la Bigamie des Régens.

et dont le plus décisif était conçu en ces termes : « *Uxorati omnes magistri in Facultate artium privati sunt omni jure suffragii et omni magistratu qui in eadem Facultate obtineri posset.* » Cet arrêt remontait, il est vrai, à près d'un siècle [1]; mais il en existait un autre beaucoup plus récent, c'était la sentence rectorale intervenue dans la contestation qui s'éleva en 1656 entre M⁰ Barbay, régent marié, et M⁰ Tavernier, célibataire, pour la charge de procureur de la Nation de Picardie. Le recteur, d'accord avec son Conseil, avait fait défense d'élire un homme marié. Dans une compagnie opiniâtrément attachée aux vieux usages et qui se gouvernait surtout par la tradition, ces précédents pesaient d'un poids considérable [2], et peut-être n'en eût-il pas fallu davantage à la Faculté des arts pour la décider à intervenir; mais, dans cette sotte querelle, il était dit qu'elle se donnerait tous les torts, et qu'elle ne se déterminerait que sur de pitoyables raisons.

Son avocat, constatant que la plupart des professeurs mariés avaient chez eux des pensionnaires, signalait à la vigilance des magistrats les dangers que présentait, selon lui, l'inévitable familiarité de ces jeunes gens avec les femmes et les filles de leurs hôtes. Il y avait là une indécence qui n'était pas tolérable et à laquelle la cour était suppliée de mettre ordre [3] : « L'on ne dit rien ici des inconvénients qui n'arrivent que trop souvent par la fréquentation que des régents mariés sont obligés de souffrir des

---

1. Il avait été rendu le 2 juillet 1593 à propos d'une contestation survenue entre Vincent Raffar, régent marié, et Louis Davignon, célibataire, pour le décanat de la Tribu de Bourges.

2. Le mémoire de la Faculté des arts presque tout entier (exactement vingt-neuf pages sur trente et une) est consacré à établir que l'usage, en ce qui concerne l'admission aux charges académiques, s'est constamment prononcé contre les régents mariés.

3. Il s'attira de la part de ceux qu'il attaquait cette vigoureuse réplique : « On confie aujourd'huy la jeunesse avec plus de seureté à des gens mariez, qu'à d'autres, pour des raisons qui doivent faire trembler ceux qui font sonner si haut le célibat. » *Factum pour les professeurs mariés de la Faculté des arts contre les professeurs prestres et célibataires de la dite Faculté.*

jeunes gens qu'ils instruisent avec leurs femmes, leurs filles et leurs servantes. Il est impossible qu'ils la puissent empêcher, et bien moins des pensionnaires qu'ils tiennent chez eux que des externes. Messieurs les commissaires y feront s'il leur plaît leurs réflexions : ensemble sur l'indécence qu'il y a pour des écoliers à voir d'un côté les habits des femmes et des filles, et de l'autre leurs livres et leurs écritoires, et bien souvent tout pêle-mêle ; à voir des femmes et des filles se peigner, s'habiller, s'ajuster, des enfants dans le berceau et en maillot, et tout le reste qui est de l'apanage du mariage. » Il fortifiait assez mal à propos sa thèse de l'exemple inattendu d'Héloïse, qui avait dissuadé fortement Abélard de l'épouser en lui remontrant tous les inconvénients du mariage, et combien il était peu compatible avec l'état de professeur et de philosophe. Il y joignait celui d'Abélard lui-même qui, malgré des objurgations si pressantes, étant devenu l'époux d'Héloïse, tint son union secrète et éloigna sa femme, ce qu'il n'aurait jamais fait, s'il avait cru normale et régulière dans l'Université sa condition de maître marié.

Voilà sur quelles pauvres raisons se fondait la Faculté des arts pour maintenir obstinément un certain nombre de ses maîtres, sous prétexte qu'ils étaient mariés, dans un état humiliant d'infériorité vis-à-vis de leurs collègues. Il faut avouer que son procédé ne choquait pas moins l'équité que le bon sens, et que ses victimes allaient avoir beau jeu pour se défendre.

Au factum publié sous le nom de la Faculté des arts Goudouin répliqua par une longue requête de 53 pages adressée au roi et à son Conseil[1]. L'acharnement que ses adversaires apportaient dans le débat paraît l'avoir exaspéré, et son mémoire, avec des arguments qui n'ont pas

1. *Au Roi et à Nosseigneurs de son Conseil.* Bibl. nation., factum 14089, in-4°. Cette requête, qui est la pièce capitale du procès, a échappé à Jourdain, pourtant si exact et si consciencieux. Il n'a connu que le court résumé qui en a été donné par l'abbé Goujet dans sa notice sur Goudouin.

cessé d'être excellents, renferme des personnalités injurieuses qui n'ajoutent rien à la bonté de sa cause. Le ton
général en est amer et violent, et les professeurs ecclésiastiques y sont attaqués avec une hardiesse jusqu'alors
sans exemple [1], et qui ne dut pas provoquer un petit scandale dans une compagnie où les prêtres formaient l'immense majorité. L'auteur, après de vives réflexions contre
l'humeur envahissante et la tyrannie des ecclésiastiques,
venant à l'objet même du débat, s'attachait à démontrer
qu'aucune loi, qu'aucun règlement homologué n'excluait
les régents mariés des charges universitaires. Il n'y avait
sur la matière que des conclusions rectorales plus ou moins
authentiques qui, pour être défavorables aux professeurs
mariés, n'avaient pas empêché plusieurs d'entre eux de
remplir avec un applaudissement unanime les plus hautes
charges de l'Université et d'être même élevés au rectorat.
Tel était le cas de Grangier et de Tarin, tous deux anciens
recteurs, tous deux mariés et pères de famille. Leur situation, que la Faculté des arts ne pouvait pas ignorer, ne
leur avait pas été imputée à crime et ne leur avait causé
nul dommage. Mais sans même qu'il fût besoin d'alléguer
aucun précédent, un maître marié, Nicolas Courtin, régent
de troisième au collège de la Marche, n'exerçait-il pas
actuellement le décanat sous les yeux de tous ses collègues? Pourquoi donc s'armer contre le seul Goudouin
de traditions surannées et de prétendus règlements qui
n'avaient pas été invoqués contre ses prédécesseurs, et
remettre en vigueur à son préjudice de vieilles conclusions

---

1. Le passage suivant peut donner une idée du ton habituel à l'auteur :
« ... Mais ces Messieurs... sont prêtres *ad honores*, prêtres honoraires,
sans fonction, qui n'ont ce caractère que par forme, pour prétendre aux
bénéfices, qui seraient peut-être ministres en Angleterre et en Allemagne,
Imans et Mouphtis en Turquie, s'ils se trouvaient établis en ce pays-là,
par la même raison qu'ils sont prêtres en celui-ci, c'est-à-dire pour avoir
quelque émolument ou honneur attaché au titre, comme on voit en ce
qu'ils ne font point de fonctions, l'un étant plaideur en titre, l'autre solliciteur de procès, l'autre fermier, receveur, greffier, bedeau, et les plus
tolérables, régents de philosophie et d'humanités. »

de l'autre siècle, portées en des temps de troubles par un recteur ligueur et séditieux?

Ce point établi, à savoir que les régents mariés étaient aptes à remplir toutes les charges académiques, le suppliant soutenait que les fonctions de l'enseignement conviennent beaucoup mieux aux laïcs[1] qu'aux prêtres, et qu'à le bien prendre, elles ne sont même pas compatibles avec le caractère ecclésiastique[2] : « ... N'est-ce pas une chose indigne d'un ecclésiastique, s'écriait-il, d'enseigner Plaute, Juvénal, Térence, Apulée et tous les auteurs païens?... » Et il renvoyait au service de l'autel et à l'administration des sacrements ces prêtres à demi simoniaques qui renonçaient à leur saint ministère pour usurper peu chrétiennement des fonctions toutes profanes et directement contraires à l'esprit de l'Évangile.

Passant ensuite à cette objection d'indécence dont ses adversaires faisaient si grand bruit, il démontrait qu'elle était sans fondement. Cette promiscuité, qu'on suppose pleine de dangers, des écoliers avec la femme et les filles de leur maître, elle n'existe que dans l'esprit de l'avocat des célibataires : « ... Le dit du Boulay parle comme s'il sortait du village où il est né.... Car on sait qu'où les

---

1. Il aurait pu ajouter : aux laïcs mariés. Au xvi⁰ siècle, les maîtres qui appartenaient à la religion réformée s'étaient faits avec une éloquente conviction les apologistes du mariage des professeurs. Ils écrivaient que « le célibat n'était réservé qu'à quelques vocations exceptionnelles », que les gens de lettres « sont particulièrement préparés par la nature de leurs études aux affections domestiques et à la tâche d'élever des enfants. L'expérience de la vie, que développent la société conjugale et le gouvernement d'une maison, leur ouvre l'esprit bien mieux que le célibat à mille beautés littéraires des écrivains qu'ils expliquent, et la pureté des mœurs, qui est l'un des fruits du mariage, est en harmonie avec le caractère virginal des Muses qui ne veulent que de chastes hommages ». M. J. Gaufrès, *Claude Baduel et la réforme des Études au XVI⁰ siècle*, p. 121. M. Gaufrès analyse brièvement dans cette page le traité de Baduel. *De ratione vitae studiosae ac litteraiae in matrimonio collocandae et degendae*. Lugd., apud Gryphium, 1544.

2. Il va sans dire que les ecclésiastiques prétendaient justement le contraire. — Goudouin ne fait d'ailleurs ici qu'effleurer cette délicate question de l'enseignement des humanités païennes par les prêtres. En sa qualité de catholique, il n'était pas à l'aise pour la traiter.

femmes demeurent il y a des chambres pour elles, où elles s'habillent en leur particulier, et d'autres pour les écoliers. On sait qu'on envoïe les enfants en nourrice dans quelque village voisin, de sorte qu'on voit chez les mariés aussi peu de berceaux et de maillots que dans le greffe du dit du Boulay. » Cette justification était bonne sans doute, et peut-être, en 1678, n'en imaginait-on point de meilleure; mais elle ne nous satisfait qu'à demi. Goudouin fait trop de concessions à ses adversaires, et on dirait qu'il abonde dans leur sens. Il pouvait, à notre avis, prendre plus nettement position, et défendre hardiment cette éducation domestique et maternelle qui choquait si fort les fanatiques du célibat. Car enfin quel inconvénient y a-t-il à ce que les écoliers vivent de la vie de famille au foyer de leur professeur, et où est l'indécence si, sachant qu'il est marié, ils découvrent chez lui un berceau et des maillots? N'en voient-ils pas autant sans scandale dans leurs familles? Il n'y a point d'incompatibilité entre ces objets et leurs livres, ou du moins, s'il y en a une, elle n'intéresse pas la morale. Mais l'ancienne Université, par une conception erronée de son rôle, creusait un fossé profond entre le collège et la famille[1]. Son idéal pédagogique était rude et austère. Les affections les plus légitimes lui étaient suspectes : elle les aurait volontiers interdites à ses élèves. C'est pourquoi elle se donnait tant de peine pour faire le vide autour d'eux, et les rendre insensibles à tout, hormis aux charmes sévères de l'étude; et mieux elle réussissait dans cette œuvre inhumaine, plus elle croyait mériter d'éloges et approcher de la perfection.

Goudouin est heureusement inspiré et doit être loué sans réserve pour sa courageuse initiative, quand il s'explique avec une franchise qui parut à beaucoup de l'impudeur sur

---

1. « Ainsi c'est une règle bien sage, établie dans plusieurs collèges, de ne point laisser sortir les pensionnaires, les dimanches et les fêtes. » Rollin, *Traité des Études*, livre VIII, seconde partie, chap. 1, devoirs des principaux.

un sujet que les partisans du célibat, prêtres ou laïcs, n'abordaient jamais qu'avec un embarras étrange et d'incompréhensibles réticences. Le sexe leur était en abomination. La femme leur inspirait comme une superstitieuse terreur. Elle était à leurs yeux la cause originelle du péché, une occasion de scandale, un agent de perdition. On aurait cru qu'ils la tenaient pour une ennemie personnelle. Il n'y a point de collège dont les statuts particuliers ne bannissent les femmes, on dirait presque ne les maudissent. Le législateur de 1600 leur lance à son tour l'anathème[1], et il semble bien que, s'il l'osait, il les reléguerait ignominieusement au delà des ponts, en compagnie des danseurs et des baladins qu'il chasse comme corrupteurs de la jeunesse[2]. Il faut descendre presque jusqu'à la fin du XVIII siècle pour trouver un règlement qui ouvre aux mères de famille l'accès des collèges, et les autorise à voir de loin en loin leurs enfants.

Il va sans dire que Goudouin marié, et même suspect de « bigamie »[3], avait de bonnes raisons pour ne point partager un préjugé qui nous semble si choquant. Dans l'espèce, son état civil lui donnait au moins sur ses adversaires ecclésiastiques l'avantage d'une expérience qui devait nécessairement leur manquer[4]. Sans se poser mal à propos en champion des femmes, et sans déclamer contre l'arrêt qui les bannissait des collèges, il fait judicieusement remarquer qu'il est des cas où leur présence n'y serait pas déplacée, et que les tout jeunes enfants ne sont jamais bien

1. Complément de la réforme de la Faculté des arts, art. 7.
2. Statuts de la Faculté des arts, art. 10.
3. Il faut s'entendre sur la signification du mot « bigamie. » Au XVIII siècle, on appelait « bigame » le veuf qui se remariait. Tel aurait été le cas de Goudouin, qui s'en défend énergiquement.
4. Ce serait faire un jugement téméraire que de les accuser d'hypocrisie. Ils étaient certainement au-dessus de tout soupçon, quoique Goudouin applique au plus acharné de ses ennemis, à Du Boulay, prêtre et greffier de l'Université, ces vers équivoques de Virgile :

    « Parcius ista viris tamen objicienda memento.
Novimus et qui te... transversa tuentibus hircis.
Et quo, sed faciles Nymphae risere, sacello. »

qu'entre leurs mains. Cette vérité est aujourd'hui universellement admise, mais elle ne fit alors aucune impression sur des esprits prévenus[1].

La requête de Goudouin n'eut pas plus tôt vu le jour qu'elle devint le signal d'une véritable guerre de plume dans la Faculté des arts. Tous les suppôts se partagèrent en deux camps : d'un côté, ceux qui tenaient pour le célibat, et c'étaient de beaucoup les plus nombreux; de l'autre, les régents mariés et le petit groupe de leurs amis. Les deux partis échangèrent, non pas des coups, comme il arrivait quelquefois aux processions, mais des injures et des pamphlets[2]. Les auteurs anonymes de ces libelles n'apportent dans le débat aucun élément nouveau; ils se bornent à reproduire avec plus ou moins d'esprit et d'à-propos les arguments développés en sens contraire dans le mémoire de la Faculté des arts et la réplique de Goudouin. On y trouve cependant exprimée cette opinion dont nul ne s'était encore avisé, que le mariage est un état qui occupe l'homme tout entier, et que, suivant le mot de Cicéron[3], on ne peut appartenir à la fois à sa femme et à l'étude. Un ménage est un fardeau pesant. Comment en concilier les exigences avec les obligations professionnelles[4]? Et que deviennent

1. Dans la seconde partie de sa requête, Goudouin démontrait qu'il était plus ancien maître que Charton et qu'une irrégularité sans conséquence, dont il n'était pas responsable, ne devait pas lui porter préjudice.

2. *Factum pour les professeurs mariez de la Faculté des arts contre les professeurs prestres et célibataires de ladite Faculté. — Réflexions sur la Régence des gens mariez en faveur de ceux qui les repoussaient.— Réflexions sur les Reflexions faites contre la Régence des gens mariez. — Extrait d'une requeste imprimée et présentée au roy par Jean Goudouin, professeur royal en langue hébraïque. — Mémoire pour servir de réponse à une lettre volante qui porte pour titre : Extrait d'une requeste imprimée et présentée au roy.*

3. « Non posse se uxori et philosophiae operam dare. »

4. Dans une note d'un mémoire de la seconde moitié du xviiiᵉ siècle, on trouve cet argument fortifié de quelques considérations accessoires : « Ce n'est que dans ce siècle que les régents de la Faculté des arts ont commencé à ne plus tenir leur mariage caché. On craignait qu'un régent obligé de soutenir un ménage avec ses faibles revenus ne se livrât à des travaux étrangers à sa classe, ou ne se trouvât réduit à un état d'indigence qui énerve l'âme et émousse l'esprit, ou n'exerçât quelque monopole sur les écoliers, etc. » *Mémoire et Consultation pour le Proviseur du Collège d'Harcourt; contre Monsieur le Procureur Général, en présence des*

alors ces dispositions si sages du statut de 1600 qui recommandent aux maîtres d'avoir pour leurs élèves des soins empressés et vigilants, et leur ordonnent de loger dans le collège pour être tout à leur devoir? N'en ressort-il pas avec évidence que, dans la pensée du réformateur, les maîtres de la jeunesse devaient tous observer la loi du célibat?

Les apologistes du mariage n'avaient pas de peine à réfuter la boutade de Cicéron et les conclusions de leurs adversaires; mais, comme il arrive souvent dans les querelles de ce genre, les têtes s'échauffèrent, et l'on finit de part et d'autre par ne plus garder de mesure. Dans l'emportement du combat, toutes les armes étaient bonnes, y compris la diffamation. Goudouin avait fait allusion dans sa requête à certains scandales qui auraient éclaté dans les collèges du fait des régents ecclésiastiques, et menacé de les divulguer. Ses ennemis, à leur tour, invitent le roi à « remédier aux désordres qui sont arrivés et qui peuvent arriver par l'intrusion des gens mariés à l'instruction de la jeunesse dans les collèges de l'Université ». Ainsi, les choses en étaient venues à ce point que des collègues se dénonçaient mutuellement au pouvoir, et appelaient sur la tête les uns des autres les rigueurs du gouvernement!

Les adversaires de Goudouin surtout descendirent jusqu'aux plus déloyales manœuvres. Pour le rendre odieux à tous les maîtres ecclésiastiques, et peut-être pour le perdre, ils mutilèrent la requête qu'il avait adressée au Conseil et en firent imprimer séparément certains passages qui, détachés du reste, lui donnaient le ton et l'allure d'un pamphlet contre le clergé[1]. Cette perfidie souleva des protestations énergiques. Les régents mariés s'étaient dès l'origine solidarisés avec Goudouin, et ils avaient concerté

Grands-Maîtres, Principaux et Coadjuteurs des collèges du Cardinal Lemoine, de Navarre, de Montaigu, du Plessis, de Lisieux, de La Marche, des Grassins, de Mazarin et Louis-le-Grand, intervenants. Bibl. de l'Univ., rec. U, 10, in-4°.

1. *Extrait d'une requeste imprimée et présentée au roy par Jean Goudouin, professeur royal en langue hébraïque,* déjà cité.

ensemble leur défense. Leurs intérêts étaient en effet semblables : ils pouvaient d'un jour à l'autre, s'ils s'avisaient de briguer une charge académique, éprouver un même refus humiliant, et, en attendant, ils étaient en butte, de la part de leurs collègues, à toutes sortes de vexations. Las enfin de ces mauvais traitements et à bout de patience, il prirent le parti de se réfugier aux pieds du trône. Pour intéresser le roi dans une cause qui, au fond, était la sienne, puisqu'il s'agissait de défendre le sacrement de mariage contre les assauts des célibataires, ils lui adressèrent un sonnet, requête de forme évidemment insolite, mais la seule qui parût digne d'une si auguste protection[1]. On ignore quel en fut le succès et si elle toucha beaucoup Louis XIV. Le procès du moins suivit son cours au Conseil privé, sans qu'on puisse trouver aucune trace de l'intervention royale. Ajoutons qu'il ne fut jamais juridiquement terminé. Obéissant à des scrupules exagérés et désireux de laisser les diverses compagnies de l'Université

[1]. Au Roy, *Sur les vexations que les Professeurs célibataires font souffrir aux Professeurs mariez dans la Faculté des Arts.*

SONNET

« Grand Roy dont la Sagesse égale le Courage,
Le plus Judicieux et le plus Grand des Rois ;
Contre les ennemis des Loix du Mariage
Nous venons implorer l'équité de vos Loix.

Vengez un Sacrement à qui l'on fait outrage,
Tout l'Etat vous convie à défendre ses droits :
Même intérest nous joint, même nœud nous engage,
Et qui blâme nos vœux condamne votre choix.

Vangez-vous, vangez-nous d'une telle entreprise ;
Si Rome au Célibat assujettit l'Église,
Vous sçavez démêler vos intérests des siens :

Soyez donc favorable en votre propre cause ;
Si vous nous condamnez au joug qu'on nous impose,
Il faut au Célibat forcer tous les Chrétiens.

De Votre Majesté

Les très-humbles et très-obéissants subjets,
les Professeurs mariez de la Faculté des Arts. »

En même temps qu'ils présentaient au roi cette requête poétique, les régents mariés tentaient de mettre le chancelier dans leurs intérêts en lui dédiant un sonnet et une pièce de vers latins. Bibl. de l'Univ., rec. U, 913, in-4°.

arranger à l'amiable leurs différends, le Conseil d'État évita de le trancher par un arrêt[1]. Il ne se prononça point sur la question qui lui était soumise et renvoya les parties dos à dos[2]. S'il crut que l'apaisement s'en ferait plus vite, il ne tarda pas à s'apercevoir qu'il s'était trompé.

Au reste, disons-le, sa décision n'eût point eu le pouvoir de changer les sentiments de l'Université. Il n'en faut pas douter : elle ne voyait pas d'un œil favorable le mariage des professeurs, et Du Boulay et ses adhérents n'avaient pas tort quand ils affirmaient que « l'Université était célibataire par son institution, et que l'esprit de la Faculté des arts avait toujours été d'éloigner les régents mariés des collèges ». Mais il s'agissait maintenant de savoir si ces anciens statuts qu'on invoquait sans cesse et qui avaient été tant de fois violés devaient éternellement prévaloir contre le bon sens et la justice, ou s'ils devaient s'accommoder aux exigences d'une civilisation plus avancée et plus humaine.

Depuis le moyen âge de grands progrès s'étaient accomplis dans le monde. Si les assises profondes du vieil édifice

1. Les membres du Conseil auraient pu cependant adopter l'opinion d'un grand magistrat du commencement du xvii⁰ siècle, qui écrivait : « Mais on a dit que l'Université doit être jugée ecclésiastique, à cause du célibat de ses suppôts. Je demanderai volontiers où est la loi que leur a commandé le célibat; où est le statut qui leur a commandé ce qui était ordonné aux hiérophantes des Athéniens. » Plaidoyer de Servin cité par Troplong dans son livre *Du pouvoir de l'État sur l'Enseignement*, etc., p. 148.

2. Il semble bien que Charton resta en possession du décanat qui lui avait été déféré par la Faculté des arts au préjudice de Goudouin. Nous savons du moins qu'il mourut doyen de la Tribu de Paris. On avait pu croire un moment que le Conseil se prononcerait en faveur de Goudouin et des maîtres mariés. En effet, pendant l'instance du procès entre Goudouin et Charton, une contestation de même nature s'était élevée entre Guillaume Guenon, marié, et Olivier Héroult, prêtre, pour la charge de Procureur de la Nation de Normandie. L'élection de Guenon avait été dénoncée comme irrégulière du fait de son mariage. Le Conseil privé, sans s'arrêter à la conclusion rectorale défavorable à Guenon, lui avait adjugé la provision, en attendant que le procès fût jugé au fond. Après cela, on est assez surpris de voir les magistrats, lorsqu'il fallut rendre un arrêt sur cette importante question du mariage des régents, traîner l'affaire en longueur et finalement se dérober. *Sommaire du procès pendant au Conseil Privé du Roy. Pour M⁰ Guillaume Guenon... contre M⁰ Olivier Héroult.*

social restaient à peu près intactes, les institutions tendaient insensiblement à se mettre en harmonie avec les
mœurs, et l'esprit de réforme pénétrait peu à peu tous les
grands corps de l'État et l'Université elle-même, pourtant
si conservatrice. En 1452, les membres de la Faculté de
médecine se dégageaient de tout lien ecclésiastique et
obtenaient la permission de se marier[1]. En 1600, les décré-
tistes se faisaient concéder le même avantage, sans soulever aucune objection[2]. La Faculté des arts serait-elle
seule exclue du bénéfice de cette mesure libérale? Reste-
rait-elle en dehors du droit commun, et les régents mariés
continueraient-ils à être traités en parias par leurs confrères[3]? Poser ainsi la question, c'est la résoudre; mais telle
était alors la force du préjugé que l'on ne cessa point dans
la Faculté des arts de vexer les régents mariés. En 1697,
les principaux se réunirent et décidèrent de les expulser de
leurs collèges : ils n'en vinrent heureusement pas à l'exécution[4]. En 1723, à propos d'une contestation entre deux
régents, dont l'un était marié, pour le sous-décanat de la
Tribu de Tours, la Nation de France jugeait encore que,
suivant les arrêts, règlements et usages constamment
observés, aucun marié ne pouvait être doyen ou sous-
doyen dans aucune de ses Tribus[5]. On aime à voir dans

1. Réforme du cardinal d'Estouteville (1452) : Statuts de la Faculté de
médecine.
2. Réforme de Henri IV (1600) : Statuts de la Faculté de décret.
3. «... C'est une injustice extrême que les régents mariés soient du corps
des Nations, qu'ils en soient membres et souvent des plus sains, qu'ils
travaillent à l'instruction de la jeunesse, qu'ils fournissent des suppôts
à la Faculté des arts dans la personne de leurs écoliers, qu'ils en soient
les soutiens, et que cependant elle leur refuse ses charges qui doivent être
leur récompense. » *Réflexions sur les Réflexions faites contre la Régence
des gens mariez.*
4. Les registres nous apprennent qu'il avait déjà plusieurs fois été question de prendre cette mesure.
5. *Mémoire pour les Procureur, Doyens et Suppôts de la Nation de
France, en l'Université de Paris, Demandeurs. Contre M* Edme Pourchot,
Procureur syndic ou fiscal de la dite Université, Defendeur; et M** François
Guérin, Guillaume Ficquet, André Pierres et François Bidault, Professeurs
mariés de la Nation de France, Intervenants.* Bibl. de l'Univ., rec. U, 1723,
in-folio.

celle circonstance le sévère Pourchot prendre en mains la cause de l'équité et de la raison, et mériter le nom, que ses adversaires voulaient rendre injurieux, d' « agent général des mariés ». Enfin, deux ans plus tard, en 1725, on pouvait lire dans un mémoire rédigé par des boursiers théologiens cette déclaration significative : « Anciennement la Faculté des arts était toute ecclésiastique, et par là même respectable; les suppôts qui en étaient membres répartis dans les différentes Nations n'avaient d'autre objet que l'utilité publique; pour y contribuer plus efficacement, ils aimaient la vie privée et particulière, on avait horreur des régents mariés, ils rougissaient eux-mêmes de leur état et se cachaient; aujourd'hui le goût change et l'abus se glisse peu à peu, le mariage devient à la mode parmi les professeurs, il trouve des protecteurs dans le corps même de l'Université, la Nation de Normandie le soutient de tout son pouvoir, quelle douleur pour des hommes vraiment académiques de voir ainsi l'Université changer de face! Voilà ce qui rompt l'uniformité et qui doit être l'objet le plus pressant de la réforme[1]. »

Ces récriminations prouvent deux choses, d'abord que le mariage se relevait de son discrédit et prenait peu à peu faveur, en attendant qu'il devînt non plus l'exception mais la règle[2]; elles prouvent aussi que les partisans du célibat étaient nombreux encore et qu'ils n'avaient pas désarmé. Même en 1725, ils formaient la majorité et pouvaient toujours se vanter d'être les vrais interprètes des traditions académiques. L'Université n'avait pas changé de principes. Elle était toujours animée des mêmes dispositions à l'égard des régents mariés : son antipathie affectait seulement des formes moins brutales et moins choquantes. Ces sentiments de marâtre qu'elle n'a pas cessé de leur témoigner s'expliquent en partie par les raisons

1. *Mémoire important sur l'affaire du Cardinal le Moine.* Bibl. nation., factum 13005, in-folio.
2. Au moins dans l'Université moderne.

que ses avocats ont développées dans leurs mémoires; mais ils procèdent encore d'autres causes dont elle-même ne se rendait pas bien compte ou qu'elle ne pouvait pas avouer.

L'Université était semblable à une mère jalouse qui ne souffre point de partage et veut régner seule dans le cœur de ses enfants. Elle estimait qu'en divisant leurs affections ils lui faisaient tort et disposaient d'un bien qui lui était dû tout entier. Du jour où ils avaient au dehors des attachements, elle sentait bien qu'ils échappaient en grande partie à son influence, que de nouveaux devoirs allaient les séparer d'elle et assigner un autre but à leur vie, et elle se résignait malaisément à ce qu'elle regardait comme une espèce de trahison.

Elle ne se doutait peut-être pas qu'il entrait un peu d'égoïsme dans ses regrets, et que sa tendresse n'était pas tout à fait exempte d'intérêt. L'expérience lui avait appris que temporellement elle ne devait plus rien attendre de ceux de ses suppôts qui se refusaient à lui sacrifier les douceurs de la famille. Aussi longtemps que le collège où ils enseignaient avait été leur seule affection, ils n'avaient point eu d'autre héritier, et, à leur décès, leurs modestes épargnes venaient accroître le faible revenu de la maison[1]. Mais le mariage devait fatalement modifier ces dispositions, et il était dès lors inévitable que le régent, ayant charge d'âmes, laisserait aux siens le fruit de son travail. L'Université aurait eu certes mauvaise grâce à se plaindre; mais elle n'en comprenait pas moins que tout suppôt que se mariait lui faisait tort, et, à son point de vue, les régents « vraiment académiques », c'étaient les célibataires et plus spécialement les ecclésiastiques.

Les cinquante dernières années du xviiie siècle modifièrent sensiblement la situation des régents mariés dans l'Université. On constate qu'ils n'y sont plus persécutés,

---

1. Voir au chapitre viii plusieurs exemples de donations faites aux collèges par des régents ou des principaux.

et qu'ils traitent avec leurs collègues célibataires presque
sur le pied de l'égalité. Crevier, l'un de ces derniers,
exprimait l'opinion qui prévalait alors quand il écrivait
que le mariage étant honorable en soi n'emportait point
l'exclusion d'enseigner, et que, dans ces questions autrefois si vivement débattues, l'usage avait depuis longtemps
décidé en faveur des gens mariés[1]. Quelques années plus
tard, un éloquent magistrat, La Chalotais, attaquant de
front un préjugé à la fois inique et absurde, s'écriait avec
la passion d'un fougueux réformateur : « On veut exclure
ceux qui ne sont pas célibataires de places purement
civiles, quel paradoxe! Il semble qu'avoir des enfants soit
une exclusion pour pouvoir en élever[2]. » Mais malgré ces
éclatants témoignages de la faveur de l'opinion, en droit,
sinon en fait, la situation des maîtres mariés restait
toujours irrégulière. Ils n'étaient que tolérés dans les
Nations, et la preuve en est que les statuts particuliers de
ces compagnies, plusieurs fois réimprimés au XVIIIᵉ siècle,
les ignorent obstinément et les ignoreront jusqu'à la fin.
On sait que la prévention contre les professeurs mariés
survécut à l'ancienne Université et que, quand Napoléon
réorganisa l'enseignement sur de nouvelles bases, un
article du statut de fondation de l'Université impériale
prescrivit aux professeurs le célibat et la vie commune[3].
Avons-nous besoin de dire que l'Université moderne est
plus libérale? Elle ne s'informe point de l'état civil de ses
maîtres : à tous ceux qu'elle accueille, elle ouvre ses
rangs sans restriction, ni arrière-pensée.

1. Crevier, *Hist. de l'Univ. de Paris*, t. VI, p. 22 et 23.
2. La Chalotais, *Essai d'éducation nationale ou plan d'études pour la jeunesse*, p. 15.
3. Décret impérial portant organisation de l'Université. Titre XIII,
art. 101. La loi du célibat ne s'applique qu'aux proviseurs et censeurs des
lycées, aux principaux et régents des collèges, ainsi qu'aux maîtres
d'études. Les professeurs des lycées peuvent se marier. On se demande
pourquoi les uns sont plus favorisés que les autres.

CHAPITRE VII

Le traitement.

Malgré son titre de fille aînée des rois de France, l'Université de Paris était pauvre. Ceux-ci entretenaient magnifiquement leurs maîtresses; mais ils la laissaient dans la gêne. Ils gaspillaient des millions pour satisfaire les caprices d'une favorite ou leurs fantaisies personnelles; mais ils ne dotaient par leur fille, et ne savaient où se procurer les fonds nécessaires pour lui constituer un établissement avantageux et honorable. L'Université, qui était si fière de son droit d'aînesse, ne s'en trouvait pas plus à l'aise. Elle n'obtint jamais des rois de France que des compliments et des privilèges qui ne leur coûtaient rien[1]. Leur munificence se bornait à de stériles marques de faveur dont elle se tenait très honorée, mais qui ne l'enrichissaient guère. Elle n'eut jamais, on l'a vu, ni patrimoine, ni pension, ni dotation, et, jusqu'à la veille de sa fin, malgré ses droits incontestables sur une portion importante des revenus publics, elle dut multiplier les démarches et descendre plusieurs fois au rôle humiliant de solliciteuse pour arracher pièce à pièce au pouvoir le

[1]. Ils étaient plus généreux avec ses rivaux. Henri IV avait accordé 300000 livres aux Jésuites pour leur collège de la Flèche. L'Université n'avait pas reçu un sou de ce prince qui passait cependant pour lui être favorable.

maigre salaire de ses régents. Ce grave problème de la rétribution de ses maîtres a été pour l'Université un sujet de continuelles préoccupations. Elle ne l'a résolu d'une façon à peu près satisfaisante qu'au commencement du xviiie siècle, après avoir eu pendant cinq cents ans le regret de constater son impuissance à payer de leurs peines ses plus utiles serviteurs [1].

Dans cette longue histoire du budget universitaire, on peut distinguer trois périodes, dont chacune marque une amélioration notable dans la condition des professeurs, et dont la dernière les affranchit d'une dépendance humiliante en même temps qu'elle leur assure un bien-être au moins relatif.

Durant la première, de l'origine à 1639, les professeurs de la Faculté des arts vivent exclusivement du produit de leur classe : ils tirent leur salaire de leurs élèves, et l'Université n'a pas le moyen d'y rien ajouter.

Pendant la seconde, qui a une durée de quatre-vingts ans (1639-1719), outre la rétribution que leur payent leurs écoliers, et dont le taux a été fixé par le magistrat, les régents se partagent le produit variable d'un ancien fonds que l'Université, peu entendue en matière de finances, avait jusqu'alors négligé, mais dont elle s'avise enfin de tirer parti.

La troisième période commence en 1719 et dure autant que l'ancienne Université. L'année 1719 fut longtemps célèbre, et à juste titre, dans les fastes de l'enseignement. C'est à cette date en effet qu'un édit du roi, ardemment souhaité, établit la gratuité de l'instruction dans tous les collèges de Paris, et accorde un traitement fixe aux professeurs. Ces deux mesures si importantes, qui sont, comme on le verra, indissolublement liées l'une à l'autre,

---

1. Il s'agit ici des professeurs de la Faculté des arts; mais les maîtres des Facultés supérieures, sauf peut-être quelques docteurs en théologie des maisons de Sorbonne et de Navarre, n'étaient guère mieux accommodés.

constituent un bienfait dont les élèves et les maîtres recueillent également les avantages. Par une fortune bien rare, elles ne font que des heureux, et l'Université tout entière s'associe officiellement à la joie de ses suppôts. Accueillie avec une égale faveur par l'opinion publique, la déclaration royale, en raison de l'importance de son objet et de ses heureuses conséquences, demeurera jusqu'à la fin une des lois fondamentales et un des monuments les plus mémorables de l'ancienne Université[1].

C'était dans la Faculté des arts un usage et une pratique constante que les professeurs fussent rétribués directement par leurs élèves[2]. Pendant tout le moyen âge il en fut ainsi, et si haut qu'on remonte dans le cours des siècles on trouve cette coutume établie. L'Université ne posséda jamais en propre que le Pré-aux-Clercs, qui ne produisait rien et qu'elle abandonnait aux jeux de ses écoliers. Elle était donc dans l'impossibilité de payer ses maîtres. Le produit des taxes ou, comme on disait, des « bourses[3] », qu'elle imposait à ceux de ses étudiants qui désiraient prendre leurs degrés, servait uniquement à couvrir ses dépenses, et à faire de temps en temps, les jours d'assemblée ou de fête, quelques distributions manuelles à ses membres. On ne pouvait sérieusement considérer des jetons de présence comme un salaire raisonnable, et jamais cette idée ne vint à personne. Les maîtres ne devaient attendre leur subsistance que de leurs

1. Nous n'apprendrons rien à personne en rappelant que l'enseignement secondaire, qui est donné dans les lycées et collèges, a cessé d'être gratuit, à Paris comme ailleurs. C'est l'enseignement primaire qui bénéficie aujourd'hui de la gratuité. Sous l'ancien régime, au contraire, l'instruction primaire, donnée dans les petites écoles, sous l'autorité du chantre de Notre-Dame, était payante.

2. Voir les histoires de l'Université de Paris, de Du Boulay et de Crevier, *passim*.

3. « Une bourse était la somme que le candidat dépensait (en une semaine) pour son entretien, déduction faite du loyer de sa chambre et du salaire de son domestique. » Thurot, *De l'organisation de l'enseignement dans l'Université de Paris au moyen âge*, p. 61. La bourse, évaluée en monnaie du temps, continua, au xviie et au xviiie siècle, à être l'unité de compte pour les frais d'examen.

élèves. Ils vivaient littéralement de leur classe, et tous les profits qu'ils pouvaient faire en dehors d'elle étaient alors trop minimes pour entrer en ligne de compte. Rien n'indique qu'au moyen âge on se soit jamais mis en peine de prévenir les abus que cette pratique ne pouvait manquer d'entraîner dans une société grossière et violente. Les légats du Saint-Siège qui, à diverses époques, ont réformé l'Université de Paris, n'ont pas jugé à propos de réglementer le taux des rétributions scolaires. Cette question, pourtant si grave et si délicate à cause des intérêts opposés qu'il faut concilier pour la résoudre, ne semble pas les avoir préoccupés. De même, dans les statuts qui furent dressés en 1452 par le cardinal d'Estouteville et qui restèrent un siècle et demi en vigueur, on ne trouve aucune disposition relative au salaire des régents. Il n'y est parlé que de la pension à payer aux principaux par les pensionnaires des collèges. On doit en conclure que la rétribution due au maître, sans être absolument arbitraire, était surtout déterminée par l'usage [1].

Elle s'accompagnait au xvi° siècle de pratiques étranges. Elle consistait alors, en cinq ou six écus d'or, que les écoliers avaient l'habitude d'introduire dans un citron ou dans un gobelet de cristal, et qu'ils présentaient chaque semestre à leurs professeurs au bruit des fifres et des tambours [2]. C'était pour tous les collèges l'occasion des fêtes et des réjouissances du Lendit, qui duraient plusieurs jours et se passaient en festins et en débauches, au grand dommage de la discipline et des études [3]. La cou-

1. « On n'a pas de renseignement précis sur les honoraires (*collecta*) que les étudiants payaient aux régents. Cette somme était probablement fort variable. Elle était fixée librement par un contrat entre le maître et l'élève. » Thurot. *De l'organisation de l'enseignement*, etc., p. 61.

2. Voir, dans le recueil U, 44, in-4° de la Bibliothèque de l'Université, l'*Éloge historique de l'Université de Paris*, par M. Hazon, *professeur de la Faculté de Médecine*, p. 37.

3. Il ne faut pas confondre la fête du Lendit (petit Lendit) qui avait lieu deux fois par an, et où les écoliers payaient à leurs professeurs les honoraires qui leur étaient dus, avec la fête du grand Lendit, remarquable surtout par la procession de l'Université à Saint-Denis. Crevier,

tume voulait que les maîtres, dont la bourse venait d'être garnie par leurs élèves, régalassent ceux-ci d'un grand banquet; et, si l'on en croit la déposition d'un témoin [1], ils ne rougissaient pas de se plier à des rôles où leur dignité n'était pas sans beaucoup souffrir. On les voyait courir au marché, acheter des provisions, s'empresser à la cuisine, et faire eux-mêmes les apprêts et le service du festin qu'ils payaient. Ils s'improvisaient échansons, boulangers, cuisiniers, et n'avaient point honte de s'abaisser à des emplois si peu conformes à leur caractère. Pour que la fête fût complète, ils avaient eu soin de louer des chanteurs et des musiciens, qui se faisaient entendre pendant le repas, et dont les airs bachiques égayaient l'ivresse des convives. Comme les festins de noce, ces agapes, où maîtres et élèves fraternisaient autour des pots, avaient un lendemain; et c'était alors au tour des élèves à rendre à leurs professeurs la politesse qu'ils en avaient reçue [2]. Ces fêtes s'appelaient au xvi° siècle *Minervalia*. Elles furent rigoureusement interdites par les statuts de 1600; mais nous verrons que l'Université eut beaucoup de peine à faire observer la défense, et que, du moins dans les commencements, le législateur ne fut pas toujours obéi.

On comprend qu'avec le système de la rétribution directe les honoraires d'un professeur étaient d'autant plus considérables que son enseignement était plus suivi,

Hist. de l'Univ., t. V, p. 317, décrit ainsi cette dernière solennité : « Le jour même du Lendit, il se faisait une cavalcade pour accompagner le recteur à Saint-Denis. Les suppôts de l'Université en très grand nombre maîtres et disciples, s'assemblaient et se rangeaient autour de leur chef, dans la place Sainte-Geneviève, et de là, tous à cheval, marchant sur deux lignes, enseignes déployées, tambours battants, ils traversaient toute la ville et se rendaient, toujours dans le même ordre, à Saint-Denis, terme de leur voyage. » Cette procession, toujours suivie de désordres et de violences, se célébra pour la dernière fois en 1603, et le congé auquel elle donnait lieu fut fixé au lundi qui suivait la Saint-Barnabé. Voir, sur le Lendit, l'ample dissertation de l'abbé Lebœuf, au tome Ier de son *Histoire de la Ville et de tout le Diocèse de Paris*, édit. Cocheris.

1. Claude Mignault, dont l'abbé Goujet, dans son *Mémoire historique et littéraire sur le Collège royal*, cite d'assez longs fragments.

2. Quicherat, *Hist. de Sainte-Barbe*, t. I, p. 17 et 18.

et que les écus d'or se multipliaient dans la même proportion que les élèves. Plus il réunissait d'auditeurs autour de sa chaire, et plus il réalisait de bénéfices. Une classe nombreuse enrichissait son titulaire; par contre, une classe qui ne comptait que de rares élèves ne suffisait pas à le faire vivre. Il y avait de grands écarts entre les produits de deux chaires. Cependant, quoique Buchanan se soit apitoyé en beaux vers sur les tristesses et les déboires de la vie des professeurs, et qu'il ait écrit un poème sur leur déplorable condition [1], il a exagéré leur misère. A l'époque où il vivait, leur sort ne méritait pas, pensons-nous, qu'on le dépeignît sous de si sombres couleurs; et Ramus nous apprend que dans la première moitié du xvie siècle, aux beaux temps de l'Université, les classes des bons collèges étaient aussi courues que des bénéfices, et que la brigue était forte pour les obtenir [2]. Un autre professeur célèbre, Jean de Rouen, écrivait qu'en son temps, au collège d'Harcourt, il était aussi difficile de se faire adjuger une chaire qu'un canonicat en l'église Notre-Dame de Paris. Mais les guerres continuelles, et plus tard les persécutions religieuses et les violences de la Ligue, en éloignant un grand nombre d'étudiants, ruinèrent l'Université. Pendant le siège de Paris surtout, les gens d'armes prirent la place des écoliers, et la soldatesque espagnole et ligueuse s'installa dans les collèges, où elle commit maint dégât [3], tandis que les classes désertes étaient abandonnées aux paysans de la banlieue pour servir d'écuries à leurs bestiaux [4]. Durant cette époque si funeste, où l'Université subit une éclipse totale et où les écoliers manquaient dans tous les collèges, les régents

---

1. Le poème de Buchanan a été inséré par Quicherat dans l'appendice de son *Hist. de Sainte-Barbe*, t. I, p. 350-359.

2. Citation de Crevier, *Hist. de l'Univ. de Paris*, t. VI, p. 55.

3. Quicherat, *Hist. de Sainte-Barbe*, t. II, p. 83. — Les lansquenets espagnols logés dans les collèges pendant le siège de Paris se chauffaient avec la menuiserie des bâtiments.

4. *Satyre Ménippée*, Harangue du recteur Rose.

qui étaient restés à Paris et qui n'avaient d'autre ressource que leur classe durent passer par de rudes épreuves. La rentrée de Henri IV dans sa capitale et le rétablissement de l'autorité royale, en assurant le maintien de l'ordre, ramenèrent à Paris quelques élèves, faibles débris de nombreuses phalanges. Les collèges rouvrirent leurs portes timidement, et la vie scolaire reprit peu à peu son cours si déplorablement interrompu. Mais l'Université ne se releva jamais du coup qui l'avait frappée. Elle ne retrouva plus sa prospérité d'autrefois, et Pasquier, qui l'aimait, pouvait écrire : « Je cherche l'Université dans l'Université sans la retrouver, pour le moins celle qui était sous les règnes de François Ier et de Henri II[1]. »

Si pourtant l'Université, comme les autres corps de l'État, renaissait d'elle-même à la vie sous la protection d'un pouvoir fort, les nouvelles lois que lui donna Henri IV en 1600 n'en venaient pas moins à propos, et leurs effets n'en furent pas moins salutaires. Presque rien de ce qui intéressait sa constitution et sa discipline intérieure n'avait échappé aux éminents magistrats qui, sur l'ordre du prince, avaient élaboré ce sage règlement[2]. Ils n'avaient eu garde, alors que tous leurs efforts tendaient à rendre l'Université plus prospère, de négliger un objet aussi important que le salaire des professeurs; mais leur bonne volonté fut impuissante. Ils trouvèrent établie depuis plusieurs siècles la coutume qui faisait rétribuer le maître directement par l'élève, et ils la confirmèrent, ne sachant par quoi la remplacer. Ils n'ignoraient pas que l'Université, à cette époque surtout, était très pauvre[3], et que les

---

1. Pasquier, *Recherches de la France*, liv. IX, chap. xxv.
2. Ces magistrats étaient Achille de Harlay, premier président du Parlement de Paris; Jacques de la Guesle, procureur général; Auguste de Thou, maître des requêtes; Séguier, lieutenant civil, et François de Riz, premier président du Parlement de Bretagne. Il faut y ajouter un prélat, Renaud de Beaune, archevêque de Bourges et grand aumônier de France. La commission royale associa à ses travaux cinq maîtres de l'Université, dont le célèbre Edmond Richer.
3. Au commencement du xviie siècle, le revenu de l'Université n'était,

maigres ressources dont elle disposait alors n'auraient
jamais pu suffire à salarier honnêtement ses professeurs.
Quant à les faire payer sur le Trésor, l'idée n'était pas
mûre : elle ne vint à l'esprit de personne. Elle n'aurait eu
du reste aucune chance d'être accueillie par le pouvoir.
Les commissaires royaux se contentèrent donc de fixer au
juste le taux de la rétribution scolaire, et de supprimer
certaines redevances illicites que beaucoup de maîtres exigeaient de leurs élèves, et qui prenaient le caractère d'une
contribution forcée. Sous prétexte de la fourniture de
bancs, tables, rideaux, chandelles, etc., le professeur
levait sur sa classe un impôt arbitraire qui, s'il n'incom-
modait pas les riches, pesait lourdement sur les pauvres.
A l'avenir, pour tous ces objets et pour prix de ses leçons,
il ne dut pas recevoir par année de chacun de ses élèves
plus de cinq ou six écus d'or[1]. Encore fallait-il qu'ils fussent librement offerts. Le législateur ne reconnaissait pas
aux régents le droit de rien exiger. Mais, d'autre part, il
engageait les parents à se souvenir qu'il est juste et nécessaire que dans tout état chacun vive de sa profession, et,
dans un règlement postérieur, il invitait les précepteurs et
les principaux à faire scrupuleusement payer aux régents
par leurs élèves la rétribution d'usage. Mieux inspiré que
les précédents réformateurs, qui n'avaient pas même abordé
la question du salaire des professeurs, il la jugeait au contraire si importante qu'il y consacrait deux longs articles[2];
et, comme si ses déclarations n'étaient pas suffisamment
explicites, il se crut encore obligé d'y revenir, et dans l'appendice ajouté au statut de réforme il prit la peine d'en

paraît-il, que de 50 écus. *Extrait des registres de Parlement.* Arch. nation.,
reg. MM, 242, n° 8.

1. Statuts de la Faculté des arts, art. 32. — D'après Jourdain, *Hist. de
l'Univ. de Paris*, p. 11, « ces écus étaient des écus d'or au soleil, qui,
d'après les derniers édits (de 1596 et de 1601) devaient peser 2 deniers
15 grains, et valaient alors 60 sous tournois, ce qui représente aujour-
d'hui, en tenant compte de la différence du prix du marc d'or, 10 francs
37 centimes de notre monnaie. »

2. Statuts de la Faculté des arts, art. 32 et 45.

donner l'explication et le commentaire. Aux termes de l'article 5, les pensionnaires des collèges devaient, s'ils appartenaient aux classes d'humanités et de philosophie, payer chaque mois à leur professeur un demi-écu d'or, et s'ils appartenaient aux classes de grammaire, un tiers d'écu d'or. Les externes ne devaient payer chacun que le quart d'un écu d'or. Suivant les traditions charitables de l'Université de Paris, il n'était rien demandé aux pauvres [1].

En même temps que le statut fixait les honoraires dus aux régents par leurs élèves, il prohibait les scandaleux divertissements du Lendit [2]. Désormais, plus de ces banquets où les élèves et les maîtres s'enivraient à l'envi; plus de ces bruyants concerts de fifres et de tambours, qui alarmaient les bourgeois du voisinage et faisaient ressembler les collèges à autant de citadelles prises d'assaut. Obligé de conserver l'ancien mode de rétribution des régents, le réformateur en proscrivit du moins tout ce qui pouvait être un sujet de scandale, et en retrancha les pratiques indécentes qui discréditaient l'Université aux yeux des honnêtes gens.

Il se heurta, dans l'Université même, à une opposition vigoureuse. Un certain nombre de régents, troublés dans leurs habitudes ou peut-être atteints dans leurs intérêts, entreprirent de violer ouvertement les lois qui leur étaient imposées. Les *Minervalia* et leurs réjouissances bruyantes avaient pour eux tant d'attraits qu'ils allèrent pour les défendre jusqu'à l'insubordination et à la révolte, ameutant leurs écoliers, intriguant avec leurs collègues, s'opposant enfin de tout leur pouvoir à l'application des nouveaux statuts. Régents et principaux firent cause commune et associèrent leurs efforts. Le principal du collège d'Harcourt, J. Fraser, déclarait qu'il ne pouvait faire observer le

1. Les boursiers étaient considérés comme pauvres, et, à ce titre, ne payaient rien.
2. Statuts de la Faculté des arts, art. 31.

règlement et qu'il se démettrait plutôt de sa charge[1]. Un régent, Nicolas Bourbon, poète latin célèbre, écrivit contre les membres du Parlement une satire véhémente[2], qui le fit mettre à la Bastille. Parmi les plus emportés, on remarquait un professeur du Collège royal, Georges Critton, esprit inquiet et turbulent qui, fort de l'appui des mécontents, déploya une activité coupable pour faire échouer la réforme[3]. Le Parlement, qui voyait son œuvre compromise, intervint par plusieurs arrêts, et prit d'énergiques mesures dont il confia l'exécution avec les pouvoirs les plus étendus à des commissaires choisis dans le sein de l'Université et parmi l'élite de ses maîtres[4]. Sous l'impulsion du fameux Edmond Richer, qui les animait de son zèle, les délégués ou censeurs se mirent courageusement à l'œuvre et réussirent, non sans peine, à briser toutes les résistances[5]. L'opposition se manifesta quelque temps encore; il y eut quelques protestations isolées, puis enfin tout rentra dans l'ordre. Les maîtres et les élèves s'habituèrent peu à peu aux formes nouvelles établies pour le payement de la rétribution scolaire, et le système de la rémunération mensuelle, qui réalisait en somme un progrès, fonctionna sans difficulté jusqu'à l'établissement de l'instruction gratuite.

A combien pouvaient s'élever, pendant la période qui suivit immédiatement la réforme de Henri IV, les émoluments d'un régent de collège dans l'Université de Paris? On ne saurait le dire au juste, parce que le produit d'une classe est essentiellement variable et dépend en partie de la célébrité du collège et de la réputation du professeur[6].

1. Arch. de l'Univ., reg. 25, fol. 568.
2. *Indignatio Valeriana.*
3. On peut consulter sur G. Critton l'article que l'abbé Goujet lui a consacré dans son *Mémoire historique sur le Collège royal.*
4. C'étaient J. Galland, principal du collège de Boncour; J. Morel, principal du collège de Reims; Claude Mignault ou Minos, docteur en décret; Nicolas Ellain, docteur en médecine, et Edmond Richer, docteur en théologie.
5. Voir le traité de Richer, *De optimo Academiae statu.*
6. Et aussi de la nature de l'enseignement. Les classes de philosophie étaient beaucoup plus fréquentées que celles d'humanités et de grammaire.

D'autre part, nous ne connaissons pas avec une exactitude suffisante le chiffre de la population scolaire durant les premières années du xvii° siècle ; mais certains indices nous autorisent à penser que, sauf un petit nombre d'exceptions, les chaires étaient d'un faible rapport, et que beaucoup de régents avaient peine à vivre de leur emploi. Les réformes de 1600 n'avaient pas encore produit et ne devaient pas produire tous les fruits qu'on en attendait ; et les blessures comme celles que l'Université venait de recevoir pendant les guerres civiles et la Ligue ne se ferment que lentement. Si certains professeurs de philosophie tels que du Chevreul, Padet et quelques autres voyaient leurs leçons suivies par une nombreuse et florissante jeunesse, ce succès s'expliquait par le mérite exceptionnel du maître. Mais leur exemple ne prouve rien. La plupart de leurs collègues végétaient, même ceux qui enseignaient dans les grands collèges ; et, au commencement du xvii° siècle, Jean-Girard Pillière, prêtre et professeur de philosophie au collège de Beauvais, avait si peu d'élèves que sa classe ne lui donnait pas de quoi vivre, et qu'il était obligé de solliciter une cure de peu d'importance, celle de Saint-Vincent de Vassé[1]. Si les chaires de philosophie, dont l'enseignement faisait l'objet principal de la Faculté des arts, étaient si peu rémunératrices, que doit-on penser de la condition des professeurs d'humanités et de grammaire ? Elle était incontestablement plus mauvaise. Ceux-là surtout avaient à lutter contre des rivaux habiles et puissants. Les Jésuites, qui venaient de rouvrir les portes de leur collège de Clermont et qui ne devaient plus les fermer qu'en 1762, y attiraient des milliers d'élèves par l'irrésistible appât de la gratuité[2],

Il importe, à ce propos, de faire remarquer que l'affluence des écoliers dans une classe n'était pas toujours la preuve infaillible de la valeur du régent. Il y avait, pour attirer les élèves, des moyens qui indiquaient, de la part du professeur, moins de talent que de savoir-faire. Nous aurons plus loin l'occasion d'en signaler quelques-uns.

1. Le P. Chapotin, *le Collège de Dormans-Beauvais*, p. 218.

2. Cette nouveauté était grandement appréciée et paraissait chose remarquable même aux adversaires des Jésuites. Lors du premier procès que

et la concurrence qu'ils faisaient à l'Université sur le terrain de l'enseignement littéraire était particulièrement désastreuse pour les régents d'humanités et de grammaire, dont elle épuisait les ressources et tarissait les revenus. Tous en avaient pris leur parti et désespéraient de voir luire jamais des jours meilleurs, quand l'Université s'avisa qu'elle était plus riche qu'elle ne croyait, et qu'elle avait peut-être entre les mains les moyens de venir en aide à ses professeurs.

Depuis un temps immémorial, l'Université de Paris avait le monopole des messageries entre la capitale et les provinces[1]. On n'est pas médiocrement étonné au premier abord de voir une compagnie vouée à l'enseignement de la jeunesse, comme l'Université l'était par définition, posséder et exploiter effectivement ce singulier privilège. Une entreprise de camionnage ne convient guère à une association de gens de lettres. Mais cette anomalie ne surprend plus, et les droits de l'Université à la possession de ses messageries ne font plus aucun doute, dès qu'on connaît son histoire et les conditions où elle se trouvait dans les premiers siècles de son existence. Au moyen âge, quand Paris était la métropole intellectuelle de l'Europe, les étudiants y affluaient des pays les plus lointains. Attirés par la célébrité de ses maîtres et l'éclat de leur enseignement, ils y accouraient de toutes parts comme à la source du savoir. Mais ces jeunes gens avaient besoin de se tenir en communication avec leurs familles dont ils attendaient des secours en nature ou des subsides en argent. L'Université

ceux-ci soutinrent contre l'Université, en 1565, l'avocat général Du Mesnil, qui ne les aimait pas, disait à propos de la gratuité qu'ils venaient d'établir dans leurs collèges : « id maxime mirum omnibus videtur. » A. Douarche, *l'Université de Paris et les Jésuites*, p. 80.

1. Consulter les *Pièces concernant les Messageries de l'Université*. Ce recueil est extrait lui-même d'un grand mémoire in-folio intitulé *Mémoire présenté au conseil de Sa Majesté, sur lequel le roi a ordonné l'établissement de l'instruction gratuite dans les collèges de la Faculté des arts*. Ce mémoire comprend toutes les pièces, sans exception, qui se rapportent à la question des messageries de l'Université : il se trouve à la Bibliothèque nationale

y avait pourvu en instituant des agents pour assurer la correspondance. Ces agents furent les « messagers », dont on distinguait deux espèces[1]. Les grands messagers (*archi-nuntii*) étaient généralement de notables bourgeois établis à Paris, assez riches pour servir de banquiers aux étudiants et faire des avances à ceux dont ils étaient les correspondants[2]. Malgré leur titre, ils ne se déplaçaient guère que dans les cas exceptionnels. Les petits messagers ou messagers volants (*nuntii volantes*) au contraire, circulaient sans cesse, et on les rencontrait sur tous les chemins. Ils étaient les commissionnaires en titre des étudiants, pour le service desquels ils voyageaient jusque dans les coins les plus reculés du royaume et de l'étranger. Mais leur privilège ne se limitait pas à cette seule catégorie de clients. Comme le service des étudiants n'était ni assez laborieux, ni surtout assez rémunérateur, ils y joignaient celui des particuliers. Ils avaient « le pouvoir de servir indifféremment toutes sortes de personnes en la fonction de leurs charges, faire voyage à jours ordinaires, tenir bureaux ouverts, porter lettres, paquets, or, argent, procès, enquêtes, et généralement tout ce qui leur était confié, tant par le Public que par les Particuliers, de quelques conditions qu'ils soient, même conduire les voyageurs[3] ».

L'origine de l'établissement des messagers se perdait dans la nuit des temps. Ils existaient « dès la seconde race de nos rois », disait l'Université. Leur nombre fut d'abord illimité. Au commencement, « chaque contrée, chaque province ou diocèse, chaque ville importante eut ses messagers.... Ils variaient pour chaque localité suivant le

---

1. Lire, sur les messagers, la dissertation de Du Boulay, *De Nuntiis Universitatis;* Crevier, *Hist. de l'Univ. de Paris,* t. VII, p. 156 et suiv., et Arthur de Rothschild, *Hist. de la Poste aux lettres,* chap. II.

2. Il y avait parmi les grands messagers des nobles, même des princes. En 1710, on trouve au nombre des grands messagers de la Nation d'Allemagne, Charles Chrestien de Montmorency-Luxembourg, prince de Tingry. Arch. de l'Univ., reg. 45, f° 13 r°.

3. Arrêt du Conseil d'État du 14 déc. 1611. *Pièces concernant les Messageries de l'Université,* p. 17-18.

nombre et les besoins des étudiants qui en étaient originaires[1]. » Les grandes villes en avaient plusieurs, les
petites n'en n'avaient qu'un, ou même étaient deux ou
trois ensemble desservies par un seul. La collation de ces
offices ne produisait presque rien[2], et le peu qui en revenait était abandonné aux procureurs des Nations, qui
n'avaient pas d'autre salaire. L'Université, qui en était propriétaire, ne se doutait guère qu'elle avait sous la main
une source abondante de richesses, et peut-être, par impé-
ritie et négligence, se fût-elle laissée frustrer d'un si beau
privilège, si des événements auxquels elle ne s'attendait
pas, et qui d'abord lui causèrent de vives alarmes, ne lui
eussent ouvert les yeux sur la valeur de ses messageries et
sur le parti qu'elle en pouvait tirer.

En 1576, Henri III lui avait donné des concurrents en
créant deux messagers royaux en chaque ville où il y avait
siège de bailliage, sénéchaussée ou élection, ressortissant
aux cours de Parlement ou des Aides. Les titulaires de ces
charges, ou plutôt les financiers ou traitants qui les avaient
affermées, en eurent à peine pris possession qu'ils préten-
dirent obliger les messagers de l'Université à se pourvoir
à prix d'argent de lettres de provisions pour leurs offices.
L'Université réclama, et Henri IV, en 1595, faisant droit
à ses représentations, déclara que ses messagers-jurés
étaient exempts de toute finance et les confirma dans tous
leurs privilèges. Mais les prétentions des traitants, dit
Jourdain, se renouvelèrent avec l'âpre et ingénieuse persévérance qui de tout temps caractérisa l'esprit de fisca-
lité[3]. Elles se multiplièrent et s'accentuèrent encore quand
Louis XIII eut donné, en 1630, un édit « portant création
de Maître des Couriers, avec permission de faire porter
deux jours la semaine, les lettres des particuliers conjointement avec les dépêches du Roi ». Par l'entrée en scène

1. Jourdain, *Hist. de l'Univ. de Paris*, p. 7.
2. Du Boulay, *De Patronis IV Nationum*, p. 161.
3. Jourdain, *Hist. de l'Univ. de Paris*, p. 130.

de ces nouveaux privilégiés, « il y eut donc désormais
trois sortes de gens qui portèrent les lettres des Particuliers, les Messagers-jurés de l'Université, les Messagers
Royaux et les Maîtres des Couriers[1] ». Ces derniers, qui
avaient acheté à beaux deniers comptants leurs offices, se
montrèrent les plus agressifs et les plus avides, et pour
exploiter plus fructueusement un privilège qui leur coûtait cher, ils s'efforcèrent de dépouiller leurs concurrents.
S'embarrassant peu de scrupules, tous les moyens leur
étaient bons. Mais la tactique qu'ils devaient employer de
préférence allait être de traduire l'Université devant tous
les tribunaux, de la harceler, de la fatiguer, de la ruiner
en procès pour l'accabler après plus sûrement.

Leurs espérances furent d'abord trompées, et l'Université obtint coup sur coup plusieurs arrêts qui lui étaient
entièrement favorables et lui conservaient intacte son
antique propriété[2]. Mais telle était l'activité de ses adversaires, leurs intrigues et leur inépuisable fertilité d'expé-
dients qu'elle comprit bientôt que la situation devenait
grave et qu'elle pouvait succomber d'un jour à l'autre. C'est
alors que quelques-uns de ses membres imaginèrent un
moyen de salut qui, dans leur pensée, devait déterminer le
pouvoir à la protéger efficacement contre l'avidité des traitants. Ils s'agissait d'appliquer le revenu des messageries
à la rémunération des régents de la Faculté des arts, dont
beaucoup ne pouvaient plus vivre du seul produit de leur
classe. L'idée parut bonne, et plusieurs conclusions furent
prises successivement dans ce sens par la Nation de France.
L'Université avait député déjà deux de ses membres pour
avertir de sa résolution le cardinal de Richelieu, qu'elle
avait toujours trouvé favorablement disposé. Peu de temps
après, comme la situation semblait désespérée et qu'on
se voyait à la veille de tout perdre, elle lui dépêcha de

1. *Pièces concernant les Messageries de l'Université*, p. 11.
2. Nous croyons devoir abréger les détails de cette longue procédure
qui ne nous intéresse que parce que le salaire des professeurs en dépend.

nouveau quatre de ses maîtres. M⁰⁵ Yon, Grangier,
Charles Cagnyé et Aubert, connus et aimés du cardinal,
l'allèrent trouver, et lui firent part des alarmes de l'Université touchant ses messageries et de ses projets pour
l'avenir. Il les reçut cordialement, approuva fort la décision que les Nations venaient de prendre, et saisissant la
main de Cagnyé, sous lequel il avait étudié à Navarre[1] :
« Vous ne pouvez, lui dit-il, rien faire qui me soit plus
agréable. J'y avais souvent pensé et je me réjouis de
m'être rencontré avec vous. Partez et informez l'Université que tous mes soins tendront à la rendre éternelle[2]. »

Cet accueil réjouit beaucoup l'Université et fortifia sa
résolution[3]. En 1639, la Nation de France avait dans ses
coffres la somme de 5000 livres, produit de ses messageries depuis cinq ans[4]. Dans une assemblée aux Mathurins,
M⁰ François Dormancey, du collège de Montaigu, demanda
que cette somme fût répartie entre les professeurs suivant
les engagements pris; mais il rencontra une vive opposition de la part de quelques maîtres qui étaient d'avis que
l'Université payât ses dettes avant de rien distribuer. Le
différend fut porté au Parlement qui, par un arrêt du

1. M⁰ Yon, professeur au collège de Navarre, était aussi personnellement
connu du cardinal, qui prenait plaisir à lui rappeler les petits événements de sa vie d'écolier. Voir Launoy, *Historia regii Navarrae gymnasii*,
article sur Yon, p. 1032.

2. Du Boulay, *De Patronis IV Nationum*, p. 113. Du Boulay a eu la malen-
contreuse idée de traduire en latin les paroles du cardinal. — Au reste,
Richelieu était sincère en protestant de ses bonnes dispositions à l'égard
de l'Université.

3. Pendant ce temps, les traitants avaient continué leurs manœuvres
avec une fertilité de ressources qui fait honneur à leur esprit d'invention.
Ils avaient fait créer par le roi de nouveaux offices auxquels devaient
être réunies, moyennant un dédommagement dérisoire, les messageries de
l'Université. Celle-ci s'avisa, pour déconcerter ses ennemis, de présenter
requête au roi à l'effet de leur être préférée dans l'édit de création des
nouveaux offices. Elle offrait de payer les 800 000 livres que les traitants
devaient verser dans le Trésor. Où aurait-elle pris une pareille somme?
Son offre ne fut pas agréée, mais les propositions plus sérieuses des traitants furent aussi écartées. C'était probablement le résultat qu'elle voulait
obtenir.

4. Les renseignements qui suivent sur les premières distributions du
produit des messageries nous sont fournis par Du Boulay, *De Patronis*, etc.

17 août 1639, ordonna que sur les 5000 livres déjà recueillies 3000 livres seraient partagées entre les régents qui enseignaient dans les collèges de plein exercice, et que le reliquat demeurerait dans les coffres de la Nation pour parer à l'imprévu. Munie de cet arrêt, la Nation de France assemblée aux Mathurins le 19 août 1639 fit un règlement perpétuel inséré plus tard dans ses statuts, et qui portait en substance que pour avoir part aux messageries il faudrait : 1° être maître ès arts et immatriculé dans la Nation; 2° enseigner dans un collège de plein exercice[1]; 3° avoir professé, les régents de philosophie pendant deux ans, les régents de rhétorique et d'humanités pendant un an.

L'après-midi du même jour eut lieu chez M⁰ Gabriel Dabes, questeur et professeur à la Marche, la distribution de 3000 livres entre trente et un ayants-droit[2].

La Nation n'eut pas à se repentir d'avoir pris cette décision. Lorsqu'on eut appris quel usage l'Université faisait de ses messageries, Richelieu, le chancelier Séguier et les autres membres du Conseil secret trouvèrent sa cause excellente, et les traitants ayant renouvelé leurs entreprises, intervint un arrêt contradictoire du Conseil d'État, a la date du 14 décembre 1641, qui maintint l'Université dans la pleine et entière propriété de son privilège et sanctionna les conclusions prises par la Nation de France relativement à l'emploi du produit des messageries[3]. Les trai-

---

1. Les professeurs qui enseignaient la philosophie dans les petits collèges pour être reçus dans la société de Sorbonne étaient exclus du partage. Ils n'étaient pas considérés comme vrais régents.

2. La seconde distribution n'eut lieu que beaucoup plus tard, le 12 septembre 1643, et la troisième, le 22 juillet 1648. Elles se firent dans les mêmes conditions que la première. Les sommes recueillies étaient sans doute trop minimes pour qu'on prît la peine d'en faire chaque année la répartition.

3. « A ordonné et ordonne Sa Majesté que tous les deniers qui proviendront du revenu des Messageries seront employés au paiement des gages qui seront accordés aux Principaux et Régens des Collèges de la Faculté des Arts de ladite Université, sans aucun divertissement. » L'arrêt revêtu de Lettres patentes afin de servir de règlement fut enregistré au Parlement le 21 novembre 1643. *Pièces concernant les Messageries*, etc., p. 80. Les autres Nations ne tardèrent pas à suivre l'exemple de la Nation de

tants, à qui il n'importait guère que les régents fussent
payés ou non, ne se résignèrent pas à leur défaite. Ils
essayèrent d'abord de réduire le nombre des messagers
par diocèse et leurs fonctions au seul service des écoliers,
puis de réduire le nombre de jours où ils pourraient partir.
Déboutés une fois de plus de leurs prétentions, ils se tinrent tranquilles quelque temps; mais ils reprirent bientôt
courage et recommencèrent leurs intrigues. Ils firent créer
de nouveaux offices de messageries dont ils se rendirent
adjudicataires, afin d'avoir un prétexte de plus pour attaquer leurs concurrents, et ils avaient si bien manœuvré
qu'ils se flattaient de réussir, quand le roi, par Lettres
patentes enregistrées au Parlement le 29 mai 1645, confirma
l'Université dans ses droits.

A ce coup, les traitants changèrent de tactique : ils s'efforcèrent dès lors de devenir les fermiers de l'Université
en se faisant subroger par le commandement exprès du
souverain à tous les baux passés par les Nations à divers
particuliers. Les circonstances étant favorables à leurs des-
seins, ils obtinrent du roi ce qu'ils demandaient, et toutes
les Nations les eurent malgré elles pour fermiers[1]. Il est

France et à introduire dans leurs statuts particuliers des dispositions
analogues. — Du Boulay, *De Patronis*, etc., p. 183, insistant sur l'importance de cet arrêt, l'appelle « ... sacrae tabulae regentium, quas nemo,
qui salvam volet Academiam, violabit unquam aut infringet... »

1. Le financier Burin, Maître des Courriers et un moment fermier de
la Nation de Normandie, réunit quelque temps sur sa tête tous les droits
des postes. Il faisait partir des courriers quand il le jugeait à propos
pour le service du roi, et y joignait celui des particuliers. « Il représenta
au Conseil... qu'il ne lui était plus possible pendant la guerre de continuer
le service du roi, en portant ses dépêches, sans pouvoir y joindre celui
des particuliers, à moins de lui accorder ou un fonds pour payer ses
courriers ou une subrogation au bail passé par la Nation de Normandie, le
6 avril 1616. Il est aisé d'imaginer quel parti prit le Conseil. Le 5 octobre 1617,
il rendit Arrêt pour subroger Burin au bail des Messageries de l'Université de Paris à Rouen, avec retour, etc. « *Pièces concernant les Messageries*, p. 35. — « A l'exemple de Burin, les autres fermiers du Roi ne
songèrent plus guères à faire restreindre les droits des Messagers de l'Université de Paris, mais à s'y faire subroger à bon compte. Pour y réussir,
ils employèrent divers moyens... Enfin, ils firent, comme Burin, intervenir
l'autorité du Roi, qui ordonna pour les autres Nations la même chose que
pour celle de Normandie. » *Ibid.*, p. 46.

clair qu'une fois maîtres d'un privilège qu'ils convoitaient depuis si longtemps, les financiers se soucièrent fort peu des intérêts du véritable propriétaire. Ils s'arrangèrent pour lui passer bail à bon compte; mais ils prirent leurs mesures pour appliquer à son terrain la culture intensive et en tirer tout ce qu'il pouvait donner.

Leur succès fut fâcheux, car l'Université, à voir quelles convoitises excitait son monopole, en avait enfin appris la valeur, et, devenue plus experte en affaires, elle pouvait croire qu'elle saurait fructueusement l'exploiter. Et en effet, pendant qu'elle défendait son bien contre les traitants, le revenu en avait constamment augmenté. En 1639, 3000 livres, représentant la plus forte part du produit accumulé pendant cinq années des messageries de la Nation de France, avaient été distribuées entre trente et un maîtres de la même Nation. En 1656, le receveur distribua entre vingt-sept copartageants la somme de 3019 livres, excédent de la recette d'une seule année sur les dépenses de la Nation. En dépit des traitants, l'accroissement des bénéfices était sensible.

A la même époque, les messageries de la Nation de Normandie, depuis plusieurs années aux mains des traitants, donnent un rendement notablement inférieur. En février 1650, trente et un professeurs ou principaux de cette Nation reçoivent chacun seulement 51 livres 10 sous pour leur part aux bénéfices d'une année. En 1656, le produit est légèrement supérieur, et vingt-sept professeurs ou principaux touchent pour leur quote-part 71 livres 5 sous. Les régents des Nations de Picardie et d'Allemagne, qui n'ont presque point de messageries, sont encore plus mal partagés. En résumé, pendant de longues années, cette source de revenus est si faible qu'elle compte à peine dans le budget des professeurs.

En 1676, il se produisit dans le régime des messageries un changement important, et qui tourna plus tard à l'avantage de l'Université. Les messageries du royaume,

exploitées auparavant par plusieurs traitants, passèrent
entre les mains d'un fermier général unique, que le roi
subrogea, moyennant 1 220 000 livres, à tous les baux
partiels qu'il avait consentis jusqu'alors à différents particuliers. Dans ce nouvel arrangement, le produit total des
messageries de l'Université était arbitrairement estimé à
la somme de 37 685 livres 10 sous, que le fermier devait
lui verser chaque année [1]. L'Université, estimant que sa
propriété valait beaucoup mieux, refusa de souscrire à des
conditions qu'elle jugeait désavantageuses; mais sa protestation resta sans effet. Elle la répéta à chaque renouvellement des baux de subrogation, avec d'autant plus de
raison que, malgré l'augmentation constante du prix de
ces baux, la somme qu'on lui allouait restait invariablement la même. Enfin, sur ses réclamations, lors du renouvellement du cinquième bail, en 1698, la part qui lui
revenait fut augmentée de 10 000 livres, et le fermier dut
par conséquent lui payer chaque année 47 685 livres
10 sous.

Cette augmentation, si peu considérable qu'elle fût,
permit d'associer au partage des messageries les régents
du collège récemment fondé par Mazarin [2]. Ils le demandaient depuis quelque temps déjà comme un droit qu'on
ne pouvait leur dénier sans injustice. Le revenu des messageries n'était-il pas la propriété commune de tous les
régents? Le roi n'avait-il pas décidé par plusieurs arrêts
qu'il serait distribué à tous les maîtres sans exception des
collèges de plein et entier exercice? Les professeurs qui
enseignaient à Mazarin n'étaient-ils pas membres de l'Université au même titre que leurs collègues? Qu'était-ce
enfin que le sacrifice qu'on demandait aux maîtres des
anciens collèges? Les postulants établissaient dans un de

1. Les Nations devaient se partager cette somme au prorata de l'importance de leurs messageries respectives. Chacune d'elles devait faire un
bail séparé.

2. Ce collège ouvrit ses portes au mois d'octobre 1688, vingt-six ans et
quelques mois après la mort de son fondateur.

leurs mémoires que leur participation aux messageries aurait fait tort aux régents de la Nation de France tout au plus de 18 livres par tête, et à ceux de la Nation de Normandie, de 19 livres. Le préjudice supporté par les maîtres de la Nation de Picardie aurait été un peu plus considérable : il serait monté à 45 livres par tête. Mais précisément c'étaient les plus accommodés, en sorte qu'une perte si légère devait les laisser indifférents[1].

A ces raisonnements qu'appuyaient des chiffres précis les régents des anciens collèges objectaient que l'Université ne s'était agrégé Mazarin que sous la réserve des droits acquis, que les messageries appartenaient à ceux qui les avaient établies et qui les possédaient depuis des siècles, que par suite elles n'étaient pas la propriété du nouveau collège, et que l'admettre au partage de leur produit serait léser les intérêts des ayants-droit. Ils avaient peut-être raison; mais ce refus obstiné de rendre service à des collègues en sacrifiant cinq ou six écus a quelque chose de choquant. Il n'était pas dans les habitudes d'une compagnie où l'esprit de lucre ne régna jamais[2]. L'Uni-

---

1. Nous possédons presque toutes les pièces de ce procès. On en trouvera une partie à la Bibliothèque nationale (voir le *Catalogue* de A. Corda), et l'autre aux Archives nationales, dans le carton M, 174. En voici les titres : *Requête présentée par les Grand-Maistre Principal et Professeurs du collège Mazarin à Monseigneur l'archevêque de Paris. — Mémoire pour les Grand-Maistre Principal et Professeurs du collège Mazarin... Pour servir de réponse au Mémoire des Principaux et Professeurs des autres collèges, fondez en la même Université. — Observations sur le second Mémoire de Messieurs les Principaux et Régens des anciens collèges. — Calcul de ce que les Professeurs des anciens collèges reçoivent de leurs messageries, et de la diminution que chacun d'eux en doit souffrir, s'ils font justice à leurs confrères du collège Mazarin. — Mémoire pour les Principaux et Régens des neuf anciens collèges de la Faculté des Arts de l'Université de Paris, contre les Principal et Régens du collège Mazarin, présenté à Monseigneur l'archevêque de Paris, nommé par le roy pour terminer leurs contestations. — Mémoire pour les Principaux et Régens des neuf anciens collèges de la Faculté des arts de l'Université de Paris. Pour servir de Répliques à la Réponse faite à leur premier Mémoire par Messieurs les Principal et Régens du collège Mazarin. — Consultations sur la contestation entre les neuf anciens collèges et le collège Mazarin, touchant le droit de participer au revenu des messageries.*

2. Crevier fait remarquer qu'au temps où l'Université était puissante elle aurait pu facilement s'enrichir, mais qu'elle ne s'en était pas souciée.

versité, malgré sa pauvreté notoire, était désintéréssée : elle traitait de haut les questions d'argent, et il y avait parmi ses membres une solidarité dont nous aurons l'occasion de citer quelques beaux traits. Il est bien vrai que dans cette affaire ils n'en ont pas donné la preuve; mais avant de les accuser de cupidité ou d'égoïsme, il est juste aussi de se placer un moment à leur point de vue. Peut-être alors trouvera-t-on, sans pour cela les justifier, que le refus qu'ils opposaient à leurs collègues avait quelque fondement.

Quels étaient donc ces maîtres en faveur de qui on leur demandait de faire le sacrifice d'une partie de leur revenu? Enseignaient-ils dans quelque collège besogneux, fréquenté surtout par une clientèle de boursiers? Non, ils appartenaient au collège le plus opulent de l'Université, à une maison qui jouissait de plus de 80 000 livres de rente. Le cardinal Mazarin, en fondant l'établissement auquel il attachait son nom, avait fait largement les choses. Comme les élèves n'y payaient aucune rétribution à leurs professeurs[1], il avait assuré un traitement fixe de 1000 livres aux régents de philosophie et de rhétorique, de 800 livres aux régents de seconde et de troisième, de 600 livres aux régents de grammaire. En outre, tous les maîtres trouvaient au collège la table et le logement, et y vivaient dans un confort inconnu de leurs collègues[2], qui généralement n'avaient d'autres ressources que le produit presque toujours insuffisant de leur classe. Était-il juste d'obliger ces derniers à prendre sur leur nécessaire pour accroître le bien-être de collègues presque opulents? Ainsi raisonnaient les professeurs des anciens collèges. Une circonstance qui leur faisait paraître plus pénible

---

1. Il paraît qu'il était dans les usages de la maison que les élèves fissent des cadeaux à leurs maîtres. Voir le *Mémoire pour les Principaux et Régens des neuf anciens collèges*, etc., cité plus haut.

2. On ne s'étonnera pas après cela que les chaires même les plus modestes du collège Mazarin fussent l'objet de nombreuses compétitions.

encore le sacrifice qu'on prétendait exiger d'eux, c'est qu'ils accusaient les hôtes de Mazarin de leur avoir enlevé leurs élèves par la gratuité de leur enseignement. Du jour où ce collège avait ouvert ses portes, les autres établissements universitaires s'étaient en partie dépeuplés. C'était, paraît-il, « une solitude affreuse[1] » dans les classes, que les élèves riches eux-mêmes avaient quittées pour émigrer en masse dans la maison où l'instruction ne coûtait rien. Bien que les professeurs de Mazarin ne fussent pas cause de cette désertion qui privait leurs collègues de leurs moyens d'existence, ceux-ci ne les en rendaient pas moins responsables, et il leur paraissait bien dur d'être obligés de parfaire le traitement de gens qui leur avaient retiré le pain de la bouche. Il est donc assez naturel qu'ils aient été mal disposés pour les « Mazarins », et qu'ils n'aient pas accueilli avec beaucoup de faveur la proposition de partager avec eux leurs revenus. C'est le contraire qui serait étonnant.

Mais leurs protestations n'eurent plus de raison d'être, lorsque le produit des messageries se fut augmenté de 10 000 livres. Cet accroissement leur fermait la bouche et leur ôtait tout motif de plainte, puisque dès lors ils n'avaient plus à supporter le retranchement qui leur était si sensible. Ce fut du moins l'avis du Conseil d'État et de l'archevêque de Paris à qui le roi avait confié l'instruction de cette affaire. S'ils avaient hésité d'abord, l'événement leva leurs scrupules et un arrêt du Conseil d'État, daté du 9 décembre 1699, ordonna, sur l'avis de l'archevêque de Paris, que le principal et les professeurs du collège Mazarin seraient admis au même titre que ceux des autres collèges au partage du produit des messageries. Cependant, ils ne devaient jouir de cet avantage qu'à dater du premier janvier suivant, sans pouvoir, comme ils en

---

1. Il est difficile de concilier cette assertion des régents des anciens collèges avec celle de leurs collègues de Mazarin qui prétendent que les classes de certains professeurs regorgent d'écoliers.

avaient fait la demande, exercer aucune répétition sur le passé[1].

Cette sentence, qui était prévue, causa ou parut causer des regrets amers parmi les régents des anciens collèges. Elle servit de prétexte à un poète universitaire qu'on suppose être M° Pipon, régent de troisième au Cardinal le Moine, pour écrire quelques jolis vers imités à la fois de Virgile et de Juvénal, où il feignait qu'un malheureux professeur, réduit à la misère par la décision du Conseil et forcé de quitter Paris avec son pauvre bagage, acceptait avec reconnaissance un emploi de maître d'école dans la banlieue parisienne, à Ivry[2]. Ces regrets étaient trop ingénieusement exprimés pour être bien vifs. Ils s'apaisèrent en peu de jours, et on ne voit pas dans la suite que les anciens régents aient gardé rancune aux maîtres de Mazarin d'un procès dont le fond avait quelque chose de mesquin, où les uns demandaient peut-être indiscrètement et où les autres refusaient trop obstinément d'ouvrir les mains.

A combien pouvaient s'élever, vers la fin du XVII° siècle, les émoluments des professeurs de la Faculté des arts? Leurs honoraires se composaient alors de deux facteurs principaux : 1° la part qui revenait à chacun sur les messageries; 2° la rétribution payée par les élèves. On a des renseignements certains sur le produit des messageries, et l'on sait qu'en 1699 la part de chaque maître oscillait entre 350 et 450 livres suivant la Nation à laquelle il appartenait. Ce revenu était modique sans doute, mais il avait

---

1. *Arrest du Conseil d'État, du neuvième jour de Décembre 1699*, etc. Arch. nation., reg. MM, 243, n° 42bis. — Dans l'esprit des magistrats du Conseil, la somme de 1000, 800 ou 600 livres, que touchaient annuellement, selon la classe, les maîtres de Mazarin, équivalait au produit normal de la classe correspondante dans les anciens collèges. Suivant cette manière de raisonner, il paraissait juste que les maîtres de Mazarin partageassent avec leurs collègues le revenu des messageries, considéré comme un avantage accessoire.

2. Cette pièce intitulée *Codrus* se trouve dans le recueil de Gaullyer, *Selecta carmina orationesque clarissimorum quorumdam in Universitate Parisiensi professorum*, etc., 1727, in-12, p. 311.

l'avantage d'être sûr et régulièrement payé[1]. Quant au produit des classes, il nous est beaucoup moins connu, et les données que nous possédons ne sont pas très précises. Un curieux mémoire manuscrit, d'une provenance malheureusement un peu suspecte[2], nous fournit des renseignements très intéressants sur le revenu de quelques chaires et la situation pécuniaire de ceux qui les occupaient. En prenant pour base le taux où était alors la rétribution scolaire, on calculait qu'il fallait environ dix-sept écoliers pour faire 600 livres et vingt-sept pour faire 1000 livres, somme qui représentait précisément les honoraires des maîtres les mieux rémunérés de Mazarin. Or, dans la seule Nation de Picardie, certains professeurs auraient eu quarante, soixante, quatre-vingts, cent et même cent cinquante élèves, qui tous les auraient régulièrement payés, les pauvres allant chez les Jésuites ou au collège Mazarin. Ainsi, M⁰ Billet, régent de rhétorique au Plessis, avait, disait-on, plus de quatre-vingts élèves, appartenant tous à de bonnes familles, et par conséquent exacts à payer la rétribution d'usage. M⁰ Chevon, au Cardinal le Moine, en avait également un nombre considérable. Sur dix maîtres de la Nation de Picardie, sept étaient très à leur aise : trois seulement passaient pour être besogneux.

Il est difficile de savoir jusqu'à quel point ces chiffres sont exacts, et si, à supposer que la réponse de ces régents à qui on attribuait libéralement des élèves par centaines nous fût parvenue, nous n'entendrions pas un tout autre langage. Nous pensons qu'il est prudent de ne pas prendre ces calculs au pied de la lettre. Un fait entre plusieurs démontre

---

1. Les Nations avaient eu grand soin de stipuler que le payement en serait fait par quartier et d'avance.

2. Ce document émane des maîtres de Mazarin. Les détails qu'il renferme, surtout en ce qui concerne le produit de certaines chaires des anciens collèges, ne doit être accepté que sous réserves. Nous l'avons cité plus haut; il a pour titre : *Calcul de ce que les Professeurs des anciens collèges reçoivent de leurs messageries*, etc.

que la situation des professeurs des anciens collèges était
loin d'être aussi avantageuse que leurs adversaires en
répandaient le bruit. En 1711, ces mêmes professeurs de
la Nation de Picardie, dont on dénonce les richesses,
représentèrent au Tribunal académique que leurs messageries ne produisaient qu'un revenu insignifiant, que leur
Nation était pauvre, qu'eux-mêmes étaient dans la misère,
et ils en obtinrent sur les fonds communs une pension de
1000 livres[1]. Il est probable que l'Université, qui n'était
pas assez riche pour faire des largesses inutiles, n'eût pas
accordé cette allocation à des gens qui eussent joui d'un
gros revenu. En résumé, il n'en faut croire ni les professeurs des anciens collèges quand ils crient misère, ni leurs
adversaires quand ils prétendent que leurs collègues
nagent dans l'opulence. La vérité paraît être à une égale
distance de ces affirmations trop manifestement intéres-
sées. Les régences de la Faculté des arts donnaient alors
tout juste de quoi vivre. On ne nie pas que certains maîtres eussent beaucoup d'élèves; mais, parmi ces élèves, il
y en avait qui, étant boursiers, ne payaient rien, et d'autres
qui ne s'exécutaient que contraints et forcés[2]. Plus d'une
fois le professeur se vit obligé de poursuivre devant les
tribunaux le recouvrement de ses honoraires. On conçoit
qu'il lui était extrêmement pénible d'en venir à ces extrémités, et qu'il aimait souvent mieux abandonner sa

1. Ce n'était pas la première fois qu'ils se plaignaient de leur misère,
non plus d'ailleurs que quelques autres compagnies de l'Université.
Dès 1651, on trouve dans les registres des doléances qui se terminent
généralement par une demande de subvention, formulée tantôt par une
Nation, tantôt par une Faculté. Voir, outre les registres, le *Mémoire pour
les Doyen et Professeurs de la Faculté de Théologie de Paris et les Procureurs et Suppôts des Nations de Picardie et d'Allemagne... Intimés, contre
les Doyen et Professeurs de la Faculté de Droit de Paris et les Procureur
et Suppôts de la Nation de France, Appelans. Et les Doyen et Docteurs de
la Faculté de Médecine de Paris, Intervenants.* Bibl. de l'Univ., rec. U, 116,
in-4°.
2. Il dut s'élever de temps en temps entre le maître et l'élève des
contestations analogues à celle que décrit Juvénal dans sa Satire VII :
« ... mercedem appellas? Quid enim scio? »

créance que d'intenter un procès[1]. Ce n'était pas le produit
des messageries qui pouvait combler le déficit de son
budget, puisque, en 1699, ce produit ne s'élevait pas au-
dessus de 450 livres pour les régents de la Nation la
plus favorisée. En 1716, la part de l'Université dans le
bail des messageries avait été, il est vrai, portée à
60 000 livres; mais cet accroissement trop faible ne changeait rien à une situation qui ne laissait pas d'être difficile, si l'on en juge par la joie qui éclata dans l'Université, quand on apprit que le roi accordait un traitement
fixe aux professeurs, sous la condition que l'enseignement serait donné gratis dans les collèges de la Faculté
des arts.

Il ne faut pas faire honneur au gouvernement du régent
de cette généreuse initiative. Il n'a eu que le mérite d'entrer dans les vues que l'Université lui proposait. Déjà
sous Richelieu il avait été plusieurs fois question de rétribuer les professeurs, mesure qui aurait eu pour conséquence la gratuité de l'instruction; et l'Université elle-
même, à l'époque de ses démêlés avec les traitants, avait
proposé au roi de lui donner la préférence pour la ferme
des messageries du royaume, « et sur le revenu qui en
proviendrait... elle stipendierait les professeurs des collèges
d'exercice de la Faculté des arts, aiderait à ceux qui seraient
vieillis en cette profession et qui n'auraient point de com-

---

1. Dans l'oraison funèbre de Nicolas Lair, ancien recteur et greffier de
l'Université, le recteur en charge lui accorde, entre autres éloges, celui
de n'avoir jamais exigé devant les tribunaux civils le payement de la
rétribution qui lui était due par ses élèves. Arch. de l'Univ., reg. 41,
f° 101 r°. — Les contestations entre élèves et maîtres à propos du payement des honoraires sont quelquefois et devraient toujours être décidées,
dans l'Université même, par le recteur et son conseil. En 1717, le Tribunal
académique est appelé à statuer sur une difficulté de ce genre. M° Poirier,
professeur de philosophie à la Marche et ancien recteur, refuse de donner
à un de ses élèves, l'abbé Charles-Antoine de la Roche-Aymon, le certificat
dont il a besoin pour se présenter au baccalauréat ès arts, parce que le
noble abbé, dont il a dirigé les études philosophiques, n'a pas tenu ses
engagements. On lui avait promis 300 livres d'honoraires; on ne lui en
offre maintenant que 100. Encore ne veut-on pas les payer comptant.
Arch. de l'Univ., reg. 42, f°° 97 et 98.

modités suffisantes pour subsister...[1] » Cette requête ne
fut pas admise; mais tout le plan qu'on devait suivre y est
tracé, et l'Université, à qui revient le mérite de l'invention, n'a eu qu'à la reprendre et la mettre au point. Ses
chefs n'avaient jamais perdu de vue un objet si important.
Le premier qui s'y employa vigoureusement et avec une
pleine confiance dans le succès définitif semble avoir été
le recteur alors en fonctions, M° Petit Demontempuys. Il
était d'ailleurs certain de répondre aux vœux de toutes les
compagnies de la Faculté des arts, lasses enfin d'un état
de choses intolérable. Il s'assura tout d'abord des dispositions du duc d'Orléans, de qui l'affaire dépendait, et lorsqu'il fut bien certain qu'elles étaient favorables, il lui présenta un mémoire où il faisait valoir avec éloquence les
services, le désintéressement, la pauvreté et les droits de
l'Université de Paris[2]. Ce mémoire fut bien accueilli du
prince, qui était déjà gagné à une cause si juste, et qui
promit dès lors d'accorder à l'Université sa demande. Mais
entre la promesse et l'exécution il s'écoula plusieurs
années, et M° Demontempuys n'était plus recteur quand la
grande affaire de l'instruction gratuite aboutit enfin après
beaucoup de démarches, de pourparlers et d'appréhensions.

C'était le deuxième successeur de M° Demontempuys,
M° Charles Coffin, qui devait avoir l'honneur de conclure
une négociation qui intéressait à un si haut point l'Université. Personne n'en était plus digne que lui, et il ne le
cédait en zèle et en dévoûment à aucun de ses grands prédécesseurs, les Dumonstier, les Grangier, les Padet et
M° Demontempuys lui-même. En présentant, selon l'usage,
un cierge au duc d'Orléans le jour de la Chandeleur, le

1. Requête de l'Université de Paris au Roi, citée dans les *Pièces concernant les Messageries de l'Université*, p. 13-14.
2. Ce mémoire manuscrit se trouve à la Bibliothèque de l'Université
parmi des papiers provenant de la bibliothèque de M° Demontempuys. Il
porte le n° 61 dans le dossier 213, qui a pour titre : *Différentes pièces relatives à M. de Montempuys.*

premier février 1716, Coffin prononça un très habile discours où il lui attribuait l'idée première de l'éducation gratuite, et intéressait à la fois la justice, la gloire et la bonté
du prince dans la cause de l'Université[1]. Il ne craignait pas
du reste de laisser discrètement entendre que l'Université
réclamait un droit et non pas une faveur, allusion trans-
parente à la propriété des messageries, et il terminait en
adjurant le prince de consommer une œuvre qui lui ferait à
jamais honneur. Le même jour, il s'efforçait aussi d'obtenir
l'appui du garde des sceaux, d'Argenson. Ces sollicitations
si pressantes devaient être couronnées d'un plein succès.
Des mémoires établissant les droits de l'Université sur
ses messageries furent préparés et présentés à MM. Fagon
et d'Argenson, commissaires délégués par le régent à
l'examen du projet[2]. Sur le vu de ces pièces, une pension
annuelle de 120 000 livres sur le Trésor royal fut tout
d'abord offerte à l'Université en échange de ses messageries, qui seraient réunies à celles du roi. Cette proposition ne fut pas acceptée, pour des raisons que le recteur
déduisit et qui firent impression sur les commissaires.
Enfin, le 16 avril, M⁰ Fagon informa le recteur que le roi
accordait la grâce telle qu'elle était sollicitée. Les quatre
Nations de la Faculté des arts nommèrent des députés
munis de pleins pouvoirs pour conclure l'affaire avec la
commission royale[3]. Ces députés s'assemblèrent chez le

1. Ces détails sont tirés en grande partie de l'*Éloge historique de
M. Coffin*, placé en tête de ses *Œuvres*.
2. Un maître de la Nation de Normandie, Dágoumer, avait pris la
plus grande part à tous ces travaux préparatoires. Il avait recherché et
rassemblé avec un zèle absolument désintéressé tous les titres favorables
aux droits de l'Université. La Nation de Normandie reconnaissante lui
décerne de grands honneurs. On propose de frapper une médaille à son
effigie; on fera dire des messes pour la conservation de sa vie, et, après
sa mort, pour le repos de son âme; et, dans la chapelle du collège d'Harcourt, il sera scellé une plaque de marbre portant inscription des services
rendus par Dagoumer. Il refuse tout. Arch. de l'Univ., reg. 11ᵇⁱˢ, fᵒ 311 rᵒ.
3. Les députés chargés de négocier une affaire si importante étaient
les hommes les plus considérables de l'Université. La Nation de France
avait choisi Pourchot, Balthazar Gibert, Charles Rollin, Demontempuys, etc.; la Nation de Picardie, Pierre Billet, Antoine de Bacq, etc.; la

recteur et, devant deux notaires, donnèrent leur consentement à la réunion des messageries de l'Université aux
messageries du roi, sous deux conditions : 1° que les
N\. 'ons demeureraient propriétaires de leurs messageries;
2° que dans le bail général des postes et messageries de
France, la Faculté des arts aurait, non pas une somme
fixe, mais une quotité variable qui augmenterait ou diminuerait suivant le bail[1]. Cette somme devait s'élever au
vingt-huitième effectif du bail général. Ces conditions,
dont la seconde était particulièrement importante, furent
acceptées par les commissaires, et on les inséra dans l'arrêt
du Conseil et les Lettres patentes qui intervinrent le
14 avril 1719. Ces Lettres accordent à l'Université le vingt-
huitième effectif du prix du bail général des postes et messageries de France, sous cette condition, disait le roi, qu'à
dater du premier avril, « l'instruction de la jeunesse sera
faite gratuitement dans les collèges de plein exercice de
notre fille aînée l'Université, sans que, sous quelque prétexte que ce soit, les régents des dits Collèges puissent
exiger aucuns honoraires de leurs écoliers; faute de laquelle
instruction gratuite, le dit Arrêt et les Présentes demeure-
ront nuls comme non avenus[2] ».

Nation de Normandie, Jean-Baptiste Couture, Guillaume Dagoumer, Pierre
Viel, etc. *Pièces concernant les Messageries de l'Université*, p. 65-66.

1. « ... Car, si l'Université se fût contentée d'une somme fixe, elle eût
converti sa propriété en une simple créance, et se serait mise dans
l'impuissance de soutenir à l'avenir les engagements qu'elle prenait avec
le Public. Cet engagement n'était pas pour un temps limité; il devait
durer autant que l'Université, autant que la Monarchie. Or, elle prévoyait que, dans la suite des temps, d'un côté le prix des choses nécessaires à la vie augmenterait; et que de l'autre le Bail des Postes et
Messageries croîtrait à proportion; qu'ainsi renonçant à tirer aucun
salaire de ses leçons et ne se réservant que le prix de ses Messageries, pour
fournir au logement, à la nourriture et à l'entretien de tous ses Professeurs, tant actuels qu'émérites, elle devait demander une somme proportionnelle aux besoins, qui par cette règle de variation serait toujours différente, prise dans le sens absolu, et toujours la même dans le sens relatif
aux besoins, aux temps et à son unité. » *Pièces concernant les Messa-
gerie*, etc., p. 60.

2. Lettres patentes du 14 avril 1719. — C'était, comme on voit, un contrat solennel entre le roi et l'Université. Le roi accordait à l'Université

Peu de jours après, les Lettres patentes furent enregistrées au Parlement et à la Chambre des comptes. On se ferait difficilement une idée de l'allégresse et de l'enthousiasme qui éclatèrent alors non seulement dans le quartier latin, mais dans toute la capitale. Le 12 mai 1719, Coffin annonça par un mandement célèbre qui fut affiché à la porte des collèges et répandu à profusion dans le public l'établissement de l'instruction gratuite, prescrivit des actions de grâces solennelles et accorda deux jours de congé [1]. Le 22 mai, il se présenta avec son cortège officiel devant le jeune roi, et lui adressa un remercîment ému et touchant. Le même jour, il complimenta le régent dans un noble et beau langage, et se porta garant de la reconnaissance et du zèle de la compagnie dont le prince était l'insigne bienfaiteur. L'Université n'oublia aucun de ceux qui lui avaient prêté leur concours dans cette occasion décisive. Elle remercia publiquement le garde des sceaux d'Argenson, le conseiller d'État Fagon et le premier président de Mesmes. Elle fit, le 13 juin 1719, une procession solennelle à Saint-Roch. Le cardinal de Noailles y officia et un *Te Déum* termina la cérémonie. Enfin, pendant que ses poètes accordaient leurs lyres pour chanter en chœur des cantiques d'actions de grâces [2], elle chargea Rollin de prononcer en son nom un grand discours sur le nouvel établissement; et le futur auteur du *Traité des Études* s'acquitta de sa tâche officielle avec un succès qui dépassa les espérances qu'avait fait naître le nom illustre de l'orateur [3].

le vingt-huitième du produit des messageries, et celle-ci, en retour, s'engageait à distribuer gratuitement l'instruction dans ses collèges.

1. Un nouveau mandement, du 27 mai 1719, annonça que le roi avait accordé trois jours de congé supplémentaires. Mais le recteur, prenant sur lui d'expliquer les intentions du roi, répartit ces jours dans le cours de plusieurs semaines, et les fixa au lundi 5, au mercredi 21 et au mardi 27 juin.

2. *Carmina a viris Academicis scripta, cum Carolus Rollin, antiquus rector, fundatam in Paris. Academiae collegiis gratuitam institutionem Ludovico XV, nomine... Universitatis gratularetur, die 19 dec. 1719.* Il existe deux exemplaires de ce recueil à la Bibliothèque de l'Université, rec. U, 64⁹⁹ et U, 67⁴.

3. Rollin prononça son célèbre *Discours sur l'instruction gratuite* le

Si l'on en juge par ce contentement universel[1] et ces témoignages multipliés de reconnaissance, il est évident que l'Université pensait avoir reçu du prince un bienfait dont sa gratitude ne parviendrait jamais à égaler l'étendue. Il s'agit maintenant de savoir si les faits froidement appréciés justifiaient son allégresse, et quelle était à son égard la mesure de la libéralité royale.

Par un arrêt du Conseil du 15 mars 1720, le roi liquida le vingt-huitième du prix du bail revenant à l'Université, et le fixa à 120 528 livres 18 sous 4 deniers, à prendre sur le produit du bail général pendant tout son cours. Restait à répartir cette somme entre ceux qui y avaient droit. Les Nations s'en étaient préoccupées, et dans le contrat passé devant notaire, dont nous avons parlé, elles avaient inséré cette clause : « Conviennent et s'obligent les dits comparans... que sur le dit vingt-huitième, il sera pris la somme de 1000 livres pour chaque professeur de Philosophie et de Rhétorique des neuf anciens Collèges de plein et entier exercice, et non d'autres; celle de 800 livres pour chaque professeur de Seconde et de Troisième; celle de 600 livres pour chaque professeur de Quatrième, Cinquième et Sixième desdits neuf anciens Collèges, et non d'autres Collèges, sans que les dites sommes qui leur tiendront lieu d'honoraires, puissent être diminuées pour quelque cause

19 décembre 1719, devant toute l'Université assemblée aux Mathurins. Ce discours peut se diviser en deux parties. La première est remplie par l'éloge du jeune roi, du régent et de l'Université. La seconde, beaucoup plus intéressante, est la vive peinture des inconvénients de l'ancien mode de rétribution et des avantages qu'on peut se promettre de l'éducation gratuite. Prononcé en latin, ce discours fut traduit en français par M. H. Avocat, des académies d'Auxerre et de Châlons-sur-Marne. Le texte et la traduction se trouvent dans les *Opuscules* de Rollin.

1. Il y eut quelques voix discordantes, mais qui se perdirent dans l'universel applaudissement. Les ennemis de l'Université publiaient partout que l'établissement d'un salaire fixe pour les maîtres était une faute; que les régents, n'étant plus stimulés par l'aiguillon de la nécessité, se relâcheraient infailliblement; et de bonne foi, quelques universitaires, et non des moindres, n'étaient pas éloignés de partager cette opinion. On en a la preuve dans le discours de Rollin, dans une allocution de Coffin, dans un mémoire de Demontempuys, et ailleurs.

que ce puisse être, attendu l'actuel exercice des dits professeurs[1]; le surplus sera partagé également entre tous les Principaux et Régens[2], y compris ceux du Collège Mazarin; les dettes et rentes affectées sur lesdites messageries préalablement payées. Et s'il arrivait dans la suite quelque augmentation de ladite somme totale, elle sera répartie entre tous lesdits Principaux et Régens desdits Collèges, tant Émérites qu'actuellement en exercice[3]. »

Ainsi, 1000 livres formaient le traitement fixe des professeurs de philosophie et de rhétorique; 800 livres, de ceux de seconde et troisième; 600 livres, de ceux de quatrième, cinquième et sixième. De tels honoraires, même en tenant compte de la plus-value de l'argent, paraîtront étrangement mesquins. La grâce que le souverain octroyait ne méritait pas tant de remercîments; et l'Université avait le droit d'attendre davantage, car, après tout, c'était avec son bien qu'on la payait. Cependant, la satisfaction des intéressés n'est pas douteuse. Le régents des collèges préféraient de beaucoup un traitement fixe et régulier, encore qu'insuffisant, à l'ancienne rétribution si humiliante et si incertaine. Avec le nouveau régime, plus d'inconvénients à essuyer. Grâce aux conditions stipulées par la Faculté des arts, ses maîtres allaient désormais obtenir le payement de leurs honoraires sans difficultés, sans sollicitations, sans procès. De plus, les Lettres patentes laissaient espérer des suppléments appréciables. Elles renfermaient cette clause, que le

1. Grâce aux précautions que l'Université avait prises, ses régents furent régulièrement payés de leurs honoraires. On sait qu'il n'en était pas ainsi des professeurs du Collège royal, qui ne pouvaient arracher leur traitement aux trésoriers du roi. Ils étaient quelque peu jaloux des avantages dont jouissaient leurs collègues de la Faculté des arts. Voir Abel Lefranc, *Histoire du Collège royal*, p. 126 et suiv., et 251.

2. Les émérites compris.

3. *Pièces concernant les Messageries de l'Université*, p. 67-68. — Il est bon de remarquer que la division des professeurs en trois ordres rend possible un avancement, qui se traduit par une augmentation d'honoraires. En passant, par exemple, d'une chaire de quatrième à une chaire de troisième, un professeur voit son traitement augmenter de 200 livres, et de 400 livres s'il passe en rhétorique. Cet avancement dépend des seuls principaux.

traitement fixe de 1000, 800 ou 600 livres une fois payé, le reliquat du produit des messageries serait réparti entre les principaux et régents; or, le premier trimestre, déduction faite de tous frais et prélèvements, et de 13 800 livres pour les honoraires fixes de vingt-sept régents de philosophie et de rhétorique, dix-huit de seconde et de troisième, vingt-sept de quatrième, cinquième et sixième, dans les neuf collèges anciens, laissait à partager 15 699 livres 2 sous 11 deniers entre cent vingt principaux et régents, tant émérites qu'actuels de ces collèges. Chacun d'eux eut 130 livres 16 sous 6 deniers, soit un peu plus de 520 livres pour l'année entière[1], et il y avait tout lieu de croire que cette somme serait bientôt dépassée, les baux des messageries devant, selon toute probabilité, augmenter à chaque renouvellement.

Le nouveau système de rétribution présentait encore un autre avantage qui, pour être purement moral, méritait cependant d'être pris en sérieuse considération. En affranchissant les professeurs de l'obligation de se faire payer un salaire qui les dégradait, il les rendait indépendants des familles et les relevait à leurs propres yeux. Ce n'était pas sans rougir que jusqu'alors ils avaient reçu comme une aumône, à la fin de chaque mois, l'honoraire qu'une impérieuse nécessité les forçait d'exiger. Ils seraient désormais dispensés de cette humiliante corvée, et, comme le déclarait Coffin dans le mandement par lequel il portait à la connaissance des élèves et des familles l'établissement de l'instruction gratuite, à dater du 1er avril 1719, les professeurs de la Faculté des arts ne demanderaient plus à leurs écoliers autre chose que le travail et la modestie[2].

---

1. Nous savons qu'il y eut un retard assez long dans le paiement de ces honoraires, et que des difficultés, qui ne furent pas aplanies sans peine, s'étaient élevées entre le fermier des postes et l'Université. Au mois de juin 1720, les régents de la Faculté des arts n'avaient pas encore touché un sou de leur traitement. Cette situation pénible est vivement dépeinte dans un discours de Coffin prononcé le 22 juin 1720 aux comices rectoraux. *Les Œuvres de M. Coffin*, t. I, p. 333.

2. *Ibid.*, t. II, p. 80.

Malheureusement les espérances que l'Université avait fondées sur la plus-value des messageries ne se réalisèrent pas, et ce fut pour elle une amère déception. A la vérité, le prix des baux augmentait, comme elle l'avait bien prévu, à chaque renouvellement, mais elle n'avait pas la moindre part aux augmentations survenues. Elle réclamait avec persévérance contre cette violation flagrante des engagements les plus solennels. En 1729, elle s'adressait au cardinal de Fleury, premier ministre, qui, tout en reconnaissant son bon droit, répondait cyniquement au recteur : « Le Roi n'est point en état, Monsieur, de donner à l'Université la part que vous demandez dans l'augmentation qui a été faite sur le prix du Bail des Postes, et je suis bien fâché de ne pouvoir lui donner cette satisfaction[1]. » L'argent ne manquait point pour satisfaire les fantaisies royales ou pensionner les courtisans et les favorites, mais le Trésor était vide, lorsqu'il s'agissait pour le roi de faire honneur à sa signature. L'Université avait tenu parole : elle donnait gratuitement l'instruction dans ses collèges[2], tandis que le souverain, avec une insigne mauvaise foi, déchirait le contrat qu'il avait scellé de son sceau et fait enregistrer dans toutes les cours.

---

1. *Pièces concernant les Messageries de l'Université*, p. 76.

2. « Nonobstant les ordres du roi et les engagements pris par l'Université, quelques régents continuèrent à se faire payer une rétribution par leurs écoliers; mais cet abus, dénoncé au gouvernement de Louis XV, fut aussitôt porté par le garde des sceaux, M. d'Armenonville, à la connaissance de la Faculté des arts. Voici la lettre que M. d'Armenonville écrivit à ce sujet au recteur, Couvillard-Delaval : « De Fontainebleau, le 21 octobre 1726. Monsieur, j'ay été informé que quelques régens de l'Université, surtout de la philosophie, exigeoient ou recevoient un écu de chacun de leurs écoliers pour chaque inscription qui se répète deux fois l'année. Je vous prie de vous informer exactement de ce fait, et de vous donner la peine de passer chez moy le jeudi 31 de ce mois, à Paris, où je serai pour tenir le sceau, et d'apporter avec vous le titre par lequel ces inscriptions sont établies. Je suis, Monsieur, à vous très-sincèrement. » Note de Jourdain, *Hist. de l'Univ. de Paris*, p. 331. — Cette lettre causa une vive émotion dans la Faculté des arts. Des censeurs furent nommés pour procéder à une enquête sévère. On soupçonnait surtout les professeurs de philosophie des petits collèges de l'abus signalé par M. d'Armenonville. Arch. de l'Univ., reg. 13, f° 153 et suiv.

L'Université s'inclinait devant les refus qu'on lui opposait; mais elle ne se décourageait pas. A chaque nouveau bail, elle adressait ses réclamations au ministère et insistait pour être payée intégralement. En 1740, à l'occasion d'un renouvellement du bail des postes et messageries, elle crut devoir établir encore une fois la légitimité de ses prétentions. Dans un solide et lumineux mémoire qui nous a été conservé[1], elle montra jusqu'à l'évidence qu'elle devait toucher non pas une somme fixe, mais une quotité proportionnelle au produit du bail, et que ses droits avaient été expressément reconnus et confirmés par plusieurs arrêts. Tous ces beaux raisonnements furent inutiles. Il y avait près de cinquante ans que l'Université réclamait en vain, et elle commençait à désespérer d'être jamais écoutée, quand un arrêt du Conseil d'État, en date du 28 février 1756, lui accorda une demi-satisfaction[2]. Aux termes de cet arrêt, la part qui lui revenait dans le bail des messageries était augmentée de 20 000 livres. Ce supplément, qu'on lui mesurait avec tant de parcimonie, élevait de façon appréciable le traitement accessoire qu'elle avait stipulé en faveur de ses régents, et qui était destiné à compléter leurs honoraires. Mais il s'en fallait néanmoins de plus de 100 000 livres qu'elle reçût la somme qui lui revenait légitimement. Elle ne devait obtenir justice qu'en 1766; encore aurons-nous à constater qu'en lui payant ce qui lui était dû, le gouvernement détourna une partie des fonds de leur destination primitive, et les appliqua à des objets que le contrat de 1719 n'avait pas prévus[3]. Jusqu'à cette époque, les régents de la Faculté des arts durent se

---

1. *Mémoire sur le vingt-huitième accordé à la Faculté des arts, en 1719, pour l'établissement de l'instruction gratuite.* Bibl. de l'Univ., rec. U, 17²², in-folio.

2. Elle dut cette faveur aux démarches actives de son recteur, M⁰ Lebel, et à une pièce de vers français adressée par l'un de ses plus jeunes maîtres, lauréat de ses concours, A. Thomas, au contrôleur général des finances, Moreau de Séchelles.

3. Voir le chapitre XI.

contenter d'un traitement qui, tout compris, pour les plus favorisés, ne dépassait pas 1750 livres. Obligés de vivre à Paris avec cette somme, qui était loin de correspondre au prix toujours croissant des denrées, ils auraient été fort à plaindre, s'ils n'avaient eu presque tous, soit dans le collège, soit au dehors, des avantages accessoires au moyen desquels certains d'entre eux, les plus heureux ou les plus habiles, augmentaient considérablement leurs ressources.

CHAPITRE VIII

Les avantages accessoires.

Le législateur de 1600 n'ignorait pas que la rétribution scolaire était insuffisante pour faire vivre les régents de la Faculté des arts, et qu'elle ne pouvait qu'améliorer leur situation en leur procurant un peu de bien-être. Aussi ordonne-t-il que les principaux des collèges fourniront à leurs régents la table et le logement, et qu'ils leur donneront en outre des honoraires raisonnables[1]. Il a même soin de fixer la manière dont les maîtres jouiront de ces avantages. Ils devront prendre leur repas avec le principal et les élèves dans le réfectoire commun. Le réformateur ne craint pas de descendre à ce sujet dans les menus détails de l'économie domestique, et, par un article qui n'est pas le moins intéressant ni le moins utile du nouveau code académique[2], il prescrit certaines mesures de propreté et d'hygiène dont on se dispensait trop volontiers en ce temps-là dans les collèges[3]. C'est ainsi qu'il veut que le mobilier du principal et des professeurs « soit net et luisant; que deux fois pas semaine une nappe propre et fraîchement lavée soit mise sur la table. Une fois au moins

1. Statuts de la Faculté des arts, art. 12 et 31.
2. Complément de la réforme de la Faculté des arts, art. 13.
3. On s'était souvent élevé, et avec raison, contre la saleté des maisons d'éducation.

par mois, les écuelles, les plats, chaudrons, marmites, et tous les vases qui servent pour les aliments seront passés au sable et brillants de propreté. Les chambres seront soigneusement nettoyées et balayées le matin de chaque jour. »

Les mêmes aliments sont servis aux maîtres et aux élèves. On présume cependant que ceux qui paraissent sur la table des professeurs sont plus abondants et apprêtés avec plus de soin. La présence du principal parmi les convives justifie cette hypothèse. Au reste, la nourriture varie suivant les collèges. A Montaigu, par exemple, où la règle imposée par Standonc subsiste dans presque toute sa rigueur, elle est de pitoyable qualité et de plus à peine suffisante; et, à chaque visite, le recteur constate régulièrement qu'il serait bon d'y donner ordre[1]. Mais il est probable que les professeurs, à qui on ne se proposait point d'apprendre l'humilité et l'abstinence, ne faisaient pas aussi maigre chère que les pauvres boursiers de ce collège. A Harcourt, au contraire, la nourriture semble avoir été beaucoup plus soignée, et l'on voit figurer chaque semaine au menu de la pâtisserie et de la volaille[2]. A Mazarin, il ressort des comptes du collège que la pension était excellente, et que les élèves y étaient aussi bien traités qu'ils auraient pu l'être dans leurs familles[3]. Il est vrai que cette

1. Des harengs et les légumes les plus grossiers cuits simplement à l'eau faisaient le fond de la nourriture. Quicherat, *Hist. de Sainte-Barbe*, t. I, p. 131. Érasme, qui avait étudié à Montaigu, se plaignait qu'un pareil régime lui eût délabré l'estomac. Nous le croyons sans peine. Ce collège de pauvres était cependant très riche. Il possédait à la Révolution un revenu de plus de 100 000 livres.

2. Nous renvoyons pour ces détails à l'ouvrage de l'abbé Bouquet, *l'Ancien Collège d'Harcourt*, etc.

3. Voir Alfred Franklin, *Recherches historiques sur le collège des Quatre-Nations*. Il en fut de même plus tard au collège de Louis-le-Grand, où avaient été rassemblés les boursiers des petits collèges supprimés. « Les jours gras, le matin, il sera donné, outre le bouilli une entrée, et le dimanche et jour de congé, gras le soir, une salade outre la pièce de rôti; et les jours maigres, deux plats matin et soir, dont l'un, et autant que faire se pourra, le matin, un plat de poisson; et en outre tous les jours (matin et soir) un plat de dessert. Il sera donné aux maîtres une pinte de vin par jour, et les pensionnaires et boursiers auront à dîner

maison tenait de la générosité de son fondateur des revenus qui lui permettaient de ne pas lésiner sur la dépense. Quoi qu'il en soit, jamais, à notre connaissance, la nourriture n'a été, de la part des professeurs, l'objet de réclamations ou de plaintes, ou s'il s'en est produit, les registres de l'Université n'en ont pas conservé la trace.

Le principal est tenu également de loger ses régents et de mettre à leur disposition des chambres convenables[1]. Les maîtres choisissent leur logement par ordre d'ancienneté ou suivant le rang de la chaire qu'ils occupent. Ils n'ont droit qu'à une chambre nue, qu'ils meublent à leurs frais. Le chef de l'établissement est seulement astreint à la leur faire nettoyer et balayer toutes les semaines. Dans certains cas spéciaux, s'ils veulent être logés moins à l'étroit, ils s'entendent avec le principal, qui leur cède une ou plusieurs pièces supplémentaires, dont ils lui payent le loyer. Bien que nous n'ayons trouvé aucun renseignement sur ces détails de service, nous croyons que, dans la plupart des collèges, le chauffage et l'éclairage restaient à leur charge. Ils pouvaient, pour tous ces objets, s'arranger avec le principal, ou bien en faire eux-mêmes directement la dépense. Au xviiie siècle, on s'éloigne de l'antique simplicité : en matière d'habitation, le strict nécessaire ne suffit plus; on a besoin d'un peu de confortable, et les régents consentent difficilement à se loger dans une pièce unique. Nous verrons qu'à Louis-le-Grand les professeurs, qui tous ont l'avantage d'habiter le collège, y jouissent non pas d'une chambre, mais d'un véritable appartement,

et à souper une roquille. » Cet ordinaire fut encore amélioré par la suite. On ajoute un plat les jours maigres, et les régents voient leur ration de vin augmentée d'un demi-setier. *Recueil de toutes les délibérations importantes du bureau d'administration du collège de Louis-le-Grand*, p. 234.

1. A l'occasion d'une visite faite par les autorités académiques au collège de Lisieux, le principal est invité à fournir aux régents des chambres commodes, « providere ut professores, quos aliunde sterilis et ingratus occupat labor, saltem honesta et commoda habitatione perfruantur ». Arch. de l'Univ., reg. 39, f° 55 v°. En 1646, le collège de Beauvais loge quatre régents et leur assigne à chacun deux chambres : c'est un luxe. Le P. Chapotin, *le Collège de Dormans-Beauvais*, p. 251.

vaste et commode, magnificence dont leurs devanciers n'avaient pas l'idée.

Il paraît que de bonne heure les prescriptions relatives à la nourriture et au logement des professeurs cessèrent d'être observées par les principaux, qui réussirent peu à peu, malgré les réclamations des intéressés, à se soustraire aux obligations que leur avait imposées le législateur[1]. En l'absence de tout renseignement, il est naturel de penser que cet usage, ou plutôt cet abus, s'introduisit dans la Faculté des arts à l'époque où ses maîtres commencèrent à se partager le revenu des messageries. Les principaux s'empressèrent de saisir ce prétexte d'une amélioration dans le sort des professeurs pour se dispenser de les nourrir et de les loger, ou pour exiger d'eux une rétribution en échange des avantages de l'internat[2]. Quelques-uns ne se refusèrent pas à leur conserver ces avantages, mais à la condition qu'ils voulussent bien, en dehors des classes, se charger des fonctions de sous-maîtres, et faire, à ce titre, du service dans l'intérieur de la maison[3]. Nous savons par plusieurs mémoires qu'à la fin du XVIIe siècle, au mépris des statuts, les professeurs de

1. « Le Principal du collège de Beauvais et la plupart des Principaux des autres collèges depuis quelque temps ne nourrissent plus leurs régents, ni ne leur donnent aucun appointement. » *Mémoire instructif concernant l'institution et la destitution des régents de la Faculté des Arts*, etc., p. 7. Ce mémoire est daté de 1683. — « L'on ne dit rien de ce que quelques principaux docteurs ont introduit cette année à l'égard de leurs régents, lesquels ils obligent de payer pension. » *Seconde partie du Factum de la Nation de France*, etc., p. 15.

2. « Les régents non-mariés... pourront aller manger au réfectoire des artistes (petits boursiers), où ils auront leur portion au même prix que les artistes, à condition de payer chacun par an 27 livres pour leur part de frais communs... » Article extrait d'un règlement donné en 1703 au collège du Cardinal le Moine. Arch. de l'Univ., carton 17, 1er dossier.

3. « Attendu que lesdits Professeurs sont nourris dans le collège aux dépens du Proviseur, il y en aura toujours un d'entre eux en tour de semaine qui se trouvera dans la cour, à l'entrée et à la sortie des classes, comme aussi aux heures de récréation, et aux jours de congé, pour aider ledit Proviseur ou le Sous-Principal à tenir les écoliers dans le devoir. » *Avis des Sieurs Pirot, Durieux, Pourchot et Rollin touchant le Règlement qui est à faire pour le collège d'Harcour*, etc. Bibl. Nation., factum 13012, in-folio.

presque tous les collèges de Paris n'étaient plus nourris ni logés gratuitement par les principaux. Les prétentions de ces derniers avaient naturellement provoqué des réclamations énergiques, et il en était résulté de nombreux procès, dont nous ignorons l'issue[1]. Pour se décharger d'une obligation qui leur pesait, les principaux alléguaient que les temps étaient durs, qu'ils avaient des frais considérables, que, bien loin de s'enrichir, ils s'endettaient, et qu'enfin c'était les ruiner que de les contraindre à loger, et surtout à nourrir gratis une dizaine de régents[2].

Quant aux honoraires dont il est question dans le statut, on peut supposer que c'est à la même époque et sous le même prétexte que les principaux ont cessé de les payer. Toutefois la coutume de rétribuer les professeurs, et surtout ceux des premières classes, s'est conservée dans quelques établissements. Au Cardinal le Moine, à Beauvais, à Montaigu, par exemple, elle semble avoir été, sinon toujours, au moins longtemps en vigueur. Le traitement dont il s'agit est d'ailleurs très modeste, et ne dépasse guère 300 livres[3]. Il dépend absolument de la générosité des

---

1. A la fin du xviiᵉ siècle, il y eut procès entre les régents du Plessis et leur principal, les régents soutenant que, d'après les statuts, le principal était obligé de les nourrir, et celui-ci s'en défendant. *Mémoire (manuscrit) contenant les raisons qui prouvent que le Principal du Plessis n'est point obligé de nourrir gratuitement les Régents dudit Collège.* Bibl. Nation., factum 24364ᵇⁱˢ, in-4°.

2. Le principal du Plessis, dans le factum cité plus haut, prétend qu'il se ruine. « Le Principal est prêt de justifier qu'il perdit l'année dernière plus de 2000 livres et qu'il perdra cette année plus de 6000 livres... » Par contre, les boursiers d'Harcourt, en procès avec le Proviseur, établissent qu'il fait chaque année sur les pensionnaires un bénéfice de 24800 livres. Bibl. nation., factum 24316, in-4°. — D'une manière générale, les fonctions de principal dans les grands collèges étaient très lucratives, mais « les Principaux laissent ordinairement à leurs collèges ce qu'ils y ont gagné par leur économie, soit pour la réédification des vieux bâtiments, soit pour fonder de nouvelles bourses, comme ont fait les sieurs Padet, Fortin et autres à Harcourt, le sieur Marlier et d'autres à Montaigu; le sieur Mercier à la Marche, et d'autres ailleurs. » Requête de la Faculté des arts « à *Nosseigneurs de Parlement* ». Bibl. de l'Univ., rec. U, 22ᵇⁱˢ, in-4°.

3. En 1646, au collège de Beauvais, les honoraires des régents des classes supérieures sont fixés à 200 fr. « au plus par an, selon la qualité de la personne employée ». Cette somme est diminuée par la suite. Le P. Chapotin, *le Collège de Dormans-Beauvais*, p. 257. — Vers la même

principaux et des sacrifices qu'ils veulent faire pour avoir de bons régents. Certains, pour engager des sujets de mérite, ne regardent pas à la dépense; d'autres lésinent au contraire, et, par leur avarice, sont cause que l'exercice des classes est parfois à demi interrompu dans leur collège.

Avant 1600, le régent, qui était et demeura toujours chargé de l'entretien de sa classe, et à qui, de ce chef, incombaient certaines dépenses, comme la fourniture des chandelles, bancs, tables, châssis et rideaux pour fermer les fenêtres [1], etc., était autorisé par l'usage à s'indemniser de ces frais en prélevant sur chacun de ses élèves une petite redevance, dont aucun règlement ne fixait le taux. Il était de pratique courante que, si le total des contributions particulières dépassait la valeur des fournitures, le régent bénéficiait de la différence, qui ne pouvait jamais s'élever à une forte somme. Mais il se trouva des maîtres cupides qui ne surent pas se contenter d'un gain raisonnable, et qui exigèrent de leurs élèves un impôt tellement exagéré qu'il devint nécessaire de mettre ordre à un abus si criant. Le statut de 1600 non seulement s'éleva avec force contre ces profits illicites, mais il interdit expressément de rien exiger pour la fourniture du mobilier scolaire, dont la location était censée comprise dans la rétribution de cinq ou six écus d'or que chaque élève payait annuellement à son professeur [2]. Cette défense, sous une forme aussi absolue, était peut-être d'une sévérité excessive et lésait des intérêts respectables. Il aurait fallu condamner l'abus et non l'usage d'un droit qui semble légitime. Au reste,

époque le Grand-Maître du Cardinal le Moine donne 200 à 300 livres au régent de rhétorique, et 100 livres à quelques autres.

1. Dans une supplique adressée au Tribunal académique, un certain nombre de professeurs du Cardinal le Moine demandent « ... ut in singulis ordinibus cathedra, scamna, vitreamina, aliaque id genus Collegii sumptibus suppeditentur, et si quid in id a professoribus impensum sit, prolatis artificum schedulis, ipsis restituatur. » Bibl. Sainte-Geneviève, manuscrit 2150, n° 28.

2. Statuts de la Faculté des arts, art. 32.

cette disposition du statut resta lettre morte, et les régents n'en continuèrent pas moins dans les collèges à percevoir un droit pour la fourniture du mobilier de leur classe, des rideaux et des chandelles[1]; et c'était justice, puisqu'ils en faisaient seuls les frais. Mais il faut dire que le taux en était minime, et qu'il n'ajoutait à leurs revenus qu'un appoint presque insignifiant[2].

Par bonheur, les régents avaient d'autres moyens d'augmenter leurs faibles émoluments. Ils avaient la ressource de donner des leçons particulières aux élèves que les parents plaçaient spontanément sous leur direction. Il leur était loisible aussi de prendre à titre de pensionnaires les enfants qui, pour une raison quelconque, exigeaient des soins plus assidus, ou qui appartenaient à des familles opulentes. Ce système était autrefois en grande faveur dans la riche bourgeoisie[3]. En recevant chez lui des élèves, le régent se charge de leur nourriture, de leur entretien, de la direction de leurs études, de leur éducation en un mot. Il préside à tous leurs exercices, et il est responsable devant la famille de la santé, de la conduite et des progrès des enfants qui lui sont confiés. L'Université laissait ses professeurs parfaitement libres de prendre tous les arrangements qu'ils jugeaient à propos; elle exigeait seulement que leurs élèves particuliers suivissent les classes d'un de ses collèges d'exercice[4].

1. Quelques-uns même, trop intéressés, l'exigeaient deux fois : « ... Monsieur Guenon demande deux fois pour les chandelles et une fois pour les bancs de sa classe. » *Lettre du sieur Guenon, Régent de Philosophie au Collège de Beauvais*. Bibl. de l'Univ., U, 127, in-4°.

2. Dans une longue diatribe des Facultés supérieures contre la Faculté des arts, on lit : « ... Pour le payement de douze ou quinze livres de chandelles qu'ils fournissent aujourd'hui pendant deux mois, il y a tel régent qui tire six cents livres au lieu de six écus au plus, s'ils lui sont offerts gratuitement et volontairement... » Arch. de l'Univ., reg. 99, f° 191. — Cette assertion est une pure calomnie.

3. Il l'est encore actuellement en Allemagne, et surtout en Angleterre.

4. Les professeurs étaient tenus en conscience de faire suivre aux élèves dont ils avaient la charge les cours du collège où ils enseignaient eux-mêmes. S'ils les conduisaient ailleurs, leurs collègues étaient en droit de se plaindre au Tribunal académique.

Mais cette manière aussi honorable que naturelle pour un professeur d'accroître ses revenus n'était pas toujours compatible avec le fonctionnement régulier des collèges et leur discipline intérieure, et souvent elle présentait des difficultés assez graves. L'article 12 des statuts de 1600 obligeait les régents à loger dans l'établissement et à prendre leurs repas avec les élèves dans le réfectoire commun ; mais, comme il est aisé de le remarquer, lorsqu'il s'agissait pour eux de se conformer au règlement, leurs pensionnaires particuliers devenaient une cause de complications et d'embarras. C'étaient le plus souvent des enfants de famille riche, qui trouvaient la table commune trop frugale, et qui ne se souciaient pas de s'assujettir à la rude discipline académique. En ce cas, par suite d'arrangements spéciaux avec les chefs des collèges, les régents nourrissaient eux-mêmes leurs pensionnaires : ils ne paraissaient pas au réfectoire, et ne louaient au principal que le feu de sa cuisine. Mais, outre qu'il était contraire aux statuts, ce compromis était sujet à beaucoup d'inconvénients. Les principaux, qui, dans presque tous les collèges, avaient le pensionnat à leur compte, ne s'y prêtaient pas toujours de bonne grâce[1]. Ils se montraient généralement peu favorables à un régime qu'il n'était pas de leur intérêt d'encourager, vu qu'il diminuait leurs bénéfices, et ils s'irritaient de cette concurrence qui leur était faite dans leur propre établissement. Pour n'avoir plus désormais à la redouter, ils s'arrangèrent de bonne heure presque partout pour tenir seuls la communauté des pensionnaires[2], à l'exclu-

---

1. C'était, prétendaient-ils, de leur part une pure tolérance : « Les régents qui tiennent un petit nombre de pensionnaires dans les Collèges de Lisieux et de La Marche ne les ont que par la permission du principal de chacun de ces deux collèges, qui, ne les nourrissant pas, leur laissent ce petit moyen de subsister, et peuvent leur ôter ce pouvoir quand il leur plaira, ainsi qu'ils l'ont ôté à d'autres. » Bibl. de l'Univ., rec. U, 132, in-4°.

2 ... « Aujourd'hui (vers 1665) dans les collèges les plus fréquentez et célèbres de l'Université, qui sont ceux du Plessis, de Lisieux, de Montaigu, de La Marche, des Grassins et d'Harcour, les pensionnaires sont en communauté qui n'est tenue et régie que par les principaux, ou par

sion des régents, qui, dès lors, perdirent le droit de nourrir les leurs dans l'intérieur du collège, et ne conservèrent plus que celui de leur donner, en dehors des classes, quelques leçons particulières.

La situation changea lorsque, comme nous venons de le voir, les principaux, dans beaucoup de collèges, se mirent sur le pied de ne plus nourrir, ni de ne plus loger leurs régents. Ceux-ci, bon gré, mal gré, furent obligés de vider la place; mais s'ils y perdirent d'un côté, ils y gagnèrent de l'autre. Les avantages de l'internat leur étaient, il est vrai, retirés; mais, en échange, ils recouvraient leur indépendance. Les uns, qui n'avaient pas de charges de famille, surtout les célibataires et les prêtres, allèrent s'installer dans les collèges sans exercice, dont les bâtiments, trop vastes pour le petit nombre de leurs boursiers, leur offraient un logis à bon compte. Les autres se logèrent comme ils purent dans le quartier de l'Université. Beaucoup profitèrent de leur situation nouvelle pour prendre chez eux des élèves, et accroître ainsi d'un bénéfice honnête le faible revenu de leur régence.

Malheureusement le système, excellent dans son principe, dégénéra parfois en une spéculation peu compatible avec la dignité du professeur. On reprochait à certains régents d'être dominés par l'esprit de lucre, et de trans-

les proviseurs principaux. « *Pour maître Thomas Portin Prestre, Docteur en théologie, Proviseur et Principal du Collège d'Harcourt, et les boursiers théologiens du dit Collège joints avec lui. Contre les Régens du dit Collège.* Bibl. de l'Univ., rec. U, 10¹⁷, in-4°. — Les principaux justifiaient ainsi cette usurpation : « Il est nécessaire, écrivait Georges Turgot, proviseur d'Harcourt, de quitter une façon de vivre qui s'est introduite aux collèges depuis environ 45 ans, laquelle aliène totalement les maîtres de leur devoir, les rend plus attentifs au ménage qu'à l'étude; c'est pourquoi ils ne peuvent acquérir un si profond et éminent savoir que s'ils vivaient en commun et étaient déchargés du soin du ménage. Pourquoi il est à propos de décharger les maîtres de tout autre soin, excepté de celui qu'ils doivent vouer à l'institution de la jeunesse, pour la régir selon le vœu et intention de la chose publique; tous les grands personnages qui ont jadis enseigné en l'Université n'ont jamais eu soin particulier du ménage, étant nécessaire pour bien philosopher d'avoir l'esprit libre et tranquille. » Les régents auraient pu aisément, ce semble, retourner l'argument contre les principaux.

former en une industrie mercenaire la noble mission de
l'éducateur[1]. On les accusait, en recevant chez eux des
élèves, de n'envisager que le gain, et de tout subordonner
à de viles considérations d'intérêt[2]. Il n'était pas de
démarche qui leur coûtât, pourvu que le succès y répondît.
Persuadés de l'utilité de la réclame, ils avaient organisé
tout un système de recrutement où elle jouait un grand
rôle. Non contents de faire imprimer des prospectus qui
chantaient leurs louanges, et de répandre à profusion par
la ville des programmes alléchants, ils s'assuraient par
des cadeaux en argent et en nature[3] le concours d'un
certain nombre de rabatteurs chargés de dépister le gibier
et de l'amener dans leurs filets. Ils hantaient sans vergogne les tavernes et les cabarets[4]. Ils entretenaient des
relations suivies avec toutes sortes de gens, des précepteurs, des maîtres de pension, des bedeaux, des sacris-
tains, des marguilliers, etc., qui avaient mandat de
prôner leur enseignement et de les recommander aux
familles. Il n'est pas jusqu'aux Jésuites à qui ils ne fissent
la cour, assistant à leurs exercices et argumentant à leurs
thèses[5]. Si cette diplomatie ingénieuse demeurait sans

1. Certains professeurs ne se font pas scrupule de détourner les élèves
de leurs collègues. En 1676, Mrs Duhamel, Belleville et Charton, du collège
du Plessis, se plaignent, dans une supplique adressée au Tribunal académique, que Mrs Guenon, Porlington et Lefort, du collège de Beauvais, leur
volent leurs élèves, et ne veulent pas les leur rendre. Arch. de l'Univ.,
reg. 34, fol. 15 r°. — Ils se jouent entre eux de mauvais tours. En 1711,
le professeur de sixième du Cardinal le Moine, Mr Dupont des Costils,
qui tient chez lui une pension florissante, mécontent de ses collègues,
envoie toute sa bande d'écoliers à la Marche, frustrant ainsi les régents
du Cardinal le Moine de la rétribution que leur payaient ces écoliers.
Arch. de l'Univ., reg. 41, f°s 148 et 149, et reg. 42, f°s 9 et 10.

 2. Les détails ci-dessous sont en grande partie empruntés à un très
curieux factum déjà cité, *Lettre du sieur Guenon, Régent de Philosophie au
Collège de Beauvais*. Ce Guenon eut de vifs démêlés avec ses collègues.
Voir reg. 11bis, f° 45 et suiv.

 3. Mr Guenon, pour gagner les bonnes grâces d'un maître de pension,
lui envoie un pâté de gibier.

 4. Le syndic Pourchot fait prendre une conclusion pour interdire aux
professeurs de fréquenter les cabarets. Arch. de l'Univ., reg. 39, f° 78 v°.

 5. Au commencement du xviii° siècle, un professeur de philosophie est
sévèrement réprimandé et se voit menacé de peines plus graves pour

résultat, alors ils n'hésitaient pas à payer de leur personne; ils se mettaient eux-mêmes à la recherche des écoliers, et s'en allaient à la découverte dans tous les lieux où ce genre particulier de racolage pouvait se pratiquer avec succès, sur les promenades publiques, aux portes de la ville, dans les bureaux des coches, etc. Une fois qu'ils avaient jeté leur dévolu sur un élève, tout était mis en œuvre pour le gagner. De tous les moyens le plus usité, et sans doute aussi le plus efficace, était de l'inviter à dîner et de le régaler si bien qu'il ne balançât plus à prendre pension chez un maître où l'on faisait si bonne chère. Un écrit satirique de la fin du xviie siècle nous montre un professeur de philosophie, Guillaume Guenon, connu parmi ses confrères pour son humeur dénigrante, « embauchant de nouveaux écoliers, environné de bouteilles ». Faut-il ajouter maintenant que ces pratiques honteuses étaient le fait d'un petit nombre de maîtres moins avides de considération que d'argent, et que les professeurs dignes de ce nom se les interdisaient rigoureusement?

Une ressource accessoire qu'un certain nombre de professeurs peuvent aujourd'hui se ménager, surtout s'ils ont des loisirs, c'est la confection des livres classiques. Ce travail, que d'ailleurs ils regardent moins comme une source de profits que comme une occupation conforme à leurs goûts, est, à tout prendre, assez peu rémunérateur; mais il donne pourtant quelquefois des bénéfices assez honnêtes. Il n'en donnait point dans l'ancienne Université. Si, au xviie siècle, faute d'une réglementation satisfaisante de la propriété littéraire, les ouvrages d'imagination les plus lus et les plus goûtés n'ont jamais enrichi leurs auteurs, à plus forte raison les livres classiques, qui n'avaient presque point de débit. Aussi les professeurs ne se livraient-ils guère à des travaux de ce genre. Alors que

avoir pris part à des exercices de philosophie qui se faisaient chez les Jésuites. Arch. de l'Univ., reg. 11bis, f° 157 r°.

les Jésuites multipliaient les éditions classiques et les adaptaient avec intelligence aux besoins de leur enseignement, c'était chez les maîtres de l'Université une stérilité de production et une disette de bons livres élémentaires qui contrastaient de façon humiliante avec l'heureuse fécondité de leurs rivaux. On continuait à se servir dans les collèges académiques des vieilles publications classiques du xvie siècle[1], dont on réimprimait scrupuleusement jusqu'aux incorrections même, des grammaires de Despautère, de Clénard, des anciens glossaires compacts, obscurs, embrouillés, et qui, de plus, fourmillaient de fautes matérielles. Tout rebutait l'enfant dans ces éditions, dont le seul aspect effarouchait le regard. Les écoliers d'aujourd'hui n'apprécient pas assez leur bonheur. Ils ont entre les mains, dans leurs classes, des livres de format commode et élégant, qui, indépendamment de leurs autres mérites, sont dans leur genre de petits chefs-d'œuvre d'exécution typographique. Leurs devanciers auraient pu leur envier cet avantage, dont ils furent longtemps privés. Ce ne fut, à ce qu'il semble, qu'au commencement du xviiie siècle, quand déjà de Port-Royal, de l'Oratoire, du collège de Clermont[2] on avait vu sortir toute une bibliothèque classique où le mauvais était l'exception, que l'Université eut comme honte de sa stérilité[3], et que ses maîtres commencèrent à s'occuper sérieusement d'un objet qu'ils avaient jusqu'alors trop négligé.

1. Consulter, sur les livres d'enseignement en usage au xviie siècle dans les collèges, la thèse de M. Lantoine, *Histoire de l'Enseignement secondaire au XVIIe siècle*.

2. Voir la thèse de M. Lantoine et l'*Histoire critique des doctrines de l'éducation en France*, par M. G. Compayré, t. I, liv. II.

3. Le 10 octobre 1720, aux comices rectoraux, Coffin, recteur sortant, exhortait tous les professeurs à éditer avec des notes les auteurs classiques. C'était, disait-il, le vœu du chancelier; et il ajoutait : « Laboramus certe magna ejusmodi librorum penuria. » *Les Œuvres de M. Coffin*, t. II, p. 13. — On s'est plaint jusqu'à la Révolution du manque de bons livres classiques pour l'étude de la philosophie, de la langue française, des sciences, etc. Ceux qu'on possédait n'avaient pour objet que l'enseignement du latin. Les grands magistrats du xviiie siècle, La Chalotais, Guyton de Morveau, le président Rolland constatent et déplorent cette lacune.

Le premier qui donna l'exemple fut M° Denis Gaullyer. Conformément à la conclusion rectorale qui interdisait à tout professeur de publier aucun livre sans l'avoir soumis au recteur et aux censeurs nommés pour l'examiner [1], cet universitaire plein de zèle, qualifié simplement dans le procès-verbal officiel de maître ès arts, présentait, le 10 juillet 1716, au Tribunal académique six ouvrages [2] destinés à être mis entre les mains de la jeunesse, et demandait que l'Université voulût bien en prendre la publication sous ses auspices. Ces ouvrages étaient accompagnés des certificats les plus élogieux signés des noms alors illustres de Dupuys, Grenan, Heuzey, le Vasseur, etc. L'Université accueillit avec joie l'hommage qui lui était fait, et, sur la proposition du syndic Pourchot, elle consentit de grand cœur à patroner cette utile publication. Elle décida que les ouvrages offerts par M° Gaullyer seraient adoptés dans les collèges, et elle saisit cette occasion pour exhorter ses maîtres à en composer de semblables, afin que les élèves n'eussent pas la tentation d'employer ceux des Jésuites, ses rivaux [3].

1. Arch. de l'Univ., reg. 31, f° 47 v°.

2. *Rudiment, ou premiers principes de la langue latine avec une syntaxe; — Méthode contenant les premiers principes pour traduire le françois en latin; — Règles d'élégance pour la prose latine; — Règles pour la versification latine et françoise; — Règles pour traduire le latin en françois; — Collecta D. Gregorii Nazianzeni plurima poemata in latinum conversa cum notis grammaticalibus.* — Un peu plus tard M° Gaullyer présente encore plusieurs ouvrages à l'approbation de l'Université, savoir : *Lettres de Cicéron à ses amis, rangées par ordre chronologique; — Recueil des fables d'Esope, de Phèdre et de Lafontaine, qui ont rapport les unes avec les autres; — Recueil de pièces de vers, les plus belles et les plus faciles, tirées des poètes latins et surtout de Martial; — Cornelius Nepos; — Abrégé de grammaire française; — Règles de poétique, tirées d'Aristote, d'Horace, de Despréaux et d'autres célèbres auteurs tant anciens que modernes.* Enfin, en 1734, l'infatigable Gaullyer soumet au jugement du Tribunal académique un *Florus* avec une version et des notes. En 1725, Rollin avait déjà offert à l'Université son *Traité des Études*, et l'ouvrage avait été accueilli avec enthousiasme. — A mesure qu'on avance dans le siècle, les éditions classiques se font moins rares. Elles se multiplient surtout après 1763. Voir Arch. de l'Univ., reg. 47, f°° 182 et 183; reg. 48, f°° 5 et 6, 11, 24.

3. Arch. de l'Univ., reg. 42, f° 67 v°.

L'Université, malgré le caractère précaire de ses ressources, encourageait aussi de ses subsides les travaux de
plus longue haleine et de plus haute portée : ainsi, lorsque
Du Boulay eut entrepris son histoire, véritable monument
élevé à la gloire de l'École de Paris, l'Université lui vint
en aide et fit presque tous les frais de ce grand ouvrage,
dont la composition et l'impression coûtèrent des sommes
considérables[1]. Environ cinquante ans plus tard, en 1707,
Me Claude Capperonnier, un des plus savants philologues
de son temps, lui présenta un *Traité de l'ancienne pro-
nonciation de la langue grecque*, et annonça la publication
future d'une traduction latine du commentaire d'Eustathe
sur l'Iliade et l'Odyssée, accompagnée du texte grec revu
sur les manuscrits, avec des notes. Ces travaux reçurent
les plus grands éloges, et pour aider le jeune helléniste
dans l'exécution de son projet relativement au commentaire d'Eustathe, la Faculté des arts lui accorda, tant qu'il
y travaillerait, une pension annuelle de 400 livres[2]. Nous
ne savons pas si les auteurs dont nous venons de citer les
noms prétendaient tirer quelque parti de leurs ouvrages.
En tout cas, les subsides accordés nous indiquent assez
clairement que la Faculté des arts ne se faisait pas beaucoup d'illusions sur les bénéfices que pouvaient produire
les publications classiques ou les œuvres d'érudition
pure.

Un régent n'était-il pas détaché de toute visée ambi-
tieuse, et se sentait-il capable de rendre quelques services

---

1. L'Université se procura les fonds indispensables d'une façon assez
arbitraire. On inséra dans les statuts de la Nation de France, édités
en 1662, une disposition par laquelle tous les candidats à la maîtrise
ès arts étaient soumis à une taxe extraordinaire d'un écu, s'ils étaient
roturiers, de deux écus, s'ils étaient nobles ou bénéficiers. Cette taxe fut
perçue pendant plus de dix ans.

2. Voir Jourdain, *Hist. de l'Univ. de Paris*, Pièce Justific. 151, et Arch.
de l'Univ., reg. 39, f°s 151 et 161. Me Capperonnier étant entré en 1712
comme précepteur chez un célèbre financier, Antoine Crozat, annonça à
l'Université par une lettre qui fut transcrite dans les registres qu'il renonçait à sa pension. La traduction d'Eustathe ne fut vraisemblablement
jamais terminée.

à ses confrères, il pouvait solliciter leurs suffrages, et briguer une de ces charges électives[1] dont les compagnies particulières ou l'Université en corps avaient la libre disposition. Elles étaient fort honorables, mais, à l'exception d'un petit nombre, peu lucratives. Cependant leur produit, quelque modeste qu'il pût être, suffisait parfois à rétablir l'équilibre compromis d'un budget. C'est sans doute, avec l'influence et la considération qu'elles valaient au titulaire, la raison qui les faisait tant rechercher. Chaque fois que l'une d'elles devenait vacante, on était sûr de voir surgir aussitôt trois ou quatre compétiteurs qui se la disputaient par tous les moyens[2]. Il n'appartenait pas à tout suppôt de revêtir la toge rectorale et d'attacher à sa ceinture l'escarcelle de velours violet; mais il n'était pas au-dessus de l'ambition du plus modeste régent d'aspirer, dans le cercle restreint de la Nation, aux honneurs estimés de la procure, de la censure ou tout au moins du décanat. A chacune de ces dignités étaient attachés des avantages temporels qui, si modiques qu'on les suppose, venant s'ajouter aux émoluments de la régence, ne laissaient pas de les augmenter sensiblement.

Mais, si même on imagine un professeur dépourvu de toute ambition et se souciant peu, fût-ce au prix de certains avantages, de joindre aux fonctions pénibles de la régence une charge presque aussi laborieuse, il pouvait, à la seule condition d'être ponctuel et régulier, réaliser quelques petits bénéfices qui n'étaient pas à dédaigner. Depuis un temps immémorial, chaque Nation était dans l'usage, à l'occasion surtout de certaines cérémonies religieuses, messes, vêpres, etc., et des élections académiques, d'accorder à tous ses suppôts, sur son trésor particulier, de menues gratifications en argent désignées sous

____

1. Ou même plusieurs, car le cumul se pratiquait largement dans l'ancienne Université.
2. Il nous est parvenu un grand nombre de pièces de procédure relatives aux charges académiques.

le nom de sportules[1]. C'était un moyen de rendre les assemblées plus nombreuses et plus suivies. Les seules conditions exigées pour avoir part à ces libéralités, qui ne dépassaient jamais une livre, était d'assister à la cérémonie qui les motivait et de porter le costume académique. Il suffisait donc d'être assidu pour faire ainsi chaque semaine quelques modestes profits. Toutefois, quoique le taux de ces distributions eût été augmenté à plusieurs reprises, les suppôts qui n'étaient pas tout à fait besogneux estimaient que la sportule ne valait pas la peine qu'on se dérangeât pour la toucher, et, s'ils assistaient aux assemblées de leur Nation, ils n'y étaient point attirés par l'appât du jeton de présence. L'Université, dans les circonstances solennelles, en particulier pour les processions, payait encore à tous ses membres, sur les fonds communs, un droit de présence qui variait suivant la qualité des personnes et la distance parcourue par le cortège académique.

Il faut enfin, et surtout, compter au nombre des avantages accessoires les privilèges dont les rois et les papes s'étaient plu, au moyen âge, à gratifier l'Université de Paris[2]. L'Université y attachait une telle importance qu'elle avait le plus grand soin de les faire confirmer à chaque changement de règne par le nouveau souverain. Elle n'avait point de repos tant que cette formalité n'était pas remplie. Parmi ces privilèges, les uns étaient communs à tous les suppôts indistinctement, prêtres et laïcs, réguliers[3] et séculiers; d'autres, et c'étaient, au moins en

1. Nous renvoyons, pour plus ample information, à l'ouvrage de Du Boulay, *De Patronis IV Nationum.*

2. Crevier explique et justifie ces privilèges en observant qu'au moyen âge les Universités étaient surtout fréquentées par des étrangers, qui, se trouvant sans défense dans une ville inconnue, avaient besoin d'être protégés. On peut croire aussi que les rois et les papes s'étaient proposé par là de peupler les Universités et de les rendre florissantes. — Voir le *Recueil des privilèges de l'Université de Paris accordés par les rois depuis sa fondation, jusques à Louis le Grand, XIV du nom.*

3. La Faculté de théologie comptait parmi ses membres quelques réguliers. Leur nombre était strictement limité.

principe, les plus lucratifs, concernaient seulement les ecclésiastiques, tel, par exemple, le privilège si haut prisé de l'*expectative des gradués*.

Le plus important des privilèges royaux est celui de *committimus* ou de *garde-gardienne*. En vertu de ce privilège, qui était presque aussi ancien que l'Université, ses écoliers, officiers, suppôts et serviteurs pouvaient faire assigner devant leur juge conservateur, qui était le prévôt de Paris ou son lieutenant civil au Châtelet, tant en demandant qu'en défendant, toutes sortes de personnes, en quelque endroit du royaume qu'elles fussent domiciliées; et cela pour toutes sortes de causes civiles, personnelles, possessoires et mixtes, pourvu qu'elles fussent entières et qu'il n'y eût pas eu contestation en cause pardevant d'autres juges [1].

Tous les suppôts de l'Université, sans exception, professeurs, messagers, libraires, relieurs, etc., jouissaient de ce privilège qui, à la vérité, ne les faisait pas plus riches, mais qui, en cas de procès, leur épargnait de

[1]. Voici comment s'exprime Louis XIV dans l'édit par lequel il confirme les privilèges de l'Université de Paris : « ... et, d'autant qu'il n'est pas raisonnable que les docteurs, maîtres, bacheliers, suppôts, écoliers et officiers de ladite Université fussent distraits de leur profession, études et services hors ladite ville de Paris pour le fait de plaidoirie, Nous, confirmant et continuant leurs anciens privilèges, avons pris en notre protection et sauve-garde leurs personnes et biens; et leur avons octroyé, par ces présentes, pouvoir de faire appeler et convenir toutes sortes de personnes, tant en demandant qu'en défendant, pour toutes causes et affaires, sçavoir, notre dite fille, en corps, en notre cour de Parlement de Paris; et lesdits particuliers docteurs, maîtres, bacheliers, suppôts, écoliers et officiers, par-devant notre prévôt de Paris ou son lieutenant, conservateur des privilèges à eux accordés, sans qu'ils puissent être appelés ailleurs par aucunes personnes de quelque qualité ou condition qu'ils puissent être, sous quelque cause ou prétexte que ce soit, sans qu'ils soient tenus comparoir devant autres juges quelconques, dont nous les dispensons; leur interdisant la connaissance, qui appartiendra à notre dit Parlement ou à notre dit prévot de Paris ou son lieutenant civil, conservateur des dits privilèges; nonobstant toutes ordonnances, mandements, coutumes et autres à ce contraires, et aux dérogatoires des dérogations y contenues; à quoi nous avons dérogé et dérogeons par ces présentes. » *Edit du roi Louis XIV*, *du mois de septembre 1661 portant confirmation... des privilèges de l'Université de Paris, vérifié en Parlemen le 5 septembre 1661.*

grosses dépenses; car déjà, sous l'ancien régime, les déplacements étaient coûteux et la justice dispendieuse. Il s'étendait même aux écoliers, et un enfant de neuf ans, élève de sixième, pouvait en bénéficier au même titre que son régent. Il lui suffisait d'obtenir des lettres de scolarité que le recteur délivrait à tout écolier qui avait six mois d'études consécutives dans un collège de l'Université[1].

Cet utile privilège était accompagné de beaucoup d'autres, qui avaient bien aussi leur prix. Chaque prince, à l'exemple de ses prédécesseurs, renouvelait dès le commencement de son règne, les anciennes déclarations royales qui accordaient aux suppôts de l'Université de Paris « immunité et exemption de toutes charges publiques[2], tailles, aides, subsides, emprunts, droits d'entrée de ville pour chacun muid de vin provenant soit de leur cru sur leurs fonds en bénéfices, ou acheté pour leur provision; ensemble du gros et de huitième en cas de débit; et de toutes impositions, logement de gens de guerre, levées de deniers et péages, tant sur eau que sur terre, même sur toutes marchandises et denrées...; pareillement, exemption de guet, gardes des portes, tant de jour que de nuit, de toutes charges publi-

1. Suivant son habitude en pareille matière, l'Université prenait les plus grandes précautions pour que les écoliers seuls qui y avaient réellement droit obtinssent des lettres de scolarité. Règlement de 1626, art. 11-16. — *Formulaire des lettres de scolarité* : « Universis praesentes Litteras inspecturis... Rector Universitatis, Magistrorum, Doctorum, et Scholarium Parisiis studentium salutem in Domino. Notum facimus quod dilectus noster... Diocoesis... Scholaris actu studens Parisiis, in collegio... sub... Professore... ordinis, die datae praesentium in nostris manibus juratus fuit, ac praedictae Universitatis commentariis sub hac nostra Rectoria per nos inscriptus et immatriculatus. Quare nos dictum Scholarem privilegiis, immunitatibus et libertatibus dictae Universitatis uti et gaudere volumus ac defendi quocumque se duxerit transferendum. Datum Parisiis, sub sigillo Rectoriae praefatae Universitatis, anno Domini... » *Actes concernant les serments que Monsieur le Recteur reçoit des écoliers, officiers et suppôts de l'Université de Paris; et moyens pour éviter les fraudes et abus en l'obtention des Lettres de Scholarité, Privilèges et Degrés.* Bibl. de l'Univ., rec. U, 3⁵, in-4°. Ce recueil est connu sous le nom de *Livre bleu.*

2. Dans les temps de troubles ou de péril national on passait par-dessus les privilèges, et l'Université était mise à contribution. C'est ce qui lui arriva plusieurs fois, en particulier sous Louis XIII, et pendant la Fronde.

ques, tutelles, curatelles, contributions et levées de
deniers, même sur les habitants... de Paris, tant exempts
que non exempts, privilégiés ou non privilégiés, et généralement de toutes contributions, même pendant le temps
de guerre; et autres usages et privilèges dont l'Université,
ses suppôts, officiers et serviteurs avaient droit et étaient
en bonne possession [1]. »

Toutes ces franchises et exemptions n'étaient pas d'égale
importance, mais toutes avaient leur valeur, et il n'était
point de suppôt qui, à un moment donné, ne fût bien aise
d'en réclamer le bénéfice. Elles étaient de plus très honorables; elles plaçaient l'Université en dehors du droit
commun, et lui conféraient une sorte de noblesse. C'en est
assez pour justifier l'empressement qu'elle mettait à solliciter leur confirmation du prince à chaque changement de
règne, et la joie avec laquelle elle recevait ce nouveau
témoignage de la protection royale.

Les privilèges que nous venons d'énumérer sont communs à tous les membres de l'Université : tous en jouissent sans distinction de qualité. Mais un avantage réservé
à une seule catégorie de suppôts, et de beaucoup le plus
précieux, c'était le droit de prétendre, sous certaines conditions de temps d'étude et de grades, aux bénéfices ecclésiastiques, ou, comme on disait, l'expectative des gradués [2].

<hr>

1. *Edit du roi Louis XIV*, etc. — Par un privilège spécial aux professeurs de l'Université de Paris, leurs honoraires ne sont pas sujets à être
saisis par leurs créanciers, « parce que ces honoraires sont le prix d'un
travail journalier, qui n'a pour objet que l'utilité publique; et que la plupart des professeurs, si leurs honoraires étaient saisissables, se trou-
veraient forcés de discontinuer leurs fonctions, par défaut de subsistance
et d'entretien... » Le traitement des maîtres n'était saisissable que dans
un seul cas, à savoir « pour le paiement des livres, instruments et autres
objets à eux nécessaires, relatifs à l'éducation de la jeunesse confiée à
leurs soins ». *Recueil de plusieurs des ouvrages de M. le Président Rolland*,
p. 41.

2. « Par le mot « expectative » on entend le droit accordé à un ecclésiastique d'être pourvu d'un bénéfice actuellement vacant ou qui vaquera
dans la suite. » Piales, *Traité de l'expectative des gradués*, t. 1, p. 1. « Par
« gradué » on entend communément celui qui, ayant étudié pendant
cinq ans dans une Université, y a pris un degré; il n'importe dans

Les ecclésiastiques seuls bénéficiaient de l'expectative; mais cette qualité pouvait s'acquérir à peu de frais. Il suffisait d'avoir la tonsure; et la plupart des universitaires la portaient. Le privilège de l'expectative s'étendait donc à un très grand nombre de personnes. Comme c'est lui principalement qui a peuplé les Universités et les collèges, qu'il a rendu à son heure au moins autant de services à l'État qu'à l'Église, et qu'il a été au xviii° siècle l'objet de discussions passionnées, il n'est pas superflu, pensons-nous, d'en raconter brièvement l'histoire. L'expectative des gradués était, dans son principe, un privilège apostolique. Elle tirait son origine d'une concession des souverains pontifes en faveur des ecclésiastiques qu'ils désiraient avantager. Elle fut réglementée et établie pour la première fois sur des bases fixes par le concile de Bâle. La fin de ce concile, dans le nouvel établissement, était, d'une part, de procurer aux bénéfices des titulaires capables de les administrer fidèlement, et de l'autre, d'assurer une honnête subsistance aux gens de lettres, alors absolument négligés par la plupart des patrons et des collateurs, qui leur préféraient leurs créatures[1]. Il fit une sorte de partage des bénéfices entre les Universités et les collateurs, en décidant que les gradués auraient droit au tiers des bénéfices, les patrons et collateurs restant libres de disposer comme ils l'entendraient des deux autres tiers. Ce partage fut adopté par la Pragmatique Sanction de Bourges, en 1438. On y introduisit seulement quelques modifications. Ainsi, le concile n'avait distingué les gradués que par la diffé-

---

laquelle des quatre Facultés il ait pris ce degré. Ainsi on peut être gradué, à l'effet de jouir de l'expectative, en qualité de maître ès arts, de bachelier, de licencié ou de docteur. » *Ibid.*, t. 1, p. 22. — Dans son grand ouvrage, en cinq volumes, édité en 1757, Piales n'a laissé sans réponse aucune des multiples questions qui se rattachent au droit des gradués. On peut y recourir si l'on tient à connaître à fond ce privilège, autrefois si important, de l'expectative. Il nous a fourni une bonne partie des détails qui suivent.

1. Le concile avait eu aussi l'intention de favoriser les Universités, seules écoles capables de former des ecclésiastiques instruits.

rence de leurs grades. La Pragmatique établit entre eux
une nouvelle différence, en les séparant en deux classes,
l'une de gradués simples, c'est-à-dire de ceux qui n'avaient
que les lettres de leurs grades, avec le certificat de leur
temps d'étude, l'autre de gradués nommés, c'est-à-dire de
ceux qui avaient de plus l'avantage d'être inscrits sur le
« rôle » d'une Université, et d'en avoir obtenu des lettres
de nomination ou de recommandation adressées à quelque
collateur[1]. La Pragmatique affecta le tiers de l'expectative
à tous les gradués indistinctement, simples ou nommés,
laissant aux collateurs toute liberté de choisir entre eux,
et elle affecta les deux autres tiers aux seuls gradués
nommés.

Le Concordat entre François Ier et Léon X, en 1516, sans
toucher au nombre, ni à la qualité des bénéfices affectés
aux gradués, en régla seulement le partage d'une manière
un peu différente. Par la Pragmatique, de trois bénéfices
vacants, il en était dû un aux gradués. Le Concordat, pour
éviter les conflits que ce partage faisait naître, au lieu
d'affecter aux gradués le tiers des vacances, leur affecta,
ce qui revenait au même, celles qui surviendraient dans le
tiers des mois de l'année ; et les mois qu'il leur assigna
pour composer ce tiers furent ceux de janvier, avril, juillet,
octobre, c'est-à-dire le premier mois de chaque saison. Le
Concordat laissa subsister encore la distinction des gradués
simples et des gradués nommés, mais il crut devoir modifier le partage qui leur avait été fait du tiers des bénéfices
attribués à l'expectative. Ce tiers avait appartenu jusqu'au
temps de la Pragmatique aux seuls gradués que l'Université inscrivait sur ses rôles, c'est-à-dire aux gradués
nommés. La Pragmatique leur avait associé les gradués

____

1. Déjà, au xviiie siècle, la distinction entre les gradués simples et les gradués nommés est presque effacée, car tout gradué simple peut obtenir des
lettres de nomination. Il lui suffit de les demander, et si l'Université les
lui refusait, dit Piales, il serait bien fondé à se pourvoir contre ce refus
par la voie de l'appel comme d'abus. Crevier s'exprime en termes analogues.

simples pour la troisième partie de ce tiers : le Concordat le leur associa pour la moitié. Ainsi, des quatre mois affectés aux gradués, deux seulement (janvier et juillet) furent réservés aux gradués nommés; et il fut permis aux collateurs de disposer des bénéfices qui vaqueraient dans les deux autres mois (avril et octobre), en faveur de tels gradués, simples ou nommés, qu'ils voudraient choisir. C'est ce qui fit appeler les mois des premiers, mois de rigueur, et les deux autres mois, mois de faveur. Mais le nouveau règlement faisait tort aux Universités en ce qu'il étendait, à leur préjudice, le droit des collateurs, qui pouvaient désormais disposer à leur gré de la moitié des récompenses affectées aux études académiques. Pour les dédommager, il rendit l'expectative de leurs gradués nommés plus rigoureuse par la loi qu'il imposa aux collateurs de préférer toujours le plus ancien[1].

En vertu du Concordat, ces avantages, qui semblent considérables, s'étendaient à tous les gradués ecclésiastiques. Étaient considérés comme gradués : 1° les docteurs, licenciés ou bacheliers des Facultés supérieures, qui avaient étudié dans une Université « fameuse[2] » le nombre d'années déterminé par les statuts; 2° les maîtres ès arts qui avaient cinq ans d'études académiques : c'était ce qu'on appelait le *quinquennium*. Mais pour que les récompenses proposées aux gens de lettres ne devinssent pas la proie d'intrigants, de sujets indignes ou simplement ignorants, le Concordat et les Universités s'étaient ingéniés à décourager la fraude et à ne rendre les bénéfices accessibles qu'à ceux qui remplissaient exactement les conditions stipulées par les deux puissances ecclésiastique et séculière. En conséquence, il ne suffisait pas, pour être en état de requérir un bénéfice, de présenter sa lettre de doctorat, de licence ou de maîtrise; il fallait justifier par témoignage

____

1. Le Concordat maintint l'article de la Pragmatique qui réservait aux seuls gradués les cures des villes murées.
2. Toutes les Universités prétendaient naturellement à ce titre.

authentique d'un temps d'étude complet, et passer en
outre par diverses formalités analogues à celles qu'on exigeait des candidats aux examens de la Faculté des arts.

Le gradué qui voulait obtenir de l'Université des lettres
de nomination sur quelque collateur, devait accomplir de
point en point un cérémonial qui, du reste, s'il avait passé
à Paris, comme c'était la règle, son baccalauréat et sa
licence ès arts, n'avait plus de secrets pour lui[1]. Il allait
trouver le syndic de l'Université et lui présentait : 1° sa
lettre de tonsure; 2° sa lettre de maître ès arts; 3° six attestations de théologie[2], une de chacun des deux professeurs
dont il avait suivi les cours pendant trois ans; 4° un formulaire de *quinquennium*, signé de quatre maîtres ès arts
qui avaient fait eux-mêmes leur *quinquennium*[3]. Puis,
avant d'être admis à supplier, il devait une visite au recteur, aux trois doyens des Facultés, aux quatre procureurs
des Nations. La supplication avait lieu devant le recteur et
son Tribunal, soit le premier samedi de chaque mois, à
une heure de l'après-midi, soit un des jours de procession

1. On a vu qu'il y avait plusieurs qualités de gradués. Nous supposons
qu'il s'agit ici d'un gradué *titulo magisterii artium et quinquennii* (au
titre de la maîtrise ès arts et de cinq années d'études, dont deux en philosophie et trois en théologie). Les gradués de cette espèce étaient les
plus nombreux. Les formalités étaient d'ailleurs à peu près les mêmes
pour tous.

2. *Formul. des certificats donnés par les professeurs en théologie.* —
« Ego infra scriptus sacrae Facultatis Parisiensis doctor theologus,
socius Sorbonicus, et in Sorbona professor regius, testor omnibus
quorum interest, aut interesse poterit X.., meas de Deo, ejusque pro-
prietatibus, publicas lectiones, attente, assidue et modeste scriptis et
auribus excepisse, a Lucalibus anni..... ad inducias usque academicas
subsequentis anni.... In cujus rei fidem, adhibitis pro more nostro qua-
tuor probatae fidei testibus, subscripsi. Datum..... »

3. *Formulaire de quinquennium signé de quatre maîtres ès arts ayant
fait eux-mêmes leur quinquennium.* — « Nos infra scripti in praeclara
artium Facultate Parisiensi in artibus magistri, testamur X..,, et in eadem
Facultate in artibus magistrum per quiuquennium in Academia Parisiensi
assidue ac diligenter studuisse, tum philosophicis, cum theologicis; philosophis quidem a Remigialibus anni millesimi.... usque ad ferias academicas anni millesimi...; theologicis vero a Lucalibus anni millesimi.....,
usque ad ferias academicas anni millesimi....., et per illud tempus frequentasse actus publicos. In cujus rei fidem subscripsimus. Datum Parisiis, die.... mensis.... anno Domini millesimo.... »

ordinaire (quatre fois par an), à huit heures du matin, aux Mathurins[1]. Il allait ensuite, quand il le jugeait à propos, « lever » sa lettre de nomination chez le greffier, auquel il payait un droit, et il jetait son dévolu sur un ou sur plusieurs bénéfices. Lorsqu'il avait fixé son choix, il faisait signifier au collateur[2], évêque, abbé, abbesse, chanoine, etc., son diplôme de maître ès arts, sa lettre de *quinquennium*[3] et sa lettre de nomination[4]; et si tous ces titres étaient bien en règle, si le collateur n'avait pas trouvé le moyen de l'évincer, s'il n'avait pas de concurrent, il était mis en possession du bénéfice.

Nous avons observé que le Concordat, en réglementant l'expectative des gradués, avait établi des degrés dans le privilège. Les gradués nommés étaient plus favorisés que

1. *Formule de supplique.* — « Amplissime Domine Rector, Sapientissimi Decani, Procuratores Ornatissimi, Proceres Academici, Ego X..., supplico pro litteris nominationis, jure Magisterii artium et Quinquennii. »

2. L'Université avait elle-même la collation de quatorze bénéfices : c'étaient les trois cures importantes de Saint-Germain-le-Vieux, de Saint-Côme et Saint-Damien, et de Saint-André des Arcs; et onze chapelles ou prestimonies. Voir Du Boulay, *Mémoires historiques sur les bénéfices qui sont à la présentation et collation de l'Université de Paris.*

3. Cette lettre de *quinquennium* lui était délivrée par la Faculté où il avait fait son étude et obtenu son degré. Il avait dû préalablement justifier de son temps d'étude par des attestations en bonne forme. Ci-après un spécimen de lettre de *quinquennium* : « Universis praesentes litteras inspecturis, Rector et praeclara artium Facultas florentissimi studii Parisiensis : Salutem in Domino. Cum inter ceteras Facultates, ipsa artium Facultas sit prima et praecipua veri indagatrix, cujus finis est verum a falso discernere, multo magis convenit, ut qui in eadem Facultate doctores et professores sunt, abjecta omni personarum acceptione verum et fidele de suis doctoribus, regentibus, suppositis et alumnis perhibeant testimonium. Hinc est quod nos scientiae nostrae veri imitatores et fautores esse cupientes, omnibus singulis, quorum interest, tenore praesentium notum facimus dilectum nostrum magistrum X..., acolytum.... in artibus magistrum, studuisse quinquennium academicum, tum philosophis, tum theologicis in Universitate Parisiensi; philosophicis quidem a Remigialibus *verbi gratia* anni 1745, ad ferias academicas anni 1747; theologicis vero a Lucalibus anni 1747, ad ferias academicas anni 1750, ac per illud tempus frequentasse actus et disputationes philosophicas et theologicas ejusdem Universitatis. In cujus rei testimonium, sigillum nostrum praesentibus litteris duximus apponendum. Datum Parisiis, anno Domini 1751, die.... mensis..... N. Pial. » Piales, *Traité de l'expectative des gradués,* t. III, p. 602-603.

4. La lettre de nomination est trop longue pour que nous la transcrivions ici.

les gradués simples. A dater de 1600, il existe dans l'Université de Paris une nouvelle classe de gradués plus privilégiés encore que ceux qui le sont le plus. Ce sont les régents de la Faculté des arts, auxquels nous sommes enfin ramenés, après avoir dû expliquer l'origine et la nature d'un avantage qui les touchait de si près. L'article 54 des statuts de 1600 porte que pour inviter à la régence un plus grand nombre de maîtres ès arts, ceux qui auront enseigné pendant sept ans, sans interruption et sans fraude, dans un collège de plein exercice seront préférés, dans la nomination aux bénéfices, à tous les autres gradués, excepté les docteurs en théologie[1]. Cette faveur, comme le législateur prend soin de l'indiquer, avait pour objet de faciliter le recrutement, qui fut si longtemps laborieux et précaire, des maîtres de la Faculté des arts[2]. Mais elle n'atteignit pas le but. Il aurait fallu pour guérir ou seulement atténuer le mal des re nèdes plus énergiques. Ce n'est pas en leur présentant ces avantages aléatoires et inaccessibles à tous ceux qui n'étaient pas d'église qu'on pouvait se flatter d'engager en grand nombre dans la régence les maîtres ès arts en quête d'une carrière. Il n'est pas difficile de montrer que le privilège du *septennium*, sans être tout à fait un leurre, était beaucoup moins avantageux que le législateur affectait de le croire.

En dépit de la priorité que les nouveaux statuts assuraient aux septennaires, ceux-ci n'étaient jamais sûrs d'obtenir le bénéfice qu'ils désiraient. En effet, le privilège du *septennium* n'était pas particulier à l'Université de Paris. A son exemple, plusieurs Universités provinciales s'étaient

1. Par l'article 17 du complément de la réforme de la Faculté des arts, les principaux des collèges de plein exercice furent compris dans le même privilège.

2. Piales donne de ce privilège l'explication suivante : « La prérogative de la nomination par les Universités, d'abord particulière à ceux qui enseignaient, communiquée ensuite à tous les suppôts des Universités, étant devenue insensiblement commune à tous les gradués qui la demandaient, on sollicita en faveur des professeurs des Universités un privilège qui pût leur tenir lieu de leur ancienne prérogative. »

empressées de réclamer le même avantage, et, dans le ressort du seul Parlement de Paris, les Universités de Reims et de Caen l'avaient obtenu sans peine et en faisaient jouir paisiblement leurs régents[1]. En outre, il ne faut pas oublier qu'une disposition des statuts de 1600 plaçait, relativement aux bénéfices, les docteurs en théologie sur le même pied que les professeurs septennaires. Or, on sait que les docteurs en théologie, et spécialement ceux de Paris, avaient la réputation de ne pas négliger leur temporel[2]. Enfin le roi avait accordé en 1676 le droit de *septennium* aux professeurs en théologie des maisons de Sorbonne et de Navarre[3], non sans soulever de divers

1. L'Université de Paris soutenait que ses gradués devaient avoir la préférence sur ceux des autres Universités ; mais les Parlements de province n'admettaient pas cette prétention.

2. « Monsieur Grandin, le plus ancien des docteurs régents de Sorbonne, a une chaire de 400 écus, la principalité du collège de Dainville, de même revenu, un canonicat de l'Église cathédrale de Noyon et d'autres bénéfices simples, avec des pensions, et qui achète des terres de plus de 10 000 écus en son pays de Picardie... » «... Les sieurs Guichard (à Navarre), grand-maître de trois collèges, et du Saussoy, grand bénéficier, seraient bien fâchés de passer pour des Professeurs incommodés. Ils ont des chaires bien fondées et en sont bien payés : ils possèdent des bénéfices bien gras et se dispensent volontiers de la résidence. Outre cela, ils ont carrosse et ne vont à pied que par humilité. » — Lorsque les docteurs en théologie étaient en compétition pour un bénéfice avec un professeur septennaire, ils prétendaient, vu l'éminence de leur grade, devoir toujours l'emporter : «... De plus, la science et la capacité d'un Docteur en Théologie qui a consommé une partie de son bien et passé une partie de sa vie et de son temps pour parvenir au Doctorat, qui demande dix ans d'études, ne l'emportent-elles pas de beaucoup sur le mérite et le talent d'un Régent de basses classes, qui a employé sept ans à enseigner trois ou quatre écoliers, et qui a reçu pour récompense onze ou quinze cents livres d'appointement bien payé de l'Université, et qui est encore assuré d'une pension de six cents livres, après quatorze ou vingt ans de service? Et ne serait-ce pas une chose des plus honteuses pour l'Église et des plus criantes, de voir un régent de basses classes, avec un revenu de douze ou quinze cents livres, après avoir régenté seulement sept ans, enlever les plus beaux bénéfices, souvent les Cures les plus grandes et les plus difficiles à desservir, à des Docteurs qui auront travaillé dans l'Église pendant trente ou quarante ans, et qui après de si longs services se trouveront souvent vis-à-vis de rien. » *Mémoire pour les Doyen, Syndic et Docteurs de la Faculté de Théologie de Paris, en la cause actuellement pendante par-devant Nosseigneurs du Parlement.* Bibl. de l'Univ., rec. U, 17¹¹, in-folio.

3. *Déclaration du roy, du mois de Janvier 1676.* Bibl. de l'Univ., rec. U, 17¹⁸, in-folio.

côtés les réclamations les plus vives[1], et en 1680 il l'avait
étendu aux professeurs en droit canonique et civil[2]. On
conçoit que le privilège dont il s'agit, en se communi-
quant à un si grand nombre de personnes, avait multiplié
le chiffre des concurrents et diminué les chances que
chacun d'eux avait d'être pourvu. Un privilège ainsi pro-
digué perd une grande partie de sa valeur, et ceux qui
sont censés le posséder n'en tirent pour la plupart aucun
avantage[3].

On n'obtenait en général que des bénéfices médiocres et
lointains[4]. Beaucoup, pour des raisons diverses, ne produisaient presque aucun revenu, et le nouveau titulaire, après
avoir dépensé en procédures le peu d'argent qu'il avait, ne

1. *Factum pour les Principaux et Régens des collèges de plein et entier
exercice de la Faculté des arts en l'Université de Paris, et pour les anciens
Graduez : contre les Professeurs en Théologie des collèges de Sorbonne et de
Navarre, poursuivans la Vérification des Lettres Patentes par eux obtenues
au mois de Janvier 1676, portant Privilège de sept ans de Régence en théologie comme dans les arts.* Bibl. de l'Univ., rec. U, 916, in-4. — Les théologiens qui appartenaient à d'autres maisons protestèrent aussi, et écrivirent contre leurs collègues de Sorbonne et de Navarre un factum des
plus acerbes, *Factum pour les supérieurs et boursiers théologiens dés collèges de l'Université de Paris contre les docteurs professeurs en théologie
des collèges de Navarre et de Sorbonne.* Bibl. nation., factum 21 306, in-4°.

2. *Déclaration du roy, du 26 Janvier 1680.*

3. Après avoir avili, en le prodiguant, le privilège des régents septennaires, on restreignit encore le nombre des bénéfices sujets à leur expectative. Déjà en 1606, sur les représentations de l'assemblée du clergé,
Henri IV avait excepté les dignités des églises cathédrales de l'expectative,
et ordonné que nul ne pourrait à l'avenir être pourvu de ces dignités
s'il n'était gradué en les Facultés de théologie ou de droit canonique.
En 1713 et en 1743, deux déclarations royales, favorables surtout aux
théologiens, ôtèrent aux régents septennaires tout espoir d'être pourvu,
soit après, soit pendant leur exercice, d'un bénéfice à charge d'âmes. Il
est vrai que la déclaration de 1743 leur accordait une compensation. A
l'égard des bénéfices qui n'étaient point à charge d'âmes (canonicats,
prébendes, prieurés, chapelles, etc.) ils devaient être préférés à tous les
gradués sans exception. La déclaration de 1713, sollicitée par les évêques,
étendait aux dépens de tous les gradués privilégiés les droits des collateurs. L'Université de Paris, dont beaucoup de membres se trouvaient
lésés, réclama dans un long mémoire : *Très humbles et très respectueuses
représentations de l'Université de Paris au roi, au sujet de la Déclaration
du 27 avril 1743.* Elle ne fut pas écoutée.

4. Beaucoup de bénéfices, et en particulier tous les bénéfices-cures,
exigeaient résidence et étaient par conséquent incompatibles avec la
régence.

tardait pas à constater qu'il était aussi besogneux que devant. Quant aux gros bénéfices, les professeurs septennaires n'y pouvaient guère songer[1]. Les patrons et collateurs s'arrangeaient pour les attribuer à leurs créatures; et les régents, qui n'avaient point d'intrigue et manquaient de savoir faire, se voyaient enlever le fruit de leurs peines par des ecclésiastiques ambitieux, remuants, plus habiles qu'eux dans l'art de s'insinuer auprès des puissances. Les évêques, abbés, abbesses, chanoines, etc., étaient assaillis de solliciteurs de tout âge et de toute qualité. Entre tant de concurrents, tous plus ou moins largement pourvus de diplômes, c'était rarement le plus digne qui emportait le bénéfice.

Il était rare, quand on avait obtenu un bénéfice, qu'on pût en prendre tranquillement possession. Les compétiteurs malheureux ne se résignaient pas à leur échec. Ils épluchaient les titres et capacités du nouveau bénéficier, et, pour peu qu'ils y découvrissent l'irrégularité la plus légère, ils lui intentaient immédiatement un procès. Il fallait plaider[2], et, quand même l'issue du litige était favorable au possesseur, il n'en avait pas moins dépensé en frais de justice la plus grosse part des revenus de son bénéfice. C'était la ruine, si par hasard il perdait son procès.

Enfin les lois limitaient trop étroitement le revenu au delà duquel on n'avait plus le droit de requérir aucun bénéfice. Le Concordat avait stipulé que tout gradué qui posséderait un ou plusieurs bénéfices dont les fruits ou revenus iraient à 200 florins d'or de la chambre n'en pourrait plus requérir ou obtenir d'autres en vertu de ses grades ou de sa nomination. On avait jugé que cette somme était

1. Les gros bénéfices étaient de collation laïque, et c'est le roi qui en disposait. Il va sans dire que ceux qui rapportaient 50 ou 100 000 livres de rente n'étaient pas pour les régents septennaires. Ils étaient réservés en général à la noblesse de cour, aux cadets des grandes familles.

2. Il faut « plaider pour avoir des bénéfices. Car on ne les emporte que rarement sans procès et l'on est souvent fort longtemps à les plaider avant que de les obtenir. » *Factum pour les Principaux et Régens*, etc., déjà cité.

suffisante pour l'entretien d'un ecclésiastique. Un édit du roi, daté de décembre 1606, avait ramené l'ancienne évaluation au taux de la monnaie alors en usage, et déclaré que tout gradué pourvu d'un ou de plusieurs bénéfices en vertu de ses degrés serait censé « rempli », s'il en retirait 400 livres de rente; et cet édit avait fixé la jurisprudence à cet égard. Dans la vue d'éviter le cumul des biens de l'Église, dont la cupidité ne se serait pas fait faute, on avait assujetti les gradués à exprimer dans leurs lettres de nomination tous les bénéfices dont ils pouvaient être pourvus, avec leur valeur, afin que, s'ils en sollicitaient d'autres, le collateur fût fondé, le cas échéant, à leur opposer un refus. Il est vrai que cette prescription ne liait que les candidats scrupuleux. Les autres avaient d'autant plus beau jeu pour dissimuler le véritable produit de leurs bénéfices que ce produit variait d'une année à l'autre, et qu'eux-mêmes ne pouvaient pas le prévoir. Rien n'était plus facile que de le hausser ou de le baisser suivant les besoins de la cause, et les « écumeurs » de bénéfices n'y manquaient pas : ils en attrapaient le plus possible en trompant les collateurs. Mais rarement les régents de la Faculté des arts eurent à se défendre contre une pareille accusation. Ils étaient si éloignés de ce cumul simoniaque qu'on citait ceux d'entre eux qui avaient eu la chance d'obtenir un bénéfice de 400 livres de rente[1]. En somme, si l'on examine de près les prérogatives attachées au droit de *septennium*, on verra qu'au fond, pour le plus grand nombre, elles se réduisaient à peu de chose. Ce privilège si vanté n'était qu'un dédommagement très insuffisant des rudes travaux de la régence. Beaucoup de professeurs vieillis dans le métier ne possédaient point de bénéfices ou en possédaient qui ne rendaient rien. Si l'exercice du droit de *septennium* avait procuré de

---

1. Les exemples de régents pourvus de bénéfices avantageux sont exceptionnels. Nous rencontrons cependant au xviiie siècle un professeur de rhétorique au Plessis, Me Antoine Guenée, qui est en même temps chanoine de l'église cathédrale d'Amiens et l'un des chapelains du roi. Arch. de l'Univ., reg. 46, fo 30 ro.

véritables avantages, l'Université n'aurait pas eu à enregistrer les plaintes de tant de maîtres qui déploraient leur misère.

Les recherches qui précèdent sur le traitement des professeurs de la Faculté des arts et sur les avantages qui venaient d'ordinaire s'y ajouter permettent, croyons-nous, de se faire une idée suffisamment juste des ressources dont ils disposaient, tant au xvii siècle qu'au commencement du siècle suivant. Durant cette longue période, la gêne, puis la médiocrité sont la condition commune au plus grand nombre[1]. Bien peu arrivent à l'aisance, et l'on n'a pas d'exemple d'un professeur opulent. Mais la pauvreté n'avait rien qui leur fît peur ou les humiliât, et ils se drapaient fièrement dans les plis de leur toge usée. Crevier constate à plusieurs reprises que le mépris des richesses est une vertu académique, et il écrit, non sans orgueil, à propos d'un recteur qui est trop pauvre pour soutenir comme il convient sa dignité, et à qui l'Université est obligée de venir en aide : « Ces traits me flattent, je l'avoue ; et je me fais gloire d'appartenir à un corps où la richesse est comptée pour rien, où la pauvreté est en honneur, et où le mérite seul donne les distinctions et les places[2]. »

Il disait vrai. En général, les professeurs faisaient peu de cas de l'argent. Avaient-ils amassé quelque somme? Ils en étaient comme embarrassés. Rollin s'aperçut un jour, dit son biographe, qu'il avait devant lui 3000 francs d'argent comptant : une telle opulence le rendit si honteux, qu'il y mit bon ordre par des aumônes abondantes, et qu'il n'eut pas longtemps à supporter cette honte[3]. Il ne serait

1. Dans un long factum, déjà cité, dirigé contre les maîtres de la Faculté des arts par leurs collègues des Facultés supérieures, il est dit « qu'il est facile de prouver que plusieurs régents sont riches de trois et quatre mille livres de rente », et qu'ils se retirent presque tous avec un pareil revenu, et plusieurs grands bénéfices. Arch. de l'Univ., reg. 99, f° 189 et 191. — On peut hardiment s'inscrire en faux contre ces paroles.

3. Crevier, *Hist. de l'Univ. de Paris*, t. II, p. 381-385.

3. *Notes pour servir de supplément à l'éloge de Rollin par M. de Boze*, dans le tome I des *Opuscules* de Rollin.

pas venu à l'esprit de ses pareils de disposer pour eux-mêmes du fruit de leurs travaux, et ils le laissaient à la maison qui était souvent leur seule famille. Ces régents de l'ancienne Université tenaient à leur collège par des liens d'une force et d'une profondeur dont nous n'avons plus l'idée. Innombrables sont les legs et les fondations faites par eux en faveur de l'établissement où ils ont, comme boursiers d'abord, et plus tard comme maîtres, passé quelquefois toute leur vie[1]. Ces libéralités ne sont naturellement pas considérables : aucun régent n'aurait eu le moyen d'enrichir un collège, comme fit Padet, proviseur d'Harcourt, qui donna plus de 70 000 livres à la maison qu'il gouvernait. C'est tout au plus s'ils peuvent y fonder une bourse. Il y a de ces legs dont la valeur est presque insignifiante, mais qui sont inspirés par les plus nobles sentiments; et l'on trouve dans ces testaments de régents obscurs des dispositions vraiment touchantes. S'ils ont fait quelques épargnes, c'est, disent-ils, pour améliorer la situation des petits boursiers, que leur bourse ne suffit pas à nourrir, et qui ont trop de peine à subsister. A défaut d'espèces, et s'ils ne peuvent témoigner autrement l'intérêt qu'ils portent à la maison où s'est écoulé le temps de leur exercice, ils lui laissent leur petite bibliothèque, les pauvres meubles de leur chambre, même leur vaisselle; et ces legs naïfs sont recueillis avec une pieuse reconnaissance[2].

1. Voir de nombreux exemples de ces libéralités dans l'ouvrage de l'abbé Bouquet, *l'Ancien Collège d'Harcourt et le Lycée Saint-Louis*, et dans celui du P. Chapotin, *le Collège de Dormans-Beauvais*. — Il n'y avait pas jusqu'aux gens de service qui ne voulussent s'inscrire au nombre des bienfaiteurs du collège où ils étaient employés. En 1643, Julien le Fauconnier, portier du collège d'Harcourt, abandonne aux boursiers 800 livres et diverses autres sommes. En 1679, Guyon Gervais, cuisinier du même collège, lègue aussi aux boursiers la somme de 1000 livres. *Fondations, Donations, Legs et Acquisitions faites en faveur des boursiers du Collège d'Harcourt*. Bibl. de l'Univ., rec. U, 132, in-4°.

2. On conserve fidèlement dans les collèges le souvenir des bienfaiteurs, leurs noms sont inscrits au nécrologe, et l'on récite pour eux des prières à la chapelle.

Mais il y avait, surtout au xvii° siècle, des régents qui, ne possédant rien, n'avaient point à se préoccuper de cette formalité du testament; et tel d'entre eux, bien loin de pouvoir faire les dons même les plus modestes, se voyait lui-même obligé d'en recevoir. Pendant de longues années, l'Université fut dans l'impossibilité de secourir, le cas échéant, la détresse de ses maîtres. Lorsque l'aliénation du Pré-aux-Clercs et l'exercice de ses privilèges relativement aux messageries lui eurent procuré quelque aisance, alors seulement elle se vit en état d'accorder des secours en argent aux professeurs que des infirmités précoces ou la maladie éloignaient de leur chaire. Les registres ont gardé la trace de ces libéralités[1], qui sont fréquentes et témoi-

1. Nous en avons relevé un certain nombre pour la période antérieure à l'établissement de l'instruction gratuite. En 1648, l'Université accorde un secours de 50 livres à un ancien professeur de philosophie, M° de Crucé, malade et pauvre. Arch. de l'Univ., reg. 28, f° 13 r°. En 1702, M° Pierre de Lenglet reçoit une allocation annuelle de 300 livres. Reg. 39, f° 108 v°. En 1709, M° Henri Desjardins, bachelier en théologie, qui n'a pas de quoi vivre, obtient 100 livres, en attendant mieux. Reg. 41, f° 100 r°. Vers la même époque, un ancien professeur de philosophie nommé Praquin, réduit à la misère, reçoit un secours de 40 livres. Reg. 41, f° 126 v°. La Nation de Normandie accorde, sur ses fonds particuliers, 100 livres à Jacques de l'Œuvre, « viro de Academia bene merito ». Reg. 11bis, f° 155 r°. La même Nation, reconnaissante des services que lui a rendus son appariteur Faitout, prend à sa charge les frais de ses obsèques, et sert une pension à sa veuve. Reg. 11bis, fol. 372 et 373. — En toute circonstance et malgré la médiocrité de ses revenus, l'Université a des procédés généreux. On sait qu'elle encourage de ses subsides ceux de ses maîtres qui entreprennent des travaux littéraires ou scientifiques, et qu'aucun sacrifice ne lui coûte pour donner au public une haute idée de sa munificence. Quand il le faut, elle se montre magnifique. En 1645, elle accorde une indemnité, dont le montant ne nous est pas connu, à Pierre Padet, pour le récompenser du dévouement qu'il n'a cessé de montrer depuis plus de vingt ans aux intérêts du corps académique : elle lui fait aussi présent d'un ouvrage de prix, imprimé depuis peu, la *Collection des Conciles*. Elle accorde 300 livres à Godefroy Hermant, qui l'a défendue avec succès contre les Jésuites, 150 livres au questeur Daccole, etc. En 1716, M° Grenan ayant refusé le présent de 200 livres qu'elle lui avait accordé pour avoir fait et prononcé en son nom l'éloge funèbre de Louis XIV, afin de n'être pas vaincue en générosité elle décide l'achat d'un objet d'art (*aliquid argenteae supellectilis*), qui portera son écusson et qui sera offert à son régent. Reg. 41, f° 55 r°. Sa libéralité s'étend même, à l'occasion, sur des étrangers. En 1720, elle alloue un secours de 30 livres à un cocher qui s'était crevé un œil en conduisant deux de ses officiers, M° Pourchot et Douté. Reg. 42, f° 173 v°.

gnent avec éloquence des sentiments de solidarité qui animaient les maîtres de l'école de Paris. Jamais un régent dont le sort est véritablement digne d'intérêt ne fait appel en vain à ses confrères. Régulièrement ils viennent à son aide et lui allouent des subsides proportionnés à ses besoins. Après 1766, grâce à l'élévation du produit des messageries, la situation générale devient meilleure, et l'on n'entend plus de régents crier famine. Comme ils ne sont pas ambitieux, dès qu'ils ont à peu près le nécessaire, ils ne demandent pas le superflu, et se tiennent pour satisfaits de leur modeste condition.

CHAPITRE IX

L'éméritat.

Pendant des siècles il n'y eut guère en France de condition plus déplorable que celle du professeur que les infirmités ou l'âge mettaient hors d'état de continuer son service. S'il n'avait pas fait quelques économies pendant sa longue et pénible carrière, ou s'il ne lui était pas échu quelque bénéfice avantageux, il se trouvait sans ressources à un âge où précisément on a le plus besoin de bien-être. Il tombait soudain dans la misère qu'il avait côtoyée tout le temps de son exercice, et qui avait bientôt raison d'un organisme usé par les veilles et les fatigues de l'enseignement; et le vieux régent, à qui trente ou quarante années de labeurs n'avaient pu donner même le nécessaire, au lieu de finir paisiblement ses jours dans une retraite honorable et douce, mourait de faim, de froid et de privations dans quelque pauvre galetas. Une vieillesse au moins besogneuse, tel était le sort qui attendait la grande majorité des professeurs. Du Boulay nous apprend qu'au XVIe siècle les régents mis à la réforme par leurs principaux se faisaient précepteurs dans les familles qui voulaient bien les recevoir, ou tâchaient de se placer chez les imprimeurs [1], dont les boutiques s'ouvraient tout le long de la rue Saint-Jac-

1. Du Boulay, *Hist. Univ. Paris.*, t. VI, p. 231.

ques, et qui manquaient de bons ouvriers. Mais un professeur qui n'est plus apte à remplir ses fonctions ne l'est pas davantage à travailler dans une boutique; et d'autre part, l'emploi du pédagogue n'est guère moins laborieux que celui du professeur. Cette ressource échappait d'ailleurs au plus grand nombre, qui se trouvaient ainsi réduits à la plus lamentable détresse.

En ce temps-là, ils ne devaient guère compter, pour venir à leur secours, sur le corps auquel ils appartenaient. Nous ne voulons pas dire qu'ils en fussent complètement oubliés. Mais avant que l'exploitation régulière de ses messageries ne l'eût mise un peu plus au large, l'Université était trop pauvre pour aider efficacement ses vieux serviteurs. Tout ce qu'elle pouvait faire, c'était de leur confier de préférence les charges de censeurs, procureurs, questeurs, etc., qui produisaient un petit revenu, et de leur accorder de temps en temps de modiques secours, qui soulageaient momentanément leur misère, mais ne les mettaient pas à l'abri du besoin pour le reste de leurs jours.

Malgré l'intérêt capital que présentait la question des émérites et l'urgence qu'il y avait à la résoudre, le réformateur de 1600 a cru pouvoir la négliger. Dans ces statuts où il descend parfois jusqu'aux minuties, aucun article ne montre qu'il se soit préoccupé de savoir ce que deviendront les professeurs des collèges, quand la vieillesse ou les infirmités les obligeront à quitter leurs chaires. Il n'est pas possible de croire que le législateur ignorât la triste fin qui les attendait. Mais il n'y voyait point de remède, et peut-être aussi pensait-il avoir assez fait en accordant aux régents de la Faculté des arts ce droit de *septennium* qui leur permettait de prétendre avant tous les autres gradués, sauf les docteurs en théologie, aux bénéfices ecclésiastiques.

Quoi qu'il en soit, pendant les quarante premières années du XVIIe siècle, la condition des émérites n'éprouve aucun changement. Il n'est pas question d'eux dans les registres officiels jusqu'au jour où l'Université, ou plutôt la Faculté des arts seule propriétaire des messageries, décide d'en appliquer le revenu à la rémunération de ses professeurs. On ne pensa pas tout de suite à ceux d'entre eux qui n'étaient plus en exercice, et, lorsqu'il s'agit de déterminer quels seraient les ayants-droit, ni les procès-verbaux des quatre compagnies de la Faculté des arts, ni le fameux arrêt rendu par le Parlement en 1644 ne font mention des émérites. On ne tarda pas à reconnaître qu'il y avait là une injustice qu'on devait se hâter de réparer[1], et les Nations admirent spontanément leurs vétérans au partage du revenu des messageries. Elles fixèrent en même temps les conditions qu'il faudrait remplir pour avoir droit à cette faveur.

Aujourd'hui, quand un professeur obtient sa retraite, il entre dans une période de repos complet. L'Université ne lui demande plus rien. Il est libre, s'il le veut, de rompre tous les liens qui l'y rattachent et de se désintéresser totalement de ce qui s'y passe. De plus, il peut jouir partout de sa pension. Elle lui est toujours assurée[2], où qu'il aille et en quelque lieu qu'il habite. Rien de pareil dans l'ancienne Université. Les professeurs et principaux en exercice, propriétaires des messageries, ont bien voulu, par un acte de pure grâce, en partager les revenus avec les professeurs émérites, mais ils ont mis à leur bienfait les conditions suivantes[3] : 1° c'est d'abord que pour acquérir

1. « ... Æquum esse visum est ad idem cum illis (id est professoribus et primariis) jus admittere emeritos, qui 14 annos in collegio celebri docuerint, aut praefuerint : exemplo Romanorum, qui veteranis suis post confecta omnia stipendia, agros assignabant ad levamen laborum. Lucauus, lib. I :

> « Conferet exsanguis quo se post bella senectus?
> Quae sedes erit emeritis? Quae rura dabuntur,
> Quae noster veteranus aret? Quae moenia fessis? »

Du Boulay, *De Patronis IV Nationum*, p. 189.

2. Il est vrai qu'elle lui est due, car c'est lui-même qui l'a constituée en prélevant chaque mois sur ses appointements une somme proportionnelle à leur importance.

3. L'article des statuts de la Nation de France qui concerne les émérites est conçu en ces termes : « Emeriti in praedicta artium professione, aut

l'éméritat, il faudrait avoir enseigné pendant quatorze ans, dont sept consécutifs, dans un collège de plein exercice[1]; 2° que ceux qui l'auraient acquis résideraient à Paris; 3° qu'ils n'auraient pas en bénéfices ou en pensions ecclésiastiques plus de 1000 livres de revenu annuel. La première condition nous semble fort douce. On pourrait même soutenir qu'elle n'est pas assez sévère, car elle permet d'acquérir à trop peu de frais un avantage relativement considérable. Après quatorze années d'exercice, un professeur, s'il a débuté jeune, est dans toute la force de l'âge, et il peut fournir encore une longue carrière. Pour ne point s'étonner outre mesure d'un règlement qu'on est tenté de trouver peu judicieux, on a besoin de se souvenir que le métier était dur et qu'il usait vite son homme. Au

praefectura, aequo cum professoribus et primariis actu regentibus jure gaudento, hisce tamen legibus, ut in professione vel praefectura quatuordecim annos, quorum septem saltem continui sint, compleverunt: Parisiis permaneant; nec in beneficiis, aut pensionibus ecclesiasticis plus quam mille libras habeant annui et certi reditus. » *Statuta Honorandae Nationis Gallicanae*, cap. ix, artic. 8. — Plus tard, il fut décidé que tout professeur émérite qui se ferait recevoir docteur dans une Faculté supérieure perdrait sa pension.

1. Cet article eut pour résultat d'établir une nouvelle catégorie de régents. Il est peut-être à propos de rappeler ici qu'on distinguait alors parmi eux trois ordres ou trois classes : « On peut distinguer trois Ordres de Régents. Le premier est de ceux qui n'ont point de droict, ny à l'Honoraire, ny aux Charges de la Nation. Le second, de ceux qui ont droict aux Charges, et non à l'Honoraire. Et enfin, le troisième, de ceux qui jouissent et de l'Honoraire, et du droict aux Charges tout ensemble. Ceux qui ne font que commencer à régenter, et qui n'ont pas encore régenté un an, composent le premier Ordre, parce qu'ils n'ont point droict d'Honoraire, qui ne s'acquiert, suivant l'Article 7 du Chap. ix des Statuts, qu'après avoir régenté gratuitement et sans aucuns gages, l'espace d'une année entière. Ils n'ont point non plus droict aux Charges, parce qu'il n'y a que ceux qui ont régenté au moins deux ans, qui y puissent prétendre. Le second Ordre est de ceux, qui ont régenté au delà de deux ans, mais qui cessent avant d'en avoir régenté quatorze : Parce que le droict de parvenir aux Charges leur demeure toujours; mais ils perdent celui d'Honoraire. Le troisième Ordre est de ceux qui sont dans un continuel exercice de la Régence, ou bien ceux qui ne l'abandonnent qu'après avoir professé quatorze ans, car ils jouissent toujours de l'Honoraire, et du droict aux Charges, et il n'y a à proprement parler que les Régents du second et du troisième Ordre, qui composent le Corps de Régents. » *Factum pour maistre Gilbert Ogier... contre M° Jacques Durban, régent de sixième au collège du Cardinal le Moyne... et quelques Régents intervenants.* Bibl. nation., rec. Thoisy, 320.

reste, la Nation de France revint plus tard sur sa décision quand l'expérience lui eut appris qu'elle avait commis une faute, et un décret ultérieur porta à vingt le nombre des années de service nécessaires pour acquérir l'éméritat[1].

La seconde condition est tout à fait surprenante. C'est une exigence qui nous paraît injuste et vexatoire que de prétendre astreindre à une résidence déterminée les professeurs qui se retirent après leur temps de service écoulé. Elle trouve cependant son explication, sinon son excuse, dans les circonstances qui ont accompagné l'établissement de l'éméritat. Quand on donne son bien ou qu'on en fait part, on a le droit de mettre à ses largesses telle condition qu'il vous plaît, d'autant plus que ceux en faveur de qui on en dispose ne sont pas obligés de l'accepter. Les professeurs en activité se considéraient non seulement comme les bienfaiteurs, mais un peu aussi comme les créanciers des émérites. Ils partageaient avec eux leurs revenus, mais ils leur demandaient en échange des conseils et des services. Ces sentiments ne font aucun doute[2], bien qu'ils ne soient pas officiellement exprimés dans les statuts des Nations. Les émérites, jouissant de nombreux loisirs, doivent prendre

---

1. Les Nations peuvent accorder des dispenses et, pour telle ou telle raison, faire jouir de l'éméritat un professeur qui n'y a pas encore droit. Au commencement du xviiie siècle, Me Stéphane Marmion, professeur de philosophie aux Grassins, cloué sur son lit par une incurable maladie, demande à la Nation de Normandie dans une supplique touchante qu'elle veuille bien l'admettre au nombre des émérites, bien qu'il ne compte que dix-huit ans de services. Sa requête est accueillie. Arch. de l'Univ., reg. 11bis, fo 171 ro. En 1745, Me Rogelin, régent de seconde à Navarre, sollicite la même faveur. Il ne lui est accordé qu'un secours provisoire. Reg. 11ter, fo 49 vo. — La pension d'émérite sert quelquefois à récompenser des services éminents. Ainsi, en 1727, une part d'émérite est accordée au jeune Armand Douté, fils de l'ancien doyen de la Faculté de médecine, en reconnaissance du zèle qu'a montré son père pour l'établissement de l'instruction gratuite. Après la mort de l'enfant, cette pension revient à sa mère. Reg. 43 a, fos 9, 56 et 57.

2. « Les régents de la Faculté des arts considèrent leurs Émérites comme les Romains faisaient leurs vétérans. Ils s'en servent dans la conduite de leurs affaires, pendant qu'ils sont occupés dans les classes. C'est pour cela qu'ils les obligent de demeurer à Paris... » *Factum pour les Régents de la Nation de France, contre Me Étienne du Mesny*, etc.

soin des intérêts de leurs collègues retenus dans leurs classes par les obligations professionnelles ; et quand il se présente quelque affaire importante qui touche de près la compagnie, la suivre attentivement, se charger des sollicitations et des démarches nécessaires, et se comporter enfin en toutes choses comme des mandataires pleins de zèle. En un mot, les émérites ne sont ni plus ni moins que les hommes d'affaires ou les intendants de leurs collègues, et la pension qu'on leur paie est en quelque sorte un salaire qu'ils doivent mériter par leurs services.

Quant au troisième article, qui n'accordait l'éméritat qu'à ceux qui n'avaient pas 1000 livres de revenus en bénéfices ecclésiastiques, et qui déclarait déchu de tout droit quiconque viendrait dans la suite à les obtenir, l'équité exigeait alors que cette condition fût imposée. Comme les pensions que recevaient les émérites étaient prises sur le produit des messageries qu'elles diminuaient d'autant, il n'était pas juste que des gens qui possédaient à peu près de quoi vivre (et 1000 livres paraissaient suffisantes [1]) vinssent rogner la part de leurs collègues qui n'avaient pas cet avantage. Mais plus tard, au xviiie siècle, quand la situation financière de l'Université fut devenue meilleure, un certain nombre d'émérites protestèrent contre un règlement qui n'était plus de saison, et demandèrent à cumuler leurs pensions et leurs bénéfices.

En attendant, les choses demeurèrent au point où les avait mises le contrat que nous venons d'analyser, et les émérites bénéficièrent au même titre que les régents en activité des augmentations survenues en 1698 et en 1716 dans les baux des messageries. La somme qui revenait à chacun était, on l'a déjà remarqué, extrêmement modique : jusqu'à 1719, elle ne dépassa pas 450 livres par

1. On n'a pas oublié qu'une disposition du Concordat interprétée par un édit de Henri IV interdisait à tout gradué pourvu d'un bénéfice valant 400 livres de rente d'en solliciter d'autres. L'Université était plus libérale.

année. Comment vivre dans une grande ville avec de si faibles ressources? Le problème ne paraît pas facile à résoudre. On est pourtant obligé de croire qu'à la fin du xvii⁰ siècle, malgré l'insuffisance manifeste de la pension, beaucoup de professeurs se retiraient après leurs quatorze années révolues[1], et que la classe des émérites s'augmentait de recrues de plus en plus nombreuses, puisqu'en 1711 les régents en exercice de la Nation de France s'alarmèrent d'une situation dont personne ne pouvait plus méconnaître la gravité. En effet, par suite de la multiplication des émérites, la part qui revenait à chacun des ayants-droit dans le produit des messageries diminuait de jour en jour, et le temps n'était pas éloigné où le nombre trop considérable des copartageants la réduirait presque à rien. En conséquence, les maîtres de la Nation de France adressèrent une requête au Parlement afin que, par l'autorité de la cour, le nombre d'années nécessaires pour obtenir la pension d'émérite fût fixé désormais à vingt[2]. Ils faisaient remarquer que, dans toutes les compagnies du royaume, il fallait avoir vingt ans de services pour acquérir la vétérance, et que, sans aller chercher si loin des exemples, dans l'Université même la Nation de Normandie exigeait de ses maîtres vingt années d'exercice avant de leur accorder l'éméritat. Le règlement que sollicitait la Nation de France ne devait pas avoir d'effet rétroactif : les principaux et les régents actuellement en exercice bénéficieraient de l'ancienne disposition, le nouveau statut ne devant être applicable qu'à ceux qui se présenteraient après son homologation par la cour[3]. Cette requête

----

1. Ceux qui trouvaient plus avantageux de rester en fonctions après avoir accompli les quatorze années exigées pour l'éméritat portaient le titre assez singulier de professeurs émérites actuels.

2. *Requête à Nosseigneurs du Parlement, par les principaux et professeurs en exercice de la Nation de France.* Bibl. de l'Univ., rec. U, 44¹⁸, in-4°.

3. Les principaux et régents concluaient ainsi : « ... Ce considéré, Nosseigneurs, il vous plaise ordonner que sans toucher à l'état des principaux et régents de la Nation de France qui sont actuellement en fonctions dans les collèges de plein et entier exercice, lesquels n'auront besoin

fut homologuée au Parlement le 22 décembre 1711 [1]. La Nation de France était seule visée dans l'arrêt. Les Nations de Picardie et d'Allemagne ne jugèrent pas à propos de modifier leurs statuts sur ce point, et elles conservèrent jusqu'à 1748 la faculté de faire jouir leurs maîtres des avantages de l'éméritat après seulement quatorze ans d'exercice.

L'établissement de l'instruction gratuite, que nous avons vu exciter tant d'enthousiasme dans les rangs de l'Université, n'améliora pas beaucoup la situation des émérites. Alors que les professeurs en exercice recevaient un traitement qui, tout modique qu'il était, les mettait au moins à l'abri de la misère, l'édit du roi n'attribuait aux émérites aucune pension fixe. Ils n'étaient pas appelés en première ligne au partage du produit des messageries [2]. Ils n'avaient droit qu'à la somme qui resterait disponible quand, sur ce produit, les régents des collèges de plein exercice auraient prélevé chacun 1000, 800 ou 600 livres, suivant la chaire qu'ils occupaient. On se doute bien qu'après tous ces prélèvements il restait peu de chose; aussi n'est-on pas étonné de lire dans un mémoire écrit en 1740 [3] que la part qui revenait aux émérites ne s'élevait qu'à 550 livres environ pour chacun. « Il est évident, disaient les auteurs du mémoire, que ce revenu de 550 livres est infiniment trop modique pour les émérites qui n'en peuvent jouir qu'autant qu'ils demeurent à Paris. Des hommes de lettres, qui ont passé une grande partie

que de quatorze années d'exercice pour acquérir le droit d'émérite, ceux qui s'engageront à l'avenir dans ledit état ne pourront exiger ledit droit pour jouir de leur part et portion dans le revenu des Messageries de ladite Nation, et de tous les autres droits et privilèges accordés à la qualité de professeurs et émérites, que par l'espace de 20 années de régence dans les collèges de plein et entier exercice, dont il y aura du moins 7 continues. »

1. *Extrait des Registres du Parlement.* Bibl. de l'Univ., rec. U, 44[29], in-4°.
2. Voir ci-dessus le chapitre VII.
3. *Mémoire sur le vingt-huitième accordé à la Faculté des arts, en 1719, pour l'établissement de l'Instruction gratuite.* Bibl. de l'Univ., rec. U, 17[22], in-folio.

de leur vie dans les exercices pénibles de la profession, et qui, ne pouvant plus soutenir le poids d'un si grand travail, sont obligés de se retirer, ne peuvent pas vivre avec 550 livres par an, dans une ville où tout est d'une cherté excessive et dans un âge où ils ont plus besoin de secours. Ils ne peuvent d'ailleurs trouver des ressources dans les épargnes d'un temps antérieur; car, pendant le cours de leur exercice, ils ont encore un bien fort borné; les uns jouissent à la vérité de 1550 livres, les autres de 1350 livres, et les autres de 1150 livres; mais avec quelque économie que l'on vive, il est impossible de faire la moindre épargne sur un pareil revenu. Des gens qui soutiennent un travail pénible et assidu, qui doivent pourvoir à tout, par ce que l'Université leur accorde, à leur subsistance, à leur entretien, qui sont obligés d'acheter des livres, de paraître avec décence dans les cérémonies publiques et particulières, ont bien de la peine à trouver dans un si modique revenu tout ce qu'entraîne la dépense la plus modeste. »

Il est vrai que, si l'on excepte le traitement d'activité qu'ils ne touchaient plus, les émérites, indépendamment de leur pension, jouissaient à peu près des mêmes avantages que leurs collègues en exercice, sans avoir les mêmes obligations à remplir. Quand ils s'étaient acquittés de ce qu'ils devaient à leur Nation en échange de la pension qu'ils en recevaient, ils étaient libres d'occuper, comme ils l'entendaient, leurs loisirs. Nul ne leur en demandait compte. Quelques-uns se chargeaient d'éducations particulières ou fondaient des pensionnats. L'Université ne s'alarmait pas d'une concurrence qui lui paraissait sans danger. Elle exigeait seulement que les élèves de ces pensionnats, sur lesquels elle avait un droit d'étroite surveillance, suivissent les cours d'un de ses collèges de plein exercice. En fondant sous ses auspices une maison d'éducation, ses anciens maîtres ne brisaient pas les liens qui les rattachaient à leur compagnie. D'après un règlement homologué par la cour[1], ils étaient toujours sous la dépendance des autorités universitaires, et ils demeuraient justiciables du Tribunal académique.

Les émérites pouvaient aussi solliciter des collateurs un office de principal ou de procureur dans un des nombreux petits collèges qui se pressaient sur les pentes de la montagne Sainte-Geneviève. Il leur était loisible en même temps de briguer les charges de la compagnie à laquelle ils appartenaient par leur origine, d'être procureurs, censeurs, questeurs, etc., dans leurs Nations. En faisant cet usage de leur expérience et de leurs talents, ils ne s'éloignaient pas de l'esprit des statuts.

Ils étaient admis encore, au même titre que leurs collègues en exercice, à loger dans les établissements qui dépendaient de l'Université. S'ils voulaient continuer à rester soumis aux règlements académiques, obligation légère à des gens qui l'observaient depuis si longtemps, les petits collèges leur offraient une retraite tranquille et commode, sinon bien confortable. Les principaux de ces maisons, qui avaient peine à en louer les appartements inoccupés à cause des servitudes que l'Université imposait aux locataires[2], leur en faisaient généralement bon marché. Ils se chargeaient pareillement de les nourrir, de les chauffer, etc., le tout moyennant une rétribution librement débattue entre les parties contractantes et toujours proportionnée aux ressources du preneur.

Enfin, il restait aux professeurs émérites, à ceux du moins qui portaient la tonsure, la ressource de requérir un bénéfice, s'ils n'en possédaient pas encore ou d'en demander d'autres, s'ils n'étaient pas « remplis » par celui ou ceux qu'ils avaient déjà. Les statuts leur permettaient de cumuler la pension d'émérite avec les béné-

---

1. Statuts de l'Université de Paris pour les maîtres ès arts tenans pensionnaires et faisans répétitions, homologués en Parlement le 3° mai 1708.

2. Défense de rentrer après neuf heures du soir, de découcher sans permission, de recevoir des femmes, etc.

fices dont ils seraient pourvus, tant que ces revenus ne s'élèveraient pas au-dessus de la somme de 1000 livres. S'ils la dépassaient, la pension était et demeurait supprimée[1]. Bien que les motifs qui avaient fait porter cette loi n'eussent plus autant de force que jadis et qu'elle eût presque cessé d'être en harmonie avec les besoins du temps, elle n'avait jamais été sérieusement attaquée, lorsqu'en 1759 un certain nombre d'émérites, et parmi eux un ancien recteur, frappés des inconvénients qu'elle présentait, s'adressèrent au Parlement pour faire abroger une disposition devenue gênante et importune à plusieurs sans profit appréciable pour personne. D'après eux, ce règlement, promulgué dans un temps de disette et de nécessité, alors qu'il importait de réserver les profits des messageries à ceux qui, dépourvus de pensions et de bénéfices et chargés de plus d'un pénible service, n'avaient point d'autre ressource, ne devait plus subsister depuis que les régents en exercice, dont on avait eu surtout à cœur de sauvegarder les intérêts, jouissaient d'un traitement fixe auquel s'ajoutait une somme égale à la pension des émérites. Sous quelque point de vue d'ailleurs qu'on envisageât cette pension, elle était la récompense de vingt années de service; elle était due indépendamment de toute considération, et il y avait une véritable injustice à en priver un professeur, sous prétexte qu'il avait 1000 francs de revenu en bénéfices. Une loi si peu libérale ne pouvait avoir d'autres résultats que d'éloigner les aspirants à la régence, et d'obliger les professeurs en exercice à n'abandonner leurs chaires qu'à la dernière extrémité. Les suppliants faisaient encore valoir d'autres raisons accessoires

1. Il était, comme nous l'avons remarqué, très difficile de savoir au juste ce que rapportait un bénéfice. Le titulaire en augmentait ou en diminuait le produit à sa fantaisie. Voir dans le registre 11ter, f° 227 et suiv., l'affaire Duhamel, qui occupa longtemps la Nation de Normandie. On accusait cet émérite de posséder plus de 1000 livres de rente en bénéfices ecclésiastiques; mais il le niait, et prétendait continuer à cumuler les avantages de l'éméritat avec les revenus de ses bénéfices. Plusieurs autres émérites auraient été dans le même cas.

qui militaient toutes contre le maintien d'un règlement
devenu inique, et ils concluaient en demandant qu'il fût
abrogé[1].

Nous n'avons pas pu découvrir quel fut le résultat de
cette requête, et si les émérites obtinrent la faveur qu'ils
sollicitaient, et qu'il eût été juste, au fond, de leur
accorder. Car si la condition de leurs collègues en exercice était peu brillante, la leur l'était beaucoup moins
encore. Au milieu du xviii⁰ siècle, les plus favorisés, ceux
qui possédaient des bénéfices, ne pouvaient pas compter
avoir jamais plus de 1750 livres de rente, dont 1000 livres
au maximum provenaient de leurs bénéfices, et le reste
formait la pension d'émérite. Quant aux professeurs laïcs,
à qui la carrière des bénéfices était naturellement fermée,
ils devaient encore en 1759, lorsqu'ils abdiquaient la
régence après leur temps accompli, se contenter de
750 francs, part qui revenait alors à chaque émérite sur
le produit des messageries. On avouera qu'il n'y avait pas
là de quoi satisfaire les exigences les plus modestes ou
même subvenir aux nécessités les plus pressantes.

1. *A Nosseigneurs de Parlement en la Grande-Chambre, supplient hum-
blement Jean-Baptiste Blaise de la Porte, Professeur émérite, Doyen de la
Tribu de Rheims; Jean Cochet, ancien Recteur de l'Université de Paris,
Professeur émérite de philosophie, Doyen de la Tribu de Sens; Emery-
Jacques Caffarel, Doyen de la Tribu de Paris, Professeur émérite actuel de
seconde, au collège de Montaigu; Pierre Germain, Professeur émérite actuel de
Rhétorique, au collège de Montaigu*, etc. Bibl. de l'Univ., rec. U, 11¹¹, in-4⁰.

CHAPITRE X

Les régents et le monde.

Les collèges de l'ancienne Université de Paris n'offraient
pas aux regards une apparence agréable. Pour la plupart
vieux et sales, ils avaient un air triste et sévère que ne
démentait pas l'austérité du règlement intérieur. La clôture y était à peu près complète, et presque aussi rigoureuse pour les maîtres que pour les élèves. Un mur presque
infranchissable s'élevait entre le collège et le monde, et
les portes massives et solidement verrouillées, les hautes
fenêtres grillées témoignaient éloquemment qu'on ne sortait pas comme on voulait de cette sombre enceinte[1].
L'idéal du réformateur de 1600, d'accord sur ce point avec
les pouvoirs publics et l'opinion, avait été, semble-t-il, de
faire de chaque établissement d'éducation une maison
fermée aux bruits de l'extérieur, demi-cloître et demi-
prison, un asile inviolable et tranquille, dont tous les
hôtes, élèves et maîtres, mèneraient en commun une existence analogue à celle des religieux dans leur couvent. Et
ils l'avaient presque atteint. Avec le temps et par la force
de l'habitude, les régents, que leur éducation inclinait déjà

---

1. Les portes du collège sont fermées à neuf heures du soir, et les clefs
portées au principal. A quelque heure qu'on y pénètre, il faut se soumettre au contrôle du portier, personnage important, qui note les entrées
et les sorties.

aux pratiques conventuelles, s'étaient accommodés sans peine aux exigences de ce milieu claustral. Ils en avaient pris les mœurs, comme ils en avaient épousé les préjugés, les répugnances et spécialement cette aversion pour le siècle, qui est le trait distinctif des sociétés monastiques.

En général, le monde, dont ils se faisaient une conception beaucoup trop étroite, leur inspirait une antipathie mêlée d'un vague effroi. Le seul endroit où ils fussent à l'aise et dans leur élément naturel était le collège, qui représentait pour eux tout l'univers. Ils respiraient avec délices son atmosphère confinée. Souvent tout ce qui les intéressait sur la terre se concentrait, pour ainsi dire, entre ses quatre murs noircis. La chronique du collège, le train journalier des classes, les menus incidents de la vie scolaire, les petites nouvelles de la république universitaire les préoccupaient pour le moins autant que les événements les plus considérables qui pouvaient alors se dérouler sur la scène du monde, que la conclusion d'une alliance, les péripéties d'une guerre, la perte ou le gain d'une bataille[1]. Au xviie siècle, il est des régents qui, pendant toute leur vie, n'ont pas éprouvé le besoin d'échanger leur horizon sombre et borné contre une perspective plus étendue et plus riante : ils ont vécu jusqu'à leur dernier jour complètement indifférents à tout ce qui n'était pas en rapport direct avec les occupations de leur choix. Quand ils ont fini leur classe et qu'ils ont scrupuleusement accompli tous leurs devoirs professionnels, ils se retirent dans leur chambre et s'absorbent dans leurs livres, ne concevant pas, pour le plus grand nombre, d'autre distraction, ni d'autre plaisir que le travail et l'étude solitaire[2]. On cite tel pro-

1. Cependant l'Université est patriote. Au xviie et au xviiie siècle, ses maîtres et ses élèves célèbrent en vers latins les victoires des armées françaises, les mariages, les naissances de princes. La Bibliothèque de l'Université possède plusieurs recueils de ces pièces de circonstance. L'intérêt en est généralement mince.

2. Dans un ou deux collèges les professeurs paraissent avoir mené une vie moins austère. A Harcourt, ils trouvent, sans sortir de l'établissement, d'honnêtes distractions. Il y a, dans la salle des archives, des billards à

fesseur qui demeura dix ans dans un collège sans mettre le pied dans la rue[1]. Nicolas Sevin occupa plus d'un demi-siècle la chaire de troisième du collège de Beauvais, insensible aux propositions avantageuses qui lui venaient de toutes parts, uniquement dévoué à sa classe, et donna ainsi cinquante ans durant, en toute simplicité de cœur, un bel exemple de désintéressement, de conscience professionnelle et de fidélité au devoir[2].

Tout s'accordait d'ailleurs à éloigner les régents du monde. A supposer même qu'ils eussent eu la tentation de s'y montrer, ils n'en auraient guère trouvé le temps. Leurs fonctions les attachent une partie du jour au collège où ils régentent et que parfois ils habitent. Ils ont encore à remplir, outre leur tâche quotidienne, des obligations auxquelles on leur saurait mauvais gré de se soustraire, en sorte que, s'ils veulent s'acquitter exactement de tous les devoirs qui leur incombent à des titres divers, il ne leur reste point de loisirs. Cependant le monde a de tyranniques exigences. Il estime infiniment l'assiduité, et pour prétendre à ses frivoles triomphes il faut avoir beaucoup de temps à perdre. Il faut de plus être riche, et pouvoir

la disposition des amateurs. Dans un long factum dirigé en 1708 contre leur proviseur, M⁰ de la Brière de Louvency, les boursiers et régents du collège lui reprochent avec vivacité de percevoir une redevance, comme un simple limonadier, sur chaque partie qui se joue, et de réaliser ainsi « un gain sordide de plus de 600 livres par an ». Cela prouve qu'on pratiquait beaucoup le billard, à Harcourt.

1. D'après le P. Niceron, cité par le P. Chapotin. *le Collège de Dormans-Beauvais*, p. 188, Théodore Marcile, professeur célèbre, fut dix années entières sans sortir du Plessis, où il demeurait.

2. Voir sur Sevin, mort en 1661, Arch. de l'Univ., reg. 27, f° 215, et le P. Chapotin, p. 291 et 292. On lit dans un pamphlet contre les Jésuites un bel éloge de ce régent : « L'Université... produira aux yeux du public un Sevin qui depuis plus de cinquante ans continue cet exercice (de la régence) avec une heureuse expérience, un zèle généreux, un travail infatigable, et qui a seul plus de grammaire dans la tête que la plus grande partie de la Société des Ignaciens. » *Vérités académiques ou Réfutation des préjugés populaires dont se servent les Jésuites contre l'Université de Paris*, à Paris, 1613, p. 30. Bibl. de l'Univ., U, 02, in-12. — M⁰ Roger Omoloy enseigna plus de quarante ans la philosophie au collège de Beauvais. On ne serait pas embarrassé de citer plusieurs autres professeurs pourvus d'aussi beaux états de services.

dépenser sans compter, car il n'estime rien tant que la magnificence et même la prodigalité. Or, on n'ignore pas que les régents sont pauvres. Leurs modiques ressources, qui leur permettent à peine de vivre, leur interdisent rigoureusement toute dépense superflue. Ce n'est pas avec un revenu de quelques centaines de livres qu'on peut se flatter de figurer, si modestement que ce soit, dans le monde, et pour oser même y paraître, c'est trop peu que d'avoir seulement le nécessaire : il faut au moins une large aisance, état inconnu de nos régents.

Enfin, il y avait, surtout au xvii° siècle, une impossibilité morale à ce que les professeurs fussent gens du monde. A vivre trop longtemps dans l'isolement et dans la retraite, ils étaient peu à peu devenus comme des étrangers dans leur pays. Ils semblaient être plutôt des citoyens de Rome ou d'Athènes que des contemporains de Louis XIV. Il n'y avait pas de lien entre eux et la société qui les entourait. Ils n'étaient plus, au moins pour beaucoup, en communication directe avec le siècle. Ils en ignoraient tout, les usages, les conventions, les modes [1], et quand, par hasard, ils s'y aventuraient, ils couraient le risque d'être ridicules, ou même s'exposaient à commettre d'irréparables maladresses, fautes vénielles à coup sûr, mais que le monde ne pardonne pas, et qu'ils expiaient quelquefois cruellement. Il n'en faut pas d'autre preuve que la singulière aventure qui arriva à un ancien recteur, personnage con-

---

1. Chez certains, cette ignorance passait toutes les bornes et nous semble à peine croyable. Jacques du Chevreul, régent de philosophie au collège d'Harcourt, professeur royal et syndic de l'Université, interpellait en latin les animaux, comme s'il se fût adressé à des élèves. Le *Menagiana* raconte que voyant un jour le chien du collège, *Gueule Noire*, qui dormait dans la cour au soleil, il l'apostropha en ces termes : « Non studes, *Gueule Noire*; tota die otiosus es. » Le même du Chevreul parlait latin aux femmes. Des bévues de ce calibre n'étaient pas faites, on le comprend, pour mériter aux professeurs un brevet d'urbanité et de savoir-vivre. — En ce qui concerne du Chevreul, cette réputation de pédanterie ne lui faisait pas tort auprès des familles. Sa classe était une des plus fréquentées, et on le citait lui-même comme un exemple du professeur arrivé à une assez belle situation de fortune.

sidérable dans l'Université, M° Petit Demontempuys, et qui suffit à le déshonorer et à empoisonner tout le reste de sa vie. Cet homme d'un vrai mérite, qui avait manié d'importantes affaires, qui avait frayé avec les grands, et qui devait avoir autant que personne l'expérience des choses de la vie, se mit un jour en tête d'aller au spectacle, et, pour n'être pas reconnu dans une équipée que l'opinion jugeait peu convenable à son habit ecclésiastique, il s'avisa d'un stratagème qui montre bien sa candeur et sa complète ignorance du monde. Il imagina de s'affubler des vêtements de sa grand'mère, sans se douter que la mode en était passée depuis cinquante ans. Ce grotesque accoutrement trahit son incognito, et provoqua en plein théâtre un esclandre qui nécessita l'intervention de la police. Il fut conduit auprès du magistrat et relâché aussitôt; mais le lendemain, à sa grande confusion, tout Paris savait l'aventure[1]. Le malheureux fut impitoyablement

1. Le *Journal* de l'avocat Barbier, t. I, p. 250 et suiv., la raconte ainsi en détail : « Il vient d'arriver (1726) une histoire qui prouve que l'homme ne saurait répondre de lui. M. Petit Demontempuys, chanoine-prêtre de Notre-Dame, et, de plus, grand janséniste, est âgé de soixante ans et a régenté toute sa vie au Plessis. C'est un homme rare par son érudition et par sa sagesse, qui n'avait jamais perdu sa gravité, et n'avait même jamais été au spectacle. Cependant, il lui a pris envie à la fin d'aller à la Comédie; mais il a cru qu'il serait déshonoré, s'il y était reconnu, soit en habit long, soit en manteau court, et il a résolu de se déguiser. Il n'a confié son secret à personne; et, ayant trouvé dans un vieux coffre les habits de sa grand-mère, manteau, jupe, écharpe et cornettes très hautes (tandis qu'on les porte aujourd'hui très basses), il s'est affublé de ces vêtements, sans songer à l'extravagance d'un costume aussi différent de celui qui est de mode à présent. Il est monté dans un fiacre sans qu'on l'ait vu, et il est allé s'installer à la Comédie, aux troisièmes loges. Les voisins ont trouvé cette figure extraordinaire; ils sont descendus avertir le parterre qui a regardé mon homme, et qui s'est mis à faire un tapage de tous les diables, suivant sa louable coutume, quand quelque chose lui déplaît. Un exempt ayant su que c'était un homme déguisé est monté, a fait sortir l'abbé, l'a mis dans un fiacre et l'a conduit à M. Hérault, lieutenant de police, qui n'était pas alors chez lui. C'est son premier secrétaire qui l'a reçu et qui m'a raconté cela. Jamais personne n'a été plus fâché, ni plus interdit de la sottise qu'il avait faite, et sa figure était, dit-on, des plus risibles. On le renvoya chez lui, en lui promettant de ne point dire son nom; néanmoins tout Paris l'a su, et les Jésuites ont été charmés de cette aventure arrivée à un Janséniste. Depuis, on l'a fait partir pour un couvent de province, en vertu d'une lettre de cachet. On

chansonné; mais le pis est que sa considération en reçut la plus grave atteinte et qu'il suffit d'une imprudence après tout pardonnable pour le perdre à jamais de réputation.

S'il est vrai que les professeurs n'ont que peu d'estime pour le monde, il faut convenir aussi que le monde les paye largement de retour. La bonne compagnie les dédaigne ou plutôt les ignore tout à fait. C'est alors auprès d'elle une piètre recommandation que la qualité d'homme de collège; et même le plus sûr moyen d'en être éconduit est de se présenter sous ce titre. On suppose *à priori* qu'un professeur est un pédant ou un lourdaud, à peine mieux morigéné que ses écoliers, et on se le figure volontiers sous les traits du cuistre qui préside à l'éducation des enfants de la comtesse d'Escarbagnas. Cette opinion peu flatteuse, fortifiée du préjugé contre « la crasse des collèges », fait le plus grand tort à la corporation dans l'esprit des gens du monde. C'est expressément sous les espèces d'un solennel imbécile que le professeur est représenté dans la littérature du XVIIe siècle. Il n'y occupe d'ailleurs qu'une place très restreinte, car c'est un trop petit personnage, et jugé trop peu digne d'intérêt pour qu'on trace de lui un portrait détaillé et qu'on l'impose longtemps à l'attention des gens de goût. Pour les poètes comiques, qui dit régent dit pédant, et les deux mots sont synonymes. Molière, pour ne citer que lui seul, a mis plusieurs fois sur la scène le professeur, « grotesque personnage à qui Despautère et Aristote ont brouillé la cervelle, intarissable bavard, syllogisme habillé et rudiment fait homme dont on ne se débarrasse que par des coups[1] », et par le rôle qu'il lui donne et le langage qu'il lui met

ne dit point que l'esprit ait tourné à cet homme. Il répondit et parla de très bon sens chez M. Hérault, mais avec une confusion extrême, contant son dessein et l'idée qu'il avait eue d'être bien caché de cette manière. » Voir aussi le *Journal de Mathieu Marais*, t. III, p. 105 et suiv.

1. Ch. Dejob, *le Type de professeur dans la littérature française*, deux articles parus en janvier et février 1902 dans la revue *l'Enseignement secondaire*.

dans la bouche, on voit assez ce qu'il en pense. Molière a fait
là évidemment la caricature du professeur; mais au fond
ni Boileau [1], ni La Fontaine [2] n'ont à son endroit une opinion plus avantageuse, et il reste acquis que leurs contemporains n'en jugeaient pas plus favorablement [3].

Sans doute c'est calomnier le professeur que de le
peindre sous des traits aussi chargés, et la réputation qu'on
se plaît à lui faire est imméritée en grande partie. Déjà,
dans la seconde moitié du xviiᵉ siècle, le pédant de collège
dans son type traditionnel a presque généralement disparu,
et il en reste aussi peu d'exemplaires que du régent mal-
propre et hirsute honni par l'âge précédent; mais il est
exact qu'il existe encore, et en assez grand nombre, des
professeurs, qui, sans être aucunement des pédants ou des
rustres, ne gagnent pas beaucoup à être connus, et trans-
portent dans le siècle les allures un peu gauches et le langage vieilli de l'école. L'isolement où ils vivent, leur
séquestration à demi volontaire, leur dédain profond pour
cet incomparable instrument de culture qu'est le commerce
des femmes [4] nous expliquent aujourd'hui, mais ne justifiaient par alors aux yeux du monde cette humeur inso-
ciable et cette originalité déplaisante, qui étaient au
xviiᵉ siècle, et devaient rester quelque temps encore la
marque et comme la tare originelle de l'homme de collège,
et dont beaucoup d'Universitaires, même parmi les plus

1. Boileau, Satire VIII :

> ... de pédants un escadron fourré,
> Suivi par un recteur de bedeaux entouré.

2. La Fontaine, Livre IX, Fable v :

> ... Et ne sais bête au monde pire
> Que l'écolier, si ce n'est le pédant.

3. Toutefois Racine, s'élevant au-dessus des préjugés de son temps,
savait rendre justice à Rollin et à Pourchot : « Il faut, écrit-il à son fils,
s'en lier à M. Rollin, qui a beaucoup de jugement et de capacité. » Lettre
du 5 octobre 1692. « Vous étudiez sous un régent (Pourchot) qui a beaucoup de lecture et d'érudition. » Lettre du 1ᵉʳ octobre 1693.

4. Nous avons constaté dans un chapitre précédent qu'au xviiᵉ siècle la
femme est pour la plupart des universitaires une sorte d'épouvantail.

distingués, ne parvenaient qu'avec peine à se dépouiller complètement.

Ne généralisons pas trop cependant, et ne faisons pas à l'Université cette injure de croire que tous ses maîtres étaient taillés sur le même patron. Il y a eu de tout temps chez elle, et peut-être en plus grand nombre qu'on ne pense, des hommes de bonne compagnie, exempts de la rouille d'une science pédantesque, de relations faciles et agréables, qui savaient prendre leur place partout, n'étaient de trop nulle part, et se comportaient dans la vie civile comme des gens qui n'ignoraient aucune des bienséances mondaines. Mais c'est surtout au xviiie siècle que les régents s'humanisent et se polissent. Ils commencent à franchir le *pomœrium Universitatis*; ils dépouillent de plus en plus l'homme de collège, et ce n'est pas leur faute s'ils ne réussissent pas entièrement à triompher des préventions qu'une société frivole nourrit encore à leur égard. Au commencement du règne de Louis XVI, le jour de la Chandeleur, le recteur, qui était alors Me Duval[1], alla, suivant un usage immémorial, offrir en grande pompe au souverain les hommages de l'Université. La jeune reine Marie-Antoinette, dans l'esprit de qui une députation de gens d'école ne présageait rien de bon, s'attendait à voir paraître une sorte de magister flanqué d'une escorte de pédants, et déjà elle se préparait à essuyer un ennuyeux panégyrique; mais au lieu d'un solennel harangueur, elle vit un homme aimable, qui se présenta avec aisance, et lui fit un compliment bien tourné. Elle en fut surprise et charmée, et ne put s'empêcher de le montrer[2]. Cet étonnement, s'il

---

1. On trouvera sur l'abbé Duval des renseignements intéressants dans l'ouvrage déjà plusieurs fois cité de M. l'abbé Bouquet, *l'Ancien Collège d'Harcourt et le Lycée Saint-Louis*.

2. Un demi-siècle plus tôt, à l'occasion du mariage de Louis XV avec Marie Leczinska, l'Université, qui s'était rendue à Fontainebleau, avait été admise à présenter ses hommages au roi et à la reine. Si l'on en croit le greffier Viel, le cortège rectoral fit sensation. Il y avait dans la chambre de la reine les plus nobles dames « quibus insignia nostra sic placuerunt, ut nihil huc usque pulchrius admissum fuisse exclamarent ». Arch. de

n'est pas au fond très flatteur pour ceux qui l'ont provoqué, témoigne du moins que les maîtres de l'école de Paris n'étaient pas ce que le monde les croyait et qu'ils valaient mieux que leur réputation.

On se tromperait, si l'on s'imaginait que M⁰ Duval était une heureuse exception parmi ses confrères. Il comptait alors beaucoup d'émules dans la compagnie qu'il avait l'honneur de présider. C'est à peine si l'homme d'étude et le professeur se trahissaient en eux par un goût décidé pour les propos sérieux, par une tendance un peu trop marquée peut-être à ramener la conversation sur leurs occupations familières et à faire de la pédagogie quelquefois hors de propos¹. Un homme est resté pour nous le parfait modèle et l'idéal même du régent de l'ancienne Université : c'est Rollin, qui fut successivement revêtu de toutes les dignités auxquelles un professeur pouvait autrefois prétendre, mais qui demeure uniquement pour la postérité l'auteur du *Traité des Études*. Ce n'est pas ici le lieu de juger comme écrivain, ni même comme instituteur de la jeunesse, celui que, dans l'Université, qui en était fière, on n'appelait jamais que l'illustre M. Rollin, et dont la gloire s'étendait dans l'Europe entière². Nous n'avons ici à nous occuper que de l'homme, et en tant seulement qu'il représente l'Université dans le monde Sous ce point de vue, il importe peu que sa réputation

l'Univ., reg. 43, f° 120 r⁴. — On aime à croire que les exclamations flatteuses des dames de la cour n'étaient pas uniquement provoquées par le costume universitaire.

1. « ...Mais il n'en était pas content (des repas auxquels il était invité), s'il n'y trouvait quelque bien à faire; si, après le repas, quelque jeune enfant de l'un ou l'autre sexe ne lui donnait lieu de remplir son œuvre, en lui rendant compte de quelque partie de l'histoire sainte ou profane, en lui expliquant quelque auteur, en lui récitant quelque beau morceau d'éloquence ou de poésie appris par mémoire. » *Notes pour servir de supplément à l'éloge de Rollin par M. de Boze*.

2. Rollin, tout comme Voltaire, fut en correspondance avec Frédéric, et il ne tint qu'à lui d'avoir un commerce de lettres avec la reine d'Angleterre qui « lui avait fait dire à ce sujet les choses du monde les plus flatteuses ».

d'auteur ait été surfaite et que ses Histoires soient des
œuvres sans critique. Son vrai mérite est plutôt dans son
rôle, dans ses vues sur l'éducation, dans son influence, et
l'opinion qu'il a donnée à ses contemporains par son
exemple et par ses leçons du professeur vraiment digne
de ce nom. Né de parents pauvres et élevé en qualité de
boursier dans un petit collège, il fut, au jugement de tous
ceux qui l'approchaient, un enfant prodige. Son maître le
qualifiait de divin, et les familles le proposaient comme
modèle à leurs enfants. Pourvu d'une chaire à vingt-deux
ans, il fut un professeur éminent, plus remarquable
encore par les dons du caractère que par les talents de
l'esprit. Il fut aussi plus tard un administrateur distingué,
et sous la direction duquel le collège de Beauvais atteignit
son plus haut point de prospérité[1]. Ce qu'on sait moins,
c'est que, dans la seconde partie de sa longue carrière, tel
était l'éclat de sa réputation qu'il dut faire violence à ses
goûts simples et modestes, et que, sollicité de toutes parts
par les invitations les plus honorables, il se vit souvent
obligé de quitter la retraite qu'il s'était choisie pour un
plus grand théâtre; car, depuis qu'il avait illustré son
nom, le monde le recherchait avidement, et les personnages les plus considérables tenaient à honneur de le faire
asseoir à leur table et de l'accueillir avec un affectueux
empressement[2]. Attiré presque malgré lui dans la familiarité des puissants du jour, il se comportait avec une
habileté consommée sur ce terrain semé de pièges, et son
biographe observe justement qu'il avait l'art de traiter
avec les grands sans rien sacrifier de sa dignité, et sachant
même au besoin leur parler un ferme langage[3]. Jamais

---

1. Dans les derniers temps de l'administration de Rollin, le collège de
Beauvais baissa; mais la faute en fut au janséniste, non au principal.

2. « ... Sa grande réputation l'obligeait de se répandre beaucoup. Recherché par des invitations très honorables, il allait tous les jours dîner
en ville, excepté les dimanches et fêtes. » *Notes de M. de Boze.* — Rollin
était un familier de la maison des Le Peletier. Il fut en relations suivies
avec presque tous les membres de cette famille.

3. Voir les *Notes de M. de Boze.*

encore, depuis Ramus, on n'avait vu un simple professeur jouir en dehors des écoles d'une pareille autorité, et occuper une place si grande et si honorable dans l'estime du monde.

D'autres maîtres de la jeunesse, presque tous amis ou disciples de Rollin, ont approché plus ou moins près de cet idéal du professeur honnête homme qu'il a réalisé plus complètement que personne, et ont, à un moindre titre que lui, mérité l'estime et quelquefois l'admiration des contemporains. Tels sont Villement, Coffin, Grenan, Crevier, Lebeau, etc., noms aujourd'hui inconnus, jadis illustres, et à bon droit. Il ne tint qu'à Villement[1] de jouer un rôle important dans le monde. Choisi par Louis XIV pour son mérite, comme lecteur des enfants de France, il remplit avec un talent supérieur et un désintéressement absolu ces délicates fonctions, et il força l'admiration de toute la cour et de Saint-Simon lui-même, peu suspect de bienveillance pour un obscur régent de collège sans appui et sans naissance. Coffin et Grenan, sur une scène plus modeste, montrèrent des vertus semblables. Coffin[2] fut un autre Rollin, de réputation moindre, mais de mérite presque égal, et ressemblant par beaucoup de points à son maître. Quant à Grenan[3], qui se renferma strictement dans son rôle de professeur, il est peut-être le type le plus sympathique et le plus brillant du régent de l'Université au xviiie siècle, savant sans morgue ni pédanterie, aimable sans contrainte, spirituel sans préciosité. Ces maîtres-là, et d'autres encore sans doute, que nous connaissons seulement de nom, étaient des hommes du monde dans la meilleure acception du terme, et personne

---

1. Le P. Chapotin a consacré à Villement plusieurs pages de son livre, *le Collège de Dormans-Beauvais.*

2. Voir sur Coffin l'éloge qui est en tête de ses œuvres.

3. Grenan fut un des professeurs qui firent le plus d'honneur à l'Université. Il écrivit beaucoup, mais presque uniquement des pièces de circonstance. Gaullyer en a inséré un certain nombre dans son recueil, *Selecta carmina orationesque,* etc.

ne ressemblait moins qu'eux aux pédants grotesques voués jadis au ridicule par le génie de Molière. Ils se faisaient une conception intelligente et large de la fonction du professeur. Ils ne croyaient pas qu'il leur fût défendu de se dérider quelquefois, et que le régent dût exhiber en tous lieux un front sévère et chargé de menaces. A leurs yeux, l'enjouement et la bonne humeur n'étaient pas choses nécessairement condamnables. Ils les aimaient dans leurs élèves et au besoin les aidaient à naître. Eux-mêmes, sérieux et graves à l'occasion, n'étaient jamais ni raides, ni gourmés. Parfois, comme un délassement de leurs laborieuses occupations, ils se permettaient d'innocents badinages et ne s'en croyaient pas diminués. Témoin le fameux duel poétique, où l'on vit aux prises en 1711 deux des maîtres les plus illustres de l'Université de Paris[1]. Le sujet de la querelle n'avait rien d'acadé-

1. L'anecdote est racontée tout au long dans l'éloge déjà cité qui précède les œuvres de Coffin. Nous la transcrivons ici : « L'année précédente (1711), il s'était élevé une guerre poétique entre M. Coffin et M. Grenan, alors régent de seconde au collège d'Harcourt, au sujet de la prééminence entre le vin de Bourgogne et le vin de Champagne. Voici quelle en fut l'occasion. M. Grenan avait fait une très belle ode sur le vin de Bourgogne : parmi les éloges qu'il lui donnait et que personne n'aurait contestés, il s'avisa de le préférer au vin de Champagne. L'amour de la patrie réclamait dans le cœur de M. Coffin contre cette prétention. Mais l'objet en lui-même le touchait faiblement : il ne suffisait pas pour lui faire rompre le silence sans M. Hersan qui eut la malice de l'en blâmer à table chez M. de Louvois. L'émulation de gloire vis-à-vis d'un illustre rival, animée par les exhortations d'un maître respecté, fit son impression, et excita la veine poétique de M. Coffin. Son ode, où régnait un esprit, un feu et une délicatesse dignes de la liqueur qu'il célébrait, enchanta le public.

M. Grenan répondit par une *Requête Poétique* adressée à M. Fagon, premier médecin. M. Coffin répliqua par un *Décret de la Faculté de Médecine*, qu'il suppose établie dans l'île de Cos, patrie d'Hippocrate. Ce décret semble prononcer en faveur du vin de Bourgogne, mais il décide réellement pour le vin de Champagne, sous le voile d'une ironie perpétuelle et très ingénieuse. La Faculté ordonne que celui qui osera en boire soit puni, dans son corps, par la goutte, la gravelle et tous les maux; et dans son esprit par la sécheresse et la pesanteur; que le poète qui a eu l'audace de le vanter en ait une soif éternelle et qu'il s'en empoisonne sans cesse.

Il parut alors une *Églogue* en vers latins intitulée *Judicium Apollinis*. On y mettait aux prises les deux poètes sous les noms de Corydon et de

mique, et n'était pas de ceux pour lesquels les gens de
lettres avaient alors coutume de guerroyer. Il ne s'agissait
point d'établir la supériorité des anciens sur les modernes
ou des modernes sur les anciens, mais bien de savoir
lequel du vin de Bourgogne ou du vin de Champagne
devait l'emporter dans l'estime des gourmets. Grenan,
Bourguignon de naissance, s'était amusé à célébrer le
vin de son pays dans une ode latine inspirée d'Horace,
et lui avait immolé tous les crus rivaux. Le Champenois
Coffin réclama en faveur de son pays, et dans une spiri-
tuelle réplique mit au-dessus de tout le nectar pétillant des
coteaux de Reims et d'Épernay. Comme on différait d'avis
sur l'objet même de la dispute, on se partagea sur la
valeur respective de ces gracieuses compositions, où les
deux rivaux témoignaient en vers charmants qu'ils
savaient apprécier les bons crus et qu'ils en avaient fait
la comparaison. Le succès de ce tournoi n'en fut pas
moins très vif non seulement dans les collèges, mais
aussi dans le public lettré, qui n'était point encore désa-
busé de la muse latine. L'Université ne s'en émut point,
et problablement même elle ne fut pas fâchée de voir ses
maîtres recueillir les applaudissements des humanistes et
des gens de goût. Cette attitude bienveillante est un signe
des temps. Cinquante ans plus tôt, aucun régent ne se fût
avisé de chanter Bacchus, ou du moins il ne l'eût pas fait
impunément. Bien loin d'applaudir au docte badinage de
Mrs Grenan et Coffin, l'Université, plus austère, s'en fût
scandalisée, et eût sévèrement réprimandé pour le per-
nicieux exemple qu'ils donnaient à la jeunesse ces suppôts

Thyrsis, et on les armait des principales raisons dont ils s'étaient servis.
Apollon rend son jugement et enjoint aux deux provinces d'envoyer tous
les ans, chacune à son poète, un présent de ses vins. La Champagne a
exécuté l'arrêt d'Apollon, la ville de Rheims ayant envoyé durant plusieurs
années un panier de ses meilleurs vins pour étrennes à M. Coffin.....
Dans les repas où il était invité, on ne servait guère le vin de Champagne,
sans parler de la belle poésie qui l'avait chanté, et singulièrement des
deux charmantes strophes : cernis micanti... et la suivante qui expriment
si heureusement la mousse et le pétillement de ce nectar. »

peu académiques qui, marchant sur les traces des fondateurs de l'ordre des Coteaux[1], buvaient comme eux des
vins fins, et se querellaient au dessert sur le cas qu'il en
fallait faire.

A mesure que les professeurs prennent plus de goût
pour le monde, et se plaisent davantage dans le commerce
de la société polie, ils apprécient de plus en plus le séjour
de la ville qui en est le centre, et ils n'aiment guère à
s'éloigner de Paris. La province, où les relations, plus
sûres peut-être, sont moins agréables, et où la bonne compagnie est plus rare, les effraye, et les offres les plus
séduisantes ne parviennent pas à les y attirer. Un fait
curieux démontre bien cet attachement des régents à la
capitale, qui ne peut guère s'expliquer que par les avantages qu'elle offre à qui aime le monde, et veut y vivre
de la vie de société. En 1764, les trois chaires de philosophie, rhétorique et seconde du collège de la Flèche, qui
venait d'être enlevé aux Jésuites et affilié à l'Université
de Paris, se trouvant simultanément dépourvues de leurs
titulaires, les administrateurs de ce bel établissement
écrivirent, le premier août, au recteur et à M. de Choiseul,
ministre, et les prièrent de leur envoyer trois bons sujets
pour remplir les places vacantes[2]. Ils ne voulaient à aucun
prix, disaient-ils, des suppôts de la nouvelle philosophie; ils
ne voulaient pas davantage de professeurs trop mondains,
« l'expérience leur ayant fait connaître que les professeurs
et régents qui aiment le monde font leurs classes par contrainte, et s'empressent de donner les moments intermé-
diaires aux amusements, non à l'étude ». Pour satisfaire
aux vœux qu'on lui exprimait, M. de Choiseul invita le
recteur à mettre, comme on disait, les trois chaires à la
dispute, ce qui était le moyen de choisir des sujets excel-

1. Boileau, Satire III, vers 107.
2. La correspondance échangée entre les administrateurs du collège, le
recteur et le ministre a été publiée par Jourdain, *Hist. de l'Univ. de Paris*,
Pièce Justifi. 201. C'est à cette correspondance que nous empruntons ce
qui suit.

lents sous tous les rapports. Suivant le désir du ministre, le recteur annonça par un mandement l'ouverture d'un concours, pour lequel les autorités académiques élaborèrent un règlement et un programme. Comme les conditions faites aux maîtres de la Flèche étaient fort avantageuses, et qu'ils jouissaient en outre des mêmes privilèges que leurs collègues de Paris, on s'attendait à voir une foule de candidats briguer les postes vacants. Mais il ne se présenta que deux sujets pour la chaire de rhétorique, encore étaient-ce d'anciens régents du collège de Metz, auxquels on pouvait tout au moins reprocher quelque inconstance d'humeur. Non seulement aucun régent alors en exercice dans les collèges de la capitale, que son titre seul eût dispensé de toute épreuve, ne consentit à échanger sa chaire contre un des postes proposés, mais, ce qui est plus étonnant, pas un seul des nombreux maîtres ès arts, bacheliers ou licenciés des Facultés supérieures qui végétaient à Paris ne jugea à propos de subir les épreuves du concours et de courir la chance d'enlever une place de choix. Le ministre en manifesta son étonnement dans une lettre au recteur, où il déclarait être « on ne peut plus surpris qu'il ne se fût présenté personne de l'Université de Paris pour la chaire de rhétorique[1] ».

Cette abstention, à laquelle personne ne s'attendait, trouve son explication dans l'attrait irrésistible qu'exerçait au XVIIIe siècle la vie de Paris sur tout homme de mérite et de goût. C'était à Paris seulement que les relations mondaines avaient tout leur charme et tout leur prix. Partout ailleurs elles semblaient moins désirables. La capitale était, à l'exclusion de toute autre ville, le foyer des lettres, du savoir, de l'esprit et du bon ton. En la quittant, il fallait renoncer aux plaisirs délicats, et dire adieu à tout ce qui faisait la douceur et l'agrément de la vie. Partir en province, c'était s'acheminer vers l'exil, et

---

1. Le concours pour la chaire de seconde ne donna guère de meilleurs résultats.

même, quand la nécessité l'exigeait impérieusement, on ne s'y résignait pas sans un serrement de cœur et quelquefois d'inconsolables regrets.

Ainsi, dans la seconde moitié du xviiiᵉ siècle, les professeurs de l'Université de Paris, rompant avec des exemples et des traditions surannés, s'étaient peu à peu réconciliés avec le monde, pour qui leurs devanciers éprouvaient une instinctive aversion. Mais on peut se demander si, de son côté, le monde, qui jusqu'alors les avait tenus à l'écart, s'était réconcilié avec eux, et si même il leur tenait compte des progrès qu'ils avaient faits dans cet art de plaire que la société du temps prisait si fort. Avouons-le. Ils ont beau faire, on leur refuse toujours la qualité d'hommes du monde. Plus aimables, ils n'en sont pas plus aimés, ni surtout mieux considérés. Tant que dure l'ancien régime, la condition des professeurs reste assez humble, et l'estime dont ils jouissent inférieure à leur mérite. Le préjugé contre les hommes de collège, s'il s'est quelque peu affaibli, ne s'est pas dissipé, et le rôle actif que plusieurs d'entre eux ont joué dans les querelles théologiques attire au corps entier l'animadversion des philosophes, qui gouvernent alors l'opinion. Voltaire écrit à d'Alembert : « Gardez-vous de recevoir jamais dans l'Académie aucun homme de l'Université[1], » et ses correspondants pensent comme lui. En un mot, les professeurs n'occupent pas dans la société le rang auquel leur mérite, leur savoir et la dignité de leur vie leur donnent droit de prétendre, et bien des années s'écouleront encore avant qu'ils soient mis à leur vraie place et estimés à leur juste prix.

---

1. Lettre du 30 septembre 1767. — Voltaire exécrait l'Université. Il traitait couramment ses professeurs de « cuistres, marauds, canaille ». Ceux-ci lui rendaient amour pour amour, mais ils s'exprimaient sur son compte en termes plus mesurés. Voir Crevier, *Hist. de l'Univ. de Paris*, t. VI, p. 266, note.

CHAPITRE XI

Le régime universitaire depuis 1762 jusqu'à la Révolution.

Pendant plus de cent cinquante ans, l'Université de Paris n'a subi, si l'on excepte l'établissement de l'instruction gratuite[1], aucun changement de quelque importance. Elle obéit toujours aux lois que lui a données Henri IV en 1600, et, bien que certaines prescriptions de ce règlement célèbre soient peu à peu tombées en désuétude, Crevier peut écrire, au milieu du xviiie siècle, que les principales dispositions du vieux code universitaire « sont toujours de pratique ». Le long règne de Louis XIV a passé sur elle sans la marquer de son empreinte, et, pendant cette période si féconde, les atteintes que le temps lui a portées sont si légères qu'elles sont à peine sensibles. Toutes les institutions du royaume, sous les fortes mains de Colbert et de Louvois, s'améliorent ou se transforment. Seule, l'Université demeure intacte. Les contemporains de Henri IV, bien plus, ceux de François Ier ou de Louis XII n'auraient point eu de peine à la reconnaître, car son organisation, sa discipline, ses méthodes mêmes sont restées, à peu de chose près, ce qu'elles étaient de leur temps. Elle retarde

---

1. Et la réforme de la Faculté ... e décret, au commencement du règne personnel de Louis XIV. Mais ... us désignons ici, suivant l'habitude du temps, par le terme Université, la Faculté des arts.

manifestement sur le siècle. Cette espèce de divorce entre la première école du royaume et la société qui l'entoure frappe tous les yeux non prévenus. Mais on n'y apporte point de remède.

Ce n'est pas qu'on n'ait beaucoup agité dans les conseils des rois de France la question de réformer l'Université de Paris. Mais de tous les règlements élaborés dans cette vue à différentes époques, aucun n'a reçu même un commencement d'exécution. Trente ans ne s'étaient pas écoulés depuis la promulgation de l'édit de Henri IV, que Richelieu songeait à y introduire des changements assez profonds, et à plusieurs reprises il donna l'ordre d'y travailler[1]. La Faculté des arts étant la pépinière de toutes les autres, c'est principalement sur elle que les réformes devaient porter. Remarquant que le grand nombre de ses collèges sans exercice était plutôt pour elle une cause de faiblesse qu'un élément de prospérité, Richelieu se proposait de les supprimer presque tous, et de réduire la Faculté à cinq ou six grands établissements, qui, dans sa pensée, devaient suffire à tous les besoins. Mais quoique ce projet eût semblé lui tenir au cœur, les embarras du pouvoir et les grandes affaires dont il portait seul le poids ne lui laissèrent pas le loisir d'en presser l'exécution, et il mourut sans l'avoir réalisé. L'Université, malgré son admiration et son respect pour le grand ministre, n'avait secondé ses vues qu'à contre-cœur. Elle ne se souciait pas de travailler à la perfection d'un plan qui la mutilait.

Louis XIV, à qui le temps ne manqua pas, non plus que l'autorité ni la puissance, songea lui aussi à réformer l'Université, et il en manifesta plusieurs fois solennelle-

----

1. On trouve aux Archives de l'Université, carton 10, 2ᵉ dossier, nᵒˢ 22 et 23, deux plans de réforme des collèges de Paris, qui se rattachent très probablement aux projets de Richelieu. Ils ont été publiés par Jourdain dans son *Histoire de l'Univ. de Paris*, Pièces Justific. 83 et 84. On peut en rapprocher l'*Idées de Mʳ Gabriel Dubes, ancien professeur de philosophie au collège de La Marche touchant l'Université de Paris*, déjà cité. Ce mémoire représente plus particulièrement l'opinion universitaire.

ment l'intention. En 1667, il donne commission pour cet important ouvrage à plusieurs présidents et conseillers au Parlement[1]. Les magistrats devaient s'adjoindre un certain nombre de représentants tirés de chacune des Facultés. L'édit royal fait un magnifique éloge de l'Université de Paris[2], mais il insiste en même temps sur le besoin qu'elle a d'une réforme, attendu « qu'il ne s'y remarque presque plus rien de ce bel ordre qui lui a acquis tant de vénération ». Le projet, qui devait s'étendre à toutes les Universités du royaume, fut suivi quelque temps, puis abandonné. Un peu plus tard, en 1675, le même prince, accueillant une réclamation de l'Université de Paris relative aux empiétements du chantre de Notre-Dame, déclare qu'elle a laissé s'introduire chez elle des abus dont on se plaint, et que, dès la conclusion de la paix, il s'occupera de la réformer[3]. Mais, pas plus que Richelieu, il n'eut le temps de tenir parole, et, dans le triste déclin de son long règne, les guerres sans fin qu'il dut soutenir contre l'Europe coalisée l'occupèrent plus que ces pacifiques travaux. Sous le gouvernement du régent, à l'époque de l'établissement de l'instruction gratuite, on songea de nouveau à rajeunir les statuts de 1600. Les maîtres les plus habiles et les plus éclairés de l'Université, et parmi eux Rollin, auraient voulu « que les règlements de l'école de Paris, qui dataient du règne de Henri IV, fussent revisés, et qu'une main à la fois circonspecte et sévère y introduisît les modifications

1. *Commission à Monsieur le Premier Président, M. le Président de Longueil, Messieurs de Refuge, Saintot, Saveuse, etc., pour procéder à la Réformation de l'Université de Paris.* Bibl. de l'Univ., rec. U, 9¹, in-4°.

2. « Il n'y a personne qui ne sache de quelle utilité est à nostre Estat l'Université de nostre bonne ville de Paris, et en quelle estime elle a toujours esté, non seulement dans nostre royaume, mais aussi parmi les estrangers. Elle a esté comme le séminaire, où se sont élevez les plus grands hommes qui se sont rendus recommandables par leurs vertus et la connaissance des bonnes lettres et sa réputation a eue une approbation si universelle, que dans les plus grandes difficultez survenues sur les poincts de doctrine ou de la foy, ses advis ont esté reçus comme des décisions, et ont le plus servy à les former. »

3. Arch. de l'Univ., reg. 31, f° 25.

indiquées par l'expérience, et qui paraissaient les plus propres à élever les études et à resserrer les liens de la discipline, tant parmi les maîtres que parmi les écoliers[1] ». Le recteur en charge en 1721, Charles Coffin, qui avait donné, en des circonstances mémorables, la mesure de son zèle et de son dévouement aux intérêts de l'Université, était un des promoteurs les plus convaincus des réformes; mais les partisans du *statu quo* formaient, il faut le dire, la majorité dans les compagnies[2]. Ils eurent assez de crédit pour faire échouer tous les projets mis en avant, et pour empêcher Coffin d'être continué dans ses fonctions rectorales. Il dut se contenter de rappeler au nouveau recteur que cette réforme urgente, souhaitée par tous les vrais amis de l'Université, était aussi attendue des pouvoirs publics, et de l'engager à y travailler avec courage, sans se laisser intimider par les réclamations et les injures[3].

Nous ignorons si le nouveau chef de l'Université, M⁺ Gibert, se conforma aux instructions de son zélé prédécesseur. Nous avons lieu de croire qu'il suivit son exemple, mais les amis de la routine étaient trop nombreux et trop forts. Ils l'emportèrent, et dès lors il ne fut plus question des réformes. On ne s'était pas borné cependant à les désirer. Divers projets avaient été soumis aux compagnies de l'Université et sérieusement étudiés. L'un de ces plans, qui nous a été conservé et qui porte la signature de Pourchot[4], est une adaptation assez heureusement

---

1. Jourdain, *Hist. de l'Univ. de Paris*, p. 335.

2... « Plusieurs de ces défauts et de ces abus (dont souffrait l'Université) sont de telle nature qu'on trouvera dans les personnes même de la Faculté des arts une opposition formelle à y remédier. » *Mémoire sur les Collèges de plein exercice.* Arch. de l'Univ., dossier manuscrit 213, n° 65.

3. « Postremo peroptant boni omnes ut in praeclara artium Facultate, occasione gratuitae institutionis, leges quaedam antiquae renoventur, vel etiam sanciantur novae, quae presentibus vitiis, atque incommodis, si quae sint, medeantur, et futuris, quantum fieri potest, occurrant. Id primarii quique Magistratus, id Illustrissimus Franciae Cancellarius, id ipse Serenissimus Regens exspectat... Tuum est pro tuo in Academiam studio opus illud longe utilissimum, spretis quibusvis querelis ac conviciis, urgere. » *Les Œuvres de M. Coffin*, t. II, p. 35-36.

4. Arch. de l'Univ., carton 15, n° 21.

appropriée aux besoins du temps des statuts de Henri IV. Il maintient la plupart des dispositions de l'ancien code universitaire; mais, sur quelques points importants, il ne craint pas d'innover. Ce règlement, par les épreuves nouvelles qu'il instituait, remédiait à l'un des principaux inconvénients dont souffrait l'Université, l'absence de tout examen sérieux pour contrôler la capacité des candidats à la régence, les épreuves du baccalauréat et de la licence ne remplissant pas du tout cet objet; mais il en laissait subsister un autre plus grave encore, dont le précédent n'était que l'inévitable conséquence, à savoir la difficulté du recrutement de ces candidats. Si d'un grand nombre d'aspirants il est relativement aisé de ne prendre que l'élite, dans la disette, il n'est pas possible d'être exigeant ni difficile. Au milieu du xvııı^e siècle, le recrutement des maîtres n'était guère mieux assuré qu'au xvıı^e, et l'Université se débattait toujours contre le même embarras qu'au temps où Me Dumonstier proposait d'élever spécialement en vue de la régence un certain nombre d'enfants bien doués[1]. Le moment du moins approchait, où elle allait être délivrée de ce souci, et où elle n'aurait plus à se plaindre ni de la pénurie des maîtres, ni de l'incapacité de quelques-uns.

L'expulsion des Jésuites, en 1762, marque une époque mémorable dans les annales de l'enseignement. La disgrâce de la puissante société a été la cause initiale d'un certain nombre d'innovations qui ont modifié sensiblement sur plusieurs points le régime universitaire. Une fermentation générale, qui se fit sentir jusque dans les contrées de l'Europe les plus éloignées, et qui devait tourner au bien des études, suivit ce grand événement, sur la justice et l'opportunité duquel on n'est pas encore aujourd'hui d'accord, mais qui fut accueilli en France avec joie par l'immense majorité de la nation. La brusque disparition de la compagnie de Jésus, par le vide qu'elle fit

1. Arch. de l'Univ., reg. 27, f° 361.

soudain dans l'enseignement, força tous les regards à se tourner vers un objet dont jusqu'alors on s'était beaucoup trop désintéressé. On sentait que l'occasion était favorable pour discuter les titres des Universités et de toutes les institutions scolaires, pour faire subir aux vieilles méthodes un examen rigoureux, et reprendre au besoin par la base l'édifice de l'éducation publique. Si l'on négligeait de la saisir, tout était compromis ou même perdu sans retour[1]. Le Parlement de Paris, de qui était parti le coup qui avait abattu les Jésuites, et dont la responsabilité se trouvait par là même engagée devant la nation, s'employa avec ardeur à cette belle tâche. Il ne fallait pas qu'on pût dire que les Jésuites étaient plus faciles à détruire qu'à remplacer. Avant même qu'ils eussent fermé les portes de tous leurs collèges, le Parlement conçut un plan grandiose, qui n'allait à rien moins qu'à une réforme générale de l'éducation française : dans sa pensée, elle devait être désormais, sur toute l'étendue du territoire, uniforme et nationale. Ce grand dessein fût arrêté par lui dès la première heure. Il consistait, d'après le président Rolland, qui en fut l'infatigable artisan, en trois points principaux :

« 1° Avoir un plan *uniforme* reçu et adopté dont on ne s'écarterait pas, et dont l'exécution serait confiée à des personnes sages et prudentes, qui ne seraient remplacées que dans le cas de mort, et qui seraient constamment occupées du soin de perfectionner les études, et de veiller à un objet jusqu'à présent trop négligé en France.

« 2° Diminuer dans les Provinces (*sur la demande des Universités, et d'après l'avis du Cardinal de Richelieu*) le nombre des collèges, en créant, sur les revenus de ceux que l'on supprimerait, des bourses pour les enfants des lieux

1. « Le Parlement de Grenoble disait : « Le besoin est urgent, l'occasion unique.... nous sommes dans un moment de crise, il faut le saisir ou *tout est perdu sans retour.* » *Recueil de plusieurs des ouvrages de M. le Président Rolland*, p. 8. — La Chalotais devant le Parlement de Rennes, et Guyton de Morveau devant celui de Dijon ne s'exprimaient pas différemment.

que l'on priverait d'un collège, mais où l'on établirait une éducation nécessaire pour tous les enfants du premier âge, et seule suffisante pour la plupart des enfants du peuple et des campagnes.

« 3º Fixer un territoire à chaque Université, et leur donner une inspection sur tous les collèges qui seraient dans l'enclave de leur territoire; établir dans le chef-lieu de chaque Université un grand collège.... qui serait le centre de l'instruction dans tout le territoire, où l'on s'occuperait du soin de former des instituteurs, qui d'ailleurs seraient encore éprouvés par un concours, et où enfin il y aurait différents professeurs pour toutes les sciences, « *afin qu'il fût possible aux parents et aux maîtres de proportionner aux besoins des jeunes gens l'éducation qu'ils doivent recevoir,... et de mettre chaque individu à portée de contribuer au bien général, selon l'étendue du génie et des lumières qu'il aurait reçues de la Nature*[1]. »

Tel était, à l'origine et d'après le président Rolland, le plan que les magistrats avaient adopté, et auquel se rapporte tout ce qui a été fait par eux pour réformer l'instruction publique, non seulement dans l'Université de Paris, mais aussi dans le ressort du Parlement et même dans tout le royaume[2]. Abordant l'exécution de son projet,

---

1. *Mémoire sur l'Administration du Collège de Louis-le-Grand, et Collèges y réunis*, dans le *Recueil de plusieurs des ouvrages de M. le Président Rolland*. Le président a développé ces idées dans son *Plan d'Éducation et de Correspondance des Universités et des Collèges*.

2. Mais en attendant qu'on pût travailler à la réalisation de ce plan vraiment séduisant et si propre à réaliser l'uniformité de l'instruction dans toute l'étendue du territoire, il fallait assurer le présent. L'expulsion des Jésuites laissait dépourvus de maîtres plus de quarante collèges dans le seul ressort du Parlement de Paris. Il importait de les remplacer au plus tôt. C'était la première tâche et la plus urgente que les magistrats eussent à remplir. Il n'est pas de notre sujet d'entrer dans le détail de tout ce qui fut fait alors. Il suffit qu'on sache que dès le mois de février et mars 1762, avant même que la société de Jésus eût été légalement dissoute, le Parlement se mit en rapport avec les officiers municipaux des villes, et les exhorta en termes pressants à prendre toutes les mesures nécessaires pour que l'héritage des Jésuites fût aussitôt recueilli, mais par des maîtres séculiers exclusivement (condition à laquelle les Universités attachaient une extrême importance). Grâce à ces dispositions, il

le Parlement, toutes chambres assemblées, rendit, le 3 septembre 1762, un arrêt pour ordonner que les Universités de Paris, Reims, Bourges, Poitiers, Angers et Orléans enverraient au procureur général, dans le délai de trois mois, tels mémoires qu'elles jugeraient bon, relativement au plan d'étude à suivre dans les collèges non-dépendants des Universités, et à la correspondance à établir entre les collèges et les Universités. Il désigna en même temps (6 août et 8 septembre 1762) les commissaires qui seraient chargés de prendre connaissance de ces mémoires, d'en extraire ce qu'ils renfermeraient de meilleur et d'en composer un plan pour la réforme qu'on avait en vue. Ces magistrats étaient MM. Del'Averdy, Roussel de la Tour, l'abbé Terray et le président Rolland. Ils devaient se concerter avec cinq autres commissaires nommés pour le même objet par le roi, et qui étaient M. de la Roche-Aymon, archevêque de Reims, M. de Jarente, évêque d'Orléans, MM. d'Aguesseau et Gilbert, conseillers d'État, et M. Taboureau, maître des requêtes, qui fut désigné pour les fonctions de rapporteur. Ils commencèrent par le plus pressé. Les collèges ·de province abandonnés par les Jésuites et confiés à des séculiers se trouvaient dans l'état le plus fâcheux, les mesures hâtives prises après le départ des anciens possesseurs n'ayant pu leur procurer la stabilité. La commission s'occupa de leur donner une forme fixe et régulière. Ses opérations furent laborieuses[1] : elle

n'y eut pas alors de difficulté insurmontable, et, comme le constate Jourdain, dans beaucoup de villes l'enseignement passa tout d'abord sans trop de secousses entre les mains des nouveaux maîtres.

1. Elles furent surtout conduites par les commissaires du Parlement. Pour répondre à ce qu'on attendait d'eux, ces magistrats durent se livrer, en dehors de leurs occupations professionnelles, à d'immenses travaux. En effet, il leur fallait non seulement prendre connaissance des mémoires envoyés par les Universités, les exposer à leur compagnie, préparer les règlements nécessaires, etc., mais encore rendre compte, d'après les rapports de toute espèce fournis par les officiers royaux et municipaux, de tous les collèges des Jésuites sis dans le ressort de la cour, et plus tard même, de tous les collèges du royaume. Pour plus de commodité, ils se partagèrent la besogne, et les collèges furent répartis entre MM. Del'Averdy, Roussel de la Tour et le président Rolland. Lorsque

parvint cependant, après beaucoup de travaux préparatoires, de conférences, de discussions, de divisions même [1],
à dresser un règlement général qui fut approuvé du roi et
parut sous forme d'édit, en février 1763. Il fut complété
par les Lettres patentes du 30 mars 1764 et l'Arrêt de
Règlement du 29 janvier 1765. Ces importants statuts
étaient comme la base du grand projet que les magistrats
avaient élaboré pour la réforme de l'éducation nationale.
Mais ils n'eurent pas la joie patriotique de le mener à
bonne fin, et cette réforme de l'enseignement commencée
sous de si heureux auspices n'éprouva pas un sort meilleur que tous les essais qui l'avaient précédée [2]. Il y fallait
une main plus puissante que celle de la royauté sur son
déclin.

Pendant ces travaux, l'Université de Paris n'était pas
restée dans l'inaction. Bien qu'elle ne fût pas directement
visée par des mesures qui avaient pour objet exclusif les
collèges provinciaux, dont quelques-uns étaient d'ailleurs
tout voisins de la capitale, elle avait répondu avec empressement à l'appel des magistrats, trop sages pour se priver
du concours de sa vieille expérience; elle leur avait soumis
des plans d'études solides et judicieux [3], et elle avait ainsi

M. Del'Averdy eut été nommé contrôleur général, les établissements qui lui
avaient été attribués vinrent grossir le département du président Rolland.
Pour se faire une idée des travaux des commissaires, il suffit de par-
courir le *Recueil de plusieurs des ouvrages de M. le Président Rolland*, et
les sept volumes du *Recueil dit de Simon*, imprimeur du Parlement.

1. Les commissaires du Parlement, adoptant les vues de l'Université
de Paris, ne voulaient confier aucun collège important aux réguliers. Les
commissaires du Conseil étaient en majorité d'avis contraire. Voir le
*Mémoire sur l'Administration du Collège de Louis-le-Grand et Collèges y
réunis*, dans le *Recueil de plusieurs des ouvrages*, etc., p. 166-167.

2. L'œuvre des magistrats fut interrompue par l'exil du Parlement
en 1771. Après leur rappel, ils n'eurent pas le temps de l'achever.

3. L'Université de Paris fournit à elle seule au Parlement trois
mémoires : « le premier, daté du 9 janvier 1763, et déposé au greffe le
27 août suivant, n'a pour objet que la correspondance; le second, du
13 août 1763, et déposé au greffe le 22 du même mois, contient la
méthode d'enseigner la Rhétorique et les Humanités; enfin le troisième,
du 20 décembre 1764, déposé au greffe le 12 janvier 1765, renferme un
plan d'enseignement élémentaire sur la Philosophie. » *Plan d'Éducation
et de Correspondance des Universités et des Collèges* dans le *Recueil de plu-*

coopéré dans la mesure où on l'y invitait à la grande œuvre que le Parlement entreprenait. Son intérêt même lui commandait de s'y associer. Il s'agissait pour elle d'étendre sa sphère d'influence, et de répandre dans les provinces les mêmes lumières qui brillaient dans la capitale. « Or, le seul moyen qui pût conduire à une fin aussi désirable, c'était de faire de Paris le centre et comme le chef-lieu de l'enseignement public, d'établir des rapports de dépendance et de communication entre les Universités répandues dans les provinces et celle de la capitale, et d'accorder à celle-ci sur toutes les autres, sinon une autorité absolue, qui aurait pu gêner l'enseignement, au moins une influence habituelle qui lui servît de soutien et d'encouragement[1] ».

Il semble, puisque c'était à l'Université de Paris qu'on destinait ce grand rôle, que la réforme projetée aurait dû commencer par elle. Telle était sans doute l'intention du Parlement[2]. Mais les circonstances ne lui permirent pas de développer son plan suivant une logique rigoureuse, et il dut en même temps s'occuper de relever les études dans les collèges de province et travailler à réformer l'Université de Paris. Ses commissaires se sentirent assez de talent et de zèle pour mener de front ces deux lourdes tâches. À peine les Jésuites avaient-ils abandonné leur maison de Louis-le-Grand, que les magistrats, dont la réorganisation des collèges provinciaux ne suffisait pas à épuiser l'activité, se hâtaient de prendre les mesures nécessaires à l'exécution d'un plan qui devait fournir à

sieurs des ouvrages, etc., p. 6. — Les trois mémoires de l'Université de Paris, qui ne semblent pas avoir été jamais imprimés, existent en manuscrit aux Archives de l'Université, dans le carton 15.

1. _Plan d'Éducation et de Correspondance..._ dans le _Recueil de plusieurs des ouvrages_, etc., p. 22.

2. Le président Rolland le déclare formellement. — Nous avons rencontré, aux Archives de l'Université, dans le carton 15 un projet manuscrit de règlement (n° 95) sous ce titre : _Articles à proposer aux Nations._ Il y est question de l'établissement d'un bureau de discipline pour la Faculté des arts. Cet écrit se rattache sans aucun doute aux changements qu'on méditait de faire dans l'Université de Paris.

l'Université des professeurs en assez grand nombre pour suffire non seulement à ses propres besoins, mais encore à ceux des provinces.

Il y avait longtemps qu'on se plaignait dans le public et dans l'Université même du triste état où languissaient les petits collèges. Leurs boursiers, dont le nombre était beaucoup diminué, n'y faisaient, faute de surveillance et d'émulation, que de très faibles études, en sorte que les intentions des fondateurs avaient cessé d'être remplies. Depuis plus d'un siècle, ces abus étaient notoires et frappaient tout le monde. On a vu que Richelieu avait manifesté l'intention d'y porter remède, et on lit dans les registres officiels que dès 1622 il avait été question de réunir les boursiers des petits collèges dans un seul établissement[1]. Mais l'Université répugnait à cette solution. Outre qu'il lui en coûtait de s'amputer elle-même, elle craignait, non sans apparence de raison, que les Jésuites ne missent la main sur les collèges laissés vacants. Le projet fut cependant repris, rédigé même avec détail en 1730, et présenté au chancelier d'Aguesseau et au procureur général Joly de Fleury, qui se contentèrent de l'approuver sans tenir la main à son exécution. L'expulsion des Jésuites ramena l'attention des magistrats sur ce plan, et, ce qui valait mieux, fournit les moyens de l'appliquer. Il y eut un échange de vues entre les magistrats et des maîtres influents de l'Université; et le premier fruit de ces conférences fut une requête de la Congrégation de France qui, pour faciliter la construction de l'église de Sainte-Geneviève, demanda le transfert du collège de Lisieux dans les bâtiments de Louis-le-Grand[2]. « Cette requête ayant été communiquée aux officiers du Châtelet, au prévôt des marchands et échevins et à l'Université de Paris, ces différents corps non seulement approuvèrent cette translation, mais

<hr>

1. Arch. de l'Univ., reg. 27, à la date du 7 mai 1622.
2. Le collège de Lisieux était compris dans les bâtiments qui devaient être démolis pour faire place à la nouvelle église.

proposèrent la réunion des petits collèges dans celui de Louis-le-Grand[1]. » Ce fut d'après ces différents vœux que le Parlement ordonna, le 7 septembre 1762, la translation du collège de Lisieux, et prescrivit aux boursiers des petits collèges de fréquenter désormais exclusivement ses classes.

Il avait suffi pour ces deux objets d'un ordre de la cour. Autrement difficile et complexe fut l'opération qui consistait à liquider les biens des petits collèges, et à en appliquer le revenu à l'entretien permanent de leurs boursiers dans le nouveau collège dont le Parlement leur avait enjoint de suivre provisoirement les cours en qualité d'externes. On se trouvait là en présence de fondations qui remontaient au xiv° siècle, respectables par leur antiquité même, de formes d'administration particulières, de mille intérêts divers qu'il importait de ménager. Le Parlement le comprit et n'agit qu'avec une extrême circonspection. Le 20 octobre 1762, ses commissaires assemblés à Louis-le-Grand, où les boursiers de Lisieux avaient été transférés de la veille au soir, rendirent une ordonnance pour inviter les principaux des petits collèges, dont la plupart étaient présents, à leur soumettre des rapports complets et détaillés sur l'état de leurs maisons. Ces mémoires devaient être et furent en effet déposés au greffe du Parlement dans le mois de novembre suivant. Mais il fallut les contrôler. Les magistrats crurent ne pouvoir mieux faire que d'en confier le soin à des personnes expérimentées et capables tirées de l'Université même, et un arrêt du 4 février 1763 donna au recteur en charge et à plusieurs de ses prédécesseurs pleins pouvoirs pour vérifier l'exactitude des mémoires

---

1. *Mémoire sur l'Administration du Collège de Louis-le-Grand....* dans le *Recueil de plusieurs des ouvrages de M. le Président Rolland*, p. 158. — Dans un mémoire déposé au greffe de la cour à la fin d'août 1762, l'Université avait déjà présenté comme un objet digne de l'attention des magistrats la réunion des boursiers des petits collèges. Voir le *Mémoire présenté à Nos Seigneurs du Parlement par le recteur et son Conseil en conséquence de l'arrêt rendu le 28 août 1762*. Arch. de l'Univ., reg. 47, f° 7 et suiv., et Jourdain, *Hist. de l'Univ. de Paris*, Pièce Justific. 198.

remis par les principaux des petits collèges, et donner leur avis sur ces mémoires. Les anciens recteurs s'acquittèrent de leur mission si complexe et si délicate avec un zèle, un dévouement et un tact auxquels M. Del'Averdy se plut à rendre publiquement hommage[1], et ils fournirent à la cour plusieurs mémoires, dont l'un surtout, le *Mémoire sur la réunion des petits collèges fondés en l'Université de Paris*[2], par l'abondance et la sûreté des renseignements, la netteté des vues, le caractère pratique des réformes proposées, présente un intérêt capital. Ce travail est un avis général sur la nécessité d'opérer la réunion des boursiers des petits collèges et la manière d'y parvenir. Il se trouve être également une justification éclatante du plan conçu par les magistrats[3]. Puisqu'il est prouvé par une expérience de plusieurs siècles que les boursiers des collèges sans exercice, livrés à eux-mêmes, perdent leur temps et frustrent les intentions des fondateurs, il est urgent de les rassembler tous dans un même établissement. En les soumettant à une discipline uniforme, en leur donnant une éducation appropriée aux vues qu'on a sur eux, on en fera vraisemblablement de bons maîtres, préparés de longue main à leurs fonctions, et des sujets capables de remplir avec honneur toutes les chaires où ils seront appelés.

Un projet si sage n'aurait pas dû rencontrer d'objections. Cependant les anciens recteurs réfutaient par avance celles qu'ils prévoyaient bien que les ennemis de l'Univer-

1. C'est M. Del'Averdy, l'un des commissaires du Parlement, qui rendit compte aux chambres assemblées des travaux des anciens recteurs. Voir le *Compte rendu aux Chambres assemblées par M. Del'Averdy, concernant la réunion des boursiers fondés dans les collèges de non plein Exercice sis en la Ville de Paris.* Bibl. de l'Univ., U, 21, in-4°.

2. Il existe à la bibliothèque de l'Université dans le recueil U. 35, in-4°, un exemplaire de ce mémoire que nous avons déjà eu plusieurs fois l'occasion de signaler.

3. En 1762, plusieurs petits collèges n'existaient plus que de nom. Au collège de Reims, il n'y a plus qu'un principal et un seul boursier, qui est logé chez un maître de pension. Le collège d'Arras a été usurpé par l'abbaye de Saint-Vaast d'Arras, et il sert d'hôtellerie à l'abbé et à ses religieux, quand ils viennent à Paris. Au collège de Saint-Michel, les boursiers ont vendu presque tout le mobilier de la maison.

sité ne manqueraient pas de soulever[1]. Avant même l'installation du collège de Lisieux à Louis-le-Grand, on avait eu la preuve des dispositions qui les animaient. Sur le bruit que le plus florissant collège de la société proscrite passait aux mains de ses adversaires, ils avaient tenté l'impossible pour faire échouer le projet, et l'on avait vu un chancelier de France, gagné à leur cause, leur prêter ouvertement l'appui de son nom et de son titre[2]. Beaucoup de personnes qui, dans le fond du cœur, jugeaient la réunion avantageuse au bien des études, gardaient prudemment le silence, dans la crainte d'un retour possible des Jésuites. On pouvait donc juger, par tout ce qui s'était passé avant même que la réunion fût commencée, qu'elle ne manquerait pas dans la suite d'être très vivement attaquée. Ce n'est pas ici le lieu d'exposer ces critiques avec détail. La plupart n'étaient pas sérieuses, et l'esprit de parti seul les dictait. Quelques-unes méritaient d'être discutées, celle-ci par exemple : s'il ne valait pas mieux distribuer les boursiers des établissements qu'on supprimerait dans tous les collèges d'exercice[3]. On paraissait craindre que le nouveau

1. « Différens motifs dirigeoient les opposans, les uns (et c'était le plus grand nombre) vouloient favoriser les Jésuites, ou pensoient qu'il étoit de leur intérêt personnel de faire croire à cette Société fameuse qu'ils lui étoient attachés, espérant sur sa reconnoissance lorsqu'elle seroit rétablie; d'autres n'avoient d'autre but que de plaire à M. l'Archevêque (de Beaumont); quelques-uns voyoient avec peine une innovation qui leur paroissoit changer et même anéantir toutes les fondations; joignez à cela la partie qui dans toutes les Compagnies fait *peuple* et se laisse entraîner, et l'on ne sera pas étonné de toutes les voix qui s'élevoient contre la réunion, et ce, soit dans l'Université, soit même dans le Public. » *Recueil de plusieurs des ouvrages de M. le Président Rolland*, p. ix et x de l'Introduction.

2. « M. le Chancelier (de Lamoignon) écrivit à M. l'Abbé de Sainte-Geneviève en septembre 1762, et l'assura que le Roi désapprouvoit la translation du Collège de Lisieux dans celui de Louis-le-Grand. La lettre même portoit qu'elle étoit écrite sous les yeux de Sa Majesté. » *Mémoire sur l'Administration du Collège de Louis-le-Grand...* dans le *Recueil de plusieurs des ouvrages*, etc., p. 160. — Cette assertion du chancelier était un mensonge. On reprocha aussi aux commissaires du Parlement d'avoir fait chanter un *Te Deum* à l'occasion de la prise de possession du collège Louis-le-Grand, et on les accusa d'avoir cherché jusque dans l'office divin des allusions injurieuses à la compagnie proscrite.

3. Nous avons trouvé cette objection formulée dans un mémoire manus-

collège, qui s'annonçait comme devant être une maison modèle, ne prît le pas sur tous les autres, que les boursiers réunis ne remportassent tous les prix du concours général[1], et que, devant cette supériorité écrasante, les élèves des autres collèges, désespérant de jamais vaincre, ne tombassent dans le découragement et dans la mollesse. Mais on démontrait facilement que cette objection était au fond sans portée, et qu'en tout cas un inconvénient problématique ne devait pas empêcher la réalisation d'un avantage certain.

La lecture de ce mémoire, où les anciens recteurs faisaient ressortir avec une force persuasive tout le bien qui devait résulter de la réunion des boursiers dans un même collège, affermit les magistrats dans leur opinion. Les commissaires du Parlement n'eurent point de peine à persuader ceux du Conseil, avec lesquels ils se mirent promptement d'accord sur le fond de la question[2], et dès lors il n'y eut plus d'obstacles à ce que toutes les mesures prises ou en cours d'exécution fussent sanctionnées par l'autorité souveraine.

Pendant que l'Université se félicitait d'un événement souhaité par tous les amis des bonnes études, elle eut un autre sujet de joie. On se souvient que cette compagnie, considérable à tous égards, n'avait point de local où elle pût installer ses services. Elle était sans domicile dans ce pays latin qu'elle gouvernait depuis cinq siècles. Ses officiers se réunissaient pour l'expédition des affaires courantes dans la chambre que le recteur occupait tantôt dans un collège et tantôt dans un autre. On sent tout ce qu'une semblable pratique avait d'incommode et de mesquin.

crit de la Bibliothèque Mazarine (ms. 3310, in-f°, n° 21). — Ce mémoire paraît avoir été inspiré par les principaux des collèges d'exercice, qui avaient sans doute compté sur une solution plus avantageuse pour eux.

1. Le concours général entre les collèges de Paris avait été institué en 1716, grâce aux libéralités posthumes de l'abbé Legendre.

2. D'après le Président Rolland, il y eut pourtant, sur des points d'ailleurs secondaires, quelques divergences de vues entre les commissaires du Parlement et ceux du Conseil.

Aussi l'Université saisit-elle avec empressement l'occasion de se faire attribuer, sans qu'il lui en coûtât rien, le chef-lieu dont elle avait besoin. Les créanciers des Jésuites élevant la prétention que les terrains et les bâtiments du collège de Louis-le-Grand fussent frappés de leurs hypothèques, le Parlement avait déclaré par un arrêt du 28 juillet 1763 que tous ces terrains et bâtiments ne pourraient être employés, suivant leur destination, à autre usage qu'à l'instruction publique. En conséquence, l'Université témoigna aux commissaires du Parlement le désir qu'elle avait de se mettre en possession du collège de Louis-le-Grand et d'y établir son chef-lieu; et comme sa demande était appuyée du vœu des officiers municipaux, et que, d'autre part, elle pouvait servir à consolider l'œuvre des magistrats, le Parlement, sur la requête du procureur général, ordonna par son arrêt du 30 août 1763 que le chef-lieu de l'Université serait, par provision, placé dans le collège de Louis-le-Grand[1] : ce qui fut exécuté le 9 septembre suivant.

1. « Vu par la Cour... la Requête... contenant... que le Procureur Général du Roi cherche depuis longtemps l'occasion de remédier au peu d'ordre dans lequel se trouvent forcément les archives de l'Université, et à les réunir dans un lieu proche de celui où se tiendrait le Tribunal de l'Université...; qu'il est contraire à l'intérêt public que des Archives qui contiennent des titres importans à toute la France, et même aux pays étrangers, dont plusieurs habitans viennent prendre des degrés à Paris, n'ayent pas de lieu fixe, passent de main en main et changent de lieu non seulement à chaque mutation de Greffier, mais même chaque fois que le Greffier quitte un logement pour en habiter un autre; qu'il est très aisé que dans ces différens déménagements quelques-uns de ces titres s'égarent ou se perdent, ce qui emporterait un très grand préjudice à nombre de citoyens; que l'éloignement qui se trouve presque toujours entre le lieu où se tient le Tribunal de l'Université, et celui où est le Greffe présente encore un très grand inconvénient auquel il paroît au Procureur Général du Roi nécessaire de pourvoir; qu'en effet l'usage étant, et ne pouvant être autre dans la position actuelle des choses, que le Tribunal se tienne chez le Recteur, et que les archives soient chez le Greffier, il est très rare que les archives se trouvent à la portée de ce Tribunal, qui, souvent cependant peut en avoir besoin pour consulter ses registres; qu'il paroîtroit donc au Procureur Général du Roi, très utile de réunir ces deux objets dans le collège qu'occupoient rue Saint-Jacques, les ci-devant soi-disans Jésuites..... A ces causes, etc. » *Recueil de toutes les délibérations importantes du bureau d'administration du Collège de Louis-le-Grand*, p. 12 et 13.

Il ne restait plus qu'à donner à tous ces travaux la sanction de l'autorité souveraine. En vertu des pouvoirs qui leur avaient été confiés, les magistrats du Parlement et du Conseil rédigèrent eux-mêmes les Lettres patentes nécessaires, et les soumirent au roi qui les approuva. Selon le président Rolland, l'un des commissaires, ces Lettres patentes, qui sont datées du 21 novembre 1763, avaient quatre objets principaux :

1° La translation du collège de Lisieux dans celui de Louis-le-Grand[1].

2° La translation dans le même collège de Louis-le-Grand des boursiers de tous les petits collèges, ceux des Lombards et des Ecossais exceptés[2].

3° L'établissement de deux bureaux, l'un pour la régie et l'administration du temporel, l'autre pour la discipline du nouveau collège[3].

---

1. L'installation du collège de Lisieux fut commencée le 4 octobre 1762 et terminée le 20 du même mois; le 4 octobre, le principal fut mis en possession de la chapelle, des classes et des bâtiments. La cérémonie du 4 fut suivie d'un *Te Deum* et d'une messe du Saint-Esprit. Quand le principal du collège de Lisieux, M° le Seigneur, entonna le *Te Deum*, les assistants ne purent retenir leurs larmes. Arch. de l'Univ., reg. 47, f° 10 v°. — Pendant l'installation, il s'éleva quelques difficultés au sujet des logements. Les commissaires du Parlement avaient décidé que les professeurs seraient logés suivant la dignité des classes, les professeurs de philosophie et de rhétorique au premier étage, les autres au-dessus, jusqu'au cinquième. Les professeurs les plus anciens, qui étaient précisément ceux des petites classes, réclamèrent, mais ne purent obtenir satisfaction. Chaque appartement se composait d'une antichambre, d'une salle de compagnie, d'une chambre à coucher, d'un cabinet et d'une cuisine.

2. Ce fut une œuvre de longue haleine. Il fallut plusieurs années pour la mener à bonne fin. Voir le *Recueil de toutes les délibérations importantes*, etc.

3. « Le Bureau pour le temporel a été composé du Grand-Aumônier, des quatre officiers du Parlement... du substitut... et de quatre notables et du Grand-Maître temporel, chargé, sous les ordres du Bureau, de la recette et dépense des collèges réunis. — Le Bureau de discipline a été composé du recteur, des six anciens recteurs commis par la Cour, par son arrêt du 4 février 1763, pour la visite et examen des mémoires par nous demandés dans la vacation du 20 octobre 1762, et qui nous avaient été remis dans celles du 25 nov. et 17 déc. suivants. Ces deux bureaux ont été respectivement chargés par S. M. de dresser tous les règlements nécessaires pour le bon ordre, tant dans ledit collège que dans les biens dudit collège, et de ceux y réunis, le tout à la charge de l'homologation

4° L'établissement du chef-lieu de l'Université dans les bâtiments du collège de Louis-le-Grand.

Dans le préambule de ces Lettres, le roi s'explique sur l'objet qu'il se propose. Il déclare « qu'il veut former dans le collège de Louis-le-Grand *une pépinière abondante de Maîtres dont l'État a besoin*, et qui répandront partout cette émulation si désirable pour l'éducation de ses sujets; qu'il espère que l'exemple d'une si bonne et si sage administration mettra l'Université, ainsi que le Parlement, en état de compléter ses vues pour le bien de l'éducation, en lui proposant incessamment les plans les plus convenables pour parvenir à la réforme ou à la plus grande perfection *des Collèges de plein exercice de l'Université, et même de tout le Royaume*[1] ».

Comme on le voit, le roi entrait pleinement dans les vues des magistrats, et adoptait sans restriction le vaste plan qu'ils avaient formé pour la réforme des études.

Tandis que les commissaires du Parlement s'occupaient de procurer l'exécution des Lettres patentes du 21 novembre 1763, le collège de Lisieux se trouvait mal à l'aise dans les bâtiments de Louis-le-Grand, surtout depuis que le roi avait installé à côté de lui le Tribunal universitaire et les bureaux d'administration et de discipline du collège des boursiers réunis. Ce voisinage lui inspirait quelques alarmes. Il crut son indépendance menacée, et fit partager ses craintes aux supérieurs majeurs, l'archevêque de Reims et l'évêque de Lisieux, qui représentèrent aux magistrats que « la translation du collège de Lisieux était plus nuisible qu'utile », et qui demandèrent, étant certains que le collège de Beauvais consentait volon-

---

en la cour sur la requête du Procureur-Général du Roi. » *Installation de l'Université...* dans le *Recueil de plusieurs des ouvrages*, etc., p. 282-283. — Le Bureau de discipline, dont l'établissement avait donné lieu à des discussions entre les commissaires du Parlement et ceux du Conseil, fut supprimé par les Lettres patentes du 20 août 1767.

1. *Mémoire sur l'Administration du Collège de Louis-le-Grand...* dans le *Recueil de plusieurs des ouvrages*, etc., p. 177-178.

tiers à son transfert, que la substitution fût autorisée. Il était indifférent aux magistrats que le collège de Louis-le-Grand reçût les boursiers de Lisieux ou ceux de Beauvais. Ils donnèrent leur consentement à la combinaison proposée, et le 7 avril le collège de Beauvais fut substitué par Lettres patentes à celui de Lisieux. La solennité de la prise de possession eut lieu en grande pompe, le 10 octobre 1764, en présence des commissaires du Parlement, et dans la même séance le Tribunal académique et tous les services dépendant de l'Université furent installés jusqu'à nouvel ordre dans les locaux qui leur étaient destinés[1].

La nouvelle organisation fonctionna quelques années telle que l'avaient établie les magistrats. Mais, dit le président Rolland[2], les travaux auxquels ils s'étaient livrés dans l'intervalle et l'expérience qu'ils avaient acquise démontrèrent qu'il y avait quelques réformes à faire dans les Lettres patentes du 21 novembre 1763, et qu'elles avaient besoin d'explication. Ce fut l'objet des Lettres patentes du 20 août 1767[3]. Ce règlement modifiait sur des points très essentiels les lois en vigueur. Il supprimait le bureau de discipline établi en 1763 dans le collège de Louis-le-Grand et composé exclusivement d'anciens maîtres de la Faculté des arts, et replaçait purement et simplement ce collège sous la juridiction du Tribunal académique. Il contenait des innovations non moins graves en ce qui concernait les bourses : il changeait ou plutôt étendait les fondations en permettant à tous les boursiers d'étudier à leur choix dans une des trois Facultés supérieures[4]. Enfin, il subordon-

---

1. Voir le curieux procès-verbal de l'installation dans le *Recueil de plusieurs des ouvrages*, etc., p. 307 et suiv. Le principal du Collège de Beauvais prend solennellement possession du collège Louis-le-Grand en touchant les trois principales portes et en sonnant la cloche des classes. Les mêmes cérémonies avaient été précédemment accomplies par le recteur.

2. *Recueil de plusieurs des ouvrages*, etc., p. 189.

3. Ces Lettres se trouvent dans le *Recueil de toutes les délibérations importantes*, etc., p. 64 et suiv.

4. Un très grand nombre de bourses étaient originairement destinées à des étudiants en théologie. En étendant les fondations, c'est-à-dire en

nait l'admission définitive des boursiers à des conditions très sévères, qui gênaient singulièrement la liberté des collateurs [1].

Ces Lettres patentes mécontentèrent au plus haut point l'Université et les supérieurs majeurs des collèges incorporés à Louis-le-Grand. Depuis plusieurs années, l'Université, témoin de l'étonnante activité des magistrats, en prenait de l'ombrage. Elle les remerciait ostensiblement de leur zèle pour l'éducation publique; elle leur réitérait en toute occasion « le témoignage du respect le plus profond et de la reconnaissance la plus tendre et la plus sincère »; mais elle renfermait dans son sein les germes d'un mécontentement qui ne devait pas tarder à éclater au grand jour. Un parti s'était formé, extrêmement jaloux des prérogatives du corps, qui n'avait pas pu voir sans un violent dépit le Parlement entreprendre sur les droits de l'Université et la reléguer au second plan. Il dénonçait avec amertume ce qu'il appelait une usurpation. Il remarquait que l'Université avait été tenue à l'écart de tout ce qui s'était fait chez elle jusqu'alors [2]. On lui avait demandé des avis, mais non pas son concours, et son Tribunal assistait impuissant à l'application de réformes dont il n'avait pas eu l'initiative et qu'il aurait peut-être combattues, si elles lui avaient été proposées. Ne devinait-on pas

permettant à tous les boursiers d'étudier indifféremment dans une des Facultés supérieures, les magistrats, qui savaient ce qu'ils faisaient, portaient un coup direct à la Faculté de théologie. D'une manière générale, ils étaient peu favorables au clergé, et toutes leurs sympathies allaient aux laïcs.

1. « ... Avant d'être admis, les candidats proposés devaient subir un examen devant une commission composée du principal du collège et de quatre émérites, choisis par le Tribunal de l'Université dans les quatre Nations de la Faculté des arts. Quand ils avaient été reconnus admissibles, ils devaient être éprouvés durant deux années encore, et c'était seulement à l'expiration de ce long noviciat que la commission d'examen décidait s'ils seraient confirmés dans la jouissance de leurs bourses, ou bien renvoyés du collège. » Jourdain, *Hist. de l'Univ. de Paris*, p. 437.

2. Lors de la dernière réforme, en 1600, on avait eu plus d'égards pour elle, et les commissaires du roi avaient associé plusieurs de ses maîtres à leurs travaux.

là le dessein formé d'ôter à l'Université sa juste part d'influence dans les questions d'enseignement, et de ruiner toutes ses franchises?

En vain les magistrats avaient-ils pris tous les tempéraments conseillés par la prudence, et s'étaient-ils efforcés de ménager des esprits dont la susceptibilité leur était connue; ils n'avaient pas réussi à calmer toutes les défiances, et, quoi qu'ils pussent faire, les sentiments d'hostilité que les dernières mesures avaient provoqués se traduisaient par une vive agitation, dont la Nation de Normandie fut la première à donner l'exemple[1], mais qui ne tarda pas à gagner toutes les compagnies. Les supérieurs majeurs des collèges s'y associèrent, et, comme le dit le président Rolland, il plut des mémoires et des représentations imprimées[2]. Les esprits étaient d'autant plus animés que l'établissement de l'agrégation avait été fait d'autorité l'année précédente, contre le vœu de beaucoup d'universitaires, qui depuis ne cessaient pas de le critiquer. Mais il faut nous arrêter sur cette nouvelle institution, œuvre personnelle des magistrats, qui devait survivre à l'ancienne Université. Elle nous intéresse au premier chef, puisqu'elle a pour objet de contrôler, par la voie du concours, le savoir et la capacité des maîtres que le collège de Louis-le-Grand était particulièrement chargé de préparer.

1. Si l'on désire avoir des renseignements plus circonstanciés sur la conduite de la Nation de Normandie pendant toute cette période, et qu'on ne soit pas effrayé par l'aspect d'un in-folio énorme, on peut consulter le registre de ses conclusions (reg. 11ter).

2. Ces mémoires, dont il serait trop long de donner une liste détaillée, sont réunis dans le recueil U, 35, in-4°, de la Bibliothèque de l'Université. — Le plus virulent de tous ces écrits est un libelle qui circula sous le voile de l'anonyme et en secret, mais qui avait en réalité pour auteur, comme on le sut plus tard, M° Hamelin : *Réflexions d'un Universitaire en forme de Mémoire à consulter concernant les Lettres patentes du 20 août 1767.* Le Parlement fit lacérer et brûler les *Réflexions d'un Universitaire*; mais le gouvernement, sollicité de toutes parts, crut devoir accorder quelque chose aux mécontents, et les Lettres patentes du 1er juillet 1769 annulèrent en partie celles de 1767. Voir pour plus de détails Jourdain, *Hist. de l'Univ. de Paris*, p. 437 et 138.

En 1766, le besoin de maîtres instruits se faisait sentir aussi vivement que jamais, et des plaintes nombreuses s'élevaient de tous côtés sur l'insuffisance des examens du baccalauréat et de la licence ès arts, dont le diplôme s'accordait avec une déplorable facilité aux candidats les plus ignorants, pourvu qu'ils eussent fait leurs deux ans de philosophie[1]. L'ancienne Université fut toujours portée à attacher une valeur excessive au temps d'étude, comme si l'assiduité purement passive à des leçons dont on ne profite pas devait être comptée pour quelque chose, et tenir lieu du travail et de l'effort. On peut poser en fait que tous les candidats inscrits sur les registres étaient reçus, à de très rares exceptions près. Du moment qu'ils avaient le temps d'étude fixé par les statuts, il leur suffisait, pour être assurés du succès, d'avoir fait les démarches réglementaires, en sorte que, par un étrange renversement de l'ordre naturel des choses, la valeur probatoire était passée des examens aux formalités. Ces abus, dont l'Université de Paris n'était pas exempte, dépassaient, dans certaines Universités provinciales, tout ce qu'on peut imaginer. On en connaissait qui ne faisaient point subir d'examens aux candidats et vendaient ouvertement les diplômes[2]. Devant cette corruption et ces scandales, le gouvernement s'était ému, et le roi avait publié en 1736, pour obliger les Universités à respecter leurs statuts, une ordonnance dont elles n'avaient pas tenu compte[3]. Il

1. « Au surplus, le grand défaut de l'éducation actuelle est le choix des professeurs. » *Plan d'Education.....* dans le *Recueil de plusieurs des ouvrages,* etc., p. 34. — « Or, je le demande à tout homme qui connaît les usages de l'Université, les actes probatoires en vertu desquels un jeune homme est inscrit dans la liste des maîtres ès arts, sont-ils bien propres à prouver sa capacité dans la grammaire ou dans les belles-lettres, ou même dans la philosophie? » *Ibid.,* p. 41.

2. Par exemple l'Université de Cahors, celle de Valence, et celle de Bourges. A propos de cette dernière, le président Rolland constate que les Jésuites, aux mains de qui était la Faculté des arts, vendaient les diplômes et en faisaient un grand trafic. *Ibid.,* p. 452 et suiv.

3. *Déclaration de Louis XV portant règlement pour ceux qui obtiendront à l'avenir des degrés dans les Universités du Royaume.*

aurait fallu, pour détruire des abus si invétérés, réformer radicalement tout le système des examens académiques. Mais, en attendant, on pouvait établir au-dessus d'eux des épreuves spéciales pour les maîtres ès arts qui se destinaient à la régence. C'est ce dernier parti qu'avait, dès 1720, adopté Pourchot, dans son projet de règlement pour la Faculté des arts, dont nous avons déjà parlé. Le régent choisi par le principal n'entrait pas de plain-pied dans sa classe. Il subissait auparavant devant le recteur et quatre professeurs émérites des examens qui variaient, quant aux matières, selon qu'il se destinait à l'enseignement de la philosophie, des humanités ou de la grammaire[1]. On sait qu'au grand dommage de la Faculté des arts et de ses collèges, ce judicieux règlement resta dans les cartons, où il est encore.

Si du moins parmi les maîtres ès arts que la Faculté fabriquait toute l'année, pour ainsi dire les yeux fermés, les meilleurs seuls s'étaient assis dans les chaires des collèges académiques. Quoiqu'il fût à la fois de l'intérêt et du devoir des principaux de ne confier ces chaires qu'à des sujets capables de les remplir avec distinction, ils ne s'acquittaient pas toujours d'une manière irréprochable de cette importante partie de leur office, et il leur arrivait quelquefois de se conduire par des vues où le souci de la prospérité de l'établissement qu'ils étaient appelés à

---

1. Ces examens duraient cinq jours à raison de deux heures au moins par jour. Les candidats aux chaires de philosophie étaient interrogés successivement sur toutes les parties de la philosophie : ils devaient se servir aisément du latin et ne pas ignorer le grec.

Les candidats aux chaires de rhétorique devaient exposer oralement les principes de la rhétorique, et expliquer conformément à ces principes des auteurs grecs et latins. Pour dernière épreuve, ils interprétaient des passages difficiles qui leur étaient soumis par les juges.

Les candidats aux chaires d'humanités et de grammaire expliquaient aussi des auteurs, puis ils subissaient une sorte d'examen professionnel : ils devaient prouver leur aptitude à enseigner les règles, à corriger les devoirs, etc. Si l'examen était satisfaisant, les aspirants étaient autorisés, sur un certificat du recteur et des examinateurs, à suppléer dans leurs Nations respectives *pro regentia et scholis*, et à prendre immédiatement possession de leurs chaires.

diriger n'avait point de place. Accessibles à des sollicitations de toute sorte, dans le choix qu'ils faisaient des maîtres la faveur avait trop souvent la plus grande part, et, auprès d'eux, le mérite sans protection risquait de trouver moins d'accueil que la médiocrité intrigante[1]. On leur reprochait aussi de donner dans ce qu'on appelle aujourd'hui le népotisme. Ils installaient leurs parents dans les chaires de leur collège, et l'on citait l'exemple d'un principal « qui était allé prendre sur les toits des maisons son frère qui y exerçait le métier de couvreur pour en faire un régent ». On en avait vu un autre « nommer à une chaire son proche parent qui venait d'être refusé à la maîtrise ès arts, et qui n'y avait été reçu qu'à force de sollicitations[2] ».

Ces abus, dont on s'était plaint de tout temps, mais qui s'étaient surtout développés depuis l'établissement de l'instruction gratuite, déterminèrent les magistrats à créer de nouvelles et plus difficiles épreuves pour les maîtres ès arts qui se destineraient à la régence[3]. La voie du con-

---

1. Néanmoins nous ne saurions trop répéter que, nonobstant les choix malheureux qu'on pouvait reprocher à certains principaux, les mauvais régents étaient l'exception dans l'Université de Paris.

2. *Mémoire historique (manuscrit) concernant les établissements faits en l'Université de Paris, depuis l'année 1762.* Arch. de l'Univ., carton 15, 2ᵉ dossier, nº 25.

3. « Tous les travaux auxquels se livroient, soit les Commissaires du Parlement, soit le Bureau d'Administration ne suffisoient pas pour remplir les vues que l'on s'étoit proposées; pour y parvenir, il falloit mettre l'Université dans la possibilité de s'acquitter de l'un de ses premiers devoirs, de celui dont elle étoit la plus jalouse; savoir de remplir toutes les chaires de bons Professeurs, et même de procurer aux jeunes gens des Instituteurs qui, nourris dans son sein, formassent la Jeunesse d'après le plan tracé par le célèbre Rollin dans son Traité des Études, qui n'est autre chose que la réunion des principes adoptés par l'Université, et suivis dans ses écoles; mais le zèle des membres de l'Université, quelque grand qu'il fût, ne suffisoit pas pour faire les changements nécessaires dans sa constitution, à l'effet d'opérer un bien si désirable; il falloit que le Souverain vint à son secours; qu'il établît des épreuves pour assurer la capacité des Professeurs et des Instituteurs auxquels la qualité de Maître ès Arts ne donnoit plus qu'un titre, sans leur donner la science que ce grade exigeoit autrefois, et qu'il assurât à la première École du monde chrétien, un revenu capable de procurer de l'aisance à ses Maîtres, et des secours à ceux qui voudraient le devenir... » *Mémoire sur l'Admi-*

cours, qui avait été déjà indiquée, comme une solution provisoire, il est vrai, par l'Université elle-même[1], leur parut la plus convenable et la plus sûre pour l'objet qu'ils se proposaient. Le principal obstacle à l'institution qu'on avait en vue était les dépenses qu'elle devait nécessairement entraîner : or précisément, par un heureux concours de circonstances, cet obstacle n'existait plus.

On n'a pas oublié que les Lettres patentes de 1719 attribuaient à l'Université, pour rémunérer les régents de ses collèges, le vingt-huitième du bail des postes; mais on lui avait manqué de parole; elle n'avait pas bénéficié de la plus-value de ce bail, et en 1766 il s'en fallait de 113 000 livres qu'elle reçût le vingt-huitième effectif. Toutes ses réclamations étaient restées vaines, quand M. Del'Averdy, dont elle connaissait les bonnes dispositions à son égard, ayant été appelé au contrôle général, elle conçut l'espérance que ce ministre lui ferait rendre justice. Ses prévisions ne furent pas trompées. Le roi, sur les conseils du nouveau contrôleur général, reconnut à l'Université le droit de jouir du vingt-huitième réel, et porta sa part annuelle dans le bail des postes à 253 273 livres 15 sous 10 deniers[2]. Il mit seulement une condition à cet acte de munificence[3], c'était que de l'augmentation octroyée il fût distrait une somme suffisante pour remplir différents objets, la plupart désignés par l'Université elle-même. Il accordait 30 000 livres au collège Louis-le-Grand. Le reste de la somme devait être employé « à faire un sort aux officiers de l'Université, à la mettre en état d'avoir un chef-lieu séparé de ce collège, à accorder des pensions aux plus anciens des professeurs

nistration... dans le *Recueil de plusieurs des ouvrages de M. le Président Rolland*, p. 186.

1. Dans un mémoire déposé au greffe du Parlement le 4 mars 1762.

2. Arrêt du Conseil d'État qui fixe à 253 273 livres la part de l'Université dans le produit général des Postes. Jourdain, *Hist. de l'Univ. de Paris*, Pièces Justific. 201, et Arch. de l'Univ., reg. 48, f° 87 v° et suiv.

3. Qui n'était qu'un acte de justice.

émérites, mais surtout à former cette pépinière de maîtres dont les Lettres patentes du 21 novembre 1763 attestaient la nécessité en excitant par un concours l'émulation entre ceux qui se destinent à l'éducation de la jeunesse[1] ».

Les Lettres patentes portant établissement du concours d'agrégation furent signées par le roi à Versailles le 3 mai 1766. Elles furent suivies, le 10 août de la même année, de nouvelles Lettres ordonnant l'exécution d'un long règlement concernant les agrégés de la Faculté des arts. Nous réunirons sous un même point de vue ces deux édits[2] qui avaient le même objet, et dont l'un expliquait et confirmait l'autre. En voici les dispositions les plus importantes :

Les Lettres patentes du 3 mai établissaient soixante places de docteurs agrégés, dont vingt pour la philosophie, vingt pour les lettres et vingt pour la grammaire. Au prochain concours (octobre), il en devait être nommé trente, et six autres à chacun des cinq concours suivants[3].

Les juges du concours devaient être pris parmi les émérites retirés, ou, à leur défaut, parmi les principaux des collèges de l'Université qui ne seraient pas docteurs d'une des Facultés supérieures[4], et parmi les professeurs en exercice, et même parmi les agrégés.

Deux mois avant l'ouverture du concours, le Tribunal de la Faculté des arts envoyait au procureur général du roi une liste de douze des membres de la Faculté pour chaque classe d'agrégés. Le premier président du Parlement, conjointement avec les avocats et procureur général du roi,

---

1. Préambule des Lettres patentes du 3 mai 1766.

2. Le président Rolland les a insérés dans le recueil de ses ouvrages, p. 216 et suiv.

3. Règlement arrêté au Conseil du Roi, en exécution de l'article XIII des Lettres Patentes du 3 mai 1766, concernant l'établissement d'Aggrégés dans la Faculté des arts de l'Université de Paris. Titre premier. Du nombre des Aggrégés.

4. On remarquera que le roi, pour éviter des conflits qui n'auraient pas manqué de se produire, maintenait soigneusement la distinction des Facultés.

après en avoir conféré avec le recteur, choisissait et nommait six juges du concours pour chacune des dites classes [1].

Le concours était ouvert à tous les maîtres ès arts de toutes les Universités du royaume. Ceux qui avaient l'âge de vingt-deux ans révolus pouvaient se présenter pour la classe d'agrégés affectés à la philosophie; ceux qui avaient vingt ans accomplis pour celle des agrégés de rhétorique et d'humanités; et ceux qui avaient dix-huit ans révolus pour celle des grammairiens. Aucun congréganiste n'était admis. Tous les aspirants devaient remettre au syndic de l'Université, trois semaines au moins avant l'ouverture du concours, leur diplôme de maître ès arts, et des certificats en bonne forme donnés par des personnes dignes de foi, pour constater leur catholicité [2], leurs mœurs et leur bonne conduite. Ceux qui n'étaient pas maîtres ès arts de l'Université de Paris devaient fournir la preuve qu'ils n'avaient pas étudié sous des professeurs congréganistes, et, avant de se présenter au concours, subir, devant des examinateurs de leur Nation, un examen sur les matières qui n'étaient pas affectées aux chaires pour lesquelles ils entendaient concourir [3].

Le premier concours devait commencer au mois d'octobre 1766, et les suivants au mois d'avril des années suivantes. Le jour de l'ouverture était indiqué par un mandement du recteur affiché dans Paris, envoyé à toutes les Universités du royaume, et publié au moins deux mois à l'avance. Le concours s'ouvrait solennellement, en présence de la Faculté des arts, par une messe du Saint-Esprit. Après la messe, des agrégés désignés par le recteur prononçaient dans la grande salle des assemblées de la Faculté un discours latin, et lisaient une pièce de poésie

<hr>

1. Titre second. Des juges du concours.

2. Nous rappelons que la carrière de l'enseignement n'était ouverte qu'aux seuls catholiques. — Les certificats fournis par les candidats étaient vérifiés par deux juges de chaque classe du concours.

3. Titre troisième. De ceux qui seront admis au concours.

latine. Les aspirants assistaient en robes de maîtres ès arts à tous les exercices du concours. Les jours de composition, les auteurs à expliquer, les matières de leçons, tous les détails étaient réglés dans une assemblée qui précédait immédiatement l'ouverture de la session [1].

Il y avait trois sortes d'épreuves : savoir, celle de la composition ; celle de la thèse ou exercice public, et celle de la leçon. La première épreuve consistait, pour les philosophes, à composer deux dissertations en langue latine, l'une sur un sujet, soit de logique, soit de métaphysique, soit de morale ; l'autre, sur la physique et les mathématiques. Pour la seconde classe d'aspirants, la première épreuve consistait à composer un discours latin et une pièce de poésie latine. Pour la troisième classe, elle consistait en une version latine, un thème latin et une version grecque. Pour les compositions de la première et de la seconde classe d'agrégés, le sujet en devait être seulement indiqué. Le sujet de chaque composition était tiré au sort, le jour même de cette composition, par un des aspirants entre quatre sujets différents choisis par les juges de chaque classe d'agrégés. Chaque composition pouvait durer une journée. Aucune communication, ni des candidats entre eux, ni des candidats avec le dehors, n'était tolérée. Les compositions une fois terminées étaient mises dans une boîte dont le recteur gardait la clef.

La seconde épreuve consistait, pour la classe de philosophie, à faire et soutenir une thèse publique sur toute la philosophie. Cette thèse devait être soutenue en deux actes de deux heures chacun, l'un sur la logique, la métaphysique et la morale, l'autre sur la physique et les mathématiques. A l'égard des deux autres classes d'agrégés, la seconde épreuve se composait d'un exercice public de la durée de deux heures sur des auteurs indiqués par le jury. Les candidats à l'agrégation des lettres devaient expliquer

---

1. Titre quatrième. De l'ouverture du concours et fixation des épreuves.

dans cet exercice trois auteurs, un orateur, un poète et un historien; et les candidats à celle de grammaire deux auteurs seulement. Les aspirants (et dans les concours suivants les agrégés) argumentaient aux thèses et exercices chacun une demi-heure.

La troisième épreuve consistait dans une leçon publique d'une heure, que chaque aspirant devait faire sur la matière qui lui avait été assignée. Dans ces leçons, les aspirants expliquaient pendant la première demi-heure le passage qui leur avait été proposé, et pendant la seconde ils interrogeaient deux de leurs concurrents, lesquels avaient aussi droit de leur faire toutes les questions qu'ils jugeaient à propos. Les juges du concours devaient assister aux thèses, exercices et leçons, chacun pour sa classe. Il était accordé au moins quinze jours à chaque aspirant pour s'y préparer[1].

Il y avait pour certains candidats exemption de quelques-unes des épreuves ou même de toutes. Ainsi, par exemple, les licenciés en théologie qui avaient obtenu l'un des dix premiers « lieux » de mérite, s'ils se présentaient pour être agrégés dans la classe des philosophes, n'étaient tenus qu'à la composition d'un discours latin en forme de dissertation sur la logique, la physique ou les mathématiques. Ils avaient quinze jours au moins pour composer ledit discours, qui devait être d'une demi-heure de lecture. Les bacheliers en médecine bénéficiaient d'avantages à peu près semblables. Beaucoup d'autres sujets étaient dispensés d'une ou de deux épreuves[2].

Le concours fini, les jugements étaient rapprochés et combinés, et les candidats les plus capables déclarés agrégés[3].

La clôture du concours se faisait avec la même solennité que l'ouverture. Les candidats proclamés élus pou-

---

1. Titre cinquième. Des épreuves du concours.
2. Titre sixième. Des exemptions des épreuves.
3. Titre septième. Du jugement du concours.

vaient, s'ils avaient payé les droits d'immatriculation, faire sur-le-champ la supplique *pro regentia et scholis*[1].

Les agrégés étaient tenus d'assister aux thèses ou exercices des classes correspondantes à leur ordre d'agrégation. Ils devaient prendre du professeur un certificat témoignant qu'ils avaient argumenté et interrogé. Ils aidaient la Faculté des arts dans les compositions pour les prix du concours général, dans l'examen des devoirs des écoliers, dans les exercices publics, et généralement dans toutes les occasions où la Faculté pouvait avoir besoin de leurs services. Ils devaient être choisis de préférence par les principaux des collèges pour occuper les places de sous-principaux, maîtres de quartier, ou autres relatives à l'instruction et éducation de la jeunesse[2]. Il leur était même permis de se charger d'éducations particulières, pourvu toutefois qu'ils continuassent à remplir les fonctions d'agrégés. Ils étaient astreints à la résidence dans Paris, et ne pouvaient s'en absenter pour plus de trois mois. Un de leurs principaux devoirs consistait à suppléer les professeurs malades ou légitimement empêchés. Tout agrégé qui manquait trois fois dans l'année à remplir les fonctions dont il était chargé devait être remplacé au concours suivant[3].

Les chaires des collèges de la capitale ne pouvaient plus être données qu'aux agrégés[4]. Ceux qui accepteraient des places de principaux ou de professeurs dans les collèges de province conserveraient le droit d'être appelés aux chaires des collèges de l'Université de Paris : ils avaient une année pour opter. Il n'était plus permis qu'aux seuls agrégés de se faire admettre dans les Nations en vertu de la supplique *pro regentia et scholis*[5]. Aucun agrégé ne pou-

---

1. Titre huitième. De la clôture du concours.
2. Lettres Patentes du 3 mai 1766, art. 4.
3. Titre neuvième. Des fonctions des agrégés.
4. Cet article fut considéré par les principaux comme attentatoire à leurs droits et souleva parmi eux des protestations véhémentes.
5. Les bacheliers et les licenciés des Facultés supérieures conservaient

vait être nommé à une chaire d'un collège de Paris qu'il n'eût vingt ans accomplis, et qu'il n'eût exercé les fonctions d'agrégé depuis deux ans au moins. Les agrégés avaient entrée dans les assemblées de l'Université et de la Faculté des arts, et ils étaient admissibles à toutes les charges de leur Nation; mais ils ne pouvaient avoir voix délibérative aux dites assemblées, ni être promus aux dites charges qu'après avoir atteint l'âge de vingt-cinq ans, et avoir exercé pendant un an les fonctions d'agrégés. Leurs honoraires étaient de 200 livres par an, qui devaient être payées à chacun d'eux tous les trois mois, même à ceux qui rempliraient les fonctions de précepteurs, soit dans les collèges, soit dans les maisons particulières. Tout agrégé qui prendrait le grade de docteur dans une Faculté supérieure perdrait sa place d'agrégé, et cette place serait donnée au prochain concours[1].

Tels sont les principaux articles de ce règlement célèbre, qui fut, comme l'a dit un historien de l'Université[2], un des derniers bienfaits de la monarchie sur son déclin, et qui, aujourd'hui même, pour tous ceux que préoccupent les questions d'enseignement, n'a rien perdu de son intérêt.

Conformément aux dispositions ci-dessus analysées, le concours s'ouvrit le 11 octobre 1766 à Louis-le-Grand, avec le cérémonial indiqué[3]. Quarante-cinq candidats s'étaient présentés, dont seize pour la grammaire, dix-huit pour les belles-lettres, et onze pour la philosophie. Les exercices proprement dits du concours commencèrent le 13 octobre pour les aspirants qui n'avaient aucun motif de dispense à faire valoir. Nous aurions voulu pouvoir

le droit de se faire immatriculer dans les Nations en vertu de leur titre seul.

1. Titre dixième. Privilèges et droits des agrégés.
2. Ch. Jourdain, dans son *Histoire de l'Univ. de Paris*, p. 422.
3. Arch. de l'Univ., reg. 88, f° 20 et suiv. Ce registre et les trois qui lui font suite contiennent les procès-verbaux des concours de l'agrégation de 1766 à 1791.

donner exactement les sujets de composition et d'explication proposés aux candidats aux agrégations de grammaire et des lettres [1]; mais les lacunes et les omissions du procès-verbal ne nous l'ont pas permis.

Le registre qui relate toutes les opérations du premier concours n'indique pas le sujet du discours et de la pièce de vers latins qui constituaient pour les candidats à l'agrégation des lettres la première des trois épreuves. A l'égard des candidats à l'agrégation de la grammaire, tout ce qu'il nous apprend est qu'ils ont eu en thème latin un passage du Petit-Carême de Massillon, en version latine un passage de Sénèque, et en version grecque un morceau d'Élien [2].

D'après les articles 18 et 19 du titre III du règlement pour le concours, la seconde épreuve consistait pour les candidats à l'agrégation des lettres à expliquer, deux heures durant, trois auteurs, un orateur, un poète, et un historien. Le premier candidat expliqua la première Olynthienne de Démosthène, le livre XXVI de Tite-Live, et le premier livre des Épîtres d'Horace. Le second, le *Pro lege Manilia* de Cicéron, le premier livre de l'Iliade, et le livre XXV de Tite-Live, etc.

Les candidats à l'agrégation de grammaire n'avaient que deux auteurs à expliquer. Les premiers interprétèrent, en latin, le *de Senectute*, le quatrième livre des Géorgiques, le *de Amicitia*, les Bucoliques de Virgile; et en grec, les premiers chapitres du VIIIe livre des Actes des Apôtres, les premiers chapitres du VIe livre de l'Évangile selon saint Luc, etc. [3]

---

1. Les sujets proposés aux candidats à l'agrégation de philosophie ont été publiés par Jourdain, *Hist. de l'Univ. de Paris*, p. 431.

2. Le premier jour et les jours suivants, « tous les aspirants ont dîné dans la salle des messagers-jurés : on leur a servi des viandes froides prises chez le traiteur et distribué à chacun une demi-bouteille de vin. » Arch. de l'Univ., reg. 88, f° 21.

3. Les auteurs ou les textes que les candidats à l'agrégation de grammaire eurent à expliquer furent : Cicéron, Ovide, Térence, Justin, Phèdre, Cornelius Nepos, Virgile et Ésope, l'Évangile selon saint Luc et les Actes des Apôtres.

La troisième épreuve consistait, pour les candidats appartenant aux trois ordres d'agrégation, en une leçon publique d'une heure. Les deux premiers aspirants à l'agrégation des lettres traitèrent : *de affectibus ab oratore excitandis*; *de genere deliberativo*; et les deux premiers aspirants à l'agrégation de grammaire : *de grammaticae generalis legibus* et *de latinorum vocabulorum ethymologia, elegantia et ordinatione*.

Les opérations du concours furent closes le 13 décembre avec le même cérémonial qui avait été observé à l'ouverture, et vingt et un candidats furent proclamés agrégés[1]. On a vu qu'il s'en était présenté quarante-cinq. Près de la moitié avaient été reconnus dignes d'enseigner dans les collèges de l'Université de Paris.

Tel était, dans son ensemble, le nouveau concours, dont le besoin se faisait sentir depuis longtemps, mais que les circonstances n'avaient pas permis d'instituer plus tôt. On ne peut disconvenir qu'il ne réalise un immense progrès, et que cette série de compositions écrites et d'exercices oraux ne permette d'éliminer tout candidat incapable que le baccalauréat et la licence ès arts auraient laissé passer. Dans ces derniers examens, dont les épreuves étaient purement orales, on n'était guère interrogé sérieusement que sur la philosophie, et il suffisait, comme nous l'avons montré, d'avoir une légère teinture de la rhétorique et des lettres pour être admis. Désormais la philosophie ne règne plus despotiquement dans les collèges et les examens. Les humanités et la grammaire lui disputent l'empire, et se font une large place à côté d'elle. Il ne suffit plus, pour acquérir le droit d'instruire la jeunesse, d'être habile au maniement du syllogisme; il faut prouver qu'on possède, avec une culture générale suffisante, l'ordre spécial de connaissances à l'enseignement duquel on se destine. En ce sens, les épreuves de l'agrégation ont un

1. Six pour la philosophie, sept pour les lettres, huit pour la grammaire. Neuf places n'avaient pas été adjugées.

caractère nettement professionnel, qui fait leur originalité et qu'on chercherait en vain dans les anciens examens.

Ce n'est pas qu'il n'y ait dans le nouvel établissement des imperfections et des lacunes. Qui ne voit que le nombre des ordres d'agrégation est trop limité? Il n'existe pas d'agrégation pour l'histoire; il n'en existe pas pour les sciences, bien qu'elles aient fait au xviiie siècle des progrès considérables, et que leur domaine se soit enrichi de nombreuses et importantes découvertes[1]. Mais, à juger le concours en lui-même, il prête aussi le flanc à la critique. Il accorde trop d'importance au latin, qui, en dehors des collèges, perdait du terrain chaque jour; il fait une trop petite place au français, qui tendait précisément alors à devenir, au préjudice du latin, la langue internationale. Au siècle de Voltaire, dans un concours dont l'objet avoué est de fournir à la jeunesse des maîtres de talent, le français n'a point de composition qui lui soit propre, et les candidats n'ont même pas l'occasion de montrer qu'ils connaissent leur langue maternelle autrement que par l'usage[2]!

Il y a moins à dire sur la partie orale du concours. Les exercices oraux, soutenances, disputes, etc., étaient familiers à l'ancienne Université; elle les multipliait dans ses écoles, et, à l'agrégation, il est probable que la plupart des candidats réussissaient dans cette épreuve, grâce à une longue pratique et à un entraînement quotidien.

Relativement aux fonctions des agrégés, il n'y a que des

1. Elles continuent toujours à n'être pas enseignées dans la très grande majorité des collèges. — Le président Rolland voudrait qu'il y eût dans les principales maisons d'éducation un cours particulier de mathématiques. Il demande aussi un professeur de physique, et il ne serait pas éloigné de vouloir un professeur d'histoire naturelle. Voir dans le *Recueil* de ses ouvrages son *Plan d'éducation.*

2. Le président Rolland constate, après beaucoup d'autres, que le français est trop négligé dans les classes, et il ne peut « s'empêcher de regretter le peu de soin qu'on se donne pour apprendre aux enfants leur langue naturelle ». Plus loin, il déplore cette négligence « funeste et inexcusable ». Après ces déclarations catégoriques, comment se fait-il donc, qu'ayant eu certainement part à la rédaction des Lettres patentes relatives au concours, il n'ait pas cherché à y faire triompher ses idées?

éloges à adresser au nouvel établissement. Aux termes des Lettres patentes qui l'instituent, l'agrégation est un stage, pendant lequel les nouveaux agrégés s'exercent à la pratique de leur métier. On ne les installe pas tout frais émoulus des bancs dans une chaire, où leur apprentissage risquerait de se faire aux dépens de leurs élèves[1]. Le talent d'enseigner est rarement un don inné. L'aptitude pédagogique s'acquiert par la méditation assidue des bonnes méthodes, et surtout par leur mise en œuvre sous la direction d'un guide expérimenté. Les obligations imposées aux agrégés tendent précisément à cette fin. Ils suppléent les régents, assistent à côté d'eux aux disputes scolaires, interrogent les élèves, etc., et, après deux ans de ce noviciat nécessaire, quand leur éducation professionnelle est supposée complète, ils débutent dans une classe, où ils ne sont plus dépaysés, où ils se sentent et sont réellement à la hauteur de leurs fonctions; car on ne s'improvise pas maître, et les magistrats, auteurs du nouveau règlement, l'ont bien compris[2].

Comme l'agrégation n'était qu'un apprentissage, en

---

1. Un ecclésiastique distingué, l'abbé Pélissier, qui seconda avec sens et conviction les vues des magistrats sur l'éducation, s'exprime ainsi dans un de ses mémoires :

« L'Éducation peut-elle être l'objet d'un essai?

« Est-il de l'honnête homme de s'engager à faire ce qu'on n'a jamais fait, et de promettre de bien faire ce qu'on n'a jamais appris? Est-il de l'homme prudent de s'exposer sans guides aux dangers d'un chemin qu'on ne connoît point? Sous les yeux de qui travaille-t-on dans les quartiers des Collèges et ailleurs? Mille fois et dans mille occasions, il faut s'en rapporter aux Maîtres qu'on y a placés, et les supposer Maîtres; s'ils ne sont pas Maîtres, que seront-ils? N'est-ce pas un crime de sacrifier un seul enfant à l'apprentissage d'un homme, qui n'est Maître que par le nom qu'on lui donne?

« La formation du cœur n'est-elle pas le chef-d'œuvre de l'Art des Arts?

« Confier l'Éducation des enfans à des hommes qui n'ont point été formés tout exprès, n'est-ce pas un renversement prodigieux de tous les principes, enseigner que l'Art, de tous les Arts le plus difficile, est le seul qui ne doit pas être appris? »

2. Le président Rolland rêvait de perfectionner encore l'institution des agrégés. Il aurait voulu créer pour eux ce qu'il appelle une « Maison d'instruction », véritable école normale, dont il donne le plan, et dont il fait ressortir avec force les avantages. Voir ce plan dans le *Recueil* de ses ouvrages, p. 50 et suiv.

devenant maître on perdait la qualité d'agrégé. On jouissait dès lors des avantages de la régence, mais on ne les cumulait pas avec ceux de l'agrégation.

Une institution si éminemment utile aurait dû rallier tous les suffrages. Il n'en fut rien, et pour deux raisons : 1° l'agrégation constituait une nouveauté : or on sait quel esprit conservateur animait l'Université de Paris, et combien elle tenait à ses vieux usages; 2° elle était l'œuvre personnelle des magistrats, qui l'avaient délibérée entre eux dans le secret, sans faire appel à ses lumières[1]. Dès que les Lettres patentes du 3 mai eurent vu le jour, une vive émotion se manifesta non seulement dans les Nations, mais même dans les Facultés supérieures, que les nouveaux statuts ne touchaient qu'indirectement. Toutes les compagnies de l'Université s'agitèrent, et, s'animant l'une l'autre, se disposèrent à faire ouvertement des remontrances. L'opposition, d'abord faible et cachée, grandissait chaque jour. Le gouvernement n'attendit pas qu'elle se traduisît par des actes. Il la réprima avec vigueur, et les Facultés de médecine, des arts et de théologie reçurent successivement l'ordre impératif d'avoir à se renfermer dans le silence et la soumission[2].

1. Le président Rolland prétend bien « qu'on prit l'avis des meilleures têtes de l'Université, et notamment de M. Lebeau », mais il n'en est pas moins vrai que l'Université n'avait pas été consultée officiellement, et que presque tous ses membres ignoraient ce qui se passait.

2. Les démarches faites par les diverses compagnies ont été racontées en détail d'après les procès-verbaux officiels par Jourdain, *Hist. de l'Univ. de Paris*, p. 125-126. Nous ne pouvons que renvoyer à son récit. — La Faculté de théologie avait des griefs particuliers contre le concours. En effet, à moins d'en subir les épreuves, ses licenciés et ses bacheliers se voyaient écarter de beaucoup de chaires auxquelles ils pouvaient prétendre jusque-là en vertu de leurs degrés seuls. Elle les défendit vigoureusement dans plusieurs notes et mémoires qui nous sont parvenus en manuscrit. La Bibliothèque Mazarine conserve dans le recueil manuscrit 3310, in-folio, une de ces notes sous le titre de *Copie des représentations de la Faculté de théologie sur le concours*. La Faculté ne se méprenait pas sur les projets des magistrats : le concours devait avoir pour résultat inévitable la laïcisation de l'enseignement. « Oui, Sire, nous le disons avec frayeur, toute l'éducation sera abandonnée à des laïques. » Or, « confier le soin important de former les mœurs à des laïques ou à des gens à simple tonsure, c'est exposer l'innocence de la jeunesse à de

Mais c'était surtout parmi les principaux des grands collèges que l'opposition promettait d'être ardente. Ils soufflaient partout le mécontentement, et se déclaraient les ennemis résolus d'une institution qui resserrait en d'étroites limites leur droit le plus flatteur. Il y eut entre eux des conciliabules où furent rédigés, en vue d'une protestation collective, plusieurs mémoires ou projets de mémoires, dont les uns sont restés manuscrits[1], et dont les autres furent imprimés et répandus dans le public. Un des adversaires les plus acharnés du concours fut le proviseur du collège d'Harcourt, Me Louvel. Il se chargea de défendre les droits menacés de la corporation des principaux, et dès le mois de juin il fit paraître un factum qui renfermait contre l'établissement des agrégés les attaques les plus directes, et en réclamait la suppression pure et simple[2]. Une réponse assez faible[3] d'un partisan du concours motiva de sa part un second mémoire aussi acerbe que le premier[4]. Ces trois libelles eurent le même sort : ils furent

terribles dangers ». Le temps s'est chargé de donner un démenti à ces sombres pressentiments, et il a justifié les laïcs des soupçons injurieux des théologiens. — Les réclamations de la Faculté de théologie ne furent pas tout à fait inutiles, et les Lettres patentes du 10 août 1766 portant règlement pour le concours d'agrégation lui accordèrent une espèce de satisfaction, en dispensant de quelques-unes des épreuves les mieux notés de ses bacheliers et de ses licenciés.

1. Nous en avons trouvé un aux Archives nationales, reg. MM, 211, n° 32. Il est intitulé : *Observations des principaux des dix collèges de la Faculté des arts, sur la création des soixante docteurs aggrégés à la dite Faculté portés par les Lettres Patentes du 3 mai 1766*. Un autre projet de mémoire existe à la Bibliothèque Mazarine, sous le n° 12, dans le recueil manuscrit 3310, in-folio. On n'y énumère pas moins de vingt-deux raisons qui prouvent « que le système (de l'agrégation) est le plus funeste à la Religion, à l'État et à la jeunesse ».

2. *Mémoire et Consultation pour le Proviseur du Collège d'Harcourt*.

3. *Lettre d'un Universitaire à M. le Proviseur du Collège d'Harcourt*. — Remarquons que les partisans du concours ne mirent pas autant de vigueur à le défendre que ses adversaires en mettaient à l'attaquer. La meilleure apologie de l'agrégation que nous ayons rencontrée est un écrit de quelques pages déjà cité : *Mémoire historique (manuscrit) contenant les établissements faits en l'Université de Paris depuis l'année 1762*. Arch. de l'Univ., carton 15, 2e dossier, n° 23.

4. *Mémoire à consulter et Consultation pour le Proviseur du Collège d'Harcourt*. Bibl. de l'Univ., rec. U, 1021, in-4°.

condamnés par un arrêt du Conseil d'État, qui n'entendait pas que cette controverse irritante se prolongeât indéfiniment.

Quoi qu'il en soit, voici, d'après un mémoire manuscrit[1] qui nous paraît les résumer fidèlement, quels étaient les griefs des principaux contre le concours d'agrégation :

1° « ... Le concours pour les chaires des collèges est contraire et à l'essence de la maîtrise ès arts et aux droits que les fondations, tous les statuts de l'Université, tous les arrêts et règlements ont assuré aux principaux...

2° « ... Le système du concours écarte de l'enseignement les bons sujets qui ne veulent pas se compromettre, les professeurs qui jouissent d'une certaine réputation dans les provinces, et ceux dont le mérite et les talents sont déjà connus, et ne tend qu'à introduire l'instruction purement laïcale.

3° « ... La faveur et l'indulgence peuvent aussi bien influer dans le concours que dans les examens de la maîtrise ès arts, et le concours est susceptible de tous les abus possibles, tant de la part des juges que de celle des aspirants ; par conséquent il ne prouve rien, même du côté du savoir.

4° « ... Quand même le concours se ferait avec toute la régularité possible, quand les juges s'élèveraient au-dessus de l'humanité, quand les épreuves seraient véritablement probatoires, quand les sujets les plus habiles s'y présenteraient, quand ils y réussiraient, le concours serait insuffisant pour procurer de bons maîtres, c'est-à-dire ces maîtres qui ont le talent d'enseigner, l'amour du travail et la manutention ; qualités avec lesquelles un maître d'un savoir ordinaire forme des sujets infiniment supérieurs aux disciples d'un autre en qui le savoir le plus profond tient lieu de ces qualités[2].

1. Arch. nation., reg. MM, 241, n° 31.
2. L'argument ne vaut pas contre le concours, tel qu'il existait alors. L'agrégation a précisément pour but de permettre aux jeunes maîtres d'acquérir ces qualités qu'on demande.

5° « ... La formalité des certificats de religion, vie et mœurs ne peut tranquilliser sur des objets aussi importants pour former des citoyens vertueux; objets auxquels tout ce qu'il y a eu de statuts et d'arrêts ont enjoint aux principaux de faire tellement attention dans le choix des régens, qu'ils eussent à se déterminer par ces considérations[1].

6° « ... Enfin l'agrégation est totalement inutile et ne peut qu'introduire dans les collèges l'anarchie, le trouble et la disette de bons sous-maîtres. »

Le succès du concours ne désarma pas les mécontents : ils gardèrent leurs préventions, et s'attachèrent à entretenir l'agitation provoquée par le nouvel établissement. On affirmait que quelques irrégularités s'étaient produites dans un des concours : l'esprit de parti s'en empara, et sut les exploiter avec adresse. La Nation de Normandie, toujours prête à réclamer, les signala avec insistance dans des notes malveillantes. On aurait admis des candidats sexagénaires, des incapables, des infirmes[2]. On aurait fait pis et inscrit au nombre des agrégés des candidats de moralité douteuse, ou soupçonnés d'avoir eu recours à la fraude[3]. Le sieur Bontemps avait été admis et proclamé, quoique l'une de ses compositions ne se fût pas retrouvée; de même le sieur Ferlet, bien qu'il fût suspect au point de vue de la doctrine

1. C'était là, au fond, la seule objection sérieuse qu'on pût élever contre l'agrégation. « Les épreuves du Concours peuvent suffire quelquefois pour constater les connaissances littéraires d'un sujet. Mais en peut-il être de même à l'égard des qualités du cœur, mille fois plus essentielles à un Maître, puisque sans elles les talents de l'esprit ne sont quelquefois que des qualités funestes pour les élèves? Toute épreuve qui ne peut-être un témoignage de vertu, n'est donc en cette partie qu'une épreuve trompeuse et illusoire. » Cette objection milite contre tous les examens et concours. Mais ce n'est pas une raison pour les supprimer.

2. Dans un mémoire contre l'agrégation on reproche à un candidat de s'être servi de lunettes pour faire ses compositions.

3. Le manuscrit 3310, in-f°, de la Bibliothèque Mazarine renferme plusieurs procès-verbaux relatifs à diverses fraudes qu'auraient commises des candidats à l'agrégation. Dans un mémoire envoyé le 16 décembre 1766 au ministre, la Nation de Normandie se plaint de différentes infractions, et notamment de « ce que les Aspirans ont été encouragés, aidés ou interrompus par des personnes qui devaient tout écouter en silence et faire observer les Règlemens ».

et des mœurs. Enfin, le sieur Gentil, professeur au collège d'Orléans, « avait osé dire que pour être bon historien, il ne faudrait être d'aucune religion », et cette assertion scandaleuse ne l'avait pas empêché d'être reçu!

Un incident survenu en 1776 ralluma inopinément la controverse et fournit aux ennemis du concours un prétexte pour lui livrer un nouvel et vigoureux assaut. M⁰ de l'Arménerie, régent de troisième au collège d'Harcourt, étant décédé le 22 avril 1776, il fallut le remplacer, et, pour obéir à la volonté royale, le remplacer par un agrégé : or précisément, parmi les agrégés susceptibles d'être choisis il n'y en avait que cinq, dont aucun n'appartenait à la Nation de Normandie, à laquelle, d'après le proviseur, M⁰ Louvel, le collège d'Harcourt était spécialement affecté. Il prétendit donc qu'il cessait d'être lié par les Lettres patentes de 1766, du moment que le nombre des agrégés n'était pas au complet et qu'il n'y avait de choix possible qu'entre cinq candidats au lieu de vingt. Sur ce fondement, il demanda une dispense à l'effet d'être autorisé à choisir, en dehors des agrégés et parmi tous les maîtres ès arts, le régent qui lui manquait; et, en attendant, il laissa la chaire vacante. Non seulement sa requête ne fut pas prise en considération, mais le procureur général obtint, le 15 juin 1776, un arrêt qui ordonnait que le proviseur du collège d'Harcourt serait tenu de nommer et installer dans la huitaine un régent de troisième qui eût les qualités requises par les derniers règlements. M⁰ Louvel forma opposition à cet arrêt, et plaida sa cause dans un long factum où, sous le couvert d'une justification personnelle, il renouvelait ses attaques contre l'institution des agrégés et s'efforçait de la ruiner[1].

Il avait obtenu l'adhésion des principaux des autres collèges, qui se portèrent parties intervenantes au procès, et

1. *Mémoire et Consultation pour le Proviseur du Collège d'Harcourt contre Monsieur le Procureur-Général en présence des Grands-Maîtres, Principaux, etc. Bibl. de l'Univ., rec U, 1022, in-4°.*

qui tous ensemble signèrent un mémoire[1] où ils reproduisaient pour leur compte les griefs de leur collègue, et tentaient de « prouver que le concours et l'agrégation n'avaient point rempli et ne pourraient remplir les vues que le législateur s'était proposées, et qu'il en résultait des inconvénients sensibles[2] ». Mais ils trouvèrent cette fois devant eux presque toute la Faculté des arts, qu'une expérience de dix années avait éclairée sur les mérites du concours, et qui commençait à en apprécier les avantages[3]. Leur opposition fut stérile : un arrêt du 28 février 1778 ordonna l'exécution pure et simple des lois de 1766, et renvoya les principaux à se pourvoir par-devant le roi, dont le silence fit suffisamment connaître les intentions. L'échec était complet pour les adversaires de l'agrégation. Ils ne devaient pas s'en relever. Aussi bien, malgré le nombre restreint des concurrents[4], la nouvelle institution

1. *Mémoire et Consultation pour les Grands-Maîtres, Principaux et Coadjuteurs des Collèges du Cardinal le Moine, de Navarre, de Montaigu, du Plessis, de Lizieux, de la Marche, des Grassins, de Mazarin et de Louis-le-Grand, Intervenans. Contre Monsieur le Procureur Général. En présence du Proviseur du Collège d'Harcourt.* Bibl. de l'Univ., rec. U, 10²³, in-4°. — *Consultation pour MM. les Principaux des Collèges de l'Université de Paris, Intervenans dans la cause de M. Louvel, Proviseur du Collège d'Harcourt.* Bibl. de l'Univ., rec. U, 10²³, in-4°.

2. Dans un autre mémoire (manuscrit) on lit : « Le concours ne remédie donc à rien : il est sujet à l'arbitraire et susceptible d'abus de toute espèce. L'expérience ne le prouve déjà que trop. Le mal a jeté de profondes racines, et il est temps que la piété, la religion, l'amour que le souverain a pour ses sujets, en arrêtent le progrès en supprimant un établissement qui ne peut qu'engendrer les maux les plus funestes à la religion, aux mœurs et à l'éducation ». Arch. nation., reg. MM, 241, n° 31.

3. Le Tribunal de la Faculté des arts avait déjà prié le recteur de demander à la cour la suppression de la requête du proviseur d'Harcourt comme injurieuse et calomnieuse contre la dite Faculté. D'autre part, le recteur en fonctions, M⁰ Duval, répondit aux principaux dans un écrit intitulé : *Réponse à la Consultation des Principaux des Collèges de la Faculté des Arts, concernant le Concours* (Bibl. de l'Univ., rec U, 10²⁵, in-4°), tandis qu'un agrégé de philosophie réfutait pour son compte les assertions de M⁰ Louvel et de ses collègues dans une *Réplique d'un docteur aggrégé en Philosophie*, etc. Rec. U, 10²⁶, in-4°. — M⁰ Louvel mourut dans l'impénitence finale en 1779. Il resta jusqu'à son dernier jour l'adversaire irréconciliable de l'agrégation.

4. Il ne se présenta pendant les premières années qu'un petit nombre de candidats, et jamais toutes les places ne purent être entièrement remplies dans les trois ordres d'agrégation. Les adversaires du concours le

était consacrée par le succès. En 1778, elle avait déjà fourni quarante-six professeurs au collège de Paris, et l'on pouvait prévoir que dans très peu d'années toutes les chaires seraient remplies par des agrégés. Enfin le gouvernement était résolu à la maintenir, et dès cet époque elle comptait au nombre des lois reçues et observées [1].

Il est aisé de se convaincre, par l'exposé qui vient d'être fait, que les innovations introduites, un peu en dépit d'elle-même, dans l'Université après l'expulsion des Jésuites, n'ont pas altéré profondément sa constitution fondamentale. Si l'on excepte le transfert à Louis-le-Grand du chef-lieu académique jusque-là en quelque sorte mobile et incertain, on verra qu'elles se réduisent, en fin de compte, à deux, et qu'elles regardent exclusivement l'une et l'autre le recrutement des professeurs. Le collège de Louis-le-Grand transformé en une sorte d'école normale prépare les maîtres, et le concours les éprouve et opère parmi eux une sélection. Il se trouvait autrefois, et en assez grand

firent remarquer malignement et dressèrent un tableau comparatif d'où il semblait résulter que l'agrégation tomberait d'elle-même, faute de candidats. Voir ce tableau dans le recueil U, 10, cité plus haut.

1. « Par délibération prise au Bureau d'Administration du Collège de Louis-le-Grand, le 5 décembre 1777, il a été unanimement arrêté de créer, dans le dit Collège, six bourses en faveur de ceux qui se destinent à concourir, pour obtenir la qualité d'Aggrégés dans la Faculté des Arts; et cette délibération a été homologuée le 23 suivant, comme ne pouvant que contribuer à la perfection d'un établissement (du concours) si utile pour l'Éducation, et augmenter la splendeur de l'Université de Paris. » *Réponse à la Consultation des Principaux*, etc., p. 8. — « Dans plusieurs Loix données depuis le 28 février 1778, Sa Majesté a rappelé l'établissement des Aggrégés, et a fait insérer dans ces Loix des dispositions qui supposent l'existence des Aggrégés et du concours; ce qui en est sans contredit, une confirmation précise. » *Recueil de plusieurs des ouvrages de M. le Président Rolland*, p. 188. — Certains agrégés ne s'acquittaient pas toujours, semble-t-il, bien fidèlement de leurs fonctions. En 1783, la Faculté des arts promulgue un décret, qui est homologué au Parlement, portant en substance que les agrégés ne seront payés de leur traitement de 200 livres que s'ils remplissent exactement leurs devoirs. Notons que, dans le cas où ils remplaçaient un professeur, ils étaient payés par ce professeur à raison de 30 sous par leçon en philosophie et en rhétorique, de 25 sous en seconde et troisième, et de 20 sous dans les autres classes. *Règlement concernant les pensions des aggrégés* dans Jourdain, *Hist. de l'Univ. de Paris*, Pièce Justific. 221, et Arch. de l'Univ., reg. 89 a, fos 50 et 51.

nombre, dans l'Université des professeurs éminents à tous
égards; mais n'ayant rien fait pour les former, elle les
devait à son étoile, et ils auraient pu lui manquer. Grâce
à la réunion des boursiers des petits collèges et à l'établissement du concours, elle est sûre désormais que les chaires
de ses collèges seront remplies par des maîtres dont la
vocation et le savoir auront été sérieusement éprouvés. A
ces deux objets près, dont l'importance est d'ailleurs considérable, et quelques innovations de détail[1], l'Université
de Paris reste ce qu'elle a toujours été. Elle garde intacte
son antique organisation républicaine ; elle continue d'avoir,
en la personne de son recteur, un chef librement élu;
ses compagnies s'assemblent toujours séparément pour
nommer leurs officiers et discuter leurs intérêts; le lieu
seul de la réunion est changé, et le vieux cloître des Mathurins, non sans quelque regret, définitivement abandonné.

De même en ce qui concerne, soit l'organisation intérieure et la discipline des grands collèges, soit la hiérarchie et la subordination des maîtres, aucun changement
notable ne s'est produit. Les régents continuent à être
nommés par les principaux[2], qui sont seulement tenus de
les choisir parmi les agrégés, à l'exclusion des simples
maîtres ès arts. Leur dépendance est, en principe, aussi
étroite qu'autrefois[3]; et, malgré les décrets les plus formels de la Faculté des arts et du Tribunal académique,
ils peuvent toujours craindre de se voir casser aux gages
et, dans le cas d'une destitution, d'être réduits à plaider
pour se faire réintégrer dans leur chaire. Alors que les
règlements faits en 1763 et en 1765 pour les collèges de
province accordent aux maîtres des garanties qui les
mettent à l'abri de l'arbitraire, et qui équivalent presque à

---

1. Les Lettres patentes du 3 mai 1766 attribuent un traitement fixe aux
grands officiers de l'Université, accordent un supplément de pension aux
plus anciens émérites, créent une place de sous-bibliothécaire, indépendamment de celle de bibliothécaire qui avait été recemment instituée, etc.
2. En 1786, un arrêt du Parlement portant règlement pour la Faculté
des arts rappelle aux régents qu'ils sont les subordonnés des principaux.

les rendre inamovibles [1], les professeurs de Paris, qu'on veut donner comme modèles à ceux des provinces, n'occupent leur chaire qu'à titre pour ainsi dire provisoire et sous le bon plaisir des principaux. Il n'y a pas de loi qui définisse nettement leur situation vis-à-vis de leurs supérieurs immédiats. Cette lacune regrettable est cause en grande partie que les vieilles inimitiés entre les chefs des grands collèges, qui sont presque tous docteurs de la Faculté de théologie, et leurs régents immatriculés dans la Faculté des arts, n'ont rien perdu de leur vivacité. Si leurs querelles sont moins fréquemment enregistrées dans les compte-rendus officiels, c'est que ceux-ci racontent, de préférence aux incidents de la vie scolaire, les longs débats relatifs à la réunion des boursiers et à l'établissement des agrégés; mais nous savons d'autre part que dans beaucoup de collèges principaux et régents vivent entre eux sur le pied de guerre. En 1762, l'Université, pour répondre aux intentions du Parlement, avait demandé à toutes ses compagnies des rapports sur différents objets concernant l'instruction publique. Les principaux crurent devoir obéir à cet appel, et ils rédigèrent un mémoire en trois parties, où ils s'étendaient longuement sur les droits et sur les devoirs de la charge de principal [2]. Ce mémoire déplut souverainement aux régents de la Faculté des arts, et ils lui opposèrent, le 15 janvier 1763, une réplique acerbe, écrite sur deux colonnes, qui contenait dans l'une les assertions des principaux, et dans l'autre des critiques amères [3]. Bien qu'à le lire sans prévention, on ne trouve rien dans le mémoire incriminé qui justifie tant de colère, les régents indignés y virent « un ouvrage de cabale et de ténèbres. », et ils le

<hr>

1. Édit portant Règlement pour les Collèges qui ne dépendent pas des Universités, de février 1763, vérifié en Parlement le 5 du même mois, art. 17. — Arrêt de Règlement du 29 janvier 1765, art. 11-23.

2. Ce mémoire (manuscrit) se trouve aux Archives de l'Université, carton 15, n°ˢ 93 et 93ᵇⁱˢ. Il y en a deux exemplaires.

3. *Observations (manuscrites) des Professeurs de la Faculté des arts de Paris sur le mémoire des Principaux touchant la discipline scolastique. Ibid.*

dénoncèrent comme une censure ouverte de la discipline actuelle de la Faculté des arts. Ils prêtaient à ses auteurs les intentions les plus noires : ils relevaient dans presque tous les articles des allusions perfides et des prétentions monstrueuses, accusant les principaux de vouloir se soustraire à la juridiction académique et de tendre à dominer les régents et tout le monde[1].

Ces querelles, qui ne sont pas cette fois localisées dans un collège, ont leur gravité. Elles révèlent des divisions profondes et un antagonisme violent entre deux classes de maîtres dont le rôle est différent, mais dont la collaboration sincère et cordiale est absolument indispensable pour le bien général des études. Comme on peut le croire, elles avaient leur répercussion dans l'intérieur des collèges, où principaux et régents étaient sans cesse exposés à se heurter. Dans tel établissement, c'était le principal qui harcelait ses professeurs; dans tel autre, c'étaient les professeurs qui se liguaient contre leur chef, et, à force d'intrigues et de cabales, finissaient par lui rendre impossible l'exercice de ses fonctions. Si l'on en croit un principal en procès avec ses maîtres, son prédécesseur immédiat, en butte à des tracasseries continuelles, en serait mort de chagrin. Au collège d'Harcourt, si florissant sous l'administration de l'illustre Padet, et après lui si troublé, depuis plus d'un siècle les principaux bataillaient sans relâche contre les régents, dont la plupart, par un abus scandaleux, étaient en même temps boursiers. En 1780, cet établissement, déjà témoin de tant de procès, vit s'élever une nouvelle contestation entre le professeur de seconde et prieur de la communauté des boursiers, M⁰ Truffer, et le proviseur installé de la veille, M⁰ Duval[2].

---

1. Ce qui indigna surtout les régents, c'est que les principaux parlaient dans leur mémoire de « la soumission et de l'obéissance » qui leur étaient dues. Les régents prétendaient s'en tenir « au respect et à la déférence ».

2. Le débat portait sur certains points de l'administration intérieure du collège, et n'avait aucun rapport avec la discipline ou les études.

Les deux adversaires, négligeant la juridiction académique, en appelèrent au Parlement, et, pendant l'instance, dirigèrent l'un contre l'autre de nombreux factums, où ils se diffamaient à l'envi[1]. Le professeur semble avoir été le plus maltraité; mais quel que soit celui qui ait succombé, ni le vainqueur, ni le collège d'Harcourt, ni la Faculté des arts n'ont dû gagner beaucoup à sa défaite.

Si, dans la seconde moitié du xviiie siècle, les professeurs des collèges de l'Université de Paris restent soumis à l'autorité des principaux, et si l'on ne songe pas à les faire bénéficier des franchises qu'un règlement plus libéral accorde à leurs collègues de province, ils obtiennent temporellement quelques avantages. Leur traitement s'élève peu à peu, à mesure que s'accroît le produit des postes et messageries, ou plutôt selon que le gouvernement veut bien les admettre à participer aux bénéfices. On leur avait rendu justice en 1766. Cette année-là, malgré la destination irrégulière affectée à une partie de ses revenus, l'Université avait touché la somme entière à laquelle elle avait droit, et, ce qui était d'un bon augure pour l'avenir, le roi avait reconnu qu'elle devait jouir du vingt-huitième effectif[2]. Mais il en coûtait peu à ce pouvoir qui se discréditait chaque jour de violer ses engagements. Dix ans après, en 1776, le bail des postes était renouvelé sur le pied de 8 790 000 livres. Il aurait dû en conséquence revenir à l'Université environ 293 000 livres, soit une augmentation de 40 000 livres[3]; mais elle ne participa point à la plus-value. Elle réclama, et n'obtint par les Lettres patentes du 20 juin 1778 qu'une augmentation

1. *Mémoire et Consultation pour Me Jean Truffer, Prieur de la Communauté des Boursiers du Collège d'Harcourt, et Professeur de Seconde au dit Collège*, etc. — *Mémoire pour le Sieur Duval, ancien Recteur de l'Université de Paris, Proviseur et Principal du Collège d'Harcourt.* Bibl. de l'Univ., rec. U, 10, n°s 28 et 29. — Quant aux autres pièces de procédure relatives à cette affaire, nous ne savons où elles se trouvent, et si même elles se trouvent quelque part.

2. Voir le Préambule des Lettres patentes du 3 mai 1766.

3. Sa part avait été portée en 1766 à 253 273 livres 15 sous 6 deniers.

dérisoire de 7 000 livres, au lieu des 40 000 livres qui lui étaient dues. Enfin, en 1783, sur les réclamations opiniâtres du recteur Charbonnet, elle obtint un arrêt du Conseil d'État qui porta sa part dans le bail des postes et messageries à 300 000 livres : le dernier bail passé en 1777 étant de 10 400 000 livres, elle aurait dû toucher pour son vingt-huitième 371 428 livres[1]. C'était donc plus de 70 000 livres dont, contre toute justice, le gouvernement lui faisait tort.

Par suite de ces augmentations successives, outre leur traitement fixe, qui était toujours, suivant la chaire, de 1000, 800 ou 600 livres, les professeurs des collèges de Paris touchaient un supplément qui, de 1766 à 1783, ne dépassait guère 1000 livres[2], et qui, après 1783, atteignit 1400 livres environ. La somme de 2 400 livres, à laquelle s'élevaient les appointements des professeurs les mieux rétribués de l'Université de Paris, était bien modeste. Elle leur permettait cependant, sinon de faire figure dans le monde, du moins d'y tenir un rang convenable, et, comme on l'a dit, elle suffisait alors aux besoins et même à l'ambition de la plupart des membres du corps enseignant[3].

Pour les émérites, dont le sort était si digne d'intérêt, ils partageaient, comme on sait, avec les régents en exercice ce qui restait du produit des messageries, quand ceux-ci avaient prélevé sur ce produit la somme qui formait leur traitement fixe. Nous venons de voir que de 1766 à 1783 la part de chacun pouvait s'élever à 1 000 livres. Même en faisant des prodiges d'économie, il n'était pas

1. Article de Taranne dans le *Journal général de l'Instruction Publique*, n° du 12 février 1845.
2. Il avait été légèrement augmenté en 1772. En effet, par les Lettres patentes du 16 mai 1772, le roi accorda 15 000 livres et le revenu du collège des Cholets aux professeurs actuels et émérites de la Faculté des arts. Les 15 000 livres étaient prises sur les 30 000 livres que les Lettres patentes des 3 et 29 mai 1766 ordonnaient de mettre en réserve chaque année pour la construction d'un chef-lieu de l'Université, hors de Louis-le-Grand. Voir le *Recueil de toutes les délibérations importantes du bureau d'administration du collège de Louis-le-Grand*, p. 443, note.
3. Jourdain, *Histoire de l'Univ. de Paris*, p. 174.

possible, à la fin du xviii° siècle, de vivre à Paris avec une pension de 1000 francs par an. Depuis 1760, il est vrai, l'article de règlement qui oblige les émérites à la résidence dans Paris est abrogé, et une conclusion des Nations homologuée au Parlement leur a permis, sans sacrifier leur pension, de se retirer en province, où l'on vit moins chèrement qu'à Paris[1]. En outre, un arrêt du Parlement, du mois d'août 1783, leur permet de cumuler leur pension d'émérite et leurs bénéfices, s'ils en ont, tant que ces bénéfices ne produisent pas un revenu annuel de plus de 2000 livres[2]. Mais bien petit était le nombre de ceux qui possédaient un bénéfice valant 2000 livres de rente, ou même un bénéfice quelconque, en sorte que, pour la plupart, la faveur accordée par le Parlement restait sans objet. Beaucoup plus sûr était le supplément de pension accordé par les Lettres patentes de 1766 aux vingt plus anciens émérites retirés, qui, outre la jouissance d'un logement spacieux et commode, voyaient leur petit revenu augmenté de 300 livres[3]. Mais cette libéralité du pouvoir à leur égard était très loin de constituer un don gratuit, et le souverain, comme il est aisé de s'en convaincre, leur faisait payer, et même assez chèrement, son bienfait. S'il leur procurait une aisance relative, c'était pour les « mettre en état de consacrer le reste de leurs jours à la manutention de la discipline et du bon ordre dans les collèges, à la composition de livres élémentaires pour toutes

1. *Arrêt du Parlement, du 29 déc. 1760, qui homologue les Délibérations des Procureurs, Censeurs, Principaux et Professeurs tant Actuels que Émérites des quatre Nations dont est composée la Faculté des arts de l'Université de Paris : où il est dit que la pension des Émérites leur sera payée, en quelque lieu du Royaume qu'ils fassent leur demeure; excepté à ceux qui jouiront de plus de mille livres de revenu, en Bénéfices ou Pensions retenues sur Bénéfices, conformément aux Statuts desdites Nations.* Arch. de l'Univ., carton 15, 3° dossier, n° 31.

2. On lit dans les *Statuta Honorandae Nationis Gallicanae*, édit. de 1788, p. 35 : « Nunc, duo millia librarum annui et certi reditus, in beneficiis ecclesiasticis, quae jure septennii obtinuerint. Ex Senatus-consulto lato die quinta Augusti 1783, quod confirmat deliberationem Professorum factam die decima quarta Julii ejusdem anni, et in quibusdam immutat. »

3. Lettres patentes du 3 mai 1766, art. 16.

les classes, ou à d'autres travaux également utiles pour perfectionner les études, les rendre uniformes dans tout le royaume, et s'occuper uniquement de tout ce qui pourrait contribuer aux avantages de l'éducation, à la splendeur de sa Fille aînée l'Université de sa bonne ville de Paris, et à la gloire des Lettres[1] ». On peut se demander si cette perspective souriait beaucoup aux émérites, et si c'était pour continuer leur service, ou pour jouir paisiblement d'un repos bien gagné qu'ils avaient pris leur retraite.

Telle était la situation des professeurs des collèges de Paris, lorsque Me Binet, qui remplissait les fonctions de vice-recteur, revêtit de sa signature, le 14 août 1792, le dernier procès-verbal des assemblées de l'Université[2]. Elle n'existait déjà plus que de nom. Sa dernière heure allait bientôt sonner, et, le 15 septembre 1793, un décret de la Convention supprima l'Université de Paris et du même coup toutes les Universités françaises, dont elle se considérait comme la mère et l'institutrice[3].

1. Préambule des Lettres patentes du 3 mai 1766.
2. Le registre 48 finit, peu de temps avant l'Université elle-même, au f° 51. La dernière conclusion rectorale est signée : « Binet, rectoris vices gerens ».
3. Voir, sur les derniers jours de l'Université de Paris, l'*Histoire* de Jourdain, livre IV, chap. iv.

CONCLUSION

Dans l'étude qu'on vient de lire sur la condition des
professeurs de l'enseignement secondaire pendant les deux
derniers siècles de l'ancienne Université de Paris, nous
nous sommes interdit, bien que l'occasion s'en soit souvent offerte, toute comparaison entre le passé et le présent.
Qu'il nous soit maintenant permis d'embrasser d'un coup
d'œil d'ensemble, sous le point de vue qui a été le nôtre
jusqu'ici, l'ancienne école de Paris et l'institution déjà
vieille d'un siècle qui a recueilli son héritage. L'ancienne
Université de Paris, avec ses quatre compagnies, était
comme une grande famille paternellement gouvernée par
le recteur. A la vérité, tous ses membres, nous l'avons
plusieurs fois remarqué, étaient bien éloignés de cette
union qui doit régner entre frères. Ils se querellaient fréquemment, et avec scandale; mais, jusque dans leurs
altercations les plus violentes, ils gardaient le sentiment
de leur communauté d'origine et de leur parenté spiri-
tuelle, que d'ailleurs des relations obligatoires ne leur
permettaient pas d'oublier. Il n'en est plus ainsi depuis
longtemps. Il n'y a plus guère, comme on sait, de rapports
d'aucune sorte entre les membres des divers ordres d'enseignement, parce qu'il n'y a plus entre eux d'intérêts
communs, ou parce que ces intérêts ne sont pas de ceux
pour lesquels on se passionne, ou parce qu'enfin, pour

diverses raisons, la discussion en est impossible. Depuis que Napoléon a étendu jusqu'aux frontières les cadres de l'Université impériale et qu'il a fortement centralisé l'instruction publique, il n'y a même plus de solidarité entre les maîtres qui appartiennent à un même ordre d'enseignement. Si l'on considère les professeurs des lycées et collèges, éparpillés d'un bout à l'autre du territoire, non seulement ils s'ignorent les uns les autres, et cela parfois entre collègues immédiats, mais ils n'éprouvent point le besoin de se connaître, de se lier, de se concerter, d'échanger leurs vues et d'associer leurs efforts, dût l'accomplissement de leur tâche en être rendu plus facile. On ne peut nier que ce défaut de solidarité, ou, si l'on aime mieux, cet excès d'individualisme, que les règlements allaient autrefois jusqu'à punir, ne soit une cause de faiblesse pour l'Université moderne[1].

Mais il n'en résulte pas que l'ancien état de choses, tel qu'il existait avant la Révolution, mérite beaucoup de regrets. D'abord, cette indépendance dont s'enorgueillissait l'Université de Paris, et qui tournait parfois à l'anarchie, ne doit pas nous faire illusion. Elle-même était, comme tout le reste, à la discrétion du pouvoir, qui la surveillait de près, et qui, dans les affaires d'importance, ne lui laissait qu'une ombre d'initiative. Ajoutons que, dans la pratique, le droit qu'avait chaque membre bien et dûment qualifié de prendre part au gouvernement intérieur de la république universitaire, d'en élire les magistrats, d'en élaborer les règlements, de discuter plus ou moins librement les intérêts de la corporation, s'achetait au prix de nombreux inconvénients qui le rendaient moins désirable et en étaient comme la rançon. Aussi, les maîtres de la Faculté des arts, si l'on s'en souvient, faisaient assez bon marché de celles de leurs prérogatives qu'ils possédaient à titre onéreux. Ils n'assistaient pas

---

1. Le mal a été signalé avec force par M. Marion dans son beau livre *l'Éducation dans l'Université*, p. 205 et suiv.

régulièrement à des assemblées trop fréquentes. L'abstention leur était familière, et souvent leur indifférence avait
besoin d'un aiguillon.

Ce n'est pas non plus qu'il faille envier à l'ancienne
Faculté des arts la manière si défectueuse dont elle
contrôlait le savoir des candidats à la régence; et sur ce
point les avis ne sauraient être partagés. Aujourd'hui,
avant que l'Université leur ouvre ses rangs et leur confie la
chaire la plus modeste, les aspirants au professorat subis-
sent des examens incomparablement plus sérieux que les
anciennes épreuves du baccalauréat et de la licence ès
arts. Les jeunes gens qui sortent victorieux des examens
actuels de licence et d'agrégation ont infiniment plus de
savoir, nous ne disons pas plus d'aptitude pédagogique,
sont des esprits beaucoup plus ouverts que les maîtres ès
arts ou même les agrégés de l'ancienne Université[1].

Si présentement l'Université demande à ceux qui bri-
guent l'honneur de la servir des études plus longues, et
les soumet à des épreuves plus difficiles, elle leur assure
en échange un sort plus doux. Le service est moins
chargé, et les professeurs ne sont plus astreints, comme
au xvii° siècle, à résider presque constamment au collège,
une partie de leurs fonctions, et non la moins délicate,
ayant été confiée aux « répétiteurs[2] ». Leur indépendance
et leur dignité sont aussi mieux protégées. Ils ne sont plus
sous l'autorité directe et immédiate d'un chef qui n'est
presque jamais, mais qui pourrait être malveillant, ou
injuste, ou prévenu. L'arbitraire ne peut plus s'exercer
impunément à leur égard, et ils ont obtenu des garanties

---

1. Il serait à la rigueur possible de soutenir que le personnel actuel est
moins homogène, les candidats au professorat pouvant avoir fait leurs
études ailleurs que dans un établissement universitaire.

2. Nous ne saurions nous empêcher de souhaiter que les fonctions de
répétiteur, étant aussi importantes, soient aussi qualifiées que celles de
professeur. La prospérité des lycées et des collèges dépend, croyons-
nous, de cette réforme. Il ne serait même pas exagéré de dire que là est
la solution de la question si controversée de l'internat.

légales, grâce auxquelles ils n'ont plus à craindre ces abus de pouvoir si communs dans l'ancienne Université.

Enfin, et quoique, aujourd'hui encore, les traitements soient, pour les maîtres les moins favorisés, véritablement trop modestes, d'une manière générale les fonctions de l'enseignement, moins pénibles, sont mieux rétribuées qu'autrefois. Par les avantages matériels qu'elles procurent, mais surtout par les capacités qu'elles supposent, elles permettent aux professeurs de prendre le rang qu'ils méritent, et qui tend à s'élever chaque jour, à mesure que la science et l'instruction, dont ils sont les dispensateurs attitrés, obtiennent une estime plus raisonnée et mieux sentie. Depuis l'ancien régime, ils ont gagné infiniment en considération et en prestige. Leur condition s'est relevée aux yeux du monde de l'humilité où l'opinion publique l'avait tenue si longtemps. Tous ceux qui ne sont pas systématiquement hostiles à l'Université sont revenus des préjugés absurdes à travers lesquels ils avaient coutume de voir et de juger les membres de l'enseignement public, comme si quelque radicale incapacité empêchait ceux qu'on appelait des hommes de collège d'être aussi des hommes de bonne compagnie. On n'est pas éloigné maintenant de croire que, s'il y a des professions plus lucratives, plus recherchées et plus brillantes, il n'y en a pas de plus belle, ni de plus noble, ni de plus utile, ni qui réserve des joies meilleures à ceux qui l'aiment et s'y dévouent tout entiers.

Nous n'irons pas jusqu'à prétendre que l'Université actuelle assure à ses membres le maximum de bien-être auquel ils puissent jamais aspirer. De l'aveu de tous, s'il a été beaucoup fait pour eux, il reste encore beaucoup à faire, et il serait urgent d'améliorer sur plusieurs points la situation d'une grande partie du personnel enseignant. Mais il y aurait quelque présomption à se flatter d'en indiquer ici les moyens. Il nous suffit que les professeurs de l'enseignement public, à les prendre dans leur ensemble,

soient aujourd'hui placés dans des conditions d'existence
que leurs prédécesseurs auraient pu leur envier, et nous
avons le droit de conclure que, dans le vieux passé universitaire, il ne faut pas chercher autre chose que de beaux
exemples et des traditions de désintéressement, de conscience professionnelle et de dévouement.

TABLE DES MATIÈRES

CHAPITRE IX

CHAPITRE X

CHAPITRE XI

Coulommiers. — Imp. Paul BRODARD. — 537-1902.

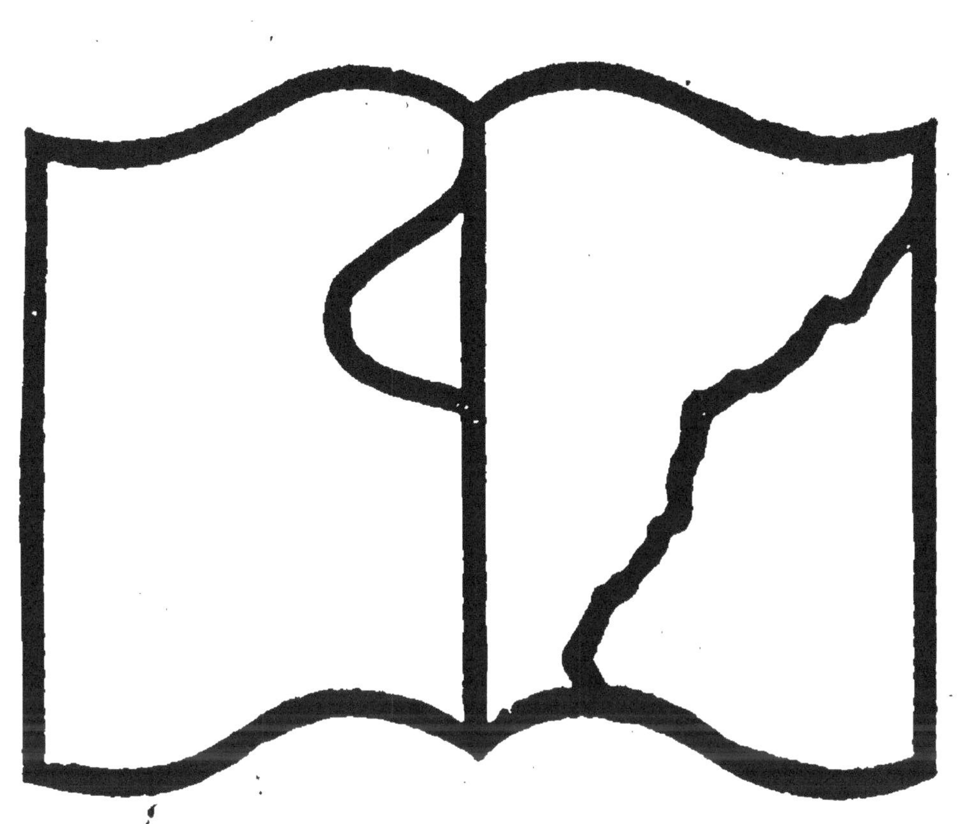

Texte détérioré — reliure défectueuse
NF Z 43-120-11

Documents manquants (pages, cahiers...)
NF Z 43-120-13

www.ingramcontent.com/pod-product-compliance
Ingram Content Group UK Ltd.
Pitfield, Milton Keynes, MK11 3LW, UK
UKHW020124130726
13696UKWH00001B/197